卫生法学概论

Overview of health law

主　编　石俊华
副主编　王　萍　杜仕林　罗　刚

浙江工商大学出版社
ZHEJIANG GONGSHANG UNIVERSITY PRESS

图书在版编目(CIP)数据

卫生法学概论 / 石俊华主编. — 杭州：浙江工商大学出版社，2012.9(2016.1 重印)

(卫生法学系列丛书)

ISBN 978-7-81140-564-4

Ⅰ.①卫… Ⅱ.①石… Ⅲ.①卫生法—法的理论—中国 Ⅳ.①D922.16

中国版本图书馆 CIP 数据核字(2012)第 163914 号

卫生法学概论

石俊华 主编

责任编辑 钟仲南
责任校对 何小玲
封面设计 王好驰
责任印制 包建辉
出版发行 浙江工商大学出版社
(杭州市教工路 198 号 邮政编码 310012)
(e-mail:zjgsupress@163.com)
(网址:http://www.zjgsupress.com)
电话:0571-88904980,88831806(传真)
排　　版 杭州朝曦图文设计有限公司
印　　刷 杭州五象印务有限公司
开　　本 710mm×1000mm　1/16
印　　张 29.25
字　　数 541 千
版 印 次 2012 年 9 月第 1 版　2016 年 1 月第 4 次印刷
书　　号 ISBN 978-7-81140-564-4
定　　价 76.00 元

浙江工商大学出版社营销部邮购电话　0571-88904970

“卫生法学系列丛书”总主编

吴崇其

“卫生法学系列丛书”副总主编

徐勤耕	张以善	刘　群	王　毅	蒲　川
张　静	张际文	田　侃	石俊华	罗　刚
王　萍	赵　敏	李冀宁	邓　虹	郑雪倩
陈志华	王梅红	仇永贵	石　悦	杨淑娟
丁朝刚	冯正骏	戴金增	解　放	胡晓翔
古津贤	王国平			

“卫生法学系列丛书”编纂委员会

本书作者分工

主　编　石俊华

副主编　王　萍　杜仕林　罗　刚

作　者　(以姓氏笔画为序)

万兵华(吉林大学)	第十一章(与王海容合作)
王　萍(哈尔滨医科大学)	第三章、第五章
王　菁(南通大学)	第十四章(与宋超合作)
王海容(泸州医学院)	第四章(与石俊华合作)、第十章、第十一章(与万兵华合作)、第十二章、第十三章
石　悦(大连医科大学)	第二章　宪法与部门法概述(与蒲川合作)
石俊华(泸州医学院)	第四章(与王海容合作)、第二十四章(与罗刚合作)
冯秀云(山东中医大学)	第十六章
刘革新(中国政法大学)	第一章
杜仕林(南方医科大学)	第六章
宋　超(南通大学)	第十五章(与王菁合作)
宋民宪(四川大学)	第十九章
陈　颖(昆明医学院)	第二十章
陈绍辉(江西中医学院)	第十七章
罗　刚(泸州医学院)	第二十一章、第二十四章(与石俊华合作)
赵　敏(湖北中医学院)	第二十二章
章　桦(泸州医学院)	第九章、第二十三章
蒋　一(重庆医科大学)	第七章、第八章
蒲　川(重庆医科大学)	第二章(与石悦合作)
黎志敏(泸州医学院)	第十八章

前 言

2009 年 11 月，中国卫生法学会在关于《〈中国卫生法学面向 21 世纪系列丛书〉编写意见》（以下简称《编写意见》）中指出：“为积极认真贯彻《医药卫生体制改革意见》，推进中国卫生法学学科建设，加强中国卫生法学理论与实践研究，促进中国卫生法学教育与人才培养事业发展，进一步扩大中国卫生法学与世界医学法学间的交流与融合，中国卫生法学会继 2008 年 10 月成功举办第十七届世界医学法学大会之后，立即着手部署中国卫生法学学科建设与发展的又一项重要工程——《中国卫生法学面向 21 世纪系列丛书》（以下简称《丛书》）的编写工作，并申报‘十二五’国家重点图书出版社规划项目。

“组织编写《丛书》，是推进中国卫生法学学科建设的重大举措，为推进中国卫生法制建设、促进中国卫生法制进程提供理论支持，为进行卫生法学教育、教学，开展卫生法律人才培养提供学科支撑。

“《丛书》编写宗旨是系统总结我国卫生法学研究的历史成果，准确揭示卫生法学理论形成的法哲学基础、卫生法现象及其发展的规律，及时反映国家法制建设与卫生体制改革背景下卫生法学的理论与实践发展动态，全面梳理中国卫生法学理论体系、卫生法律关系、卫生法律规范体系、卫生法律运行体系以及卫生法律实践发展中的实务问题。”

按照《丛书》编写规划，《卫生法学概论》（以下简称《概论》）属《丛书》之三。《概论》编写组认真按照《编写意见》提出的要求，经过一年多的努力，完成了《概论》的编写工作。

卫生法是我国社会主义法律体系中一个新兴的法律部门，以卫生法为研究对象的卫生法学，是医与法交叉渗透而形成发展起来的一门新兴边缘学科，是我国社会主义法学体系的重要组成部分。正因其“新”，故其主要内容与结构、体系，都处在需要深入研究、探索、发展、完善之中。这本《概论》的撰写，贯穿积极探索的精神，坚持《编写意见》提出的以邓小平理论、“三个代表”重要思想为指导，在科学发展观的统领下，做到继承与发展相结合、原创与梳理相结合、学理与通俗相结合、理论与实践相结合、逻辑与历史相一致的编写原则；“力求体现内容体系的连贯性以及学术表达的前瞻性，保障《丛书》在思想性、学术性、科学性、规范性方面的鲜明特点”。

《概论》分4编24章。开编“法学基础”，简要阐明了有关法理学基本知识及当代中国的法律体系；在此基础上，以卫生法律关系为核心，以医药卫生法治运行的主要环节为线索，在“卫生法学基础”编，着重阐释了卫生法学的基本概念、基本范畴、基本原则和基本理论及相关的医药卫生法理知识；进而，在第三编——“医药卫生法制”，遵循保护人体生命健康活动的实践过程，体现逻辑与历史的有机统一原则，以当代医药卫生法律体系为线索，按照医药卫生法律规范调整的类别，系统介绍阐释了主要的医药卫生法律制度与法律规定，涵盖了最新的法律内容，反映了我国医药卫生法制建设的最新进展；本书最后的“现代医学科学与法律”编，立足现实，关注前沿，前瞻发展趋势，系统分析阐释了现代医学科学技术发展中的若干法律问题，探索提出了顺应发展趋势、加强与完善医药卫生法制建设的思考和建议。

《概论》作为卫生法学的一本基础性著作，面向广泛的读者群体：既适合各级各类医药院校学生，特别是研究生、本科生卫生法学课程教学使用，又适合卫生系统，尤其是各类医药卫生行政管理人员、卫生行政执法监督人员以及各级各类医疗卫生机构广大医药卫生技术人员的岗位培训与继续教育使用，还可作为司法人员与律师等法律实务工作者的参考书；对于广大民众以及医药卫生法学爱好者也是一本可取的自学读本。

《概论》一书，根据《编写意见》的基本要求，由主编石俊华在征求参编作者意见的基础上，提出全书编写大纲，经吴崇其总主编审定后执行；由19位从事医药卫生法学教学、研究的教授、副教授、讲师及法律实务工作者分工撰写；全书由罗刚协助石俊华作初步统稿，经石俊华最后统审统改、吴崇其总主编审定后付印。

《概论》一书的编著出版，得到了中国卫生法学会的直接关心、指导和帮助，得到了《医学与法学》编辑部、四川医事卫生法治研究中心、四川律师协会医疗纠纷法律事务专业委员会，特别是泸州医学院及其科研处、法学系等单位领导的热情指导与大力支持，还得到了各参编作者单位的关心支持，以及各位参编作者的辛勤创作。本书还参考或引用了医药卫生法学的一些最新研究成果和有关论著。在此，谨向他们表示衷心的感谢。

限于编著水平及占有资料的局限，加之时间紧促，本书不足、不当之处在所难免，敬请读者、专家、同仁批评指正。

编　者

2011年9月

目　录

第一编　法学基础

第二编　卫生法学基础

第三编 医药卫生法制

第四编　现代医学科学与法律

第一编

法学基础

第一章　法理学概述

第一节　法的概念和特征

一、法的概念

（一）法的词源

在汉语中，“法”一词经历了从古代到现代演变的漫长发展历程。古写作“灋”。汉代许慎《说文解字》说：“灋，刑也。平之如水，故从水；廌所以触不直者去之，从去。”由此可知：(1)法是一种判断是非曲直、惩治邪恶的行为规范，是正义的、公平的；(2)法与刑是通用的；(3)法律是一种活动，是当人们相互间发生争执无法解决时，由廌公平裁判的一种审判活动。

1. 在哲理意义上，汉语中的法与“理”“常”通用，指“道理”“天理”行为的一般标准。

2. 在典章制度意义上，“法”与“律”“法律”“法制”等相通用，“律之与法，文虽有殊，其义不也”（《唐律疏义》）。最早把“法”“律”二字联在一起使用的是春秋时期的管仲，他说：“法律政令者，吏民规矩绳墨也。”由上可见，法在中国古代具有多重含义，其中最为主要的意义是：(1)法象征着公正、正直、普遍、统一，是一种规范、规则、秩序；(2)法具有公平的意义，是公平断讼的标准和基础；(3)法是刑，是惩罚性的，是以刑罚为后盾的。

3. 在现代汉语中，法主要具有以下两层含义：狭义的法律，是指国家立法机关按照法定程序所制定的以法典形式出现的规范性文件，在我国仅指全国人大及其常委会制定、颁布的法典形式的规范性文件，即特定和具体意义上的法律。广义上的法律又可以分为两层含义：一是指调整各种社会关系的一切规范性法律文件的总称，或泛指一切法律规范，除包括狭义的法律外，还包括被授权的其他国家机关所制定和颁布的法规、规章等规范性法律文件，即国家法意义上的整体和抽象的法律；二是指哲理意义和自然法意义上的法律，即社会中的价值观念，永恒的、普遍有效的正义原则和道德公理。

4. 在西方语言中，含有法、法律语义的词更为复杂。从语源来说，西方的

“法”一词都来自拉丁文。拉丁文中有 jus 和 lex，英语有 law、norm、rule、act 等词，其中 law 有规则、规律双重含义，加定冠词后又有不同含义，A law 指单个法律，The law 指整体法。总的来说，在西方，“法”一词的核心是正义（公平、公正），是正义的化身，其次是权利，再次是规则，即人行使权利的规则。

（二）法的概念

法的用语多样性必然会产生各种“法”的概念。主要有自然法与实证法两种争论。自然法学派强调法律的普适性和正确性方面，将法定义为正义、理念等；实证法学派则强调法律的实际存在，将法律定义为规则、命令等。马克思主义则强调法的国家意志性和阶级决定性，将法律定义为统治阶级意志的产物和国家统治的工具。我们这里将法界定在国法的范围内，将法定义为：法是由国家制定和认可并由国家保障实施的规范总和。

二、法的特征

法的特征（Law characteristic）是法区别于其他社会现象所表现出的特性。这里所说的特征主要是从形式上而言的，即法作为一种客观存在物所表现出的特性。

（一）法律具有规范性

所谓规范，简单说，就是指标准。由于法必须体现为规范的形式，所以它必须是针对不特定的对象提出的准则；因此，非规范性的要求无法顺理成章地被称为法。法律的规范性特征还表现在法律的规范对象是行为，并不调整单纯的思想行为。

（二）法律具有普遍性

法律作为一种社会规范，其性质决定其以一般的行为标准、抽象概括的规定来调节人们的行为。法的普遍性主要体现在三个方面：

1.它所适用的对象是一般的人或者一般的事，而不是特定的人或事，换言之，法不是为了特殊人而创制的。

2.法的普遍性表现为其规定的反复适用性，即每一个具有约束力的法律规定，在其生效期间对于同类事件可以反复应用，并不因为一次适用就使法的效力归于消灭，这个特点可以被视为法律适用时效的普遍性特征。

3.法的普遍性还表现为法在一定的时间、地域内具有普遍的约束力。需要强调的是，法的普遍性不等于法的绝对性与无限性。法并非对所有事项都具有约束力，它不可能约束所有人类的行为，因此，只有在其约束的范围之内，它才具有普遍性的约束效果。

（三）法具有国家意志性

法律是国家制定和认可的产物，体现了国家对人们行为的评价。因此，法必然具有国家意志性。除国家制定和认可外,法律的国家意志还表现在法的统一性和权威性。所谓统一性,是指法律体系必须表现为一个统一体。在一个国家中,无论法律是由哪个机关所制定或者认可的,都必然具有与之相符的统一性。所谓权威性,是指经过制定或认可的法律,任何团体或者个人无论是否愿意都应当对其表示服从,法律构成了团体或个人行使法律权利和履行法律义务的"唯一理由"。

(四)法具有国家强制性

作为一种规范法必须具有强制力才能保障其实施,原因在于:

1.法的遵守不能始终或者主要依赖于行为人的自愿。基于各种各样的原因,违反法律规定的行为始终会存在。

2.法不能自行实施,因此必须由特定的国家机关加以执行。但是,强制力不等于暴力,因为强制力需要具备正当性的基础;同时需要强调的是,法的国家强制力是一种后盾性力量,只有在法律实施遭遇障碍时,才显现出来。

(五)法律具有程序性

法是一个程序制度化的体系或制度化解决问题的程序。法是强调程序、严格规定程序和实行程序的规范。程序是社会制度化的最重要的基石,程序性也是法的一个重要特征。法治发展的程度,事实上取决于一个国家法律制度程序化的程度及对法律程序的遵守和服从的状态。一个没有程序或不严格遵守和服从程序的国家,就不会是一个法治国家。

第二节　法的效力

法律效力(Legal effect)也称法律的适用范围,是指法律对哪些人,在什么空间、时间范围内有效。一般认为,法律效力包括时间效力、空间效力和对象效力三个方面。

一、法的时间效力

(一)法律生效时间的几种形式

法的时间效力指法的生效范围,包括法开始生效和终止生效,以及法对生效以前的行为有无溯及力。

法律生效的时间一般是根据法律的具体性质和实际需要来决定的。主要有以下几种形式:

1.自法律颁发之日起生效。

2.由该法来规定具体生效时间。

3. 由专门法决定该法的具体生效时间。

4. 规定法律颁布后到达一定期限开始生效。

（二）法律效力终止的几种形式

法律效力的终止是指通过明令废止或默示废止的形式终止某一法律的效力。明示的废止，指在新法或者其他法律中明确规定终止旧法的效力。默示的废止，指不以明文规定废止原有的法律，而是在实践中新法与旧法发生冲突时舍弃旧法而采用新法。我国法律终止效力的形式有：

1. 新的法律公布后，原有的法律即丧失效力。

2. 新法律取代原有法律，同时宣告旧法律作废。

3. 法律本身规定的有效期届满。

4. 由有关机关颁发专门文件宣布废止某个法律。

5. 法律已完成其历史任务而自行失效。

（三）法律溯及力的主要原则

法律的溯及力又称法的溯及既往的效力，是指新的法律颁布后，对其生效前的事件和行为是否适用的问题，如果适用，则具有溯及力；如果不适用，则不具有溯及力。一般来说，法律不具有溯及力。在法的溯及力上采用的原则主要有：

1. 从旧原则——新法没有溯及力。

2. 从新原则——肯定新法有溯及力。

3. 从轻原则——比较新法与旧法，哪个法处理轻的就按照哪个处理。

4. 从旧兼从轻原则——承认新法原则上没有溯及力，但如果新法对行为人的处罚较轻时，则从新法。

5. 从新兼从轻原则——承认新法原则上有溯及力，但如果旧法对行为人的处罚较轻时，则从旧法。

目前各国采用的通例是“从旧兼从轻”的原则，即新法原则上不溯及既往，但是新法不认为犯罪或者处刑较轻的，适用新法。而在某些有关民事权利的法律中，法律有溯及力。

二、法的空间效力

法的空间效力，指法律适用于哪些地域，在哪些地域有效。一般来说，一个国家的法律适用于该主权所及的全部领域，包括领土、领空、领水及其底土，以及延伸意义的领域，如本国驻外国大使馆、领事馆，在本国领域外的船舶、飞行器。法的空间效力有如下四种：

（一）有的法在全国范围内有效

即在一国主权所及全部领域有效，包括属于主权范围的全部领陆、领空、领水，也包括该国驻外使馆和在境外航行的飞机或停泊在境外的船舶。这种法一般是一国最高立法机关制定的宪法和许多重要的法律，最高国家行政机关制定的行政法规一般也在全国范围有效。中国宪法和全国人大及其常委会制定的法律，国务院制定的行政法规，除本身有特别规定外，都在全国范围内有效。

（二）有的法在一定区域内有效

这有两种情况，一是地方性法律、法规，仅在一定行政区域有效，如中国有关国家权力机关制定的地方性法规、自治法规；二是有的法律、法规虽然是由最高国家立法机关或最高国家行政机关制定的，但它们本身规定只在某一地区生效，因而也只在该地区发生法的效力，如全国人大常委会关于经济特区的立法就只适用于一定的经济特区。

（三）有的法具有域外效力

如涉及民事、贸易和婚姻家庭的法律。一国法的域外效力范围，由国家之间的条约加以确定，或由法本身明文规定。

（四）国际法的效力

国际法一般适用于缔结国和参加国，但缔结国和参加国声明持有保留态度的除外。

三、法的对象效力

法的对象效力，是指法的适用对象有哪些，对什么样的人和组织有效。法学上也将法的对象效力称为对人的效力，这里的人包括自然人和法所拟制的人——法人和其他组织。

各国法的对象效力颇有差异，所实行的原则大体有四种：

（一）属人原则

以人的国籍和组织的国别为标准，本国的人和组织无论在国内还是在国外，都受本国法的约束，一国的法不适用在该国领域的外国人和组织。

（二）属地原则

以地域为标准，一国的法对它管辖地区内的一切人和组织，不论是本国的还是外国的，都有同样法的效力。本国人和组织如不在本国，则不受本国法的约束。

（三）保护原则

以保护本国利益为标准，主张不论国籍或地域如何，侵害了哪国利益，就适用哪国法。

（四）综合或折中原则

即以上三种原则的结合而以属地原则为基础的综合性原则。根据这一原则，首先，一国领域内的人和组织，无论是本国的还是外国的，一般适用该国的法；其次，外国人和组织以适用居住国的法为原则，但有关公民义务、婚姻、家庭、继承、特殊犯罪等，仍适用其本国的法；再次，依据国际条约和惯例，享有外交特权的人，则适用其本国的法。当今世界绝大多数国家采用这种原则。

我国也实行综合原则。这一原则在对中国公民、组织和外国人、组织以及无国籍人的适用上，各有确定的内容：

1. 中国公民、法人和其他组织在中国领域内一律适用中国法；在国外仍受中国法的保护并履行中国法定义务，同时也遵守所在国的法。当两国法对同一问题规定不一致时，既要维护中国主权，又要尊重他国主权，按国际条约或惯例处理。中国刑法、民法和其他有关规范性法律文件，对中国公民、法人在国外的法的适用问题，有若干规定。

2. 中国法对外国人的适用问题包括两种情况：一是在中国领域内的外国人，除享有外交特权和豁免权或法有另外规定者外，适用中国法；二是外国人在中国领域外对中国或中国公民、法人犯罪，按中国刑法规定的最低刑为 3 年以上有期徒刑的，可适用中国刑法规定，但按犯罪地的法不受处罚的除外。

第三节　法律规范

一、法律规范的概念

“规范”(standard)的核心意义在于其是人们行为的指针和标准，对人们的行动起着一种指引作用。

规范有很多种，如社会规范、技术规范、语言规范等，其中社会规范又包括道德规范、宗教规范、法律规范等。这些不同的社会规范，都能对人们的行为起到指引作用，从而使社会处于一种有序的状态。法律规范(Legal standard)是指国家通过制定或认可的方式形成法律规则和法律原则来调整人们行为的社会规范。而法律规则是明确具体规定法律上的权利、义务、责任的准则、标准，或是赋予某种事实状态以法律意义的指示、规定，法律规则是法律规范的一种。法律规范对主体行为的调整和规范主要通过法律规则来实现。法律规范可以分为法律规则(Legal rule)和法律原则(Principle of legality)。

法律原则和法律规则作为法律规范的两种具体形式，在许多方面都存在着明显区别：

(一)调整方式不同

法律规则的规定是明确具体的，它着眼于主体行为及各种条件(情况)的共性；其明确具体的目的是削弱或防止法律适用上的“自由裁量”。与此相比，法律原则的着眼点不仅限于行为及条件的共性，而且关注它们的个别性。其要求比较笼统、模糊，它不预先设定明确的、具体的假定条件，更没有设定明确的法律后果。

（二）适用范围不同

法律规则由于内容具体明确，只适用于某一类型的行为。法律原则对人的行为及其条件有更大的覆盖面和抽象性，是对从社会生活或社会关系中概括出来的某一类行为、某一法律部门或全部法律体系通用的价值准则，具有宏观的指导性，其适用范围比法律规则宽广。

（三）适用方式不同

法律规则是以“全有或全无的方式”应用于个案当中：如果一条规则所规定的实事是既定的，或者这条规则是有效的，在这种情况下，必须接受该规则所提供的解决办法。或者该规则是无效的，对裁决不起任何作用。而法律原则的适用则不同，它不是以“全有或全无的方式”应用于个案当中，因为不同的法律原则是具有不同的“强度”的，而且这些不同强度的原则甚至冲突的原则都有可能存在同一部法律中。

（四）内容不同

法律规则因其规定是明确具体的而要求其符合一定的逻辑结构。而法律原则的规定是笼统的、抽象的、概括的，其本身并不预先设定明确的、具体的假定条件，更没有设定明确的法律后果。因此，法律原则不存在逻辑结构这一说法。

二、法律规则

法律规则是规定法律上的权利、义务、责任的准则、标准，或是赋予某种事实状态以法律意义的指示、规定。法律规则是构成法律的主要成分。

（一）法律规则的逻辑结构

法律规则的逻辑结构是指一个法律规则由哪些要素构成，以及这些要素之间在逻辑上的相互连接结构。任何法律规则都由假定条件、行为模式和法律后果三个要素构成。

1. 法律规则的适用条件。即法律规则在什么时间、空间，对什么人适用，以及在什么情况下法律规则对人的行为有约束力的问题；其内容有关法律规则在什么时间生效，在什么地域生效，以及对什么人生效等。

2. 行为主体的行为模式。行为模式指法律规则中规定人们如何具体行为之方式的部分。它是从人们大量的实际行为中概括出来的法律行为要求。根据行为要求的内容和性质不同，法律规则中的行为模式分为三种：(1)可为模式，指在假定条件下，人们“可以如何行为的模式”；(2)应为模式，指在假定条件下，人们“应当或必须如何行为”的模式；(3)勿为模式，指在假定条件下，人们“禁止或不得如何行为”的模式。

从另一个角度看，可为模式亦可称为权利行为模式，而应为模式和勿为模式又可称为义务行为模式。它们的内容是任何法律规则的核心部分。

3.法律后果。指法律规则中规定人们在做出符合或者不符合行为模式要求的行为时应承担相应的结果的部分，它是法律规则对人们具有法律意义的行为态度。根据人们对行为模式所做出的实际行为的不同，法律后果又可分为两种：(1)合法后果，又称肯定式的法律后果。是法律规则中规定人们按照行为模式的要求行为而在法律上予以肯定的后果，它表现为法律规则对人们行为的保护、许可或奖励。(2)违法后果，又称否定式的法律后果。是法律规则中规定人们不按照行为模式的要求行为而在法律上予以否定的后果，它表现为法律规则对人们行为的制裁、不予保护、撤销、停止，或要求恢复、补偿等。

(二)法律规则的分类

1.按照规则的内容不同，法律规则可以分为授权性规则和义务性规则。所谓授权性规则，是指规定人们有权做一定行为或不做一定行为的规则，即规定人们的“可为模式”的规则。所谓义务性规则，是指在内容上规定人们的法律义务，即有关人们应当做出或不做出某种行为的规则。

2.按照规则内容的确定性程度不同，可以把法律规则分为确定性规则、委任性规则和准用性规则。所谓确定性规则，是指内容本已明确肯定，无须再援引或参照其他规则来确定其内容的法律规则。所谓委任性规则，是指内容尚未确定，而只规定某种概括性指示，由相应的国家机关通过相应的途径或程序加以确定的法律规则。所谓准用性规则，是指内容本身没有规定人们具体的行为模式，而是可以援引或参照其他相应内容规定的规则。

3.按照规则对人们行为规定和限定的范围或程度不同，可以把法律规则分为强行性规则和任意性规则。所谓强行性规则，是指内容规定具有强制性质，不允许人们随便加以更改的法律规则。所谓任意性规则，是指规定在一定范围内，允许人们自行选择或协商确定为与不为、为的方式以及法律关系中的权利义务内容的法律规则。

三、法律原则

(一)法律原则的概念和功能

1.法律原则的概念。法律原则是指在一定法律体系中作为法律规则的指导思想、基础或本源的综合的、稳定的法律原理和准则。法律原则无论是对法的创制还是对法律的实施都具有重要的意义。法律原则直接决定了法律制度的基本性质、内容和价值取向。法律原则是法律精神最集中的体现，因而构成了整个法律制度的理论基础。法律原则是法律制度内部和谐统一的重要保障，对法制改革具有导向作用。

2. 法律原则的功能。从法律实施上看，法律原则也具有重要作用。这种作用主要表现在以下四个方面：(1)指导着法律解释和法律推理，为法律规则的正确适用提供指导；(2)补充法律漏洞，强化法律的调控能力；(3)法律原则是确定行使自由裁量权合理范围的依据，可以防止由于适用不合理的规则而带来的不良后果；(4)法律原则可以对法律规则甚至整个实证法的效力进行实质的评判，说明实证法及其规则是否有效、是否正确、是否公正的理由，揭示法律规则缺乏正当的根据，指出法律规则的例外情形，等等。

(二)法律原则的适用

为了保障法律的客观性和确定性，必须对法律原则的适用设定严格的条件。具体来讲，法律原则的适用必须符合下列条件：

1. “穷尽规则”。在通常情况下，法律适用的基本要求是：有规则依规则。“法律发现”的主要任务是法官尽可能全面彻底地寻找个案裁判所应适用的规则。当出现无法律规则可以适用的情况下，法律原则才可以作为弥补“规则漏洞”的手段发生作用。所以，从技术的层面看，若未穷尽规则的适用就不应适用法律原则。这可以表述为法律原则适用的一个条件规则：“穷尽法律规则，方得适用法律原则。”

2. “实现个案正义”。在通常情况下，适用法律规则不至于要进行本身的正确性审查。但假如适用法律规则可能导致个案的极端不公正的后果，那么此时就需要对法律规则的正确性进行实质审查，首先通过立法手段，其次通过法官之“法律续造”的技术和方法选择法律原则作为适用的标准。这样，我们就可以把这个条件用反面推论的方式确立为如下规则：“法律原则不得径行适用，除非旨在实现个案正义。”

3. “更强理由”。判断何种规则在何时及何种情况下极端违背正义，其实难度很大，法律原则必须为适用第二个条件规则提出比适用原法律规则更强的理由，否则上面第二个条件规则就难以成立。在已存有相应规则的前提下，若通过法律原则改变既存之法律规则或者否定规则的有效性，却提出比适用该规则分量相当甚至更弱的理由，那么适用法律原则就没有逻辑证明力和说服力。据此，我们可以得出如下的条件规则：“若无更强理由，不适用法律原则。”

第四节　法律体系

一、法律体系的概念与特征

法律体系(Legal framework),法学中也称“法的体系”或简称为“法体系”。是指由一国现行的全部法律规范按照不同的法律部门分类组合而形成的一个呈体系化的有机联系的统一整体。法律体系的特征如下：

(一)客观性

法律体系的客观性具有两种含义：一是法律体系的建设虽然与人们的主观法律相联系,是主观意识活动的结果,但法律体系在根本上是由客观经济关系决定的;二是法律体系虽然具有主观意志性,但归根到底是一种客观存在,立法者的任务是正确揭示并表现这种客观存在。

(二)统一性

法律体系的统一性即法律体系的各个法律部门及各法律规范之间相互协调,具有内在的和谐统一。法律体系的统一性表明,在法律体系内部,既不是法律规范的杂乱堆积,也不是依人们的主观意愿而排列组合,而是自然形成的结构体系。

(三)稳定性

法律体系不是固定不变的,但法律体系作为一个整体又具有相对稳定的特征。法律体系的稳定性表现在两个方面：

1.法律体系所赖以建立的,一国在一定时期的经济基础和国家的性质没有发生根本变化,法律体系的性质稳定不变。

2.社会关系的发展变化所引起的法律规范的变化与发展,一般并不立即引起法律体系作为一个整体的结构性变化,只有法律规范的这种发展变化达到一定的量或度时,法律体系才会发生结构性变化。

二、法律部门

法律部门(Legal department),又称为部门法,是运用特殊调整方法调整一定种类社会关系的法律规范的总和。在现行法律规范中,由于调整的社会关系及其调整方法不同,可分为不同的法律部门,凡调整同一类社会关系的法律规范的总和,就构成一个独立的法律部门。部门法与规范性法律文件是两个不同的概念。规范性法律文件是表现部门法内容的形式或者载体。

(一)法律部门划分的标准

1.法律规范所调整的社会关系。法律是调整社会关系的行为准则,任何法律都有其调整的社会关系。由于社会关系种类众多，各具特征，因此可以按照法律调整的社会关系的性质和种类的不同来划分法律部门。现阶段，调整财产关系和人身关系的划归民法部门，调整行政关系的划归行政法部门等。

2. 法律调整方法。法律规范所调整的社会关系虽是划分法律部门的最基本的标准，但仅仅以此为标准是不够的，因为这样无法解释一个法律部门（如刑法法律部门）可以调整不同种类的社会关系，也不能解释同一社会关系需要由不同的法律部门来调整的现象。因此，还需要将法律规范的调整方法作为划分法律部门的辅助标准。如可将凡属用刑罚作为制裁手段的法律规范划分为刑法部门；将规范诉讼行为、明晰诉讼过程的法律规范划分为诉讼法律部门。

（二）法律部门划分的原则

1. 整体性原则。即以整个法律体系为划分对象，划分结果必须囊括一国现行法律的全部内容，使法律体系中的所有法律都归属于某一法律部门。

2. 均衡原则。即划分法律部门时应当考虑各法律部门之间法律规范的规模或数量之间保持大体上的均衡，不能使某些法律部门的内容（即规范）特别多，而有些法律部门的内容则特别少。

3. 以现行法律为主，兼顾即将制定的法律。

三、当代中国的法律体系

当代中国社会主义法律体系包括下列主要法律部门：

宪法；

行政法；

民法；

经济法；

劳动法与社会保障法；

环境法；

海洋法；

刑法；

诉讼法；

军事法。

第二章　宪法与部门法概述

第一节　宪　法

一、宪法的基本理论

(一)宪法的概念和特征

1. 宪法的概念

宪法(Constitution)是法的组成部分。它集中反映了一国各种政治力量的实际对比关系,规定了国家的根本任务和根本制度,即社会制度、国家制度的基本原则和国家的政权组织形式和结构形式,以及公民的基本权利和义务等内容,是具有最高法律地位和效力的根本大法;作为一个法律部门,宪法在我国社会主义法律体系中具有特殊的地位,是整个法律体系的基础,是其他法律部门的立法依据和准则,对整个法律体系的建设具有指导意义,任何立法不得与宪法相抵触。

宪法部门所包含的主要规范性法律文件是现行宪法。此外,宪法部门还包括其他一些较低层次的附属法律部门,主要有:各主要国家机关组织法、选举法、民族区域自治法、特别行政区基本法、授权法、国籍法和其他的公民权利法等。

2. 宪法的特征

(1) 宪法是国家的根本法。①在地位上,宪法是母法,是法律体系中的核心和基础,一般法律是子法,母法产生子法,子法服从母法。②在内容上,宪法的内容比一般法律全面、广泛,具有全局性和根本性,宪法规定了国家的根本任务、根本制度等根本性问题。国家根本制度包括三项内容:一是国体;二是政体;三是国家结构形式。③在程序上,宪法的制定和修改比其他法律都更为严格,一般要求国家最高权力机关或依法成立的特定机关按特定程序制定或修改。④在效力上,宪法在法律体系中具有最高法律效力,任何法律、法规都不能同它相碰撞、相抵触。

(2)宪法是公民权利的保障书。宪法是民主政治的法律化;宪法是对民主政治的保障;宪法具有鲜明的阶级性,集中体现各种政治力量的实际对比关系;宪法规范国家权力，保障公民基本权利。

(3)宪法规范有四个特点：①具有原则性和概括性；②具有稳定性和连续性；③具有纲领性和灵活性；④具有权威性和不具体处罚性。这些特点同一般法律也是有区别的。

(二)新中国宪法的产生与发展

1.产生。1949年9月29日，中国人民政治协商会议第一届全体会议通过的《中国人民政治协商会议共同纲领》是起着临时宪法作用的一部重要文件。

2.发展。新中国建立后，我国先后颁布了四部宪法。1954年颁布了第一部宪法；1975年颁布了第二部宪法；1978年颁布了第三部宪法；1982年颁布了第四部宪法，也就是现行宪法。现行宪法继承并发展了1954年宪法的基本原则，摒弃了1975年和1978年宪法中"左"的思想和内容，是一部比较完善并且具有中国特色的社会主义宪法。

3.完善。为了适应改革开放和社会主义现代化建设的需要，全国人民代表大会先后于1988年、1993年、1999年和2004年对1982年宪法作了四次局部修改。

(三)宪法的基本原则

宪法基本原则是指人们在制定和实施宪法过程中必须遵循的最基本的准则，是贯穿于立宪和行宪的基本精神。我国现行宪法的基本原则是：

1.一切国家权力属于人民的原则。

2.保障公民权利和义务的原则。

3.民主集中制原则。

4.社会主义法制原则。

(四)宪法的作用

宪法的作用是指宪法在国家中的功能。主要表现在：

1.确认和巩固国家的根本制度、根本任务、发展方向。对立国的根本问题提供根本保障，使国家在政治、经济和法律等方面能保持稳定和发展。

2.人民当家做主，公民基本权利和自由的根本法律保障。

3.国家机关和全体公民行为的根本准则。宪法规定了立国的根本原则，规定了国家的政治、经济、文化各方面的原则，以维护国家的稳定和发展。因此要求一切国家机关和全体公民都必须以此为行为准则，而不能违反，这就使人们的行为统一于宪法原则之下，有利于国家的统一和发展。

4.国家的立法依据和法制统一的保障。制定法律必须有一个立法指导思想和依据，这样才有利于维护国家的利益，保障公民的基本权利和自由，促进和保障经济的发展，维护社会的稳定。这个指导思想和依据就是宪法。

二、国家性质和国家形式

(一)国家性质——国体

国体(State system)是指国家性质即国家阶级本质,反映社会各阶级在国家中所处的地位。由于国家是阶级矛盾不可调和的产物,因此,国家的实质必然表现为一个阶级对另一个阶级的专政。国家的这一本质表现在两个方面,即一方面在统治阶级内部及其同盟者内部实行民主;另一方面对被统治阶级实行专政。

我国宪法第1条规定:"中华人民共和国是工人阶级领导的、以工农联盟为基础的人民民主专政的社会主义国家。"这一规定充分体现了我国的国家性质,即国体。我国的人民民主专政具有以下特征:

1. 我国的人民民主专政实质上就是无产阶级专政,是新型民主与新型专政的结合。具体表现为:(1)人民民主专政由工人阶级及其政党即中国共产党领导,这是无产阶级专政的根本标志;(2)工人阶级必须同农民结成联盟,在我国,工农联盟是人民民主专政的阶级基础;(3)人民民主专政担负着维护人民当家做主的权利自由,保卫社会主义制度,组织社会主义建设,打击敌人及一切敌对分子,维护世界和平的职能,这正是无产阶级专政的重要职能;(4)人民民主专政的历史使命是消灭剥削、消灭阶级,最终实现共产主义。

2. 人民民主专政是对人民民主与对敌人专政的结合。对人民实行民主和对敌人实行专政,是我国人民民主专政的两个方面,两者互相依存,互为条件。在人民内部实行民主是实现对敌人专政的前提和基础,而只有对敌人实行专政才能保障人民民主的实现。

3. 人民民主专政是工人阶级领导的、以工农联盟为基础的政权。工人阶级对国家的领导是人民民主专政的根本标志,是无产阶级专政的核心;工农联盟是我国人民民主专政的最高原则,是建立和巩固人民民主专政的阶级基础和我国社会主义事业的基本力量,同时也是巩固和发展爱国统一战线的基础。

4. 人民民主专政的职能主要包括:(1)保障人民民主和对敌人实行专政;(2)组织经济和文化建设;(3)抵抗外来侵略,保卫国家的主权、独立和安全。

(二)国家形式——政体

国家形式(National form)是相对于国家性质的概念,主要研究国家的外部结构和特征。国家形式有广义和狭义两种:广义的国家形式包括国家的政权组织形式和国家的结构形式;狭义的国家形式仅指政权组织形式。

政权组织形式是指特定的国家采取何种原则和方式去组织旨在治理社会、维护社会秩序的政权机关。政权组织形式一般就是指一国的"政体"(Regime),即一种实现统治权益的政权体制或表现国家权力的政治制度。所以政权组织形式有时也被称为一国的“政治制度”。

我国是人民当家做主的国家。因而，必须有一个人民行使国家权力的机构，作为国家一切权力实际行使的基础，这就是全国人民代表大会和地方各级人民代表大会。所以，我国的政权组织形式为人民代表大会制，其原则是民主集中制，形式是一种民主的代表制。对于这种政权组织形式，应从下列四个方面来对其含义进行完整的理解：

1.人民代表大会制度是一种民主制。《宪法》第2条第1款规定：“中华人民共和国的一切权力属于人民。”国家的一切权力属于人民是人民代表大会制度的实质，表明我国的人民代表大会制度实质上是一种民主制。也就是说，在人民主权权利的基础上，制定宪法，由人民通过定期选举，授权各级人民代表大会建立我国的全部政治制度体系。因此，我国的国家权力是人民授权的结果。

2.人民代表大会是代表制民主。《宪法》第2条第2款规定：“人民行使国家权力的机关是全国人民代表大会和地方各级人民代表大会。”人民在民主普选的基础上选派代表，组成全国人民代表大会和地方各级人民代表大会作为人民行使权力的机关。

3.其他国家机关从属于人民代表大会。这里的“从属”是指其他国家机关都由人民代表大会产生，受它监督，向它负责，而不是指其他国家机关是人民代表大会的工作部门。

4.人民代表大会的责任。人民代表大会既要向人民负责，也要受人民的监督，否则就可能发生代表违反人民意志而进行活动的情况，危害人民的利益。西方学者把这种关系描述为政治主权与法律主权的关系，表现为人民的创制权、复决权、选举权和罢免权。

此外还有一点必须说明：人民代表大会制度和人民代表大会的概念是有区别的。虽然人民代表大会制度必然同人民代表大会联系在一起，但后者仅仅是一种具体的国家机关，而人民代表大会制度则是我国政权的组织形式和运行方式，是对我国全部国家机关制度性质的一种描述。

综上所述，人民代表大会制度是指我国的一切权力属于人民，人民在民主普选的基础上选派代表，组成全国人民代表大会和地方各级人民代表大会作为行使国家权力的机关；其他国家机关由人民代表大会产生，受人民代表大会监督，对人民代表大会负责；人大常委会向本级人大负责，人大向人民负责。

三、国家机构

国家机构是国家机关的总和，包括全部中央国家机关和地方国家机关，主要包括：国家元首、立法机关、行政机关、司法机关。广义的政府指国家机构的总体，狭义的政府指的是国家行政机关。

（一）中央国家机构

中华人民共和国的国家机构包括：全国人民代表大会，中华人民共和国主席，中华人民共和国国务院，中华人民共和国中央军事委员会，地方各级人民代表大会和地方各级人民政府，民族自治地方的自治机关，人民法院和人民检察院。

1. 全国人民代表大会。中华人民共和国全国人民代表大会是最高国家权力机关。它的常设机关是全国人民代表大会常务委员会。全国人民代表大会和全国人民代表大会常务委员会行使国家立法权。全国人民代表大会由省、自治区、直辖市、特别行政区和军队选出的代表组成。各少数民族都应当有适当名额的代表。

2. 中华人民共和国主席。中华人民共和国主席、副主席由全国人民代表大会选举。有选举权和被选举权的年满四十五周岁的中华人民共和国公民可以被选为中华人民共和国主席、副主席。中华人民共和国主席根据全国人民代表大会的决定和全国人民代表大会常务委员会的决定，公布法律，任免国务院总理、副总理、国务委员、各部部长、各委员会主任、审计长、秘书长，授予国家的勋章和荣誉称号，发布特赦令，宣布进入紧急状态，宣布战争状态，发布动员令。

3. 中华人民共和国国务院。中华人民共和国国务院，即中央人民政府，是最高国家权力机关的执行机关，是最高国家行政机关，由总理、副总理、国务委员、各部部长、各委员会主任、人民银行行长、审计长、秘书长组成。国务院实行总理负责制。各部、各委员会实行部长、主任负责制。

4. 中华人民共和国中央军事委员会。中华人民共和国中央军事委员会领导全国武装力量。中央军事委员会由主席、副主席若干人、委员若干人组成。中央军事委员会实行主席负责制。中央军事委员会主席对全国人民代表大会和全国人民代表大会常务委员会负责。

5. 地方各级人民代表大会和地方各级人民政府。省、直辖市、县、市、市辖区、乡、民族乡、镇设立人民代表大会和人民政府。地方各级人民代表大会和地方各级人民政府的组织由法律规定，自治区、自治州、自治县设立自治机关。

6. 民族自治地方的自治机关。民族自治地方的自治机关是自治区、自治州、自治县的人民代表大会和人民政府，自治区、自治州、自治县的人民代表大会中，除实行区域自治的民族的代表外，其他居住在本行政区域内的民族也应当有适当名额的代表，自治区主席、自治州州长、自治县县长由实行区域自治的民族的公民担任。

7. 人民法院和人民检察院。中华人民共和国人民法院是国家的审判机关。

中华人民共和国设立最高人民法院、地方各级人民法院、军事法院及其他如铁路法院等专门法院。最高人民法院是最高审判机关。最高人民法院监督地方各级人民法院和专门人民法院的审判工作，上级人民法院监督下级人民法院的审判工作。最高人民法院对全国人民代表大会和全国人民代表大会常务委员会负责。地方各级人民法院对产生它的国家权力机关负责。

中华人民共和国人民检察院是国家的法律监督机关。中华人民共和国设立最高人民检察院、地方各级人民检察院和军事检察院等专门人民检察院。最高人民检察院是最高检察机关。最高人民检察院领导地方各级人民检察院和专门人民检察院的工作，上级人民检察院领导下级人民检察院的工作。最高人民检察院对全国人民代表大会和全国人民代表大会常务委员会负责。地方各级人民检察院对产生它的国家权力机关和上级人民检察院负责。

（二）地方国家机构

地方国家机构相对中央国家机构而言，是指设在省、自治区、直辖市、特别行政区、自治州、市、市辖区、县、自治县、乡、民族乡、镇的国家机构。另外，地方国家机构除地方各级人民代表大会和人民政府外，还应包括地方各级人民法院和地方各级人民检察院。

四、公民的基本权利和义务

（一）公民和国籍

1. 公民（Citizens）。公民是指具有一国国籍的自然人。我国《宪法》第 33 条第 1 款规定："凡具有中华人民共和国国籍的人都是中华人民共和国公民。"在我国，凡是具有中华人民共和国国籍的人都是中国公民，成为宪法规定的基本权利主体，而不受民族、职业、家庭出身、宗教信仰、教育程度、财产状况诸因素的限制。

2. 国籍（Nationality）。公民和国籍密不可分。国籍是指一个人属于某个国家的一种法律上的身份或者资格。它是区别一个人是本国人还是外国人的唯一标准，在实践中一般把国籍看做是每个人不可剥夺的权利。一个人一旦具有某个国家的国籍，通常就被认为是该国公民，享有该国宪法和法律规定的权利，履行该国宪法和法律规定的义务。国籍的取得方式包括：出生国籍即因出生而取得国籍和继有国籍即因加入而取得国籍。

（二）公民基本权利

基本权利（Basic right）是指表明公民在国家基本政治、经济、文化、社会关系中所处法律地位的权利，亦称宪法权利。我国宪法规定的公民的基本权力可分为：

1.平等权。中华人民共和国公民在法律面前一律平等，这是社会主义的一个基本原则。平等权的含义：所有公民平等地享有宪法和法律规定的权利；所有公民都平等地履行宪法和法律规定的义务；国家机关在适用法律时，对于所有公民的保护和惩罚，都是平等的，不得因人而异；任何组织或个人都不得有超越宪法和法律的特权。

2.政治权利和自由。包括：(1)政治权利是公民依法享有参与国家政治生活的权利。它是公民最重要、最基本的权利，没有这个权利便谈不上行使其他权利了。(2)政治权利其实就是民主权利，它包括选举权和被选举权以及政治表现自由。政治表现自由又具体表现为言论、出版、集会、结社、游行、示威的自由。(3)言论、出版、集会、结社、游行、示威的自由。公民行使言论、出版、集会、结社、游行、示威的权利和自由，不是绝对的，必须在法律规定的范围内进行。任何将自由绝对化的做法，都是错误的，必然造成社会混乱，甚至会被一些别有用心的人利用，对此我们一定要保持清醒的头脑。

3.宗教信仰自由。我国《宪法》第 36 条第 1 款规定："中华人民共和国公民有宗教信仰的自由。"这是对宗教信仰自由的一般性规定。国家保障正常的宗教活动，任何人不得利用宗教进行破坏社会秩序、损害公民身体健康、妨碍国家教育制度的活动。国家反对和依法打击邪教。基本含义：公民有信仰宗教的自由；有信仰这种宗教的自由，也有信仰那种宗教的自由；在同一宗教中，有信仰这个教派的自由，也有信仰那个教派的自由；有过去信教而现在不信教的自由，也有过去不信教而现在信教的自由。

4.人身自由。人身自由是指身体活动无正当理由不受拘束的权利，是公民基本权利中的最基本的权利之一。它包括人身自由不受侵犯的权利、公民住宅不受侵犯的权利、公民人格尊严不受侵犯的权利、公民的通信自由和通信秘密不受侵犯的权利等内容。

5.社会经济权利。我国宪法规定的公民的社会经济权利主要有：公民的财产权、劳动权、劳动者休息权、退休人员的生活保障权、获得物质帮助和受教育权。

6.获得权利救济的权利。权利救济是权利保障的最后手段，也是权利保障的一个不可缺少的重要环节。它具体包括提起申诉、控告的权利，取得国家赔偿的权利以及取得国家补偿的权利。

我国宪法规定的公民基本权利是现实的和有保障的。首先，宪法明确宣示自己具有最高的法律效力，其他法律法规必须以宪法为依据而制定。其次，宪法规范国家权力的范围及其运行方式，确保国家权力不得侵犯公民权利。最后，宪法对公民基本权利的实现规定了具体的措施。

(三)公民基本义务

基本义务(Basic duty)是指宪法规定的公民必须履行的法律责任。公民的基本义务是社会和国家对公民最重要的、最基本的要求,决定着公民在国家生活中的政治与法律地位。

《宪法》第33条第3款规定:"任何公民享有宪法和法律规定的权利,同时必须履行宪法和法律规定的义务。"上述规定表明,公民不仅是享有基本权利的主体,而且是履行基本义务的主体。对国家来讲,公民的基本义务就是国家的权利,国家有权要求公民按照宪法和法律的规定,做出一定行为或者不为一定行为,否则就要受到舆论的谴责、纪律的处分,严重的还要承担法律责任。我国公民基本义务的主要内容:

1.维护国家统一和民族团结。《宪法》第52条规定:"中华人民共和国公民有维护祖国统一和全国各民族团结的义务。"国家统一与各民族团结是进行现代化建设的重要保证。维护国家统一是指维护国家主权独立和领土完整。国家主权是国家最重要的属性,是国家独立自主地处理国内、外交事务,管理自己国家的权力。对于我国的国家主权,任何人都不得以任何方式把它割让,也不允许任何人进行分裂、破坏或者危害国家政权的统一管辖权。在我国,维护国家统一的重要内容与标志是维护民族团结。我国是统一的多民族国家,能否正确处理民族关系对国家的统一和稳定将产生重要的影响。根据我国宪法和民族区域自治法的规定,一切破坏民族团结、制造民族分裂的行为都将受到法律的追究。

2.遵守宪法和法律,保守国家秘密,爱护公共财产,遵守劳动纪律,遵守公共秩序,尊重社会公德。

(1)遵守宪法和法律。遵守宪法和法律的义务是指公民有忠于宪法和法律,维护宪法和法律尊严,保护宪法和法律实施的义务。一切违反宪法和法律的行为必须予以追究。

(2)保守国家秘密。国家秘密是指关系国家的安全和利益,依照法定程序确定,在一定时间内只限一定范围的人知悉的事项。保守国家秘密就是要保护国家秘密不被泄露和遗失。

(3)爱护公共财产。公共财产是指全民所有制财产和劳动群众集体所有制财产。《宪法》第12条规定:"社会主义的公共财产神圣不可侵犯。国家保护社会主义的公共财产。禁止任何组织或者个人用任何手段侵占或者破坏国家的和集体的财产。"

(4)遵守劳动纪律。劳动纪律是指劳动者在从事社会生产和进行工作的时候,必须遵守和执行的劳动秩序和劳动规则及其工作程序。

(5)遵守公共秩序。公共秩序包括社会秩序、生产秩序、教学科研秩序。公共秩序是保证安定团结的政治局面，进行现代化建设的重要条件。

(6)尊重社会公德。宪法规定的社会公德，是人们在生产、工作和生活中必须遵守的道德标准。其核心内容是爱祖国、爱人民、爱劳动、爱科学、爱社会主义。开展爱国主义教育是加强社会公德教育的重要内容。

3.维护祖国的安全、荣誉和利益。《宪法》第54条规定："中华人民共和国公民有维护祖国的安全、荣誉和利益的义务，不得有危害祖国的安全、荣誉和利益的行为。"

(1)维护祖国安全。是指国家的领土完整和主权不受侵犯，国家政权不受威胁。任何组织和个人进行危害中华人民共和国国家安全的行为都必须受到法律追究。

(2)维护祖国荣誉。是指国家的声誉和荣誉不受损害，对有辱祖国荣誉、损害祖国利益的行为给予法律制裁。

(3)维护祖国利益。祖国利益是国家共同利益的集中体现，是相对集体利益和个人利益而言的。公民在享受宪法规定的权利和利益的同时，必须自觉地维护祖国利益，与损害祖国利益的行为作斗争。

4.保卫祖国，依法服兵役和参加民兵组织。《宪法》第55条规定："保卫祖国、抵抗侵略是中华人民共和国每一个公民的神圣职责。依照法律服兵役和参加民兵组织是中华人民共和国公民的光荣义务。"

国家的主权独立、领土完整是我国现代化建设和其他事业能够顺利进行的关键，它不仅关系到祖国的前途和命运，而且关系到人民生活的安定和幸福。因此，保卫祖国、依法服兵役和参加民兵组织是每一位公民的光荣职责。

5.依法纳税。纳税义务是指纳税人依法向税收部门按一定比例缴纳税款的义务。纳税作为法律义务，具有强制性。国家对拒绝纳税或者偷税、骗税、抗税的行为，将给予法律制裁。

在法治国家，纳税额是根据纳税者的能力来确定的，社会各阶级普遍接受，可以缓解收入不公造成的矛盾，维护社会稳定。税收作为国家进行宏观调控的经济杠杆，有利于调节经济运行，而且政府通过税收为纳税人提供公共设施和公共服务。

6.其他方面的义务。除以上谈到的公民的基本义务外，我国宪法还规定了公民的四项义务：(1)劳动的义务。(2)受教育的义务。(3)计划生育的义务。实行计划生育，控制人口增长，是我国的一项基本国策。所以，凡是已婚的有生育能力的公民，夫妻双方都有责任依照宪法和有关法规的规定，履行计划生育的义务。(4)父母和子女的抚养与赡养义务。《宪法》第49条第3款规定："父母有抚养教育未成年子女的义务，成年子女有赡养扶助父母的义务。"

五、国旗、国徽、国歌和首都

(一)国旗

国旗是一个国家的标志,代表着一个国家和民族的尊严。国旗的意义和象征一般都表现在其颜色和图案上。1949 年 9 月 27 日中国人民政治协商会议第一届全体会议通过《关于中华人民共和国国都、纪年、国歌、国旗的决议》,规定中华人民共和国国旗为红底五星旗,是中华人民共和国的象征和标志。旗面的红色象征革命,旗上的五颗五角星及其相互关系象征中国共产党领导的革命人民大团结,五星用黄色是为着在红底上呈现光明,黄色较白色明亮美丽,四颗小五星各有一尖正对着大星的中心点,这表示围绕着一个中心而团结,在形式上也显得紧凑美观。大星在旗的左上方,大星的外接圆直径为旗高的 3/10,四颗小星环拱于大星的右边,其外接圆直径为旗高的 1/10。旗面长方形,其长与高是固定的 3∶2。旗杆套为白色,是为了与旗面的红色相区别,其宽窄根据需要决定。

国旗的升挂使用有以下几种情况:

1. 每日升挂国旗。一些场所或机构所在地,天安门广场、新华门、中央最高国家机关、政治协商会议全国委员会、外交部、出境入境机场、港口、火车站和其他边境口岸、边防海防哨所等处,均应当每日升挂国旗。

2. 工作日和学习日升挂国旗。国务院各部门、地方各级国家机关、政治协商会议地方各级委员会,应当在工作日升挂国旗。

3. 节庆日升挂国旗。在全国法定的节庆日,各级国家机关和人民团体都应升挂国旗。企事业组织、村民委员会、居民委员会、城镇居民院以及广场、公园等公共场所,都可升挂国旗。举行重大庆祝、纪念活动和大型文体活动,也可升挂国旗。

4. 下半旗志哀。如遇国家主席,全国人大常委会委员长,国务院总理,中央军委主席,政协全国委员会主席,对国家、对世界和平或者人类进步事业作出杰出贡献的人士逝世,应下半旗志哀。发生重大伤亡的不幸事件或者严重自然灾害造成重大伤亡时,也可以下半旗志哀。

(二)国徽

国徽是以图案为形式的国家特有象征和国家间区别的标志。国徽的式样、图案和使用办法,一般都由一个国家的宪法或法律加以规定。中华人民共和国国徽图案的内容为国旗、天安门、齿轮和谷穗。齿轮和谷穗象征工人阶级领导下的工农联盟,天安门表示中国人民从五四运动以来进行新民主主义革命斗争的胜利,同时标志着人民民主专政的中华人民共和国的诞生,形象地体现了我国各族人民的革命传统和民族精神。用国旗上的五星代表中国共产党领导的各族人民的大团结,我国的国徽鲜明地反映了新中国的国家性质。

国徽的使用办法是:县级以上各级人民代表大会常务委员会、县级以上各级人民政府、中央军事委员会、各级人民法院和专门人民法院、各级人民检察院和专门人民检察院、外交部、国家驻外领使馆和其他外交代表机构,均应当悬挂国徽。北京天安门城楼、人民大会堂、县级以上各级人民代表大会及其常务委员会会议厅、各级人民法院和专门人民法院的审判庭、出境入境口岸的适当场所也应当悬挂国徽。乡、民族乡、镇的人民政府也可以悬挂国徽。

国徽印刻的使用:全国人大常委会、中央军委、最高人民法院、最高人民检察院的印章,应当刻有国徽图案。全国人大各专门委员会、国务院办公厅及各部委,以及县以上各级人大常委会、人民政府、人民法院、人民检察院的印章,也应刻有国徽图案。全国人大常委会、国家主席和国务院颁发的荣誉证书、任命书、外交文书;国家主席、全国人大常委会委员长、国务院总理、中央军委主席、最高人民法院院长和最高人民检察院检察长,以职务名义对外使用的信封、信笺、请柬等,均应印有国徽图案。全国人大常委会公报、最高人民法院和最高人民检察院的公报封面,国家出版的法律、法规正式版样的封面,也要印有国徽图案。

(三)国歌

国歌是一个国家政府制定或采用的代表国家的歌曲。在举行隆重集会、庆典和国际交往中的仪式等场合,通常都要演奏或演唱国歌,世界各国一般都有国歌。

中华人民共和国的国歌是《义勇军进行曲》。聂耳作曲,田汉作词。1949 年 10 月 1 日的开国大典,奏响了中华人民共和国的国歌——《义勇军进行曲》。1982 年 12 月 4 日,第五届全国人民代表大会第五次会议通过关于中华人民共和国国歌的决议。第十届全国人大二次会议于 2004 年 3 月 14 日通过宪法修正案,在《宪法》中增加了国歌的规定,赋予了国歌以宪法地位,有利于维护国歌的权威性和稳定性,增强人民的国家认同感和国家荣誉感。

根据 1984 年 8 月 1 日拟定的《关于中华人民共和国国歌奏唱的暂行办法》的规定,可以奏唱国歌的场合是:重要的庆典或政治性公众集会开始时,正式的外交场合或重大的国际性集会开始时,遇有维护国家尊严的斗争场合;不可以奏唱国歌的场合是:私人婚丧庆悼,舞会、联谊会等娱乐活动,商业活动。集会奏唱国歌时,应肃立致敬,不得交谈、击节或鼓掌。国歌不得与其他歌曲紧接奏唱,但遇有举行接待国宾的仪式和国际性的集会,则可连奏有关国家的国歌。另外,军人在奏唱国歌的场合应立正,行注目礼,军容要严整,表情要肃穆。

(四)首都

首都亦称国都、京城、京师、首府,是国家最高权力机关所在地,通常是一国政治、经济、文化、军事、交通运输和国际间联络的中心。首都一般由各该国的政府决定或宣布。

1949 年 9 月 27 日中国人民政治协商会议第一届全体会议一致通过中华人民共和国定都于北平的决议，并决定自即日起改北平为北京。1954 年、1975 年、1978 年、1982 年宪法都规定："中华人民共和国的首都是北京。"

第二节　行政法

一、行政法的概念

行政法（Administrative law）作为一个法律部门，是调整国家行政管理活动中各种社会关系的法律规范的总和，具体说是指行政主体在行使行政职权和接受行政法制监督过程中而与行政相对人、行政法制监督主体之间发生的各种关系，以及行政主体内部发生的各种关系的法律规范的总称。它由规范行政主体和行政权设定的行政组织法、规范行政权行使的行政行为法、规范行政权运行程序的行政程序法、规范行政权监督的行政监督法和行政救济法等部分组成。其重心是控制和规范行政权，保护行政相对人的合法权益。

在我国，属于行政法部门的规范性法律文件除了主要由我国最高行政机关——国务院制定以外，还包括由全国人大及其常委会和有关地方人大及其常委会制定的某些规范性法律文件。

行政法有一般行政法（又称行政法总则）和特别行政法（又称行政法分则）之分。一般行政法指所有特别行政法都共同适用的法律规范，我国一般行政法规范性法律文件十分缺乏，亟待完善。特别行政法是关于各专门行政职能部门管理活动的法律规范。无论一般行政法还是特别行政法又都可以分为行政实体法和行政程序法。我国行政程序法也是亟待加强的。

作为行政法调整对象的行政关系主要包括四类：

（一）行政管理关系

即行政机关、法律法规授权的组织等行政主体在行使行政职权的过程中，与公民法人和其他组织等行政相对人之间发生的各种关系。

（二）行政法制监督关系

即行政法制监督主体在对行政主体及其公务人员进行监督时发生的各种关系。

（三）行政救济关系

即行政相对人认为其合法权益受到行政主体做出的行政行为的侵犯，向行政救济主体申请救济，行政救济主体对其申请予以审查，作出向相对人提供或不提供救济的决定而发生的各种关系。

（四）内部行政关系

即行政主体内部发生的各种关系，包括上下级行政机关之间的关系，平行行政机关之间的关系，行政机关与其内设机构、派出机构之间的关系，行政机关与国家公务员之间的关系，行政机关与法律、法规授权组织之间的关系，行政机关与其委托行使某种行政职权的组织的关系，等等。

二、行政法的特征

（一）形式特征

行政法没有统一、完整的法典，没有如同刑法典、民法典那样系统、完整的行政法典。行政法数量多，具有多种法律渊源。

（二）内容广泛

行政法内容广泛，从行政组织、行政管理到行政救济，从税务管理、公安管理、民政管理、工商管理到卫生管理、教育科技文化体育管理，等等，包罗万象，从传统的治安、国防、税收、财政、外交等领域，到工商、环境保护、卫生保健、劳动保护、妇女、儿童保障、社会福利等在内的几乎所有的社会生活领域。

（三）易于变动

在行政法规范中，以行政法规、规章形式表现的具体规范的稳定性相对较差。

（四）行政法中往往包含实体与程序两种规范

行政实体法和行政程序法是行政法的两个组成部分。行政实体法主要体现为行政许可、行政主体和行政相对方实体的职权与职责、权利与义务关系的法律规范；行政程序法主要体现为保障实体的职权和职责、权利与义务得以实现的法律规范，侧重体现为行政主体为实施行政管理目标而做出行政行为所遵循的方式、步骤、顺序和时限的法律规范。行政法的实体规范和程序规范在具体的行政法律规范中并没有明确的划分，对行政程序法的认识仅仅是行政法理论界依据各自不同的主观标准形成的某种程度上的共识。

三、行政法的基本原则

（一）依法行政原则

依法行政原则，即行政机关必须依法行使行政权。该原则具体又可分为4项子原则：

1. 法律优先原则。指法律位阶高于行政法规、行政规章和行政命令，一切行政法规、行政规章和行政命令皆不得与法律相抵触。

2.法律保留原则。指《立法法》第8条所规定的事项只能由法律规定。又分为绝对保留和相对保留。前者如有关犯罪和刑罚、对公民政治权利的剥夺和限制公民人身自由的强制措施和处罚、司法制度等事项，必须由法律规定，不得授权行政机关作出规定；后者如《立法法》第8条规定的其他事项，全国人民代表大会及其常务委员会可以授权国务院先制定行政法规。

3.职权法定原则。指行政机关的任何职权的取得和行使，都必须依据法律规定，否则不得行使。

4.责任政府原则。指行政机关和国家公务员违法行政必须承担法律责任：既包括行政机关的行政行为被撤销、变更的责任和行政赔偿责任等，也包括国家公务员因违法失职而应承担的行政处分责任和引咎辞职责任等。

（二）合理行政原则

合理行政原则，即行政机关做出的行政行为内容要客观、适度、符合理性。合理行政原则产生的主要原因是行政自由裁量权的存在与扩大。自由裁量权指行政机关的自行决定权，即对具体行政行为的方式、范围、种类、幅度等的选择权。尽管从机关性质上来说，行政机关应当是执行法律的机关，其行为皆应依法实施；但由于行政事务的复杂性，立法机关不可能通过严密的法律规范完全约束行政行为，故不得不在事实上和法律上承认行政机关的一定程度的行为选择权，即自由裁量权。诚然，为了执行公务的需要，行政裁量权必须存在；但与此同时，由于行政裁量权较少受到法律的约束，因而常常产生滥用的事实或出现行政处罚显失公正的后果。无论行政裁量权的滥用或行政裁量显失公正，都是对行政法治的破坏。因此，我们既应当承认自由裁量权的作用，又应当加强对自由裁量权的控制。

合理行政原则作为一项普遍适用的行政法的基本原则，其具体要求是：

1.行政行为的动因应符合行政目的。

2.行政行为应建立在正当考虑的基础之上。

3.行政行为的内容应客观、适度、合乎情理。

这三点具体要求反映着合理行政原则的内涵。

（三）行政应急性原则

行政应急性原则，是指在特殊紧急情况下，基于国家安全、社会秩序或公共利益的需要，行政机关可以采取没有明确法律依据的或与通常状态下法律规定相抵触的措施。它是合法性原则的例外，但是，应急性原则并非排斥行政合法性原则、排斥任何法律控制，不受限制的行政应急权力同样是不容许的。一般而言，行政应急权力的行使应符合以下几个条件：

1.存在明确无误的紧急危险。

2.非法定机关行使了紧急权力,事后应由有权机关予以确认。

3.行政机关做出的应急行为受到有权机关的监督。

4.行政应急权力的行使应当适当,应将负面损害控制在最小的程序范围内。

四、我国行政法的渊源

行政法的渊源,是指行政法律规范的外部表现形式和来源。我国行政法的来源广泛,主要是宪法,各类国家机关所创制的具有法律效力的规范,包括行政法规、行政规章、地方性法规、民族自治条例和单行条例等。

第三节 民 法

一、民法的概念

民法(Civil law)部门是调整平等主体的公民之间、法人之间、公民和法人之间的财产关系和人身关系的法律规范的总和。其中,财产关系是指人们在产品的生产、分配、交换和消费过程中所形成的具有经济内容的关系。民法所调整的财产关系是平等主体之间发生的财产所有和财产流转关系。人身关系是指与人身密切相联系而无直接财产内容的社会关系、人格关系和身份关系。

我国民法部门主要由《民法通则》和单行民事法律组成,它们构成民法部门的主体。此外,还包括一些单行的民事法规。我国《民法通则》是民法部门的基本法。它不仅规定了各种民事法律共同适用的内容,而且对整个民法的内容作了概括的规定,对其他民事立法具有指导意义。民法部门所包含的单行民事法律主要有:《商标法》《专利法》《继承法》《著作权法》《票据法》《担保法》《保险法》《合同法》《物权法》《婚姻法》《侵权责任法》。应该注意到由于我国实行民商合一的原则,所以商法也属于民法部门。

二、民法的特征

(一)民法是权利法

我国民法所确认的民事主体所享有的人身权、物权、债权、知识产权、继承权、涉外权等都是民事主体的基本权利。民法保护民事主体各项权利的功能,集中体现了法律的基本价值。从我国民法的立法体例看,采用的是权利本位的立法体例。以权利为核心是不同历史时期民法的共性。

(二)民法是私法

理论上一般认为,公法是规定国家事务的法律,私法是规范私人利益的法律。

(三)民法是实体法

民法为司法裁判提供了一套基本的体系、框架、规范和术语,但不是程序性的规定。

(四)民法主要是任意性规范

民法主要通过任意性规范而不是强制性规范来调整交易关系。它反映出国家或政府把对经济活动的干预限制在合理的范围内,目的是促进市场经济的自由和良性的发展。

三、民法的基本原则

(一)平等原则

平等原则是民事法律关系区别于行政法律关系和刑事法律关系的重要标志。民法的平等原则是指,民法赋予民事主体平等的民事权利能力,并要求所有民事主体同受普遍性法律的约束。这一原则的具体内容为:

1.民事主体资格(民事权利能力)平等。

2.任何民事主体在民事关系中的法律地位都是平等的。

3.民事主体在民事活动中平等地享有民事权利和承担民事义务。

4.民事主体所享有的民事权益平等地受到法律保护。这一原则是由民法调整对象的特点决定的。我国民法调整的社会关系是平等主体之间的财产关系和人身关系,因而平等原则必然贯穿我国民法始终。

(二)自愿原则

自愿原则是指民事主体在不违反国家强制性规定的情况下,有权依自己的意愿从事民事活动。当事人从事民事活动必须自主自愿,任何民事主体都不能借助于经济优势或行政权力强迫他人进行某种行为或不进行某种行为。这一原则的具体内容为:

1.民法在规范民事主体的行为方面,体现当事人意思自治。

2.民事主体根据自己的意愿设立、变更或终止民事法律关系,他人不得非法干预。

3.双方或多方当事人实施民事行为由当事人自愿协商。

(三)公平原则

公平原则是指民事主体在实施民事法律行为时,应当兼顾各方当事人的利益,正当行使权利和履行义务。公平原则实际上是社会主义道德规范的法律化。当事人从事民事活动必须公平合理,不能随意抬价压价,损害对方利益,不能乘人之危,强迫对方接受不合理的条件。这一原则的具体内容为:

1. 民法规范要求民事主体在权利、义务与责任的承担上，体现公平原则，兼顾各方利益。

2. 该原则主要是作为当事人在合同关系上应当遵循的原则。

3. 人民法院在审理民事案件中，对于当事人没有明确约定的，应当遵循这一原则。

（四）诚实信用原则

诚实信用原则是指民事主体在实施民事行为中，应诚实守信，以善意的方式履行其义务，不得滥用权力及规避法律或合同规定的义务。这一原则体现在合同关系中，具有很高的效力，起到平衡个人利益与社会利益、国家利益的作用，并且具有禁止权力滥用的功能。这一原则的具体内容为：

1. 民事主体行使民事权利，与他人建立民事法律关系，均应诚实，不损害他人利益和社会利益。

2. 民事主体在不履行义务造成他人损失时，应当自觉承担责任。

3. 民事案件的裁判人员处理民事案件，应当贯彻诚实信用原则，保护各方当事人的合法权利，平衡当事人的利益。

（五）公序良俗原则

公序良俗原则是指民事主体的行为应当遵守公共秩序，符合善良风俗，不违反国家的公共秩序和社会的一般道德。这一原则在《民法通则》的第 7 条中有明确规定。公共秩序是指国家社会的存在及其发展所必需的一般秩序。善良风俗是指国家社会的存在及其发展所必需的一般道德。

民事活动必须遵守法律，法律没有规定的，应当遵守国家政策。同时，民事活动应当尊重社会公德，不得损害社会公共利益。

（六）禁止权利滥用原则

在法律上，滥用权利的行为是被禁止的，因为这一行为有损于社会利益和他人利益。构成滥用权利的条件一般包括：当事人有权利存在；当事人有行使权利的作为和不作为；当事人有滥用权利的违法性。权利人行使权利在法律上是应当的，但是，如果滥用权利，就可能给社会和他人带来危害。因此，行使权利应当在法律许可的范围内进行。

四、我国民事立法情况

1986 年 4 月 12 日，全国人民代表大会通过了《民法通则》。这部法律的特点是，以传统民法典总则部分的内容为基干，对传统民法典分则的内容作了简要规定。

全国人民代表大会于 1999 年 3 月 15 日通过了《合同法》、2007 年 3 月 16 日通过了《物权法》。此外，我国现有的《婚姻法》《继承法》等对民法分则中的部分内容作了具体规定。

另外，一些被学理上称为商事法律的部门，作为民事特别法出现在我国的民商法律体系中，如《公司法》《票据法》《海商法》《保险法》《证券法》等。一些知识产权方面的民事特别法也相继产生，如《著作权法》《专利法》《商标法》。还有一些涉及土地、房地产等的民事特别法也加入到民法体系中。

第四节　刑　法

一、刑法的概念与刑法解释

刑法(Criminal law)是规定犯罪(Crime)、刑事责任(Legal responsibility)和刑罚(Penalty)的法律规范的总和。刑法有广义刑法与狭义刑法之分。广义刑法是指一切规定犯罪、刑事责任和刑罚的法律规范的总和。它不仅仅指刑法典，还包括单行刑法以及非刑事法律中的刑事责任条款(也称附属刑法)。狭义刑法指系统规定犯罪、刑事责任和刑罚的刑法典，是刑法部门中居主导地位的规范性法律文件。在中国，即指1979年7月1日第五届全国人民代表大会第二次会议通过、1997年3月14日第八届全国人民代表大会第五次会议修订的《中华人民共和国刑法》(简称《刑法》)。

与广义刑法、狭义刑法相联系，刑法还可以区分为普通刑法与特别刑法。普通刑法是指具有普遍使用效力的刑法，实际上即指刑法典。特别刑法是指仅使用于特定的人、时、地、事(犯罪)的刑法。在我国，也就是指单行刑法和附属刑法。如:《中华人民共和国逮捕拘留条例》、全国人大常委会《关于严惩严重危害社会治安的犯罪分子的决定》《关于严惩破坏经济的罪犯的决定》《关于严惩走私罪的补充规定》《关于惩治贪污罪贿赂罪的补充规定》等。此外，在一些有关经济、行政的法律、法规中，有一些对构成犯罪的行为在此照刑法有关条款追究刑事责任的法律规范，这些规范也是刑法的组成部分。

刑法解释按其效力分为立法解释、司法解释和学理解释三种。立法解释，即由立法机关所作的解释，具有与法律同等的效力。包括在刑法或相关法律中所作的解释性规定，在法律起草说明中所作的解释，在刑法施行过程中对发生歧义的规定所作的解释。司法解释，即最高人民法院和最高人民检察院就审判和检察工作中如何具体应用法律问题所作的解释，具有普遍适用的效力。学理解释，即未经国家授权的机关、团体、社会组织、学术机构以及公民个人对刑法所作的解释，这些解释虽然没有法律效力，但对刑事司法及立法活动具有重要参考价值。

二、刑法的特征

（一）公法的特征

公法是与私法相对应的概念，公法是指涉及公共利益，尤其是国家利益的法律。而私法是指涉及私人利益的法律。公法调整的是纵向的法律关系，在公法关系中，国家与个人处于法律上的从属地位。而私法调整的是横向的法律关系，在私法关系中，公民之间处于法律上的平等地位。刑法作为一种公法，个人处于受国家权力支配的法律地位，只要主体的行为触犯刑律构成犯罪，即应受到司法机关的刑事追究。

（二）刑事法的特征

刑事法是与民事法、行政法相对应的概念，指以犯罪为规制对象，围绕犯罪的侦查、认定与刑罚的裁量、执行及其程序的法律规范总和。凡与刑事（犯罪）有关的一切法律，均可称之为刑事法。这个意义上的刑事法，包括刑法、刑事诉讼法、监狱法等，被称为全体刑法。刑事法的特点是与犯罪相关，在这个意义上，刑事法可以说是犯罪规制法，从而区别于民事法和行政法。在刑事法中，刑法居于核心地位，是主法，是实体法，又称为本体刑法。其中，主法是与助法相对而言的，助法是指从属性法律或者辅助性法律，程序法往往被认为是助法，而主法是指规定权利义务之实体内容的法律，实体法往往被认为是主法。刑法作为刑事法，与犯罪和刑罚具有密切联系，可以说是刑事基本法。

（三）强行法的特征

强行法是与任意法相对应的概念。任意法又称任意性法律规范，指在法定范围内允许法律关系参加者自己确定相互权利义务的具体内容的法律规范。而强行法，又称为强行性法律规范，指必须绝对执行的法律规范。在法学理论上，一般认为刑法主要是强行法，只有告诉才处理的情况下才具有任意法的性质；而民法主要是任意法，只有少数强行性法律规范。刑法由于具有这种强行法的特征，国家强制力体现得更为明显。

三、刑法的基本原则

刑法的基本原则，是指贯穿全部刑法规范、具有指导和制约刑事立法和刑事司法意义，并体现刑事法制基本精神、在制定和适用刑法过程中必须遵循的具有全局性和根本性的准则。

（一）罪刑法定原则

罪刑法定原则，即什么行为是犯罪，各种犯罪的构成要件和应惩处的刑罚，以及各个刑种如何具体适用等，都必须由刑法明文规定。也就是“法无明文规定不为罪，法无明文规定不处罚”。禁止不利于行为人的溯及既往和类推适用。《刑法》第3条规定：法律明文规定为犯罪行为的，依照法律定罪处刑；法律没有明文规定为犯罪行为的，不得定罪处刑。

（二）平等适用刑法原则

平等适用刑法原则，即刑法面前人人平等，是指对于一切人的犯罪都应平等地适用刑法，依法追究刑事责任，不允许有任何超越法律的特权；对于一切人的合法权益都要平等地加以保护，不允许有任何歧视。

（三）罪刑相当原则

罪刑相当原则，又称罪刑相适应原则、罪刑均衡原则，指根据罪行危害性的大小决定处刑的轻重。在确定刑罚轻重时，不仅应当考察犯罪行为造成的社会危害性，而且应当分析犯罪分子的主观恶性和人身危险性，在综合考虑决定和影响刑事责任的各种主观和客观因素基础上，确定与罪行轻重和刑事责任程度相适应的刑罚。即重罪重罚，轻罪轻罚，罪刑相当，罚当其罪。

第五节　诉讼法

一、诉讼法的概念

诉讼法（Procedural law）又称诉讼程序法，是有关各种诉讼法的法律规范的总和，是打官司时所应遵循的行为规范。其内容主要包括关于司法机关与诉讼参与人进行诉讼活动的原则、程序、方式和方法；关于司法机关与诉讼参与人间的权利和义务；关于检察与监督诉讼活动，特别是侦查、司法活动是否合法以及纠正错误的原则、程序、方式和方法；有关执行程序等方面的法律规定。

规范诉讼活动的法律在中国主要包括《刑事诉讼法》《民事诉讼法》《行政诉讼法》。在法治比较发达的国家，除了以上三大诉讼法外，一般还有宪法诉讼（中国目前还没有宪法诉讼，因此没有规范违宪案件审理的程序法）。另外，诉讼法部门还包括《仲裁法》《监狱法》《律师法》等。

二、行政诉讼法

（一）行政诉讼法的概念

行政诉讼法（Administrative procedural law）是指调整人民法院、当事人和其他诉讼参与人行政诉讼活动的法律规范的总和。

（二）中国行政诉讼法的主要特点

1. 规定被告一方是国家行政机关（及其工作人员），行政案件是当事人控告政府机关(及其工作人员)的案件。

2. 其解决的纠纷,是政府机关进行行政管理活动过程中同行政管理相对一方当事人之间发生的行政纠纷。

3. 其规定的行政诉讼,是法律规范明文规定的当事人可以向法院控告政府(及其工作人员)的诉讼。

4. 行政诉讼双方当事人所争议的标的,只能是行政机关的具体行政行为。

5. 行政诉讼不适用调解。

三、民事诉讼法

民事诉讼法(Civil procedure law)是指调整人民法院、当事人和其他诉讼参与人民事诉讼活动的法律规范的总和。民事诉讼法有狭义和广义的区分。狭义上的民事诉讼法是指民事诉讼法典,即国家最高权力机关颁布的关于民事诉讼的系统性、专门性法律。《民事诉讼法》是我国现行的民事诉讼法典。广义上的民事诉讼法是指宪法和其他法律中有关民事诉讼的规范,以及最高人民法院所作的有关民事诉讼的司法解释等。

四、刑事诉讼法

刑事诉讼法(Law of Criminal Procedure),是指国家制定的司法机关在当事人和其他诉讼参与人参加下所进行的有关刑事诉讼活动必须遵守的法律规范的总称。其内容主要是有关刑事诉讼的任务、基本原则、司法机关在诉讼中的职权和相互关系、诉讼参与人的诉讼权利和义务、证据制度以及如何进行刑事诉讼的具体程序的规定。

刑事诉讼法有狭义与广义之分。狭义的刑事诉讼法,是指国家立法机关制定的规定刑事诉讼原则、制度和程序的刑事诉讼法典。1979 年 7 月 1 日第五届全国人民代表大会第二次会议通过、1996 年 3 月 17 日第八届全国人民代表大会第四次会议修正的《中华人民共和国刑事诉讼法》(以下简称《刑事诉讼法》),就是狭义的刑事诉讼法。广义的刑事诉讼法,是指规定刑事诉讼原则、制度和程序的所有法律规范。除狭义的刑事诉讼法典外,还包括其他法律规范中关于刑事诉讼原则、制度和程序的规定,如国家立法机关制定颁布的其他法律、法令、条例、决议、决定,以及《人民法院组织法》《人民检察院组织法》中有关刑事诉讼程序的规定。

第六节　其他部门法

一、经济法

经济法(Economic rules and regulations)是调整经济管理和经济运行过程中产生的经济关系的法律规范的总称。在我国,经济法是随着新中国的诞生、成长而产生和发展的。广义的经济法泛指所有调整经济关系的法律、法规。狭义的经济法是调整国家在经济管理中发生的经济关系的法律规范的总称。作为法律部门的经济法是从狭义上来讲的。我国经济法主要由规定以下几方面内容的单行法律、法规组成,即:有关指导经济体制改革的规定;有关国民经济计划管理和宏观调控的法律规范;有关各类企业管理的法律规范;有关规范市场主体、维护市场秩序的法律规范。

二、环境与资源保护法

环境与资源保护法(Environment and conservation law),即自然资源和环境保护法。是关于保护环境和自然资源、防治污染和其他公害的法律规范的总称。其中自然资源法主要指对各种自然资源的规划、合理开发和利用,以及治理和保护方法的法律法规。环境保护法是保护人类生存环境,防治污染和其他公害的法律法规。包括污染防治法、资源(能源)法、自然保护法、土地法、国土法、区域发展法或城乡规划建设法等。既调整人与人的关系,也调整人与自然的关系;既保护有利于统治阶级的社会环境、社会关系和社会秩序,也保护人类共享的自然环境,更强调保护人与自然和谐共处的关系和秩序。环境问题的综合性、环境保护对象的广泛性和保护方法的多样性,决定了环境资源法是一个高度综合化的法律部门;相关法律部门的交叉和相关学科的渗透,则为这种综合性奠定了雄厚的基础。它不仅反映社会经济规律和自然生态规律,还反映人与自然相互作用的规律(有人称为环境规律)。保护环境资源已成为全人类的共同要求,保护环境资源的事业已成为公益性事业。

三、劳动及社会保障法

劳动法(Labor law)是调整劳动关系以及与劳动关系有密切联系的其他社会关系的法律规范的总和。属于该法律部门的法律规范主要包括有关用工制度和劳动合同方面的法律规范;有关职工参加国有企业管理、工作时间和劳动报酬方面的法律规范;有关劳动安全和卫生规则的法律规范;有关劳动纪律和奖励办法的法律规范；有关劳动保障和生活福利制度的法律规范；有关职工培训办法的法律规范；有关处理劳动争议的程序和办法的法律规范；工会法；对年老、患病残疾人等实行的社会保障制度方面的法律规范；以及有关劳动制度改革的法律规范。

四、军事法

军事法(Military legislation)是有关军事管理和国防建设方面的法律规范的总和。我国军事法部门主要包括由全国人民代表大会及其常务委员会制定的规范性法律文件。例如1981年全国人大常委会通过的《惩治军人违反职责暂行条例》、1984年全国人大常委会通过的《兵役法》《中国人民解放军军衔条例》《中华人民共和国预备役军官法》。

各国的军事立法体制不尽相同，依据其立法权限和法律效力等级，一般可区分为多个层次。例如，美国的军事立法一般是由国会通过与颁布，总统也有权发布军事行政命令，国防部长有权颁布国防部指令，各军兵种部长有权颁布条例、条令。

现代军事法作为调整军事领域各种社会关系的较为完备的法律体系，虽然因各国的具体情况不同而内容结构有所不同，但从总体上看，通常都包括军事基本法和若干方面的部门法。

五、国际法

(一)国际法的概念

国际法(International law)指适用主权国家之间以及其他具有国际人格的实体之间的法律规则的总体。国际法又称国际公法，以区别于国际私法。国际法与国内法截然不同，国内法是一个国家内部的法律，它调整在其管辖范围内的个人及其他法律实体的行为。

(二)国际法的产生

国际法是西方世界的三重发展过程的产物，即中世纪的欧洲社会瓦解，进入近代欧洲社会的过程；近代欧洲社会向外扩张的过程；处在发展中的国际社会里，权力逐渐集中到数量迅速减少的主要世界强国手中的过程。

(三)国际法立法方式

国际法的立法方式，《国际法院规约》第38条将国际法的主要造法方式，即国际法规则形成的方式归结为三个方面：条约、国际习惯法和为各国承认的一般法律原则。这已得到几乎是普遍一致的赞同。国际法的基本原则是：各国主权平等，互相尊重主权和领土完整，互不侵犯，互不干涉内政，平等互利，和平共处，和平解决国际争端，禁止以武力相威胁和使用武力，以及民族自决原则等。

第二编

卫生法学基础

第三章　卫生法学概述

卫生法学是我国社会主义法学体系的重要组成部分，是一门自然科学和社会科学相互渗透和交融的新兴的正在发展中的法律学科。要学习和研究卫生法学与卫生法，首先需要对卫生与法的内涵、卫生与法的关系等问题有必要的了解和科学的认识。

第一节　卫生与法的关系

一、卫生的概念

关于"法"的概念有如前述，这里着重讲述"卫生"的概念。

"卫生"(Health)是与现代生活密切相关的常用词，同时又是一个非常古老的词汇。"卫生"一词，古今意涵差异明显。最早出现在先秦时代的典籍《庄子》中，其含义为"养生""护卫生命"。至晚清时，已渐渐开始将"卫生"和"保身"等词汇看做是相通或相互通用的词汇，从而也就便利了人们将此前在"保身"名下介绍阐述的近代卫生知识注入"卫生"的内涵之中。随着社会的发展，卫生的概念发生了变化，特别是到了近代，生产力的发展使人类逐步从被动适应自然发展到主动适应和改造自然，而对于疾病的防治，也从被动适应开始向主动适应和战胜疾病转化。为增进健康、防治疾病，人类逐步采取了各种个人和社会措施。在此背景下，人们也开始了对卫生问题的探索，并认为卫生的主要含义是指为增进健康、预防疾病所采取的个人和社会措施，这一观点一直延续至今。《辞海》对卫生的解释是：为增进人体健康，预防疾病，改善和创造合乎生理要求的生产环境、生活条件所采取的个人和社会措施。最新版的《汉语大辞典》指出了卫生的四层含义：养生、保护生命；谓谋生存；保护生灵；能防止疾病，有益于健康。可见，随着社会的发展、时代的进步，"卫生"从概念的内涵、普及程度以及使用方式都在发生变化。在现代，"卫生"一词已被赋予了新的含义，有广义和狭义两种用法。狭义的卫生意指"清洁"，如"爱国卫生运动""讲究卫生"等。广义的卫生泛指为维护和增进人类健康、预防疾病、改善和创造合乎生理要求的生产环境和生活环境所采取的一切个人和社会活动的总和。具体讲至少有以下三个方面的含义：

(一)卫生是指一种个人和社会的行为措施

它包括:使人在出生前后有一个强健的身体素质;促使人体在生活和劳动过程中增强体质,在生命旅途中能避免和抵御外部环境的不良影响,并保持完满的精神状态和良好的社会适应能力;对患病者进行治疗,使之恢复健康。可以把这些概括为:优生优育,防疫与保健,医疗与康复。所谓个人行为措施,主要是指个人应该有良好的卫生习惯和卫生行为。正如世界卫生组织(World Health Oranization, WHO)指出的,健康的生活方式比任何复杂的医疗技术都要重要。所谓社会措施,是指国家采取的有利于人体健康、防治疾病,提高人的生命质量的社会行为。随着医学模式的转变,健康不仅仅是指身体没有疾病,还应该有完满的精神状态和良好的社会适应能力。无论个人还是社会的措施,都不能仅从合乎生理的要求考虑,还必须考虑到心理和社会因素对健康的重要影响。因为,健康不仅是没有疾病,而且包括躯体健康、心理健康、社会适应良好和道德健康。

(二)卫生已表现为一项重要的社会事业

随着人类物质文明和精神文明的不断提升,医药卫生已成为各国政府普遍关注的重要社会事业。卫生不再只是个人私事,而是关涉社会乃至民族、国家的公共事务,需要借助社会和国家的力量来加以处理。一方面,社会离不开卫生。医药卫生事业是国民经济和社会发展的重要组成部分,在社会进步和经济发展中发挥着不可替代的重要作用。人民的健康素质是衡量一个国家医药卫生发展水平,体现该国现代化水平和文明程度的重要标志,医药卫生通过多种途径和手段维护和增进人体健康,使人民获得可能的最高水平健康,以保护社会生产力,保障经济的持续发展和促进社会的进步。另一方面,卫生也离不开社会。因为卫生受到社会经济、政治、科技、文化、教育等方面的制约。卫生不仅是卫生部门的事,也应该是全社会的事,需要全社会的共同参与。所以,需要国家随着国民经济的发展逐步增加卫生事业经费的投入,同时调动全社会的力量,支持卫生事业的发展;通过卫生法手段,规范、调节卫生事业的发展。

(三)卫生已发展成为具有科学内涵的知识体系

在现代社会条件下,卫生作为一种行为措施和社会事业不应是盲目的,而是建立在科学基础之上的。卫生学科群和知识体系不仅包括硬科学学科和知识,也包括软科学学科和知识。这一学科群和知识体系的出现,使卫生教育得到发展,保证了卫生知识得到普及,提高了人民群众的卫生知识水平,也使卫生决策更加科学化。

二、卫生与法的一般关系

卫生与人类产生同步,而法却与国家产生同步,从源头讲两者的联系相去甚远。但是,自从有了国家,法律便开始对卫生进行规范。随着社会的发展、文明的进步,卫生与法的关系变得越来越密切。

(一)法律的社会性(社会职能)与卫生直接相连相通

作为制定法律的国家,不仅具有为统治阶级服务的作用,而且负有管理社会的职能。因此,法律不仅具有阶级性,同时具有社会性。前者表现为执行政治职能,即为实现阶级专政,调整各阶级的关系,维护统治阶级的统治秩序。后者表现为执行社会职能,即维护人类社会基本生活条件,维护正常的生产和交换秩序,确认技术规范,促进教育、科学、文化的发展等。法律在执行社会职能时,所调整的对象包含人和自然的关系、有关科学技术规范的内容。以科学技术规范为依据所制定的法律规范,其中包含以法律形式规定人们在医药卫生活动中应该做什么,不应该做什么,并具有强制性和普遍性的特点。

(二)保护人的生命健康权利是卫生与法律共同的价值追求

卫生与法相连相通的一个重要内容和基础是,实现和保护人的生命健康权利,是两者共同追求的价值目标。在生产力诸多要素中,人是最积极、最活跃的因素,要真正调动和发挥人的积极性和创造性,就必须不折不扣地实现宪法、法律赋予公民的广泛的人身权利、民主政治权利、经济权利、文化教育权利和劳动权利等基本权利,而其中生命健康权是最根本的权利,是享有和实现其他权利的前提和基础。只有充分实现和保障人民的生命健康权,才能解放和发展生产力。因此,实现和保护人的生命健康权利,既是人道主义的必然要求,也是法律的重要任务,更是医药卫生的根本任务。

三、卫生发展对法的影响

医药卫生发展对法的影响是全方位的,表现在法律意识、立法、执法和司法、法学研究等各个方面。

(一)对法律意识及法律思维的影响

法律意识是人们关于法律现象的思想、观点、知识和心理的总称。法律意识的形成和发展是法的形成和发展的前提条件,在法的创制和实施过程中,都不可能脱离法律意识的作用。医药卫生的发展,常常影响或启迪着人们的法律意识,导致人们法律思想观念的改变。例如,脑死亡标准正在为法学界和社会所接受;由于精神病学的发展,人们强调对犯罪的精神病理因素持宽容态度;随着活体器官捐献、活体器官移植的发展,传统民法中活人的器官不能作为权利客体的观念逐步被动摇,使器官移植的法律属性和规制发生变化,活人的器官成为合同标的物,等等。

(二)对立法的影响

1. 丰富了法的内容。医药卫生的发展丰富了法的内容。医药卫生的知识被不断地运用到法律领域。如我国的《婚姻法》中关于禁止直系血亲和三代以内的旁系血亲结婚，关于患麻风病未经治愈和患其他医学上认为不应当结婚的病人禁止结婚的规定，显然是建立在遗传学、生理学、病理学等现代医学基础上的。

2.向法律提出了新的挑战。医药卫生的发展，还对传统法律领域提出了许多新的问题，导致了传统法律领域的立法革新。如随着现代医学的进步，从生殖技术、克隆人到脑死亡、安乐死，从器官移植到基因工程，从高新医疗仪器设备的临床应用到远程医学教育，都会产生一系列新的法律问题，需要国家不断研究和制定新的医药卫生法律规范来引导、规制人们的行为，以真正促进医药科学的健康发展，更有成效地保障人民的生命健康权益。医学科学技术的发展，还导致了一系列有关医学科技管理问题，如医学科技成果的鉴定、奖励、保护、推广和应用等法律规定的产生。

3.扩展了法的规范形式。医药卫生的发展，还把大量原本属于纯粹技术规范的各种标准带入到法律当中，形成了一种新的法律规范形式——法律技术规范(技术法规)。如我国《药品管理法》第32条规定:“药品必须符合国家药品标准。”这里所说的药品标准即属于技术规范，决定着药品的名称、成分、制作工艺等。这类标准广泛存在于医药卫生领域各方面的法律规定之中，既具有技术性，又具有法律性，从而把人与人之间的社会关系同人与自然之间的关系结合起来调整。医药卫生法律规范是依据医学等自然科学的基本原理和研究成果制定的，同时为保护人类健康这一特定对象，又必须将直接关系到人类健康的科学工作方法、程序、卫生标准等确定下来，并使其成为必须遵守的技术性法规，把遵守技术规范确定为法律义务，才能达到保护人类健康的目的。人们不遵守这些标准而受到法律制裁，并不是因为对“药品”承担什么“义务”，而是因为他们对他人、对社会违反了法律义务，危及人的生命与健康。

(三)对执法和司法的影响

执法和司法是保证法律实现的最重要的环节。执法和司法是否公正，取决于两个因素:一是认定事实是否清楚;二是适用法律是否正确，即是否贯彻“以事实为依据，以法律为准绳”这一基本原则。医药卫生的发展，对于认定事实和适用法律两个方面都有重要影响。在认定事实方面，现代医学的发展，使法医鉴定、司法精神病鉴定、亲子鉴定、毒理鉴定等专门手段在调查取证方面被广泛采用，大大增强了人们认定证据的能力。在适用法律方面，医药卫生也以其特有的方式对适用法律的结果产生不同的影响。如死亡时间的判定，在法律上就具有重大意义，决定继承开始，婚姻关系消灭，人身保险之保险金额领取权开始等。在适用上述民法规定时，以不同的死亡判断标准衡量，将产生不同的法律适用结果。

(四)对法学研究的影响

这突出表现为现代医学带来的伦理问题。例如,关于人的生命健康的矛盾问题:人的活体实验,尽管出发点与最终结果是有利于人类的,但又产生拿人体当试验品是否道德和合法的问题。人体器官与组织移植为挽救他人生命与健康,其动机自然是讲道德的,但对器官供体来说,存在是否合理合法的问题。其他如堕胎、人工授精、试管婴儿、代孕母亲、变性手术、克隆技术、脑死亡、安乐死,等等,带来一系列法学研究新的课题。医学科学技术的发展,为法学研究开辟了新的领域,也促进了法学研究的进步。

正是由于医药卫生的发展对法产生如此广泛而深刻的影响,使卫生法逐渐成为一个新兴的法律部门,卫生方面的法律法规逐步形成自己的规范和体系,卫生法学作为一门新的独立学科应运而生。

四、法对医药卫生发展的作用

(一)法为医药卫生事业的组织管理和运行提供重要保障

法律是国家对卫生事业实行宏观调控的重要手段。医药卫生事业的社会公益性,决定医药卫生事业离不开国家的经济、社会发展计划和财政支持,也离不开组织起来的医务工作者和全社会的共同努力,而所有这些都离不开法律的组织管理作用。这种作用具体表现为,国家运用法律确认和规范医药卫生事业在国家社会生活中的性质、地位、发展方向和发展规划,保障国家医药卫生战略的实施;国家还以适应医药卫生特点的法律来调整医药卫生活动领域中的社会关系,协调、控制和监督医药卫生活动,并不断探索现代医学发展引起的立法问题,为医药卫生发展提供重要的法律保障;国家通过法律,规定医药卫生机构的设置、组织原则、权限、职能和活动方式等,保证国家对医药卫生事业的有效管理,从而形成有利于医药卫生发展的运行机制。法律作为宏观调控的重要手段,在医药卫生的组织、经费、人员、发展计划、运行、服务和技术系统,都发挥着其他管理手段无可替代的作用。

(二)法对医学科技成果合理使用的保证和促进作用

在医药卫生领域,科技成果的合理使用和推广,不仅是一个技术问题,还包含着许多社会问题。比如,由谁来鉴定科技成果,成果发明人或发现人的权利应如何得到确认和保障,他人使用该成果应向权利人承担何种义务,未经权利人许可使用该成果应该如何处理,科技成果通过什么途径推广……对上述问题的回答和处理,都应该按照国家的知识产权法律制度和科技法规办事。卫生工作者的正当权益受法律保护,要依法保护卫生领域的知识产权,卫生专业技术活动必须按照相应法律规范操作,等等。

(三)法对医药卫生发展所带来的消极后果的控制和防范作用

医药卫生技术如同其他科学一样是一把双刃剑，其本身具有利弊两重性。现代医学科学技术造福于人类，改造和提高人类自身素质，促进生产力的发展和社会进步，这些积极的社会功能是举世公认的。与此同时，现代医学的无序、失控及异化所带来的社会危害和灾难也是惊人的。法律可以调整人和医学科学技术的关系，以及通过调整社会关系进而协调人同自然界的关系，医学科学技术和社会经济相适应的关系，医学科学技术的应用和社会伦理道德之间的关系，等等。如在控制人口增长方面，世界各国，特别是发展中国家在投入了大量人力、物力和财力研究控制人口增长的科学技术的同时，相应制定了适应本国国情的人口政策和人口立法。其他如降低药物的毒副作用，避免医源性疾病和医疗事故，杜绝基因重组用于发展生物武器或增加疾病传染途径的有害物种，等等。

由此可见，法律可以抑制和防范在利用医学科学技术为社会和人类造福中产生的负面效应，从而控制医学科学技术发展所引起的各种社会问题，以达到既促进现代医学科学技术的发展，发挥其积极作用，又抑制它的消极作用，实现兴利除弊的目的。

(四)法对医药卫生国际合作交流的推动和协调作用

医药卫生的国际人道主义性质，决定了医药卫生领域具有广泛的国际交流与合作前景。在这些过程中，法律可以起到促进和保障作用。一方面是通过国际法、国际私法和国际经济法实现的；另一方面是通过体现国际社会各成员国的国家意志、专门调整国家之间医药卫生合作与交流关系的原则、制度，即国际医药卫生法的作用来实现的。《中国的世界卫生组织合作中心管理办法》，就是我国为促进医学研究机构与世界卫生组织的技术合作而制定的一部医事科技法规，它在引进和推广先进的医学技术，防治严重危害人民健康的疾病和开展卫生体制研究方面，发挥了积极作用。入世以后，我国卫生法制亟待加强，要不断修改和完善国内卫生法、研究应用国际卫生法。

第二节　卫生法学概述

一、卫生法学的概念

卫生法学(Science of health law)是以卫生法作为研究对象，研究卫生法这一社会现象及其发展规律的一门新兴的部门法学。随着生物、心理、社会医学模式的确立，这一新兴学科所具有的医学与法学、人文社会科学交叉学科的研究内容不断拓展，它围绕医药卫生领域的法律问题展开，旨在用法律的规范手段来调整医药卫生领域的问题。随着卫生法学研究的不断深入，它已经成为医学人文学科中的重要内容。卫生法学的产生和发展，对于丰富和增强社会主义法治理念，拓展“近医学科”，促进医学与医药卫生事业的进步，保障人民的生命健康与社会和谐均有重要作用。

二、卫生法学的特征

以卫生法为研究对象的卫生法学具有时代性、边缘性、社会性、技术性、综合性和实践性。

（一）卫生法学的时代性

卫生法学在我国的存在与发展，我们认识的时间不长。我国现阶段的社会经济和科学技术的发展对它产生的重要影响，医药卫生事业应当怎样适应市场经济，如何建立市场经济条件下的医疗、预防、保健体系，如何公平分配卫生人力、卫生经费、卫生设施等资源，如何创造一个有利于人类健康的公共生存环境等重大课题，都是卫生事业改革和发展面临的法律挑战。现代医学技术的发展、高新医疗仪器设备的应用、远程医学教育以及对传染病的预防和对突发公共卫生事件的应急处理等，都会产生许多的法律问题，这些问题的提出和解决都体现了卫生法学的时代性。

（二）卫生法学的边缘性

卫生法学是生物学、医学、卫生学、药物学等诸多自然科学和法学相互结合的产物。因此，卫生法学具有法学与医学、卫生学等学科相互依存、相互渗透的特征。卫生法学研究对象是与卫生法律相关的社会现象及其发展规律，其目的是保护人体健康，而医学、卫生学、药物学等学科虽然研究的是自然科学规律，但其目的也是为了保护人体健康，因此，卫生法学和医学、卫生学、药物学的根本目的都是相同的，各学科就同一目标从不同角度予以研究，必然要求各学科之间相互扶持、相互渗透，因此，卫生法学具有交叉学科的边缘性特征。

（三）卫生法学的社会性

健康是自然人的基本权利。通过大力发展医药卫生事业，使人民获得可能的最高水平的健康，以保障社会经济的持续发展，促进社会的进步已成为国际社会的共识。建立卫生法学的一个重要目的，就是要向社会宣传卫生法律知识，增强全体公民的卫生法制观念，推进卫生事业全面走上法制轨道，以提高全国人民的健康素质，促进社会经济的发展。

（四）卫生法学的技术性

卫生法律规范中相当一部分内容是由卫生技术规范和卫生标准构成的。依据医学等自然科学的基本原理和研究成果制定卫生法律规范，是卫生法区别于其他法律规范的一个显著特点。为保护人体健康，必须将科学的工作方法、程序、卫生标准确定下来，成为必须遵守的卫生技术法规。

（五）卫生法学的综合性

有效地保护人体健康是一个具体而又复杂的社会系统工程。卫生法学必须将法学、伦理学、社会学、心理学、管理学等学科的有关内容融合进来，才能实现维护人类健康的根本宗旨。同时，卫生法调整社会关系的手段是多样的，不仅涉及行政管理法规，还涉及民事法律法规，必要时还要采用刑事惩罚手段。因此，卫生法学不仅要有其自身特点的法学基础理论，而且还与行政法学、民法学、刑法学等都密切相关，具有众多学科相互通融的综合性。

（六）卫生法学的实践性

卫生法学是一门实践性很强的理论应用性学科。只有将卫生法学同我国卫生事业的改革与发展紧密结合，在借鉴国外的有益经验的基础上不断总结我国自己的经验，才能使卫生法学在实践中得到不断发展，才能发挥卫生法学学科的重要作用。

随着生物—心理—社会医学模式的产生和发展，调整和保护人体生命健康活动中形成的各种社会关系日趋复杂化，学界对有关卫生法学概念及其有关问题的认识还不完全统一，诸如，卫生法律规范应该如何界定，卫生法是什么性质的法，等等，一直是学者们争议的问题。

三、卫生法学的研究对象

在中国的卫生法应国际化的呼声日渐高涨之时，明确卫生法学的研究对象尤为重要。如果不清楚卫生法学的研究对象，则无法把握卫生法这一“特定”的社会现象及其发展、变化规律，有的放矢地展开卫生法学的研究。

卫生法学的研究对象，是指由卫生法所确定的、存在于现实社会中的有关医药卫生活动、保障人的生命健康领域的各种社会关系。具体地说，卫生法学应以卫生法律规范为研究对象，主要研究卫生法的产生及其发展规律，卫生法的调整对象、特征、基本原则、卫生法律体系；研究卫生法的制定和实施；研究卫生法学和相关学科的关系；研究卫生法律制度和司法实践；研究如何运用卫生法学理论来解决卫生改革和医学高科技发展中的新问题等。

随着社会的不断进步和科学技术的飞速发展，以及卫生管理活动内容的日益丰富，健康在人们的实际生活和生产劳动过程中的作用也受到越来越多的关注和重视。这就为全面地、系统地研究卫生活动中的客观规律和一般方法提供了必要的条件和基础，从而使卫生法学的研究不断得到充实和发展。

四、卫生法学的研究范围

卫生法学的研究范围具有多层次、多侧面和纵横交错的特点。

一般来说，卫生法学研究范围包括卫生法治的各个环节，即卫生立法、卫生执法、卫生司法、卫生守法、卫生法制监督、卫生法律服务、卫生法学学科建设等重要环节。

同时，卫生法学的研究范围涵盖卫生法调整对象的各个方面的社会关系，包括：卫生组织社会关系，卫生管理社会关系，卫生服务社会关系，医疗卫生技术人员管理社会关系，生命健康权益保护社会关系，现代医学与生命科学技术社会关系，卫生争议处理生活关系，卫生国际关系等，以及调整这些社会关系的相关法律原则、法律规范和法律制度。

第三节　卫生法学与相关学科

卫生法学是一个开放的学科体系，其研究对象和研究内容十分广泛，与相关的学科概念和实践范畴关系极为密切，与其他相关学科，尤其是法学学科交叉研究甚多。从其与其他相关学科关系的分析比较中，可以更加凸显卫生法学的重要性。

一、卫生法学与宪法及其他法学

（一）卫生法学与宪法

一般认为我国宪法只有两个条文与卫生法直接相关，可视为卫生法的渊源。但从法学研究的角度出发，医疗领域与宪法相关的课题却远不止健康权问题，如公民的医疗保障权、医疗公平权，宪法视野下的生命健康权，安乐死、临终关怀等所涉及的生命自决权、生命尊严，疾病、基因歧视引发的宪法问题等，都与宪法相关。这些问题的研究既可以拓宽宪法学的研究视野，也可以增强卫生法学研究的深度和广度，是卫生法学不可忽视的研究内容。

（二）卫生法学与行政法学

一般来说，我国卫生法主要表现为行政法法律法规，甚至有人干脆将卫生法纳入行政法的范畴，作为部门行政法对待。从现行立法看，将多数卫生法律法规纳入行政法的范畴并非没有道理，但将卫生法视为行政法的子部门则忽视了卫生法学的相对独立性。应该说，卫生法学与行政法学在研究对象和研究内容方面存在众多的重合，但卫生法学研究的重点应是医法结合的法律问题，而非纯粹行政法律问题。因此，卫生法应重点研究以下内容：健康相关产品（食品、药品等)的行政法律规制、医疗卫生市场的准入、疾病预防与控制法律制度、公共卫生监督法律制度、突发公共卫生的应急管理、医疗行为的法律规制、强制医疗等。

(三)卫生法学与刑法学

对于卫生领域的犯罪行为,有必要从刑法角度进行系统研究。我国刑法有多个条款分别规定了数个与医疗卫生直接相关的罪名,其中,医疗事故罪、非法行医罪、破坏节育手术罪等罪名值得进一步深入研究。同时随着生物医学技术的发展也带来一些新的刑事法律问题,如安乐死、胎儿性别鉴定、选择性堕胎等。

(四)卫生法学与民法学

从民法角度对卫生法律问题进行研究是国外医事法研究的突出特点。运用民法研究方法,解决现代医学发展引发的诸多民事法律问题是医药卫生法学的重要使命。诸如医疗合同问题的研究,医疗侵权责任的研究,医疗纠纷的预防与处理研究,高新医疗技术发展所带来的民法问题研究等。

(五)卫生法学与经济法学

如果将医疗视为市场,为保障公众健康和市场秩序,国家对医疗市场的干预与调控也就成为必然。在经济法的研究视野下,卫生法学所研究的问题包括医疗从业人员的准入制度,医疗机构的设置、审批,健康相关产品生产经营者的市场准入,卫生资源的配置,医疗竞争的法律规制,医疗市场的宏观调控等。

(六)卫生法学与知识产权法学

医药卫生领域与知识产权法相关的问题主要包括:传统医药的知识产权保护,药品的专利保护与实施,基因、治疗方法、处方的可专利,病历的著作权保护等,这些与知识产权法相交叉的问题理应成为卫生法的研究内容。

(七)卫生法学与诉讼法学

医疗的特殊性致使医疗纠纷的诉讼存在不少特殊问题,卫生法学也将其纳入研究范围,具体包括医疗纠纷解决方式的多元化、医疗诉讼、医疗仲裁、医疗鉴定、举证责任分配等。

二、卫生法学与医学伦理学

医学伦理学是研究医学道德的一门学科。卫生法律规范和医德规范都是调整人们行为的准则,它们的共同使命都是调整人际关系,维护社会秩序和人民利益。两者的联系表现在:卫生法学体现了医学伦理的要求,是培养、传播和实现医德的有力武器;医学伦理也体现了卫生法学的要求,是维护、加强和实施卫生法的重要精神力量。所以,卫生法学和医学伦理相互渗透,互为补充,相辅相成。

然而,卫生法学与医学伦理学又是有区别的,其区别在于:

第一,调整范围和作用不同。卫生法学是一门法律科学,主要研究的是具有强制性的法律条文。医学伦理学的作用,比医学法学更为广泛,它主要依靠社会舆论的力量,依靠人们的信念、习惯、传统和教育的力量来维持。

第二,产生的条件不同。卫生法律是阶级社会所特有的社会现象,是一定历史阶段的产物,是由国家机关制定或认可的,一般有各种正式的文字记载。而医学伦理学中的医德规范是在一定的基础上,在人们的意识中自然形成的,存在于人们的社会意识和信念中。

第三,实施的手段不同。卫生法的实施以国家强制力为后盾,通过追究法律责任来制止一切损害人体健康的行为;医学伦理主要依靠社会舆论、人们的内心信念和传统习俗来维护人体健康。

三、卫生法学与相关卫生学科

(一)卫生法学与卫生政策学

卫生政策学是以卫生政策的制定和贯彻落实为研究对象的一门学科。卫生政策是指党和国家在一定历史时期内,为实现一定卫生目标和任务而制定的行为准则。卫生法和卫生政策都是建立在社会主义经济基础之上的上层建筑,在本质上是一致的,体现了广大人民群众的意志和利益,都具有规范性,是调整社会关系的行为准则。两者的联系主要表现在:党的卫生政策是卫生法的灵魂和依据,卫生法的制定要体现党的政策的精神和内容;卫生法是实现党的卫生政策的工具,是卫生政策的具体化、条文化、规范化和法律化。卫生法和卫生政策的区别表现在:

1.卫生法具有国家意志,具有普遍约束力;卫生政策的贯彻靠宣传教育,靠深入细致的思想工作。

2.卫生法通过法律条文等规范性的文件形式表现出来,明确规定人们的权利和义务;卫生政策则通过决议、决定、纲要等形式表现出来,其内容具有原则性和概括性。

3.卫生法调整的范围比较具体;卫生政策调整的社会关系更广泛、更全面。

4.卫生法比卫生政策有更大的稳定性;卫生政策则有较强的时间性,随着形势的发展而变化。

(二)卫生法学与卫生管理学

卫生管理学是研究卫生管理工作中普遍应用的基本管理理论、知识和方法的一门学科。卫生管理的方法有多种,法律方法仅是其中的一种。所谓卫生管理中的法律方法,是指运用卫生立法、司法和遵纪守法教育等手段,规范和监督卫生组织及其成员的行为,以使卫生管理目标得以顺利实现,即通常说的卫生法制管理。所以,卫生法律规范是卫生管理工作的活动准则和依据。卫生管理工作中的法律方法和其他方法的不同点在于它具有强制性，一方面表现为对违反卫生法律规范的人给予制裁；另一方面表现为对人们行为的约束。

（三）卫生法学与卫生科学

卫生科学的发展促进了许多法律、法规的产生。随着卫生立法的大量涌现，卫生法逐步形成自己的结构和体系，并从原有的法律体系中脱颖而出，构成一个新的法律部门。卫生法学也就在此基础上作为一个新的独立学科应运而生。同时卫生知识及其研究成果被运用到立法过程中，使法律的内容科学化。

卫生法律为卫生发展创造良好的社会环境，通过卫生法律可以决定卫生发展的方向，保证国家卫生战略的实施，规定卫生机构的设置、组织原则、权限、职能和活动方式等，控制现代医学无序、失控和异化带来的社会危害。同时，国家以适应卫生特点的法律来调整卫生活动领域中的社会关系，并不断探索现代医学发展引起的立法问题。如生命科学和生物技术即是21世纪最重要的领域之一，它们的发展已引起医学、食品和制药业的革命性变化，使我们更为有效地预测、诊断、治疗和预防疾病，延迟健康寿命。但现代医疗技术对人的生、老、病、死强烈的干预与操纵，各种困惑人心的尖端医疗萦绕在每个人的身边，如人工流产、脑死判定、安乐死、代孕母亲、生殖技术与克隆技术、基因改造设计婴儿，等等。可以说，现代生物医学技术对法律和伦理带来的冲击是前所未有的，法律如何应对其所带来的问题并提出相应的对策方案，将是卫生法学研究的重要使命。

（四）卫生法学与卫生经济学

卫生经济学是研究卫生服务、人民健康和经济发展之间的辩证关系的一门学科。卫生法学和卫生经济学的共同目的在于：合理配置卫生资源，提高公民的健康水平，促进社会生产力和经济的发展。

卫生法学与卫生经济学的区别在于卫生经济学是通过对卫生事业进行经济分析，运用经济手段进行卫生事业管理。其主要研究卫生事业在国民经济发展中的地位和作用、社会经济发展与卫生事业发展的关系、卫生事业的经济性质、医疗卫生技术的经济合理性、卫生费用的理论、医疗保健制度的经济合理性等。卫生法学则将卫生事业在国民经济发展中的地位、性质，卫生需要和需求以及卫生经济管理中行之有效的方法、手段、制度，通过卫生立法予以确认和干预，并成为社会全体成员共同遵守的行为规范，以维护国家医疗卫生管理秩序，保证和促进卫生事业的发展。

四、卫生法学与医学法学、医事法学

对于医学法学（Jurisprudence of medicine）、医事法学（Medical Law）还有卫生法学（Science of health law）的称谓问题，从20世纪80年代初卫生法学在我

国一出现,医学界和法学界就曾对此有过讨论。时隔多年,在理论研究、教学和法律实践中,医学界、法学界时有学者提出对这一问题的讨论。时至今日,尚无统一认识。

有学者认为,如果从当代"大医学"的观念来理解,"卫生"较"医学"而言似乎显得粗狭。如前所述,"卫生"在古代主要是指"养生"和"护卫生命",现代发展为泛指为维护人体健康而进行的一切个人和社会活动的总和。依现代大医学观念,"医学"连"生态环境"、"卫生经济"等都包容在内,因此无论在内涵或外延方面,似比"卫生"显得更为丰富和广泛。

也有学者认为"医学法"与"卫生法"并无本质上的重大区别,而只是注重和强调的方面不同。前者强调卫生法律条文的科学,偏于应用;后者意为对医学中的法律原理研究的学科,带有经典主义和文化精神,更重视实证性。

卫生法学的内涵或外延较之于医事法学更为广泛。因为,在我国,卫生的含义已发展为:为增进人体健康,预防疾病,改善和创造合乎生理要求的生产环节、生活条件所采取的一切个人和社会措施。卫生已是一项重要的社会事业,凡是与人的生命健康权益相关的重大社会关系,都应纳入卫生法律的调整范畴,而与人的生命健康权益相关的社会关系可谓错综复杂,卫生法学不仅包括对医事法学的研究内容,还包括对食品、环境、饮用水等公共卫生领域法律问题以及其他一切与人体健康有关的法律问题的研究;医事法学仅是卫生法学的一个重要组成部分。

第四节　研究卫生法学的目的、意义与方法

一、研究卫生法学的目的、意义

(一)依法治国,建设社会主义法治国家的需要

党和国家早就明确地提出要依法治国,建设社会主义法治国家。实行依法治国,一定要加强法制宣传教育,这是重要基础。正如邓小平同志指出:"加强法制重要的是要进行教育,根本问题是教育人。"卫生事业是社会主义事业的重要组成部分,依法管理卫生事业是实现依法治国,建设社会主义法治国家的重要内容。加强法制宣传教育,包括卫生法制教育,不断提高广大干部群众的法制观念和法律意识,包括卫生法制观念和卫生法律意识,才能实现依法治国,建设社会主义法治国家的目标。

(二)发展卫生事业的需要

我国的卫生事业,以为人民健康服务为中心。为适应社会主义市场经济体

制深化改革，医学模式正由生物医学模式向生物—心理—社会医学模式转变，以适应广大人民群众不断增长的多层次卫生需求的转变，我国的卫生事业是社会主义初期阶段重要的社会保障体系，成为人人都需要的、群众受益并以承担一定社会福利为主要职能的社会公益事业。为实现这一目标，卫生事业必须走向法制管理轨道。不仅卫生机构的设置，各类人员的职业也要纳入法制管理的轨道。

（三）提高卫生执法水平的需要

卫生事业的重要功能之一是社会公共卫生事业管理。卫生行政执法是政府管理全社会卫生的基本方式，是实现预防为主攻略，保护人体健康的基本手段。卫生行政执法水平高低，不仅关系到改善社会公共卫生状况，提高社会卫生水平和人民生活质量的问题，而且关系到规范市场经济秩序，优化投资环境、促进经济发展的问题。因此，提高卫生执法水平，必须要有一支既有丰富的专业知识，又熟悉自己执法范围的卫生法律法规，乃至了解整个卫生法律体系基本情况的高素质的卫生行政执法队伍。学习卫生法学理论，将有助于卫生行政管理和卫生执法人员更好地做到依法行政，有法必依，执法必严，违法必究，不断提高卫生行政执法水平。

（四）维护公民健康权利的需要

对广大公民来说，通过学习和了解卫生法学基本知识，树立卫生法制观念，可以在自己的生命健康权利受到侵害时，正确运用法律武器来维护自己的合法权益，对生命和健康权有一个全面、科学、系统的认识，同时，在自己的工作和日常生活中，依法遵守公共卫生法律规定，规范卫生行为，维护医疗卫生单位和人员的合法权益，提高遵守卫生法律规范的自觉性。

（五）有利于造就一支高素质的医疗卫生工作队伍

医疗卫生部门以救死扶伤、保障人民健康为其行业特征，医疗卫生人员负担着崇高的使命和神圣的职责，因此，社会对他们的综合素质提出了较高的要求。卫生队伍的依法行医的水平和业务技术素质，直接关系到为人民健康服务的质量。目前，我国卫生工作队伍的整体素质和水平还不能适应社会主义现代化建设的要求。要采取有效措施搞好医学教育，包括继续教育等，鼓励他们努力学习、刻苦钻研，在技术上精益求精，建设一支适应国情和社会需要，多层次、结构合理的卫生专业技术队伍。同时也要学习和研究卫生法学，不断提高医务人员的法律意识，规范医疗行为，改善服务态度，和谐医患关系，这对保证医疗质量和提高卫生管理水平有着重要的作用。

二、研究卫生法学的方法

（一）理论联系实际的方法

理论与实践相结合是马克思主义理论研究的出发点和归宿。卫生法学是一门应用理论学科，具有很强的实践性。学习卫生法，必须以邓小平理论和“三个代表”重要思想要求为指导，密切结合我国政治、经济体制改革和民主政治建设的实际，深入研究我国现行的卫生法律规范和卫生法制管理实践，总结新中国建立以来卫生法制管理的经验，使卫生法学理论在实践中不断被检验和发展，进一步健全社会主义卫生法制，发挥卫生法在建设具有中国特色社会主义中的作用。同时，通过这种方法，将卫生立法、卫生法的实施、卫生监督执法、卫生法律纠纷和诉讼同个人的思想实际、生活实际、专业工作实际结合起来，尤其要与医药卫生体制改革紧密结合起来，才有助于运用卫生法学的基本理论去提高发现、分析、解决问题的能力，增强卫生法律意识，规范自己的行为，构建和谐医患关系，维护国家的利益，增进日益增长的人民健康水平。

（二）历史考察法

马克思主义法学理论认为，法是人类社会发展到一定历史阶段的产物，是历史范畴。在不同的社会历史发展阶段，法体现了不同时期生产力与生产关系的协调。所以，学习卫生法学，必须以马克思主义的辩证唯物主义和历史唯物主义的世界观和方法论为指导。运用唯物辩证法，正确认识卫生法作为社会上层建筑的重要组成部分之一，是由其赖以生存的经济基础决定的，并反作用于经济基础。卫生法的发展变化，归根结底是经济基础发展变化结果的反映。同时，还必须运用全面的、历史的、发展的观点，把卫生法这一社会现象放在一定的历史条件下，研究它产生的经济基础，研究社会政治和生产力发展等因素对它的影响。只有这样，才能对卫生法的历史、现状及其发展趋势，以及卫生法的本质和作用作出全面、正确的认识和理解，从而在科学发展观的统领下，创建具有中国特色的卫生法和卫生法学，促进和保障社会主义卫生事业的不断发展。

（三）比较分析法

一是要了解世界各国的卫生法律制度和国际卫生立法的情况，既要吸收各国卫生法律制度中的科学性内容，又要去其不合理成分；既不能盲目照搬，又要克服全盘否定。二是要从我国的国情出发加以取舍和改造，有分析、有选择地学习和吸收。三是要用比较的方法学习卫生法学，研究外国的卫生法律制度时，至少要考虑到四个不同，即社会制度的不同，生产力发展水平的不同，自然条件的不同，民族文化和传统习惯的不同。通过比较，从我国实际出发吸收外国的科学发展，并且在不断总结我国卫生法制管理实践经验的基础上，形成和发展具有中国特色的社会主义卫生法学。

学习卫生法学的基本方法除上述几种以外，还有其他一些方法，如归纳演绎法、系统的方法、模拟法庭的方法等。

总之，学习卫生法学，要以马克思主义的唯物辩证法，以毛泽东思想、邓小平理论和“三个代表”重要思想为指导，充分运用科学发展观，吸收和采用多种学科的知识，联系实际，实事求是，这样才能真正掌握和发展卫生法学，为构建和谐社会建设社会主义卫生事业作出有益的贡献。

第四章　卫生社会关系的法律调整

第一节　卫生社会关系与卫生法律关系

一、卫生社会关系的概念

人是社会性动物。人们生活在群体或社会中，因血缘联系、情感联系、合作生产及其他相互交往的需要，而形成各种各样的社会关系，譬如父子关系、夫妻关系、朋友关系、雇佣关系、委托关系、买卖关系等。随着人类改造自然、改造社会的实践活动日益深入和扩展，历史地形成了复杂多样的、多种层次的社会关系。人们的社会关系，由于其内容的不同，有政治社会关系、经济社会关系、军事社会关系、家庭社会关系等等之分。其中，有些社会关系是有所交叉的。正是根据社会关系的不同类型，产生了法律调节措施的区分，从而形成了不同种类的法律。

在诸多社会关系中，随着医药卫生科学技术和医药卫生活动的发展，独立形成了卫生社会关系。

所谓卫生社会关系(Health social relations)，是指由于医药卫生活动而发生、为保障人的生命和健康而形成的社会关系，亦即，国家卫生行政机关、医药卫生组织和其他各类组织及个人之间，在预防和治疗疾病，改善人们生产、学习和生活环境及卫生状况，保护和增进人们生命与健康活动中所产生的各种社会关系。

这一概念表明，卫生社会关系首先是一种社会关系，而不是自然关系。其次，它表明卫生社会关系是由于医药卫生活动而发生的，没有医药卫生活动就不会有卫生社会关系；停止了医药卫生活动，卫生社会关系也将宣告终止。所以，在人类历史上，只有当出现医药卫生活动时，才产生卫生社会关系；只有当医药卫生活动变成全国性、全球性的频繁活动时，这种卫生社会关系才会显得日益重要、越来越重要。再次，它还表明，卫生社会关系的形成机制，在于促进医学科学和医药卫生事业发展、保障人的生命健康权益的强大吸引力。

二、卫生法律关系的概念

卫生社会关系与卫生法律关系(Health legal relationship)是有密切联系的两个概念。但是,卫生社会关系不能等同于卫生法律关系。

法律关系(Legal relationship)的成立必须同时具备两个条件:一是有某种现实的社会关系存在;二是国家制定了相应的法律规范对这种社会关系进行调整。社会关系的范围极其广泛,不可能所有的社会关系都获得法律关系的性质。只有那些对社会秩序有较大影响的社会关系,国家才制定和运用法律规范对其进行调整,将其上升为法律关系。因此,没有相应法律规范调整的社会关系不是法律关系。卫生社会关系也是如此。所以,法律关系是根据法律规范产生的、是以主体间的权利与义务关系的形式表现出来的一种社会关系。简单地说,就是人们在法律上的权利与义务关系。

每一个法律部门都调整着特定方面的社会关系。卫生法作为一个独立的法律部门,同样调整着一定范围的社会关系,卫生法律规范对该特定范围内社会关系的调整所形成的法律关系就是卫生法律关系。具体而言,卫生法律关系是指由卫生法所调整的国家机关、企事业单位和其他社会团体之间,它们的内部机构以及它们与公民之间在医疗卫生管理监督和医疗卫生预防保健服务过程中所形成的权利和义务关系。

三、卫生法律关系的主要特点

卫生社会关系是社会关系的一种,是人与人之间产生的关系。因此,它具有社会关系的一般特点;但是,由于医药卫生领域是专门从事保护人体健康活动的特殊领域,因此有其特殊的活动规律,由此引起的一系列社会法律关系也有别于其他领域的社会法律关系。

(一)卫生法律关系具有广泛性

卫生法律关系,不仅涉及关乎人民生命健康的医、药以及公共卫生的方方面面,而且与人类男女老少每一个人息息相关;不仅涉及国内医药卫生社会关系,而且涉及国际卫生关系;不仅包括保护人体生命健康活动中形成的各种传统社会关系,还包括保护人体生命健康活动中形成的各种新型社会关系,以及卫生安全保障关系、医药卫生资源配置关系等。因此,具有极大的广泛性。

(二)卫生法律关系形成的目的和过程具有特殊性

卫生法律关系是在医药卫生行政管理和医药卫生预防保健服务过程中,基于保障和维护人体生命健康这一根本宗旨而形成的社会关系。由此可以说,卫生法律关系是以医药卫生活动为中介的社会关系,是以人的生命健康权为本位的社会关系。其他社会关系也有一定的形成目的和过程，但均不以人体生命健康这一特定事物为直接目的，也不是在医药卫生行政管理与医药卫生预防保健服务这一特定活动中形成的，其他社会关系尽管也可能涉及医药卫生领域，但它不会始终全面地围绕人的生命健康权问题。

（三）卫生法律关系是一种多层次、纵横交叉结合的社会关系

1.纵向关系。纵向的卫生法律关系，即隶属型卫生法律关系，是指医药卫生法律关系主体之间是相互隶属的，一方必须服从另一方的社会关系。纵向医药卫生法律关系又分为两种：一种是存在于医药卫生行政机关或者医药企事业单位内部的具有职务行为的上下级之间隶属的社会关系；另一种是依法享有国家医药卫生行政管理职权的机关与其职权管辖范围内的各种行政相对人之间形成的卫生行政关系。

2.横向关系。横向的卫生法律关系，即平权型卫生法律关系，是指医药卫生主体在地位平等的前提下形成的无隶属关系的社会关系。如与人体生命健康相关产品的制造者或者经营者同相关产品的消费者之间形成的社会关系；从事医药保健服务活动的服务者与被服务者之间的社会关系；医药卫生侵权损害赔偿事件中侵权人与被侵权人之间的社会关系等，都是平权型医药卫生法律关系。随着全球一体化进程的加快，特别是我国加入WTO以后，参加和缔结了越来越多的医药卫生国际条约，在世界上发挥着日益重要的作用，医药卫生法也必须调整这类卫生国际社会关系。

3.纵横交错的关系。包括：(1)调整医药卫生资源与社会经济的关系。这是指医药卫生资源配置中的医药卫生机构、人力资源、区域规划、设备、药品、相关制品等产业、市场、医药卫生信息、实验动植物等方面的配置和管理中形成的各种社会经济关系。(2)调整医药卫生发展关系。这是指人们为改善个人和社会现有的卫生状况而实施的各种建设性活动中所形成的社会关系。如环境污染的治理、个人生活习惯的改善、食品营养结构的改良，以及随着生命科学技术的发展而日益呈现出如变性、克隆等纷繁复杂的社会现象而产生的新的社会关系。

（四）卫生法律关系的主体具有特殊性

卫生法律关系是发生在医药卫生领域，国家机关、企事业单位、社会团体以及公民个人在医药卫生行政管理和医药卫生预防保健服务过程中，因不同的职能和需要建立和产生起来的关系，因此决定了其关系主体的特殊身份，即在双方当事人中，通常必有一方是从事医药卫生工作的组织或个人。

在纵向关系中，必定有一方当事人是卫生管理机关，如各级政府的卫生行政主管部门和相关部门及其工作人员，或是得到国家法律法规授权行使卫生管理职权的非行政机关组织及其工作人员，以及受委托从事卫生行政管理工作的其

他组织或人员等;在横向关系中,必有一方当事人是提供医疗卫生预防保健服务的机构或个人。医药卫生关系要求主体一方具有专业性,这也是医药卫生关系的又一特征。需要注意的是,并不是凡有卫生管理机关和医药卫生服务机构参与的社会关系都是医药卫生法律关系,这些机构内部及其相互之间,以及它们与其他国家机关、企事业单位、社会组织和公民个人之间,也可能发生一般民事关系,只有以医药卫生管理和医药卫生服务为内容而形成的社会法律关系,才是卫生法律关系。

四、卫生法律关系的分类

按医药卫生法律关系的内容和主体,可分为卫生行政法律关系(Administration of public health legal relationship)、卫生民事法律关系(Health civil legal relationship)、卫生刑事法律关系(Hygienic criminal activity legal relationship)、卫生国际法律关系(Health international legal relationship)。

(一)卫生行政法律关系

卫生行政法律关系,是指医药卫生行政主体,行使行政职能和接受行政法制监督而与行政相对人、行政法制监督主体发生的各种关系,以及医药卫生行政主体内部发生的各种关系。医药卫生行政法律关系主要包括四类:第一类是医药卫生行政管理关系;第二类是医药卫生行政监督关系;第三类是医药卫生行政救济关系;第四类是医药卫生内部行政关系。

(二)卫生民事法律关系

卫生民事法律关系,是指在医药卫生领域,在医疗、预防、保健服务过程中,平等主体(没有行政隶属关系,没有管理与被管理关系)之间遵循诚实信用、平等协商的原则产生的各种财产关系和人身关系。如卫生服务活动中产生的社会关系即是一种提供服务与接受服务的平等主体间的民事权利义务关系。这种社会关系,从性质上看,是平等民事主体之间的民事关系。

(三)卫生刑事法律关系

卫生刑事法律关系,是指在医药卫生领域,由于医药卫生主体的严重违法行为、严重损害人体生命健康而产生的卫生社会关系,这些社会关系经刑事法律规范的调整便上升为卫生刑事法律关系。

(四)卫生国际法律关系

随着各国之间人员往来和贸易与合作的快速发展,任何一个国家或地区都不可能置身于世界之外,而只能从自身利益的互补性出发,去适应世界经济一体化的发展趋势。在医药卫生领域也是如此,为了使全世界人民获得可能的最高水平的健康,国际间在保护人类健康活动中也产生了医药卫生国际关系,这是人们超越国家界限建立起来的一种特殊的医药卫生社会关系，这些社会关系经国际卫生法律规范的调整便上升为卫生国际法律关系。

第二节　卫生社会关系的法律调整

一、卫生社会关系法律调整的概念

法律的作用在于调整社会关系。

法律调整(Legal adjustment)是从法的运作方面描述法的实现、法在生活中如何起作用的一个范畴。法律调整是根据一定社会生活的需要，运用一系列法律手段(法律规范、法律关系、实现法的活动等)对社会关系施加的有结果的规范组织作用。社会主义社会的法律调整，就是按照社会主义社会一定阶段社会生活的需要，归根到底是按照解放和发展社会生产力、消灭阶级、消除两极分化，最终达到共同富裕的需要，运用一系列法律手段，对社会关系施加的有结果的规范组织作用。

法律调整的对象是社会关系参加者的意志行为，这就是说法律不调整孤立的、不与其他人有关的单个人的意志行为，而是调整在一定社会关系中，即人与人的关系中的意志行为，调整这种意志行为，实际上也就是调整了这种社会关系。随着社会经济和科学的发展进步，医药卫生所涉及的范围和研究领域不断扩大，其功能与作用越来越重要，与社会的关系越来越密切。医药卫生事业与医药卫生活动，关系到全人类的健康与生存，因此，医药卫生关系更加需要法律来进行调整和规范，才能更好地为人类健康服务。医药卫生关系是法律调整的重要领域和对象之一。

卫生社会关系的法律调整，指的是以法律手段来调节卫生社会关系，使之服从于保障人类生命健康的目的。具体地说，就是国家根据自身的价值取向，运用一系列法律手段，对医药卫生社会关系施加的有结果的规范组织作用；其目的是以法的形式对人的医药卫生行为进行规范，对现实医药卫生领域发生的社会关系施加影响，以期建立理想的医药卫生社会生活秩序的活动。

关于卫生社会关系的法律调整，需要探讨的问题主要有三个，即：卫生社会关系法律调整的手段；卫生社会关系法律调整的要求；卫生社会关系法律调整的范围。

二、卫生社会关系法律调整的手段

(一)立法调节

立法调节是医药卫生社会关系法律调整的基础。医药卫生立法，是指特定的国家机关，依照法定职权和程序，运用一定的技术，所进行的制定、认可、修改、废止医药卫生法律规范的专门活动。卫生立法是一项系统工程。制定，是指国家机关进行的直接卫生立法活动。认可，指国家机关进行的旨在赋予某些卫生习惯、卫生条约或其他卫生规范以法的效力的活动。修改和废止，是指随着社会发展进步，适时变更现行卫生法的活动。通过卫生立法，确定医药卫生社会关系主体的权利与义务关系，规范其行为，以实现建立和维护医药卫生活动秩序、保障人们生命健康的目的。

（二）执法调节

执法调节是卫生社会关系法律调整的保障。执法也称法律执行，是法律执行机关将法律规范适用于现实的社会关系的活动。医药卫生行政执法，是指国家医药卫生行政机关和法律法规授权组织、受委托组织及其工作人员依照医药卫生法律、法规和规章的规定，实施国家医药卫生管理的活动。

医药卫生社会关系经过法的创制，进入法律调整过程，实际的医药卫生社会关系上升为医药卫生法律关系。所以，这个阶段是法律调整的初始阶段。卫生立法为调整医药卫生社会关系奠定了法律依据，是医药卫生社会关系法律调整的基础阶段，其特点在于确立了法律调整的规范性根据，把一定的医药卫生社会关系纳入了法律调整的领域，运用法律来规范人们的医药卫生行为。

医药卫生行政机关通过法的适用，将医药卫生活动中的各种具体关系，纳入了法律要求的秩序范围，实现着法对医药卫生活动的调整。随着社会经济与医药卫生发展的需要，国家卫生行政机关在卫生法实施过程中的作用将越显突出，大量的医药卫生法律需要卫生行政机关积极的执法行为予以落实，尤其是政府职能转变后，卫生行政机关的主要职能就是卫生行政执法。执法调节，对于保证医药卫生领域有序运作和促进医药卫生事业发展，发挥着十分重要的作用。

（三）司法调节

司法调节是医药卫生法的实施问题，是医药卫生关系法律调整的关键。医药卫生司法，是指司法机关严格执法、公正办理有关医药卫生案件，确保医药卫生法律规范的统一实施，维护医药卫生法律的严肃和权威，使医药卫生法律规范在社会生活中得以实现的专门活动。卫生司法调节是实施卫生法的重要方式之一，对实现卫生立法目的、发挥卫生法的功能具有重要的意义。

司法调节，是从法律规定转变为实际的社会关系的过程，将医药卫生法得以具体贯彻和实施，将医药卫生法律规范中规定的权利、义务关系由可能性转变为现实性的活动。卫生司法是卫生法实施的一种特殊形式，其特殊性就在于，卫生守法和执法是有关主体主动实施卫生法的活动，而卫生司法则是被动的，是在卫生守法和执法状态遭到破坏或无法继续时产生的卫生法实施形式。因而，它是卫生法实施的终端形式，是卫生权利的救济状态，也是国家意志的终局性制度保证。

三、卫生社会关系法律调整的目的要求

法律对医药卫生社会关系的调整，有助于依法管理医药卫生事业，保障公民生命健康，促进社会经济发展；促进医药卫生技术成果的国际交流；控制现代医学朝着造福于人类的方向发展；实现卫生秩序、自由、效益和公正。

（一）依法管理医药卫生事业

医药卫生的发展需要法律保驾护航，医药卫生事业的管理必将走向法制化。在医药卫生领域，法律将医药卫生社会关系纳入法治轨道，依靠国家强制力，建立医药卫生活动的正常秩序，调整医药卫生行政机关、服务机构和社会公众之间的相互关系和内部关系，提高全民法律意识，加强卫生法制的宣传教育，使医药卫生管理实现系统、有序、高效地运转。

（二）保障公民生命健康，促进社会经济发展

医药卫生工作的目的是防治疾病，保护人类健康。为了保证这一目标的实现，医药卫生工作人员必须严格遵守医药卫生技术规范，各负其责，各司其职。如果不用法律规范来强化这些医药卫生技术规范，用国家强制力来保证实施这些技术规范，那么医药卫生工作的这一目标就很难实现。经过法的调整后，把现代医药卫生工作中的许多技术规范变成了赋予国家强制力的法律规范，使公民的生命健康权从法律上得到了保障，从而使国家进行现代化建设最根本的要素——一批又一批劳动者的数量、质量和工作效率得到了保证，从根本上促进了社会经济的发展。

（三）促进医药卫生技术成果的国际交流

随着改革开放的不断深入，我国与世界各国，尤其是发达国家在医药卫生领域的技术交流日益频繁。我国大量引进国外先进技术，大量药品、食品和日用品的进出口，都与人民的生命健康密切相关，也对国家的主权和经济利益有重大影响。用法律调整这些医药卫生国际关系，规范人们的行为，有利于我国医药卫生事业的对外开放和国际合作交流，同时，也能促进全人类医药卫生事业的共同进步，加速发展。

（四）控制现代医学朝着造福于人类的方向发展

20 世纪以来，现代医学集现代科学技术之大成，取得了辉煌的成就，给人类带来了巨大的利益，使人类自身素质有了改善和提高，并步入了“低死亡、高寿命”阶段。与此同时，它也使人类面临前所未有的危机，如人口激增、环境恶化、资源匮乏和医药的滥用。因此，必须用法律这一具有国家强制力的手段来控制、

规范和调整，并促进现代医学沿着造福于人类的方向而不是相反的方向发展。一些国家已对上述问题制定了许多相应法律，我国也把有关问题列入了立法计划，有的已作出了明确的规定。这些都将保证我国现代医学向着健康的方向发展。

（五）实现卫生秩序、自由、效益和正义

医药卫生社会关系经过法律调整后，将保护医药卫生生产和生活的秩序，保护人的卫生安全，保障财产安全，提供安全卫生的交易规则，调整卫生市场的活动，保障劳动者的生存条件，以文明、公平的法律制度解决医药卫生纠纷；法对医药卫生社会关系的调整，将对医药卫生生产和生活自由提供保障，主要表现在：(1)医药卫生法要求政府应当在法定职权内积极有为地服务于人民的健康保护事业；(2)医药卫生法为人们的医药卫生生产和生活界定了明确的活动范围，并为人们在此范围内的自由的实现排除障碍，并提供制度化的保障机制。医药卫生社会关系经过法的调整，将实现对人的健康保障的效益，保障医药卫生生产和生活的正义。

四、卫生社会关系法律调整的范围

我国医药卫生立法为保障公民身体健康和生命安全、促进医学科学和医事卫生事业发展，确立了系列法律制度，纵向，从医药卫生主体、行为、药物直到监督与救济；横向涵盖了公共卫生，医疗保健，健康相关产品，生命健康权益保障，医药卫生发展，国际卫生关系以及医药卫生争议处理等方面。卫生社会关系法律调整的范围可从以下方面进行阐述：

（一）调整的主体

1.医药卫生立法者。医药卫生立法者包括全国人民代表大会及其常务委员会和相应的地方人大及其常委会、国务院及相应的地方人民政府、卫生部及相应的地方卫生行政机构和医药卫生协会组织。

2.医药卫生管理者。医药卫生管理者是指负有医药卫生管理（含医药卫生行政执法）职能的机构，包括国家医药卫生行政管理机关、机构，医药卫生行业组织（医师协会、护士协会等）和医药卫生机构内设的医药卫生行政管理部门。

3.医药卫生服务者。从事医药卫生服务事业的主体为医药卫生服务者，包括自然人、法人和准法人。其具体体现为：(1)服务机构。包括综合医院、中医医院、中西医结合医院、民族医医院、专科医院、康复医院；妇幼保健院；中心卫生院、乡（镇）卫生院、街道卫生院；疗养院；综合门诊部、专科门诊部、中医门诊部、中西医结合门诊部、民族医门诊部；诊所、中医诊所、民族医诊所、卫生所、医务室、卫生保健所、卫生站；村卫生室（所）；急救中心、急救站；临床检验中心；专科疾病防治院、专科疾病防治所、专科疾病防治站;护理院、护理站;医疗美容服务机构;中外合资、合作医疗机构;血站;卫生防疫、国境卫生检疫部门;军、警医疗机构;医学科研和教学机构等。(2)服务人员。包括执业医师、执业护士、执业药师、执业技师(保健按摩师、针灸推拿师、口腔修复师、中医美容师、药剂师、健康咨询师、心理咨询师、育婴师、护理师、药膳师、营养师、眼镜验光师和康复保健师等)、医药卫生服务志愿者等。

4.医药卫生消费者。对于医药卫生服务是否具有消费的性质,接受医药卫生服务者是否是消费者,学界观点不一。有的不赞成是消费的观点,认为医疗卫生工作,在长期社会主义初级阶段,只能是生命健康的延续和生产力的修复,而不属于消费的范畴;有的则认为,不能笼统地说一切医药卫生服务活动都是消费,但在医药卫生服务活动中,确有一部分具有消费的性质,如医疗美容者、一般的健康保健者,他们并不直接以延续生命健康和生产力的修复为目的,因此,美容者、一般健康保健者应当属于医药卫生消费者。至于在广泛的医药卫生领域中,存在着消费的活动及与之相联系的卫生消费关系,更是不言而喻的,其中的医药卫生消费者也应是卫生法调整的对象。

5.医药卫生产品生产与经销商。医药卫生产品的生产与经销,同医药卫生服务活动和效果紧密结合,必须将其纳入法律的规范中。因此,医药卫生法律主体应包括医药卫生产品的生产商和经销商。医药卫生产品的生产商是指制造各种医药卫生产品(药品、保健食品、医疗器械等)的自然人和法人;医药卫生产品的经销商是销售各种医药卫生产品(药品、保健食品、医疗器械等)的自然人和法人。

6.医药卫生教育者和学习者。医药卫生学科的传承与发展,必须通过科学而规范的教学途径进行,法律对此必须给予充分的保障和有效的规范。因此,医药卫生法律主体应当包括医药卫生教育者和学习者。医药卫生教育者与学习者是在一定时间、地点和场合下传授和获取医药卫生知识的人。

7.医药卫生科研者。医药卫生科学的创新与发展,依赖于医药卫生科研活动的不断进行,法律必须为医药卫生科研活动的顺利进行提供制度性的保障。因此,医药卫生法律主体应当包括医药卫生科研者。医药卫生科研者是为认识医药卫生内在本质和运动规律,利用一定手段和装备,从事调查研究、实验、试制等一系列科研活动,为创造、发明医药卫生新产品和新技术提供理论依据的人。

8.医药卫生纠纷裁决者。医药卫生法制实施过程中,当各主体之间发生争议时,为维护医药卫生法制的正确实施、维护医药卫生主体的法定权益和维护医药卫生的法治秩序,应该由处于中立地位的个人、组织或机构进行裁决。医药卫生纠纷的裁决者包括行业组织、社会志愿者、人民调解委员会、医药卫生行政执法机关和司法机关。医药卫生纠纷的裁决机制应当体现多层次（按行政级别由低到高依次为：社区、乡镇、县级、市级、省级、中央）和多方式（包括公民间的裁决、社会中立机构的裁决、行政机关的裁决和司法部门的裁决）。

（二）从工作范围和性质来分

从工作范围和性质来分，医药卫生关系法律调整的范围包括：公共卫生；疾病预防与控制；医疗保健；健康权益与医疗保障；药事（含健康相关产品）；医药卫生发展（含教育、科研）；红十字会和国际卫生；医药卫生争议处理等八个方面。

1. 公共卫生。又称公众卫生，泛指社会公众的共同卫生。它是以生物心理社会医学模式为指导，面向社会与群体，综合应用法律、行政、预防医学技术、宣传教育等手段，调动社会共同参与，消除和控制威胁人类生存环境质量和生命质量的危害因素，改善卫生状况，提高全民健康水平的社会卫生活动。公共卫生涉及人们的生活、生产、学习、工作以及休闲娱乐等相关环境条件的一切卫生问题，包括环境卫生、食品卫生、职业卫生、学校卫生、公共场所卫生、放射卫生以及传染病、慢性病、地方病的预防和控制等多个领域。另外，国境卫生检疫、药品管理、特殊人群卫生保健、保健用品卫生、化妆品卫生等也属于公共卫生范畴。法律调整人们在公共卫生活动中形成的各种社会关系，其中，调整的核心是传染病防治和职业病防治及公共卫生监督。传染病防治法律制度已经具备规模，比较完整；六大卫生，即环境卫生、食品卫生、职业卫生、学校卫生、公共场所卫生和放射卫生，都拥有了各自领域的卫生监督法律和行政法规。

2. 疾病预防与控制。新中国成立以来，党和政府在疾病预防和控制方面及时提出了“预防为主”的方针，组建了全国卫生防疫体制，在预防疾病及控制地方病、职业病方面，先后实施了一系列法律、法规，对预防、控制和消除传染病的发生与流行，保护人民健康起到了重要作用。

3. 医疗保健。医疗卫生服务是医药卫生活动的核心内容。法律对各级各类医疗机构、医药卫生技术人员、各项医疗卫生工作的管理进行了调整和规范，并对母婴妇幼保健、初级卫生保健、人口与计划生育、传统医药等医药卫生关系进行调整，确立了相应的法律制度。

4. 健康权益与医疗保障。法律对因保障人体生命健康而进行的卫生资源配置、医药卫生经费负担分配及提供适宜的医疗卫生保健服务活动中所产生的社会关系进行调整和规范。经法律调整后，我国建立起了以医疗保险、医疗救助为基础，以基本医疗保障、国家基本药物制度、基层医疗卫生服务体系为重点，以慈善事业、商业保险为补充的医疗保障制度。

5. 药事（含健康相关产品）。健康相关产品法，对国家及主管部门监督管理与人体健康相关产品（如食品、药品、化妆品、保健品、生活饮用水、消毒用品、医疗器械、医疗器材、生物材料等)中产生的各种社会关系进行调整和规范,形成了健康相关产品专家评审制度,健康相关产品检验制度,健康相关产品审批制度,健康相关产品生产、经营管理制度等法律制度,其核心是药品管理。

6.医药卫生发展(含教育、科研)。为了确保人人享有最高水平的健康,国家对医药卫生资源的合理配置与利用,医药卫生事业的发展规划与计划,医药卫生信息的开发与利用,医药卫生教育与人才培养,医药卫生科学研究与发展等活动,必须予以法律规范和调整。诸如,医学教育管理产生的各种社会关系,包括国家与各级医学教育机构的关系、医学教育机构与医疗机构及社会有关部门的关系、医学教育机构内部管理过程中的关系等受到法律的调整和规范,形成了相应的医药卫生教育法律制度。医学科学技术发展涉及与经济、政治、文化和社会以及国际国内各方面的复杂关系,法律对医药卫生科学研究产生的各种社会关系进行调整,运用科技政策和法律手段推动、引导、保障和规范医学科学技术发展,是我国医学事业发展的基本保证。

7.红十字会和国际卫生。红十字会法对红十字会依法履行职责活动中产生的各种社会关系进行调整和规范,旨在保护人的生命和健康,发扬人道主义精神,促进和平进步事业。国家(包括类似国家的政治实体以及由国家组成的国际组织)在国际交往中,为保护人体健康活动中产生了各种关系,国家之间签订了有拘束力的原则、规章、规则和制度,以对各种关系进行调整和规范。目前,国际卫生法的内容涉及公共卫生与疾病控制、临床医疗、职业卫生、人口和生殖健康、特殊人群健康保护、精神卫生、卫生资源、药物管理、食品卫生、传统医学等诸多方面。

8.医药卫生争议处理。医药卫生争议是指国家机关、企事业单位、社会团体和组织以及公民个人等,在医药卫生服务和医药卫生行政管理过程中,或因服务行为发生不良后果及其原因,或因医药卫生行政、监督管理行为是否侵犯了管理相对人的合法权益,在认识和事实认定或处理上产生矛盾分歧,其中一方要求查明事实、分清是非、追究责任、赔偿损失等而引起的争议。主要包括医药卫生行政纠纷处理、医药卫生民事纠纷处理、医药卫生仲裁与诉讼、医药卫生法律服务、医药卫生犯罪与刑罚、医药卫生国家赔偿等。

第五章 卫生法概述

第一节 卫生法的概念和本质

一、卫生法的概念

卫生法(Health law)是国家意志和利益在卫生领域中的具体体现,它通过对人们在医学发展和保护人体健康的实践中各种权利与义务的规定,调整、确认、保护和发展各种卫生法律关系和医药卫生秩序,是国家进行医药卫生管理的重要工具,是我国社会主义法律体系的重要组成部分。

目前,学术界对卫生法的概念表述并不统一。我国对卫生法的概念主要有这样几种认识:"卫生法是国家制定或认可,并以国家强制力保证实施,旨在保护人体健康的法律规范的总和。""卫生法是指由国家制定或认可,并以国家强制力保证实施的,用于调整在保护人体生命健康活动过程中所形成的各种社会关系的法律规范的总和。""卫生法是指在调整和保护人体生命健康活动中形成的各种社会关系的法律规范的总称。"等等。有学者认为上述卫生法的定义没有明晰卫生法的内涵、外延及其本质属性,建议中国的卫生法应该是国际化的,应该与国际的"卫生法"进行接轨、融合,这不仅利于减少立法成本,更利于移植、趋同、借鉴、吸收、为我所用。同时提出,尽管不同国家的法系、结构形式、公共卫生结构以及具体国情不同,不可能存在一个世界公认的"卫生法"概念,但做到相对统一并符合我国国情的相互认知是可能的。另外,建议卫生法的概念应对我国卫生法律体系构建、卫生法学的学科建设以及今后的卫生法制实践具有指导性意义。基于此,将我国卫生法的概念描述为:是指由国家制定或认可,并以国家强制力保障实施的,旨在调整不同主体间在预防、医疗、保健、康复、健康等领域所形成的各种卫生社会关系的法律规范的总和。①

目前,多数学者对卫生法的概念表述如下:卫生法是指由国家制定或认可,并由国家强制力保证实施的旨在调整和保护人体生命健康活动中形成的各种社

① 石东风、邹爱军:《卫生法学基本概念需要统一》,《健康报》2009年9月8日。

会关系的法律规范的总称。

卫生法有狭义和广义两种理解。狭义的卫生法，又称形式意义上的卫生法，是指国家立法机关按照法定程序所制定的以卫生法典命名的卫生法，其仅指由全国人民代表大会及其常务委员会制定、颁布的卫生法律。广义的卫生法，又称实质意义上的卫生法，是调整卫生社会关系的法律规范的总称，或泛指一切卫生法律规范。广义的卫生法除包括狭义的卫生法律外，还包括被授权的其他国家机关所制定和颁布的卫生法规、规章，以及宪法和其他规范性法律文件中有关卫生的条款和规定。

一个国家可以(暂时)没有卫生法典，但是，不能没有实质意义上的卫生法。我国虽然还没有制定形式意义上的卫生法典，但已经有涉及面广、内容丰富的实质意义上的卫生法。作为卫生法学研究对象的卫生法，通常是实质意义上的卫生法，它既包括以卫生法典形式表现出来的卫生法律规范，也包括以其他法律、法规、规章、司法解释等形式表现出来的卫生法律规范。

二、卫生法的特征

卫生法的特征(Characteristics of health law)是卫生法的本质的外化，是卫生法区别于其他部门法的标志。由于卫生法的调整对象是因人体健康生命权益而产生的各种社会关系，它不仅要受到经济、政治、文化、社会习俗的影响和制约，而且要受到自然规律和医学等科学技术发展水平的影响。卫生法作为我国法律体系中正在逐步形成的一个新的法律部门，除具有法律的一般特征，如阶级性、普遍约束性和国家强制性外，卫生法和其他部门法相比，又有它自身的特点，主要表现为：

(一)卫生法以医学经验性为前提，以保护公民生命健康权为根本宗旨

卫生法是医学科学发展在一定阶段的经验总结，它对医药卫生社会关系的调整离不开医学科学目前的经验性阶段。

公民生命健康权是公民人身权中一项最基本的权利。我国《宪法》第 21 条有“保护人民健康”等内容。我国卫生法律规范，如《食品安全法》《药品管理法》《母婴保健法》《传染病防治法》《国境卫生检疫法》《环境保护法》等，都把保护公民的健康权列入总则作为立法宗旨。当今世界各国普遍承认和保护公民的健康权，在其法律中也都体现了保护公民健康的宗旨。如意大利 1947 年《宪法》第 32 条规定：“共和国把健康作为基本人权和社会主要利益予以保护。”日本国 1946 年《宪法》第 25 条规定：“一切国民都享有维持最低限度健康的和有文化的生活的权利。”此外，第 30 届世界卫生大会于 1977 年通过的《2000 年人人保健全球策略》中明确提出，WHO 和各国政府的主要目标是“2000 年人人享有卫生

保健”;第32届世界卫生大会于1979年批准的国际初级卫生保健会议宣言中指出,“健康是一项基本人权”。卫生法以保障公民生命健康权为根本宗旨,这正是它区别于其他法律部门的主要标志。

(二)广泛性、综合性、多元性和多样性

1. 卫生法调整的内容非常广泛。卫生法几乎涉及了社会生活的各个领域和方面。如医疗卫生机构及组织管理、医疗卫生技术人员管理、生命健康权保护、健康相关产品管理、疾病预防与控制、公共卫生管理、环境污染防治、现代医学科学与立法等。

2. 卫生法调整对象具有综合性。它既包括卫生行政关系,也包括卫生民事关系,甚至包括卫生刑事关系。

3. 卫生法的渊源体系具有多元性。我国卫生法既包括卫生法律、卫生行政法规、卫生规章、国家卫生标准、卫生技术规范和操作规程、国际卫生条约、地方性卫生法规,也包括宪法、基本法律、其他法律和行政法规中有关卫生的条款等。

4. 卫生法的调节手段具有多样性。它既采用纵向的行政手段调整医药卫生行政管理活动中产生的社会关系,又采用横向的民事关系调整卫生服务活动中的权利义务关系。卫生法的基本任务,是经由各种卫生规范与制度,确保医药卫生的正常发展,进行医药卫生事业的有效管理,从防病治病进而维护人类的生命健康,以及惩处在医药卫生活动中发生的一些危害人的生命健康的违法行为。

(三)科学性和技术规范性

卫生法是调整人们各种卫生活动的法律规范,它的许多具体内容是依据医学、药物学、卫生学、生物学等自然科学的基本原理和研究成果制定的。特别是在科学技术日益发达的今天,当代科技成果广泛引入医学领域,使得人类对生命科学探索进入了全新的境界,从而为卫生立法与执法奠定了坚实的科学基础。同时,医学科学在探索人类健康和生命的过程中,充满着难以预料的风险,需要一定的社会条件作保证,其中包括法律的保护和导向作用。因而,卫生法与现代科学技术的紧密结合,体现了卫生法的科学性。同时,卫生法保护的是公民生命健康这一特定的对象,这就必然要将大量的技术性规范法律化,即卫生法将直接关系到公民生命健康安全的卫生标准、卫生技术规范和操作规程、科学工作方法、程序等确定下来,成为技术性规范。医药卫生技术成果是卫生法的立法依据,也是卫生法的实施手段。把遵守技术性规范确定为法律义务,使公民的生命健康权得到切实保障。

(四)人类性和社会共同性

这是由卫生法的立法宗旨和根本任务所决定的。卫生法必须符合“人的类本质”;必须尊重医学作为人类共有财富的共有性特点;必须符合目前卫生法学趋同性的特点。虽然卫生法同其他法律一样具有阶级性，其制定必须体现统治阶级的共同利益和意志，但就它规范的具体内容而言，也反映了其他阶级、阶层和各界民众的利益和意志。防病治病、卫生健康是全人类所面临的共同问题，也是全人类的共同利益所在。疾病、健康、卫生本身没有地域、国界和人种的限制；防病治病的方法、维护健康的手段、讲究卫生的措施，也不会因国家、社会制度的不同而拒绝彼此相互学习和借鉴。现在，全世界都在积极建立和完善人人享有卫生保健的医疗体系，都在探索和解决为人们创造一个清洁卫生适宜的环境，预防和消灭疾病，保障人体生命健康，促进社会经济发展等问题的各种手段和办法，这在各国卫生法中都反映了一些具有共性的规律。同时，WHO 等国际组织制定了许多国际卫生协议、条例和公约，成为国际社会共同遵守的准则，从而推动了国际卫生法的发展，也使本国的卫生法制建设不断完善，这些情况都充分体现了卫生法的社会共同性的特征。

第二节　卫生法的调整对象及基本原则

一、卫生法的调整对象

卫生法的调整对象（Object of regulation of health law），是国家卫生行政机关、医疗卫生机构及组织、企事业单位、个人、国际组织之间及其内部因预防和治疗疾病，改善人们生产、学习和生活环境及卫生状况，保护和增进人体健康而产生的社会关系。它涉及多组织（卫生行政机关、医疗卫生机构及组织、企事业单位等）、多群体（上述组织的相关工作人员、公民个人等）、多内容（医疗卫生机构及组织管理、医疗卫生技术人员管理、生命健康权益保护、特殊人群健康保护、健康相关产品管理监督、疾病预防与控制、公共卫生监督与管理、环境污染防治、中医药及民族医药、现代医学科学与立法等）。所以，卫生法的调整对象具有多层次、多侧面和纵横交错的特点。卫生法主要调整的多方面的卫生社会关系，亦构成卫生法学的主要研究范围。

（一）卫生组织关系

卫生组织（Health organization）是指各级卫生行政部门和各级各类医疗卫生机构及组织。国家通过用法律条文的形式将各级卫生行政部门和各级各类医疗卫生机构及组织的法律地位、组织形式、隶属关系、职权范围以及权利义务等固定下来，形成合理的管理体系和制度。通过这一活动，国家才能有效地对卫生工作进行有序的组织和领导，医疗卫生机构及组织才能保证它们在法律规定的范围内从事相应的卫生活动。目前在我国，医疗卫生机构及组织主要是指各类医疗机构、卫生监督及疾病控制机构、血站、医学会及医师协会、红十字会等。

（二）卫生管理关系

在现代社会，卫生是一项重要的社会事业，是社会生活的重要组成部分。卫生管理（Health management）是国家从社会生活总体角度进行的全局性的统一管理，是国家行政管理的重要内容和职责，对于维护公民健康权利，保障医疗市场正常运营，稳定卫生秩序具有重要意义。具体来说，卫生管理就是国家卫生行政机关根据国家法律规定，对卫生工作进行的计划、组织、指挥、调节和监督等活动，以期达到控制和消灭疾病，提高人民健康水平，为社会主义物质文明和精神文明建设服务的目的。在卫生管理活动中，国家卫生行政机关与其他国家机关、企事业单位、社会团体及公民形成的权利义务关系，为卫生法所调整。卫生管理关系是一种纵向的行政法律关系，它可以表现为卫生行政隶属关系，如卫生行政机关和医疗卫生机构及组织的医政管理关系；也可以表现为卫生行政职能管辖关系，如卫生管理中的行政许可关系、行政处罚关系、行政赔偿关系、行政复议关系、卫生纠纷与诉讼关系等。这一部分社会关系所涉内容包括医疗卫生机构及组织的标准、准入、许可；药品、食品、血液制品、化妆品、保健品、医疗器械器材、生物材料等与健康相关产品的生产、销售及其标准和准入、许可的管理监督等。

（三）卫生服务关系

卫生服务（Hygienic service）是指卫生行政机关、医疗卫生机构及组织、有关企事业单位、社会团体和公民向社会公众提供的医疗预防保健服务、卫生咨询服务、卫生设施服务等活动。卫生服务关系是一种横向的社会关系，它表现为提供服务和接受服务的平等主体之间的民事权利与义务关系。

（四）医疗卫生技术人员管理关系

医疗卫生技术人员（Medical health technical personnel）是从事卫生事业的主力军，是人类生命与健康的“工程师”、“守护神”。他们承担着防病治病、救死扶伤、保障健康、维护卫生秩序的重要职责。其素质如何，将直接影响到卫生法立法目的和宗旨的实现。所以，必须通过制定相应的法律、法规、规章等形式，运用法律手段，加强卫生技术人员这支队伍的建设，提高他们的职业道德和业务素质；同时，也要努力保障他们的合法权益。医疗卫生技术人员管理，主要是指对执业医师、护士、药师及药剂师、卫生监督人员及其他卫生技术人员等人力资源进行合理配置和管理。

（五）生命健康权益保护关系

生命健康权是指人的机体组织和生理功能的安全受到法律保护的权利。公民健康权是公民人身权的一种，也是公民的一项基本权利。保护人体的健康权和公民的生命权是一切卫生立法和卫生工作的最终目的和落脚点。所以,生命健康权益保护关系理应属于卫生法调整的范畴。生命健康权益保护的范围较广,包括:生育权利、医患权益的保护、医疗保障、初级卫生保健、特殊人群健康权益保障、疾病预防与控制、环境污染防治与人体健康的关系等。

(六)现代医学与生命科学技术关系

现代医学与生命科学技术不断发展,日新月异。它给人类带来巨大利益和福祉的同时,也向法律提出了前所未有的挑战。卫生法不仅要调整与生命健康相关的法律关系,对于现代医学与生命科学技术发展中的许多新问题,也亟待卫生法予以规范和调整。如生殖技术中的若干问题、脑死亡的法律地位、安乐死的立法问题、器官移植的捐赠和商品化问题等也是卫生法的调整对象。

(七)国际卫生关系

这是指由我国参加、我国承诺并得到我国法律许可的有关国际共同遵守的国际公约和国际条例,从而发生的国际卫生法律关系。

(八)医疗损害争议处理法律制度

卫生法学除了研究上诉实体性法律关系、法律制度外,还以医疗事故处理的法律规定、医疗侵权民事责任争议的和解、调解、仲裁、诉讼等多元化解决机制等为研究内容,涵盖卫生行政复议、卫生行政诉讼、卫生民事诉讼、卫生刑事诉讼、医药卫生损害赔偿等卫生司法救济制度的研究。

二、卫生法的基本原则

卫生法的基本原则(Fundamental principle of health law),是指体现在各种卫生法律、法规之中的,对调整保护人体生命健康而发生的各种社会关系具有普遍指导意义的准则。它贯穿于一切卫生活动及卫生法治的各个环节之中。

卫生法的基本原则是卫生立法的指导思想和基本依据,是卫生法所确认的卫生社会关系主体及其卫生活动必须遵循的基本准则,在卫生司法活动中起指导和制约作用。

(一)卫生保护原则

保护人体生命健康,是我国一切卫生工作和卫生立法的根本宗旨和最终目的。根据这一原则,我国每个人都依法享有改善卫生条件、获得基本医疗保健的权利。这项权利将保障人体生命健康,提高生命质量。我国高度重视公民的身体健康权。作为我国根本大法的宪法,专门规定了有关保护人体健康的条文。此外,我国其他大量的卫生法律中,几乎无一例外地均将保护人体生命健康作为立法宗旨。一切卫生工作和活动都必须从全体公民的利益出发,保护人体健康,使人人有获得卫生保护的权利,人人有获得有质量的卫生保护的权利。

（二）预防为主、防治结合原则

预防为主是我国卫生工作的根本方针，它是卫生立法及司法必须遵循的一条重要原则。预防和治疗，是医疗卫生保健工作的两大基本组成部分，是有机联系、不可缺一的两个方面。卫生工作要坚持“预防为主，综合治理”的方针，正确处理防病和治病的关系，把防疫工作放在首位，坚持防治结合，预防为主。任何卫生工作都必须立足于防；强调预防并不是轻医疗；预防和医疗都是保护健康的方法和手段。

（三）依靠科技进步、中西医协调发展原则

生命科学是当今世界科技发展最活跃、最重要的领域之一，它将不断给医学发展以巨大的动力，使人类对自身生命现象和疾病本身的认识不断进入新的阶段。实践证明，卫生事业的发展，健康目标的实现，归根到底有赖于科学技术的发展。因此，以维护人体生命健康为宗旨的卫生法，必然把依靠科技进步作为自己的原则之一。

在对疾病的诊疗护理中，要正确处理中国传统医学和西方医学的关系，要认真学习现代医学，努力发展和提高现代医学的科学技术水平。同时，还必须努力继承和发展祖国传统医学遗产，运用现代科学技术知识和方法对其加以研究、整理、挖掘，把它提高到现代科学水平，从而使中西两个不同理论体系的医学互相取长补短、协调发展。

（四）动员全社会参与原则

这是指卫生工作必须做到政府领导、部门配合、社会支持、群众参与，使医疗卫生事业成为全民的事业。这一原则反映了卫生工作的社会性，有利于增强社会全体成员的参与意识和责任感。中央和地方各级政府要把卫生事业列入经济和社会发展总体规划，加强对卫生事业的宏观管理，并能够为本地区卫生建设提供必要的物质支持；卫生行政部门要认真组织实施卫生工作，加强对医疗卫生机构和卫生技术人员的管理，强化卫生监督执法，坚持依法行政；政府其他各职能部门要努力配合，积极履行相应的职责，承担和完成一定的任务；各社会团体、企事业单位和公民要积极参与卫生工作，把支持卫生事业作为自己的义务，做到卫生专业工作与群众自愿投入相结合，使卫生事业真正成为全民的事业。

（五）国家卫生监督与全民卫生监督原则

徒法不足以自行，任何法律的有效实施，都必须要有强有力的监督措施。国家卫生监督是指卫生行政机关或国家授权的卫生职能部门，对管辖范围内有关单位和个人执行国家颁布的卫生法律、法规、规章、条例、办法和标准情况予以监察督导。卫生法的内容涉及人的生命健康权益保护，因此全社会都有责任对涉及人的生命健康权益保护事项进行监督。我国的卫生法本来就不够健全，实行国家卫生监督原则,必须把专业性监督与社会监督、群众监督紧密结合起来。全民卫生监督原则基本要求是,政府主管部门应当对与人体生命健康相关或者对人体生命健康有影响的活动、行为和产品以及环境、建筑、场所、机构、人员等等进行规范、监督和管理,并加大对违法行为的处罚力度,整个社会和全体公民也有责任对与人体生命健康相关的活动、行为和产品进行监督,以使人的生命健康权益不受侵害。

(六)患者权利自主原则

保护患者权利的观念是卫生法的基础,而患者的自主原则是患者权利的核心。20世纪70年代以来,卫生法发生了一个新的变化,即许多国家越来越重视患者权利的保护问题,荷兰、丹麦、美国等国制定了专门的患者权利保护法。我国也日趋重视维护病人权利,尊重患者自主意识。我国现行的卫生法律、法规都从不同的角度对患者的权利,如医治权、知情权、同意权、隐私权、参与权、申诉权、赔偿请求权等作了明确、具体的规定。

第三节 卫生法律关系

一、卫生法律关系的构成

卫生法治的实际运行,从立法、执法、司法、守法到法制监督和法律服务等各个环节,都必须有卫生法律关系的实际存在,可以说卫生法律关系是卫生法治得以运行的基础。有关卫生法律关系的概念和特征已如前述,这里主要研究卫生法律关系实际运行中的两个主要问题:卫生法律关系的构成;卫生法律关系的产生、变更和消灭。

同其他法律关系一样,卫生法律关系也是由主体、客体和内容三个方面的要素所构成,但其具体内涵与其他法律关系有所不同。在每一个具体的卫生法律关系中,如果缺少了主体、客体和内容这三个要素中的任何一个要素,卫生法律关系就无法产生和继续存在。

(一)卫生法律关系的主体

卫生法律关系的主体(Subject of health legal relationship)是指卫生法律关系的参加者,亦即在卫生法律关系中享有权利并承担义务的当事人。主体的存在是卫生法律关系产生的先决条件,主体是客体的占有者、使用者和行为的实践者,没有主体和主体的活动,也就不能产生卫生法律关系。在我国,卫生法律关系的主体包括国家机关、企事业单位、社会团体和公民。

1.国家机关。大致有三种情况:一是各级卫生行政部门及其卫生监督机构,以卫生监督管理机关的身份，在依法对其管辖范围内的国家机关、企事业单位、社会团体、公民个人行使其卫生行政管理与监督职能中结成卫生行政法律关系；二是各级各类国家机关因需要医疗卫生预防保健服务，而同提供医疗卫生预防保健服务的企事业单位结成卫生服务法律关系；三是各级卫生监督管理机关之间、各级卫生监督管理机构与同级政府之间、各级卫生行政部门与法律授权承担公共卫生事务管理的事业单位之间、各类卫生监督管理机关与其卫生监督执法人员之间，分别以领导与被领导、管理与被管理的身份结成内部的卫生管理关系。

2.企事业单位。大致有两种情况：一是它们以卫生行政管理相对人的身份，同有管辖权的卫生监督管理机关结成卫生行政法律关系。二是提供医疗卫生预防保健服务的企事业单位，一方面以提供者的身份，同需求这种服务和产品的国家机关、企事业单位、社会团体、公民个人结成卫生服务法律关系；另一方面以管理者的身份，同本单位的职工结成内部的卫生管理关系。

3.社会团体。可分为医疗卫生社会团体和一般社会团体。医疗卫生社会团体如中国红十字会、中华医学会等，它们在卫生法律关系中的地位和作用类似于医疗卫生事业单位，他们在为社会提供卫生咨询和医疗预防保健服务工作时，即参与了卫生法律关系，成为卫生法律关系的主体。

4.自然人。包括中国公民、外国公民和无国籍人。公民(Citizen)是卫生法律关系中重要的主体，可以参与多种卫生法律关系。其作为卫生法律关系的主体有两种情况：一种是以特殊身份成为卫生法律关系的主体，如医疗机构内部工作人员管理关系中的医疗机构工作人员；另一种是以普通公民身份参加卫生法律关系成为主体，如医疗服务关系中的病人。对于依法个体行医的公民，其地位和作用类似于医院，他与病人发生卫生服务关系，同时接受当地医疗卫生行政机关和其他主管机关的管理和监督。

此外，居住在我国的外国人和无国籍的人，也可以成为我国卫生法律关系的主体，如在国境卫生检疫法律关系中接受我国国境卫生检验检疫机关检疫查验中的外国入境人员。

(二)卫生法律关系的内容

卫生法律关系的内容(Substance of health legal relationship)是指卫生法律关系的主体依法所享有的权利和承担的义务。这里的“权利”(Right)，就是卫生法律、法规和规章对双方当事人所赋予的实现己方意志的可能性。它可以表现为权利人有权作出符合法律规定的某种行为，或不为一定行为，以实现己方的意志；也可以表现为权利人有权要求对方依法作出某种行为，或不为一定行为，以满足己方的意志。这里的“义务”(Duty)，就是卫生法律、法规和规章对双方当事人所规定的必须分别履行的责任。它包含两层含义：一是义务人必须依法按照权利人的要求作出一定的行为，或不为一定行为，以便实现权利主体的某种利益；二是义务主体负有的义务是在卫生法规定的范围内作出一定的行为或者不为一定行为，对于权利主体超出法定范围的要求，义务主体不承担义务。

这些权利和义务都同样受到国家法律的保护。当义务人拒不履行义务或不依法履行义务时，权利人可以依法请求司法机关或医疗卫生行政部门采取必要的强制措施，以保障其权利的享有；当权利人的权利受到对方的侵害时，受害人可以依法请求司法机关或医疗卫生行政部门给予法律保护，要求依法追究对方的行政责任、民事责任或刑事责任。还应看到，卫生法律关系中的权利与义务，往往是相互对立、相互联系、彼此一致的。权利的内容，需要通过相应的义务表现出来；义务的内容，需要相应的权利予以限定。当事人一方享有权利，必然有另一方负有相应的义务，并且权利和义务往往是同时产生、变更和消灭的。法制社会既不允许只享有权利而不承担义务，也不允许只承担义务而不享有权利。

(三)卫生法律关系的客体

卫生法律关系的客体(Object of health legal relationship)是指卫生法律关系主体的权利和义务所指向的对象。它包括：

1. 公民的生命健康权利。WHO 把健康定义为“健康不仅是没有疾病和症状，而且是一种个体在身体上、心理上和社会适应性的完好的状态”。保护公民的生命健康权，是我国社会主义民主和法制的根本原则之一。我国的卫生法律、法规明确地规定了公民的生命健康权是卫生法律关系的重要保护客体，因此，公民的生命健康权利是卫生法律关系的最高层次的客体。

2. 行为。这是指卫生法律关系主体中权利主体行使权利和义务主体履行义务所进行的活动。如申请许可、卫生审批(Health verify)、医疗服务(Medical service)等。行为可分为合法行为和违法行为两种方式，合法行为依法受法律保护，违法行为将引起法律责任和法律制裁。

3. 物。主要包括进行各种医疗和卫生管理工作过程中需要的生产资料和生活资料，以满足人民群众对医疗保健的需要，如药品、食品、化妆品、医疗器械等。

4. 智力成果或精神产品。这是主体从事智力活动所取得的成果，属于精神财富。如医药卫生科学技术发明、专利、学术著作等。

二、卫生法律关系的产生、变更和消灭

卫生法律关系同其他法律关系一样，不是自然而然地形成的，也不是一成不变和永恒存在的，而是在一定条件下，有一个从产生到终止的演变过程。产生，是指卫生法律关系主体间形成了权利与义务关系；变更，是指卫生法律关系的主

体、内容或客体发生了变化;消灭,是指卫生法律关系主体间的权利与义务关系完全终止。引起法律关系产生、变更和消灭的条件,一是法律规范,二是法律事实(Legal fact)。在法理学上,称一定的法律规范是一定的法律关系产生、变更和消灭的前提,称一定的法律事实是一定的法律关系产生、变更和消灭的根据。即法律规范为人们的行为设定了一定的模式,使法律关系当事人享有权利和承担义务具有可能性,但仅有这种可能性是不够的,因为它并不能必然引起法律关系的产生、变更和消灭,只有在同时具备一定的法律事实,法律上所规定的权利、义务关系才能体现为实际的权利、义务关系。

所谓法律事实,一是法律关系主体以其主观意愿表现出来的行为,即法律行为;二是不以法律关系主体主观意志为转移的客观现象,即法律事件。

(一)法律行为

法律行为(Legal act)是卫生法律关系产生、变更或消灭的最普遍的法律事实。按照法律是否符合法律规范规定的要求,法律行为可以被分为合法行为和违法行为两种。合法行为是指卫生法律关系主体实施符合卫生法律规范,能够产生行为人预期后果的行为,合法行为为我国法律所确认和保护。违法行为是指卫生法律关系主体实施卫生法律规范所禁止的、侵犯他人合法权益的行为,如制售假药、劣药,用甲醇兑制白酒,医疗过失等。违法行为不能产生行为人预期的法律后果,是无效行为,并为法律所禁止,同时必须承担相应法律责任。

(二)法律事件

法律事件(Law affair)分为两类:一类是自然事件,如病人因非医疗因素死亡而终止医患法律关系,作为卫生行政相对人的企事业单位因强烈地震、严重失火等自然灾害而被迫停业;另一类是社会事件,即来自当事人主观意志之外的诸如医疗卫生政策的重大调整、卫生法律的重大修改、政府卫生行政措施的颁布实施、司法机关和行政执法机关对双方当事人争议的司法判决和行政决定等,从而导致卫生法律关系的产生、变更或消灭。

第四节 卫生法的渊源

法律规范的渊源(Origins of health law)是指法律规范由何种国家机关创制并表现为何种法律文件形式。

卫生法的渊源,是指卫生法律规范的各种具体表现形式。在我国,卫生法由不同国家机关制定,它们在卫生法体系中各自居于不同地位,具有不同的法律效力等。根据我国宪法和法律的规定,我国卫生法的渊源主要有以下几种:

一、宪法

宪法是国家的根本大法，是国家最高权力机关通过法定程序制定的具有最高法律效力的规范性法律文件。它不仅是国家一切立法的基础，也是制定各种法律、法规的依据。我国宪法中有关保护公民生命健康的医疗卫生方面的许多条款，就是我国卫生法的渊源之一，是制定卫生法的重要依据，并在卫生法律体系中具有最高的法律效力。例如《宪法》第 21 条规定："国家发展医疗卫生事业，发展现代医药和我国传统医药，鼓励和支持农村集体经济组织、国家企事业组织和街道组织举办各种医疗卫生设施，开展群众性的卫生活动，保护人民健康。"这是一条高度概括和原则性的规定，但却是具有最高法律效力的。正是依据它，国家制定了一系列维护人民健康的具体法律、法规。我国《宪法》第 25、26、42、43、45、46、49、89、107、119 条等都和公民的健康权利有关，其内容包括：国家举办各种医疗卫生设施、开展各种群众性卫生活动；国家推行计划生育；国家发展社会保险、社会救济和医疗卫生事业；等等。

二、卫生法律

作为卫生法的表现形式之一的卫生法律（Health law），指的是狭义的法律。它又可以分为两类：一类由全国人民代表大会制定的法律称为基本法律；另一类由全国人大常委会制定的除基本法律之外的其他法律。目前，在我国，还没有由全国人民代表大会制定的卫生基本法律或称卫生法典。所以，狭义的卫生法律由两部分组成：一部分即由全国人大常委会制定的直接关于医疗卫生、维护人民健康方面的专门法律，如《食品安全法》《药品管理法》《国境卫生检疫法》《传染病防治法》《红十字会法》《母婴保健法》《献血法》《执业医师法》《职业病防治法》《人口与计划生育法》等。这是我国卫生法体系中的主体部分，是卫生法的直接渊源。另一部分是由全国人民代表大会及其常务委员会制定的其他部门法中有关医药卫生、维护人民健康的规定或条款，如《刑法》中有许多条款规定了在医疗卫生、维护人民健康方面所禁止的行为以及对实施了这种行为造成严重社会危害的人的刑罚，《婚姻法》规定了禁止结婚的身体条件，《民法通则》规定了对公民健康权的保护条款，等等，这些都是卫生法的组成部分，可以视为卫生法的间接渊源。

三、卫生行政法规

卫生行政法规（Health administrative codes），是以宪法和卫生法律为依据，由国家最高行政机关——国务院针对某一特定的调整对象制定发布的规范性法律文件。它是卫生法最主要的渊源。它有两种类型:第一种是国家最高行政机关即国务院制定的,如《医疗事故处理条例》《突发公共事件应急条例》《医疗机构管理条例》《血液制品管理条例》;第二种是由卫生部提出法规草案,经国务院批准,由卫生部发布的,如《艾滋病监测管理的若干规定》。卫生行政法规既是卫生法的渊源之一,也是下级卫生行政部门制定各种卫生行政管理规章的依据。

四、地方性卫生法规

地方性卫生法规(Place health law),是指省、自治区、直辖市及省会所在地的市和经国务院批准的较大的市的人大常委会,根据国家授权或为贯彻执行国家法律,结合当地实际情况,依法制定和批准的有关医疗卫生方面的规范性文件。地方性卫生法规在推进本地区卫生事业的发展,为全国性卫生立法积累经验等方面具有重要意义。如《上海市艾滋病防治办法》《上海市遗体捐献条例》《深圳特区遗体捐献移植条例》等。

五、卫生部门规章

卫生规章(Health regulation),是卫生法律和法规的补充。它是指国务院卫生行政部门、承担医药卫生管理职能的其他部门制定、发布的规范性文件。从制定的程序和发布的形式看有三种类型:第一种是卫生部制定发布的,如《护士管理办法》《解剖尸体规则》《人类辅助生殖技术规范》;第二种是由卫生部与其他部门联合制定发布的,如《精神疾病司法鉴定暂行规定》;第三种是由各省、自治区、直辖市以及各省、自治区人民政府所在地和经国务院批准的较大的市的人民政府,根据卫生法律,在其职权范围内制定和发布的有关地区卫生管理方面的规范性文件,也称为地方性卫生规章。

六、地方性卫生规章、特别行政区有关卫生事务的规范性法律文件、卫生自治条例与单行条例

省、自治区、直辖市的人民代表大会及其常委会根据本行政区域的具体情况和实际需要,在不同宪法、法律和行政法规相抵触的前提下,可以制定地方性卫生规章;特别行政区立法机关有权根据特别行政区基本法自主地制定本行政区的法律;民族自治地方的人大依法在其职权范围内根据当地民族的政治、经济、文化的特点,制定发布的有关本地区医疗卫生行政管理方面的法律文件的卫生自治条例与单行条例。

七、技术性卫生标准、规范和规程

由于卫生法具有技术控制和法律控制的双重性质,因此,卫生标准(Health

standard)、卫生技术规范(Health technology standard)和操作规程(Working instruction)就构成了卫生法律体系中一个重要的组成部分。这也是由卫生法的特征所决定的。我国现行的标准按《卫生标准管理办法》分为国家标准、行业标准、地方标准。值得注意的是,这些标准、规范和规程的法律效力虽然不及法律、法规,但在具体实施的过程中,它们的地位又是相当重要的。因为卫生法律、法规只对社会医疗卫生管理中的一些问题作了原则规定,而对某种行为的具体控制,则需要依靠标准、规范和规程。所以,从一定意义上说,只要卫生法律、法规对某种行为作了规范,那么卫生标准、规范和规程对这种行为的控制就有了极高的法律效力。如《传染病防治法》《食品安全法》《药品管理法》等都有许多相应条款将国家饮用水标准、食品安全标准、营养标准、国家药典和药品标准、工艺规程、炮制规范等作为有关单位和个人应遵守的行为准则和标准,从而成为执法部门进行卫生管理、监督、监测和执法的标准,所以这些经法律法规确认的卫生标准、技术性规范和操作规程,都是我国相应卫生法律的组成部分。

八、国际卫生条约

国际卫生条约(International haealth treaty),是指由我国与外国缔结的或者由我国加入并生效的国际法规范性文件。它可由全国人大常委会决定同外国缔结卫生条约或卫生协定,或由国务院按职权范围同外国缔结卫生条约或协定。这种国际卫生条约虽然不属于我国国内法的范畴,但其一旦生效,除我国声明保留的条款外也与我国国内法一样,对我国产生约束力,是我国卫生法的渊源。如《国际卫生条例》《麻醉品单一公约》《精神药品公约》等。

第五节　卫生法在中国的历史发展

应该说,我国卫生法的历史发展和我国一般法的历史发展基本是同步的,历经奴隶时代、封建时代、中华民国时期、新民主主义革命时期直至社会主义时期。中华人民共和国的成立,标志着我国的卫生立法工作进入了一个新的历史时期;特别是党的十一届三中全会以来,社会主义民主和法制建设得到加强,卫生立法工作有了重大发展。

一、我国奴隶时代的卫生法历史

奴隶时代的卫生法是我国卫生立法的启蒙时期。我国古代有关卫生法律规范的产生,最早可追溯到殷商时代,但因年代久远,史料散失,仅散见于各种律书和古籍之中,多数已无从考证。据《韩非子·内储说上》记载,“殷之法,刑弃灰于街者”，亦即禁止在街上倾倒生活垃圾的规定。《周易》中也有类似护井公约的规定。西周的《周礼》中有“礼不取同姓”，《左传》中有“男女同姓，其生不蕃”的记载，反映古代对繁衍健康后代的认识和重视。

周代建立了我国最早的医事管理制度，包括司理医疗的机构、病历书写、死亡报告和医生考核制度等。据《周礼》记载，当时，医生已是一种官职，并有专业分工。医师为众医之长，其职责是“医师掌医之政令，聚毒药以供医事”。在宫廷中，医生分为“食医”(营养)、“疾医”(内科)、“疡医”(外科)、“兽医”四科。医师之下，又设有上士、中士、下士(皆为医官)，史(管文书医案)，府(管药物、器械、会计)，徒(供使役、看护)等官职。在管理方面，建立了世界上最早的关于病历书写和死亡报告制度。“凡民之有疾病者，分而治之。死终，则各书其所以，而入于医师。”此外，周代还建立了对医师实行年终考核制度。另外，在个人卫生、环境卫生、预防保健方面也有一些规定，如对死者要埋葬、隔离麻风病人等。

二、封建时代的卫生法的发展

封建时代的卫生法是我国卫生立法逐步发展和渐趋完善时期。在两千多年的封建社会中，尽管封建王朝兴衰更替，但是都比较重视制定卫生法规和建立比较完备的卫生管理制度。秦代起，封建社会有了比较系统的法典，如《秦律》《汉律》。有关医疗卫生方面的规定也在这些法典中出现。在医疗机构的设置上，秦代在中央政府中设有太医令丞，掌管医疗政令。《秦律》规定了禁止杀婴、堕胎等。到了汉代，开始对医和药分别设官管理，并为适应战争需要，建立军医制度。

从两晋经隋唐至五代，是我国封建社会近700年的上升时期，伴随着封建法典的不断完善和医学的发展，卫生管理制度逐步完善。《唐律》是世界上封建社会中最系统和最严密的法典之一，《唐律》的记载中有：“凡律十有二章……今二十有七篇，分为三十卷……其中二十七是医疾。”关于医事的律令，如医生不能欺诈病人，“诸医违方诈疗疾病而取得财物者，以盗论”。关于药事的律令，如“合和御药误不如本方及封题者，医绞”。关于卫生保健方面的律令，如禁止同姓结婚，“同姓为婚者，各徒三年”。《唐律》还对官方征用医师的考试和录用、医校的设置等作了规定。

宋金元时期，卫生制度在许多方面沿袭唐制，但在卫生立法上有所发展。北宋王安石为相时，颁布了《市易法》，由政府控制药品交易。官药局实施轮值制度，保证昼夜供药，并规定有对药品的检验制度和特殊情况的免费供药制度。宋代还颁布了《安剂法》，规定医务人员人数及升降标准，这是我国最早的医院管理条例。宋代的法律规定，庸医伤人致死依法绳之；凡利用医疗诈取财物者，以匪盗论处。值得一提的是，宋代法医学有了迅速发展。宋慈所著的《洗冤集录》成为死伤断狱的法典，后世法医著作大多以它为蓝本。元代法律中涉及医疗卫生的条文也较多，《元典章》中规定，政府禁售剧毒药品和堕胎药，禁止假医游街货药；医师医死人必须酌情定罪；医户和百姓发生争执和诉讼时，管民的官和管医的官共同商量决断。还规定，免除医户差役及赋税；禁止庸医行医治病；医人非选试及著籍者不能行医疗，对医师三年大考一次，合格者方能行医。

到了明代，《大明会典》规定，医家要世代行医，不许妄行变动；太医院的医师必须是医家子弟经过考试才能录用；对合和御药错误、使用毒药杀人、庸医杀人应予处罚。明代开始，制定了记录详细、项目完整、层次固定的病案格式。

清王朝建立后，先是因沿明代法典，后制定了《大清律》。在《清朝通典》中对太医院的职责、医师的升补告退等作了具体规定。对庸医和失职人员，《新清律》规定了非常具体明确的认定标准和处刑方式。在传染病方面，清政府就天花和其他一些疾病的防治发布命令，如对天花患者，政府设有“种痘局”进行管理：“京师民有痘者，令移居出城，杜传染。”

太平天国时期，创办了我国近代历史上第一所医院。在《资政新篇》中，提倡“兴医院以济疾苦”，严格挑选医师，“必考取数场然后聘用”，以免庸医误人、害命；医师替群众看病，“不受谢金”等。《太平条规》《刑律诸条禁》对医院制度、医疗免费、公共卫生的法制建设作了一次特殊的尝试。规定社会公共卫生城市每天打扫街道，农村须洒扫街渠，保持清洁。明令禁抽鸦片、酗酒，禁止蓄婢、娼妓，严禁溺婴，保护妇女和儿童健康等。

三、中华民国时期和新民主主义革命时期的卫生法

（一）中华民国时期的卫生法

中华民国时期的卫生法是我国卫生立法专门化、具体化时期。中华民国仿效西制设卫生部负责全国医疗卫生工作，认真制定了卫生行政大纲和涉及卫生行政、防疫、公共卫生、医政、药政、食品卫生和医学教育等多方面内容的一系列法规，卫生管理制度日趋完备。中华民国时期，国民政府发布了《解剖规则》，规定“警官及检察官对于病变尸体，非解剖不能确知其致死亡之由者，得指派医生执行解剖”。这是我国最早实行解剖尸体的法定条文。从制度建设、法制建设的层面来说，中国医药卫生法律近代化始于清末，展开于民国初年，形成于南京国民政府时期。但是，中华民国时期的卫生法制建设存在严重缺陷。卫生法学理论的阙如，导致卫生立法体系显得异常凌乱；中央卫生行政机构地位波动起伏，极大地妨害了卫生行政立法权的正常行使；法律多变，存废过于频繁，极其不利于卫生法的实施，不利于全国卫生行政事业的管理。

（二）新民主主义革命时期的卫生法

新民主主义革命时期的卫生法是中国共产党在革命根据地为保证革命战争

的胜利，保护革命根据地人民的生命安全和健康而制定的，在中国卫生法制史上揭开了崭新的一页。

四、新中国成立后卫生法的重大发展

中华人民共和国的成立，标志着我国的卫生立法工作进入了一个新的历史时期。特别是党的十一届三中全会以来，社会主义民主和法制建设得到加强，卫生立法工作有了重大发展。

从 1949 年 10 月 1 日中华人民共和国成立至今，我国医药卫生法制建设经历了四个发展阶段：

（一）初创阶段（1949 年至 1954 年）

这个阶段的立法成果是：确立了立法方针，医药卫生立法从无到有，具有了一定的立法形式，但不全面（无法律）。新中国一成立，人民政府就十分关心人民健康事业和医事卫生法制建设，在起临时宪法作用的《共同纲领》中就提出："推广卫生医药事业，保护母亲、婴儿和儿童的健康。"1952 年，全国第二届卫生工作会议提出了医药卫生立法和卫生事业发展的四大方针——预防为主、面向工农兵、中西医结合、卫生工作与群众运动相结合。以此为指导，先后制定了一系列医药卫生法规和规章；其中，由政务院制定颁布或批准发布的医药卫生法规就有 46 件，如《中央人民政府卫生组织条例》《种痘暂行办法》《交通检疫暂行办法》《管理麻醉药品暂行条例》《医师暂行条例》《中医师暂行条例》《医院诊所管理条例》等。

（二）发展阶段（1954 年至 1966 年）

这个阶段立法的特点及主要成果是：医药卫生立法形式逐步提升和扩展而达到齐全，既有法律，也有法规，还有规章、规范性文件、服务标准、操作规范。国家先后颁布了大量的医药卫生法规，其中，国务院颁布或批准发布的医药卫生法规有 31 件，卫生部制定了 500 多件医药规章或规范性文件。如 1954 年，卫生部颁发了《卫生防疫暂行办法》，稍后又发布了《卫生防疫站工作条例》，保证了卫生防疫工作的顺利开展；1955 年，卫生部颁发了《传染病管理办法》；在劳动卫生和食品卫生方面，先后颁发了《工厂安全卫生规程》《工业企业卫生设计暂行卫生标准》《职业病范围和职业病患者处理办法》《食品卫生管理暂行条例》《饮用水质标准》等。值得一提的是，1957 年 12 月，第一届全国人大常委会通过了《中华人民共和国国境卫生检疫条例》，它是新中国第一部医药卫生法律，成为中国医药卫生法制建设史上的一个重要标志。该条例及国务院公布的实施细则，使国境卫生检疫工作有了法律保证。在药政方面，先后颁布了《关于加强药政管理的若干规定》《管理毒药、限制剧毒药暂行规定》等，1965 年又再版了《中华人民共和国药典》。所有这些都有力地促进和保证了医药卫生事业的发展。

(三)停滞阶段(1966 年至 1976 年)

“文化大革命”时期，医药卫生立法处于停滞状态，甚至已有的医药卫生法律、法规、规章也不能正常发挥作用。

(四)全面发展阶段(1977 年至今)

粉碎“四人帮”，特别是 1978 年中国共产党十一届三中全会之后，我国医药卫生立法有了突破性进展，医药卫生法制建设进入了健康、稳步、兴旺发展的新阶段。

1982 年《宪法》有关发展国家医疗卫生事业、保护人民健康的规定，为新时期的卫生立法指明了方向，提供了依据。随着社会主义市场经济体制的逐步形成与完善，医药卫生事业改革的不断深化，卫生法制建设的重要性和迫切性日益显著；依法治国，建设社会主义法治国家的重要目标，更为医药卫生立法工作创造了空前良好的社会环境。1985 年卫生部成立了医疗立法调研起草小组，拟定医疗立法规划。1988 年卫生部组建政策法规司，负责卫生立法计划的编制、卫生法律法规的调研、协助各司局的法规起草工作等。1989 年卫生部组建卫生监督司，以加强全国卫生监督工作的宏观调控和综合管理。1998 年卫生部机构调整后成立了卫生法制与监督司。1991 年卫生部在《卫生事业第八个五年计划及 2000 年规划设想》中指出，加强卫生法制建设，“八五”期间，要建立一批带有根本性的卫生工作法规，到 2000 年初步形成相对完整、配套的卫生法制体系，把卫生工作和卫生事业发展建设纳入法制管理的轨道。1997 年中共中央、国务院在《关于卫生改革与发展的决定》中指出，推进卫生法制建设，要加快卫生立法步伐，完成以公共卫生、与健康相关产品、卫生机构和专业人员的监督管理为主要内容的卫生法律、法规，建立、健全相配套的各类卫生标准；加强卫生法制的宣传教育，增强公民卫生法律意识。1998 年 10 月全国卫生法制工作会议召开。2003 年 7 月与党中央、国务院召开的全国防治“非典”工作会议同时召开的全国卫生工作会议指出，加强卫生法制建设，完善卫生执法监督体系。同年 8 月第十届全国人大常委会举行第三次法制讲座，题目是：我国的卫生法律制度。2009 年 2 月 28 日第十一届全国人民代表大会常务委员会第七次会议通过《中华人民共和国食品安全法》。所有这些，推动我国卫生立法取得了突破性的进展，取得了重大成绩，进入了卫生法空前发展和繁荣的新时期。

据有关资料显示，从中华人民共和国成立至 2009 年 12 月 31 日，我国在医药卫生法制建设方面，共制定实施：《食品卫生法》《国境卫生检疫法》《传染病防治法》《红十字会法》《药品管理法》《母婴保健法》《献血法》《执业医师法》《职业病防治法》《人口与计划生育法》等医药卫生法律 22 部(已失效 4 部)；国务院制发和批准了《麻醉药品管理办法》《精神药品管理办法》《医疗用毒性药品管理办法》《放射性药品管理办法》《医疗机构管理条例》《公共场所卫生管理条例》《医疗事故处理条例》等医药卫生行政法规 72 部(已失效 16 部);卫生部等部、委、局则制定颁发了医药卫生部门规章 593 部(已失效 102 部);散见在其他法律文件中涉及对医药卫生行为的规定的法律法规 100 部;医药卫生规范性文件 986 件。

综合上述,60 年来仅全国性(不含各省、自治区、直辖市)的医药卫生立法已多达 1773 件。应该说,改革开放以来,我国医疗卫生事业得到了长足的发展,卫生体制改革不断深化,卫生法律制度也逐步完善。医药卫生事业基本上做到了有法可依、有章可循,走上了法制化的轨道,为保障公民身体健康和生命安全,为医学科学和医药卫生事业的发展提供了有力的法律保障。

五、国际卫生立法与发展

承认和加入国际卫生条约、研究国际卫生法的历史,可以为我国卫生立法的发展提供有益借鉴。

国际卫生法(International health law)是调整国家(包括类似国家的政治实体以及由国家组成的国际组织)之间在保护人体生命健康活动中所产生的各种关系的有拘束力的原则、规则和规章、制度的总称。国际卫生法的特点是:其法律关系主体是国家或国际组织;制定者是国家或国家集团,一般不需要特别的立法机构和专设的部门;其实施和监督除依靠国家外,有时也依靠临时的国际专业小组或委员会,但却无须暴力等手段强制推行。

世界卫生组织(WHO)自 1948 年成立后,积极地在国与国之间进行了医学和医疗卫生立法的交流协作,其各专家委员会与特设小组把制定国际医疗卫生公约、协约、规则,食品、生物制品、药品的国际标准,以及诊疗方法的国际通用规范和原则,作为其主要工作内容;随着高新医学技术的不断出现和医疗卫生经济的发展,生死观念和文化的变化,越来越多的特殊法律问题需要认真对待,需要在国际间寻找共同的理解和认知。世界卫生组织除进行较广泛深入的卫生法理学研究和向发展中国家提供卫生立法咨询外,还制定了一系列单行国际医疗卫生法规和与医疗卫生相关产品的国际标准,订立了多项有价值的国际公约、条约和世界性医学原则。其中主要有:《国际卫生条例》(1969 年)、《食品卫生国际标准》、《药品生产质量规范》(GMP)、《放射防护基本安全标准》、《麻醉药品单一公约》(1961 年)、《精神药物公约》(1971 年)、《职业性肿瘤公约》(1974 年)、《残疾人权利宣言》(1975 年)、《联合国禁止非法贩运麻醉药品和精神药物公约》(1988 年)、《环境与发展宣言》(1992 年)。国际性一些涉及医疗卫生领域的学会和其他非政府组织对国际卫生立法十分关注。成立于 1947 年的世界医学会

(WMA)，认为战后有必要制定一项世界性的医学原则。这样，就在重申和改进《希波克拉底誓言》的基础上，产生了1948年的《日内瓦宣言》，后来通过后命名为《医学伦理学国际法》，随之该医学会又制定了其他一系列世界性医学原则，主要包括：有关人体实验原则的《赫尔辛基宣言》(1964年)，《护士伦理学国际法》(1953年由国际护士协会制定)，有关死亡确定问题的《悉尼宣言》(1968年)，有关医学流产处理原则的《奥斯陆宣言》(1970年)，有关犯人人道待遇问题的《东京宣言》(1975年)，有关精神病人准则的《夏威夷宣言》(1977年由世界精神病学会通过)，《献血与输血的道德规范》(1981年)以及《世界人类基因组与人权宣言》(1997年)等。以上这些具有国际法性质的宣言和文件，虽然发端于医学伦理学思想和人类共同的道德追求，但却说明了各国医学界对于这些领域和课题在后医学时代的认识中，在医学道德应用的实践中，所表现出的一种新的科学和卫生法律文化精神。

目前，国际卫生法的内容已涉及公共卫生与疾病控制、临床医疗、职业卫生、人口和生殖健康、特殊人群健康保护、精神卫生、卫生资源、药物管理、食品卫生、传统医学等许多方面。世界卫生组织(WHO)还通过他们编辑出版的刊物《国际卫生立法汇编》传播介绍各国卫生法规内容及卫生立法的进展，发表了不同国家、不同区域实施卫生法的对比性调查分析，为各国卫生立法提供有益借鉴。

我国已成为WHO和WTO的正式成员，必须遵守有关国际卫生法的规定，同时要根据国际卫生法的原则，维护我国人民的合法权益。

第六章 卫生法的制订与实施

第一节 卫生立法概述

一、卫生立法的概念

立法是对权利资源、权力资源以及其他社会利益，进行法定制度性配置和调整的专门活动。立法的实质是指将在国家生活或社会生活中居于主导地位的社会主体的意志上升为国家意志的专门活动。与一般立法相比较而言，卫生立法的立法对象较为特殊，即维护公民健康权得以实现的法律规范。那么卫生立法即为，特定主体依据一定的职权和程序，运用一定的技术，制定、认可或变动维护公民健康权得以实现的卫生法律规范的专门性活动。

卫生立法有广义与狭义之分。从狭义上讲，卫生立法专指具有立法权的特定机关制定卫生法律规范的专门性活动。在我国是指由《中华人民共和国立法法》所规定的具有立法权的全国人民代表大会及其常委会制定法律层次的特定性卫生法律规范性文件的专门性活动。其中，全国人大制定的卫生法律规范为卫生基本法；全国人大常委会制定的卫生法律规范为一般性卫生法律。从广义上讲，卫生立法是指有权立法的特定机关制定卫生法律规范的专门性活动。在我国，此处有权立法的特定机关，除了全国人民代表大会及其常委会之外，还包括根据《中华人民共和国立法法》规定，由全国人民代表大会及其常委会授权立法的国务院或省、自治区、直辖市、计划单列市、国务院规定的较大市的人民代表大会或人民政府。授权立法的立法对象包括的卫生法律规范主要有卫生行政法规、卫生部门规章、地方卫生法规、地方政府规章等。

二、卫生立法的特点

与其他部门法比较而言，卫生法律法规具有明显的特质性，已如前述。缘于卫生立法所指向的立法对象即卫生法律法规的特殊性，卫生立法除了具有其他部门法立法所具有的特点外，还具有以下明显特点：

(一)在卫生立法活动中，认可性立法活动较为多见

要将卫生技术规范上升为卫生法律规范，大多通过认可性立法活动来完成。

认可性立法活动多见于卫生部门规章的制定过程中，比如《医疗事故分级标准(试行)》等。

(二)部分卫生法律法规的稳定性差，修改、补充、废止等立法活动较为频繁

现代社会医疗科学技术日新月异，生命科学技术的发展会直接导致卫生技术规范不定期更新，也就导致了由相应技术规范上升而成的法律规范会适时变动。

(三)授权性立法较为多见

医疗卫生领域较为宽泛，法律关系较为复杂，且立法技术要求严格。在许多医药卫生领域中，一开始就制定法律层次的法律规范性文件基本不可能，大多只能先通过授权立法来制定法规层次的法律规范性文件，待条件成熟后才能将法规层次的规范性文件通过立法活动上升为法律层次的规范性文件。

(四)立法技术具有特殊性

缘于我国卫生立法的薄弱性，加之卫生法律法规中的技术性规范较为多见，这就要求卫生立法的立法技术具有不同于其他法律部门立法的特点。

三、卫生立法的依据

(一)以宪法为法律依据

宪法为国家的根本大法，也是任何部门法的立法合宪性基础，即任何部门法必须遵循宪法的相关原则性和抽象性规定。宪法中有关公民健康权保障、卫生事业发展、卫生工作的任何规定都是高度概括和原则性的，对我国的卫生立法具有指导作用。卫生立法是对宪法中的相应规定的进一步具体化，且这种具体化不是随心所欲的，是要以宪法中的相应规定为法律依据的。

(二)以社会物质生活条件为现实依据

国情对立法的作用在于立法对国情的依赖性，既表现为立法制度对国情的依赖，也表现为立法技术对国情的依赖。[①] 我国卫生立法的国情就是现阶段的社会物质生活条件，具体地讲包括人口年龄结构、性别结构等人口要素，地理环境要素，物质生活的繁荣程度，生命科学技术的发展程度等方面。卫生立法不能离开这些现实的社会物质生活条件，既不能超越，也不能过度滞后。唯此，才能使卫生法律法规客观地反映自然规律要求，使卫生法律法规所调整的卫生法律关系更趋科学化。[②]

(三)以卫生方针、卫生政策为政策依据

在我国，党和国家的卫生方针、卫生政策是党和国家代表全党、全国人民提

① 周旺生：《立法学》，法律出版社 2009 年版，第 85 页。

② 吴崇其主编：《卫生法学》，法律出版社 2005 年版，第 38 页。

出的现阶段的卫生事业、卫生工作的任务与行为准则。凝聚全党和全国人民高度智慧的党和国家的卫生方针、卫生政策，经过立法程序上升为国家意志，取得国家意志属性，成为卫生法律法规后，则成为所有社会主体均要遵守的行为准则。可见，卫生立法离不开党和国家的卫生方针、卫生政策。我国现阶段的卫生立法就要以《中共中央、国务院关于进一步深化医药卫生体制改革的意见》等卫生方针、卫生政策为政策依据。

四、卫生立法的基本原则

《中华人民共和国立法法》在总则中确立了我国立法的法定基本原则，即宪法原则、法治原则、民主原则和科学原则。卫生立法同样要遵循这些法定的立法基本原则。缘于卫生立法具有自身的特殊性，卫生立法也应当有自身的基本原则。

（一）合宪性原则

宪法是万法之法，具有最高法律效力等级，其他所有法律法规都是直接或者间接以宪法为立法依据或精神，或是不得同宪法或宪法的基本原则相抵触。卫生立法应当遵循作为法治原则组成部分的宪法原则，主要体现为两个方面。首先要坚持宪法的政治原则，坚持执政党在社会主义初级阶段的基本路线，即以坚持经济建设为中心，以坚持“四项基本原则”和改革开放为两个基本点。其次，卫生立法不得与宪法中有关医药卫生事业、公民健康权益保障、卫生工作的原则性和抽象性规定相抵触，而是这些原则性规定的进一步具体化。

（二）遵循医学科学发展规律的原则

卫生法与其他部门法相区别的最大特点在于其科技性非常明显，其科技性又主要表征为其受医学科学技术的影响较为明显。医学科学发展具有自身特有的规律，我们在卫生立法中不得违背，只能遵循，否则会阻碍医学科学技术的发展，进而影响卫生事业的发展、影响公民健康权益的维护。不过，卫生立法并不是被动地适应医学科学发展的。鉴于医学科学的发展具有双面性，比如辅助生殖技术等医学科学技术对人类的负面影响始终存在，我们应当通过卫生立法来限制其负面影响，进而增强其正面效应。

（三）借鉴国外卫生立法经验与我国实情相结合原则

缘于卫生立法的立法技术的特殊性，加之我国现代社会的卫生立法较为滞后，没有多少卫生立法经验可以利用，而国外乃至国际社会的卫生立法历史悠久，立法技术较为成熟，立法成果较为丰富，因此西方国家、国际社会的立法成果、立法技术能够成为我国卫生立法的很好借鉴。但卫生立法又受制于本国社会经济发展状况、国民健康状况等诸多国内因素，卫生立法必须充分考量本国国情，对国外卫生立法经验要批判性借鉴，否则就会水土不服。显然，我国卫生立法既要充分借鉴国外、国际社会的成熟立法经验，更要关注我国实情，协调处理好卫生法的移植与本土化之间的矛盾。

（四）走群众路线，坚持民主原则

卫生法作为以保护公民健康权益为宗旨的法律规范，以人的健康为永恒主题。健康问题涉及社会中的每一个成员，可以说，卫生立法直接关涉到每个社会成员的自身权益。卫生立法必须充分坚持民主原则，让利益主体充分参与立法过程，在立法中充分行使话语权。同时，由于卫生立法涉及面广，单独依赖立法专家、立法官员是很难保证所制定出来的卫生法律法规的科学性与可操作性的，只有坚持走群众路线，充分坚持民主，才能尽量避免立法中的失误与缺陷。

第二节 卫生授权立法

一、卫生授权立法的概述

（一）卫生授权立法的概念

所谓卫生授权立法，是指卫生立法机关授权有关国家机关依据授予的卫生立法权进行的卫生立法活动。授权卫生立法权是相对卫生立法权而言的，是指由卫生立法机关的授权或委托而使有关国家机关获得的一定的卫生立法权。此处的卫生立法机关是根据宪法和宪法性法律所确定的，在国家机构体系中居于最高地位，以立法为主要职能甚至唯一职能，制定、认可和变动卫生法律的国家机关。在我国，卫生立法机关是全国人民代表大会及其常委会。此处的有关国家机关，首先是行政机关，主要由立法机关授予其一定卫生立法权；其次是下位阶或下级立法机关，主要由上位阶立法机关对下位阶立法机关授予一定卫生立法权。所谓依据授予的卫生立法权，主要意味着三点①：

1.是指授权主体将自己所拥有的卫生立法权授予没有此种立法权的主体，或将不属于自己的某种卫生立法权授予没有此种立法权的主体。一般前一种情况较为主要。

2.授权立法具有明确的立法权限范围，授权主体应当在授权时予以明确，受权主体行使时也不能超越。

3.授权立法通常采取授权法和授权法条的形式，将授权主体和受权主体明确下来，将所授予的卫生立法权限范围和其他有关制度规定下来。

---

① 参见周旺生：《立法学》，法律出版社2009年版，第303页。

（二）卫生授权立法的特征

同一般卫生立法比较，卫生授权立法具有以下明显特征：

1. 卫生授权立法具有从属性。卫生授权立法是一种派生性的立法，其受权主体从授权主体的授权中获得卫生立法权，表明此种卫生立法权不是受权主体依据宪法或者宪法性法律的规定而享有的，而是授权主体所授予的。受权主体应当对授权主体负责，但在授权主体没有收回所授予的卫生立法权之前，受权主体也具有相对独立性，可以用自己的名义相对独立地制定有关规范性卫生法律文件。

2. 卫生授权立法具有明显受制性。授权主体是立法机关，受权主体是行政机关或者位阶低于授权机关的下级立法机关。受权主体只能在授权主体的授权范围内立法，且应当接受授权主体的监督。同时，卫生授权立法通常都有明确的时间限制、事项限制和特殊的程序限制。

二、卫生授权立法的种类

（一）国家授权与地方授权、立法机关受权与非立法机关受权

此分类是根据不同的授权主体和受权主体予以区分的。在授权主体中，有的是国家立法机关，它的授权是国家授权；有的是地方立法机关，它的授权是地方授权。在受权主体中，有的不是立法机关，本来不能行使卫生立法权，只能基于立法机关的授权才有一定的立法权；有的也是立法机关，但位阶较低，只有基于授权才能制定更高级别的规范性卫生法律文件。

（二）主动授权与被动授权

立法机关根据需要，主动、自动地将某些卫生立法权授予有关机关行使，是主动卫生授权立法。有关机关根据需要，要求立法机关授予一定的卫生立法权，称为被动卫生授权立法。

（三）综合授权与单项授权

授权主体授予受权主体以较为广泛的卫生立法权，此为综合性授权。授权主体授予受权主体就具体的、专门性的医药卫生事项制定具体的规范性卫生法律文件的权力，此为单项卫生授权立法。

（四）自主性授权、试验性授权、补充性授权与执行性授权

自主性授权立法是指受权主体可以在一定的医药卫生事项范围和时间范围内，较为自主地立法。综合性卫生授权立法即为自主性授权立法。试验性授权立法，是指受权主体根据授权所进行的立法，是为后来更高规格的卫生立法进行探索和准备经验的卫生授权立法。补充性授权立法，是指为了弥补授权主体所立卫生法律之不足而开展的卫生授权立法。执行性授权立法是旨在贯彻实施上

位阶卫生法律、法规所进行的卫生授权立法，一般表现为受权主体根据法条授权中的规定制定卫生法律、法规的实施细则、实施办法的活动。

三、卫生授权立法的作用

（一）有助于缓解立法机关繁重的卫生立法任务

随着社会的进步和医药卫生事业的发展，卫生法律关系日益复杂，医药卫生领域的法律问题和法律现象不断增多，要求制定、认可、修改更多的卫生法律法规。在卫生立法任务十分繁重的情况下，单靠立法机关难以实现对卫生立法的需求。这就有必要由立法机关授权其他国家机关代为进行卫生立法活动。同时，卫生授权立法比较灵活和简便，立法过程相对缩短，也便于缓解立法机关繁重的卫生立法任务。

（二）有助于完成技术性和专业性较强的卫生立法任务

卫生法是医学与法学交叉而成的部门法，其法律关系的技术性和专业性较强，对于立法技术有着特殊性的要求。完成卫生立法任务，往往是专门的立法机关所不能完全胜任的。而卫生行政部门和卫生服务结构，往往担负着这些技术性和专业化较强领域的管理或者服务职能，具有卫生法学领域的专业人才，能够有效弥补立法机关的缺陷。

（三）有助于应对医药卫生领域的突发性事件

在现代社会中，医药卫生领域的突发性事件经常不定期地突然发生，且会对人类的健康造成重大影响。我们必须通过立法来应对这些医药卫生领域的突发性事件。立法机关的会期制度和繁琐的立法程序，往往使其难以应对医药卫生领域的突发性事件。而由立法机关授权行政机关或者其他有关立法主体立法，便可使突发性事件的立法活动更便捷、更灵活。这正如詹宁斯所言："在一个现代国家中，有许多场合有采取立法行动的突然需要，对于许多这样的需要，委托立法是唯一方便的甚至是唯一可能的应付方法。"①

（四）有助于贯彻实施立法机关制定的卫生法律

立法机关所制定的卫生法律通常是医药卫生领域的重大事项，所规定的法律制度往往更具框架性、方向性、纲领性和原则性，更强调稳定和包容，它的贯彻实施通常需要下位阶的规范性卫生法律文件使其具体化和更具操作性。② 这就需要授权行政机关或其他有关立法主体通过卫生授权性立法来完成。

（五）有助于弥补现行卫生立法体制的不足

我国卫生立法的经验较为薄弱，授权立法可以有利于积累卫生立法经验，进

---

① ［德］埃弗尔·詹宁斯：《英国议会》（中译本），商务印书馆1959年版，第489页。

② 参见周旺生：《立法学》，法律出版社2009年版，第309页。

而为制定更成熟、更稳定的卫生法律准备条件。在我国现有立法体制较为分散的情形下，授权立法可以在不对现行立法体制进行重大或根本性改变的情况下，进行局部调整，既能弥补现行立法体制的缺陷，还能解决我国幅员辽阔、国情复杂所致的地区性立法条件差异较大的矛盾。

第三节　我国改革开放后的卫生立法的解读

一、我国改革开放后的卫生立法的现状分析

我国新时期的卫生立法自1978年开始起步，经历了30多年的风雨历程，如今已经基本形成卫生法律法规体系，有专门性卫生法律10部、专门性卫生行政法规40余部、专门性卫生部门规章400余部。这些卫生法律法规对于规范卫生事业的发展、保障公民的生命健康权益、调整医药卫生领域的社会关系、推进医学科学技术进步等方面均发挥了重要作用。

(一)改革开放后的卫生立法

我国改革开放后的卫生立法大致经历了三个发展阶段[①]：

第一个阶段从1978年到1990年的12年间，以恢复重建卫生法律框架为主，重点加强了公共卫生和药品领域的卫生立法工作。鉴于卫生法律法规在“文革”期间遭受严重破坏，这一阶段的初期主要通过制定行政法规形式来恢复和重建卫生法律秩序；自20世纪80年代初期开始，就转向了制定法律层次和行政法规层次的卫生法律法规。本阶段制定的法律层次的专门性卫生法律主要有：1982年11月颁布了《食品卫生法(试行)》、1984年9月颁布了《药品管理法》、1986年12月颁布了《国境卫生检疫法》、1989年2月颁布了《传染病防治法》。

第二阶段为20世纪90年代的10年间，以充实医疗法律法规为主，重点加强了医疗领域的卫生立法工作。本阶段制定的法律层次的卫生法律法规主要有：1993年颁布的《红十字会法》、1994年颁布的《母婴保健法》、1995年颁布的《食品卫生法》、1997年颁布的《献血法》和1998年颁布的《执业医师法》。另外，还颁布了9个行政法规。本阶段卫生立法的特点在于维护了医疗秩序、约束了医疗行为、保护了患者权利、调动了医护人员的积极性。

第三阶段为进入21世纪后的10年，更加注重卫生法律法规体系的综合平衡发展，立法涉及医药卫生领域的各个方面。本阶段制定或修订的专门性卫生法律主要有：2001年的《药品管理法(修订)》、《职业病防治法》与《人口与计划生

---

① 参见汪建荣：《我国30年卫生立法进程》，《山东卫生》2009年第4期，第53—56页。

育法》，2004年的《传染病防治法》，2009年的《食品安全法》，另外，新出台的行政法规有20余个。本阶段的卫生立法具有以下特点：(1)注重预防为主，注重保障医疗安全，建立完善了医疗卫生机构的设置、职权规划和管理制度；(2)注重从制度层面保障患者健康权利的实现，初步明确了政府的健康责任；(3)强化对医药卫生服务市场的监管，推动了卫生监督体制的创新；(4)推进卫生行政管理体制改革，加强对卫生行政管理权的监督。

(二)卫生立法存在的问题

从以上分析，可以看出自我国改革开放30多年来，卫生立法成绩是有目共睹的，但作为新兴的法律部门，与其他法律部门相比较而言，卫生立法仍然存在以下方面的问题：

1. 卫生立法层次不高，缺乏《卫生基本法》。综观现有的卫生法律法规体系，仍然以部门规章、地方性法规和地方政府规章为主，专门性卫生行政法规仅有72部(已失效16部)，专门性卫生法律仅有22部(已失效4部)；呼声极高的《卫生基本法》的立法工作至今仍无大的进展。

2. 立法质量不高，所制定的卫生法律法规大多可操作性不强，直接影响了卫生法律法规的实施效果。

3. 医疗卫生领域诸多问题仍无法律制度予以规范，存在立法空白较多。目前关于严格的、较为细化的政府健康责任、医学科技发展中的辅助生殖技术、脑死亡等诸多问题的立法仍无大的进展。

4. 卫生立法主体多元化，卫生法律法规之间的协调性不强，主要表现为地方性卫生立法之间出现冲突的情形较为多见①，且部分卫生法律法规演变成为了维护行业利益的“保护伞”。

二、我国卫生立法的未来展望

(一)卫生立法工作面临的新情况和新问题

目前我国正值深化医药卫生体制改革的关键时期，卫生立法工作面临着许多新情况和新问题，主要有：

1. 我国迅速进入了人口老龄化阶段，在银发潮下我国政府的医疗卫生保健压力会越来越大，同时医疗费用上涨，作为发展中国家的政府的财力仍然有限。

2. 一些慢性病、传染病死灰复燃，公共卫生事件时有发生，公共卫生领域的压力愈来愈大。

3. 生物基因技术等医学科学技术的发展带来了新的医学伦理问题和其他不

① 参见石东风、于连芳：《地方卫生立法现状及其问题评析》，《医学与哲学》(人文社会医学版)2007年第9期，第48页。

可预料的负面影响。

4. 医药卫生领域涉及诸多社会主体的利益，不同社会主体之间利益较难平衡，在有限的医疗卫生资源供给的条件下，如何在医疗卫生资源的配置方面协调好公平与效率之间的关系，难度极大。

5. 医疗卫生领域的国际竞争越发激烈，如何在国内与国际的协调平衡中来保证国内医药卫生事业良性发展和保障公民健康权得以实现，亟待解决。

（二）卫生立法应把握的基本点

针对以上问题，我国卫生立法应把握好以下几点：

1. 尽快制定《卫生基本法》。《卫生基本法》是卫生法律法规体系的龙头，主要是对医药卫生领域的根本性问题，即医药卫生工作的法律地位、发展方向、政府责任、经费投入和保障、医护人员和医疗机构的职责和义务等方面进行制度性规定，既能够起到统领和协调卫生法律体系的作用，又能够为医改新政保驾护航，以法律的执行力推动新医改各项政策的贯彻落实。①

2. 注重移植性与本土性的有机结合。尽管卫生法律法规属于国内法，但保障国民健康权的公平、有效实现是任何国家的政府乃至国际社会的共同任务。缘于此，卫生法具有由国内法走向国际化的明显趋势。同时，卫生法律法规中的技术规范较多，不同国家的卫生立法技术具有共通性。因此，我国卫生立法要大力借鉴国外、国际社会的卫生立法经验。不过，由于不同国家的法律意识、社会物质条件、政治制度等方面具有差异性，卫生立法也要适合本国国情，对国外和国际社会的立法经验要批判性借鉴，不能照搬。

3. 协调好不同社会利益主体之间的利益平衡。医疗福利或医疗卫生资源是有限的，而医疗卫生需求是无限的。在卫生立法中，我们必须注意不同利益的社会主体之间的利益协调，特别是在医患关系法律制度的构建中要把握好患方、医方以及医学科技发展的平衡。

4. 理清卫生法律体系，注重法律体系内部的和谐统一。针对目前我国卫生法律体系较为混乱的现状，我们必须按照不同卫生法律分支所调整的调整对象来梳理卫生法律体系，形成合理、科学的卫生立法框架，拟定切实可行的卫生立法进程。在卫生立法中，还要把握好不同卫生法律分支之间的协调性与关联性，既能够有助于避免在立法中留下不必要的立法空白，又能够尽量避免在不同卫生法律分支之间产生不必要的冲突。

5. 加强卫生法学研究，为卫生立法提供智力支持。综观任何部门法，不难看出，凡该部门法研究成果越丰富的，其立法经验和立法技术就越发成熟。目前，

---

① 孙瑞灼：《卫生立法刻不容缓》，《中国社会保障》2009年第8期，第73页。

我国的卫生法学研究只是刚刚起步，对诸多对卫生事业发展和公民健康权保护影响重大的卫生法律问题还没有认识清楚。可以说，这也是导致我国卫生立法滞后的重要原因。无疑，我们必须大力发展卫生法学教育，壮大卫生法学研究队伍，提高卫生法学研究人员的整体素质和研究能力，整合卫生法学科研资源，就重大卫生法学问题开展协作性研究，尽量避免卫生法学研究的低水平重复。只有如此，我国的卫生法学研究才会迎来历史性突破，卫生法学研究也才能为卫生立法提高强有力的智力支持。

第七章　卫生行政关系的法律调整

第一节　卫生行政法律关系

一、卫生行政法律关系概述

（一）卫生行政法律关系的概念

卫生行政法律关系是指由卫生行政法调整的、医药卫生行政主体在进行卫生行政管理活动过程中与行政相对人之间形成的权利义务关系。

关于这一概念，应掌握以下几点：

(1)所涉“权利义务关系”，是在卫生行政管理活动中发生的；

(2)卫生行政法律关系发生于卫生行政主体之间；

(3)卫生行政法律关系是依据卫生行政法而发生的；

(4)卫生行政法律关系的内容是法定的权利义务关系。

（二）卫生行政法律关系的特征

卫生行政法律关系属于行政法律关系，具有以下特征：

1. 权利义务的法定性。卫生行政法律关系中的权利义务是法定的。卫生行政主体的行政监督管理权决定了卫生行政法律关系主体之间不能相互约定权利义务，其权利和义务不能意志自治，而必须依据法律规范取得权力（权利）并承担相应的义务。

2. 主体双方权利义务的非对等性。行政主体在对国家事务进行管理的职务活动中，法律赋予了其管理他人及社会事务的权利和行政相对人接受监督管理的义务，其权利和义务是不对等的。

3. 行政主体职权的不可处分性。行政职权不仅是法律规定享有的权力，同时也承担一定的法律责任，是权力和责任的统一。行政主体不能随意放弃、转移其职权，且必须严格按照法律规定行使职权，这是行政主体应尽的义务。《行政处罚法》第62条规定：执法人员玩忽职守，对应当予以制止和处罚的违法行为不予制止、处罚，致使公民、法人或其他社会组织合法权益、公共利益和社会秩序遭受损害的，对直接负责的主管人员和其他直接责任人员依法给予行政处分；情节严重构成犯罪的，依法追究刑事责任。

4. 卫生行政主体职权的单方意志性。卫生行政法律关系的产生、变更和消灭，都是国家法律法规规定的，由行政主体依职权决定的，具有单方意志性。在卫生行政法律关系中，行政执法主体对行政相对人是领导与管理的关系，行政主体的合法决定行政相对人只能执行，否则行政主体将予以制裁或强制执行。

二、卫生行政法律关系的构成

卫生行政法律关系由主体（Main body）、客体（Object）和内容（Content）三要素构成。

（一）卫生法律关系的主体

卫生法律关系的主体，是指卫生法律规范所规定的享有权利（权力）和承担义务的组织或个人，即能够参加到具体的卫生行政关系中的组织或个人。根据卫生行政法律主体在卫生行政法律关系中的不同地位，可以将卫生行政法律主体划分为两大类：卫生行政主体与卫生行政相对人。前者是指享有卫生行政职权，能够以自己的名义行使卫生行政权并独立承担相应法律责任的行政机关或法律、法规授权的组织，包括行政机关，法律、法规授予卫生行政职权的组织和受委托行使卫生行政职权的组织如授权的疾病预防控制机构。后者是指在具体的卫生行政法律关系中与行政主体互有权利义务关系的相对一方的公民、法人和其他组织，如餐饮服务个体等。

（二）卫生行政法律关系的客体

卫生行政法律关系的客体，是指医药卫生行政法律关系当事人的权利和义务指向的对象，包括公民的生命健康权、物、行为和智力成果，表现为公民的生命健康、与医疗卫生相关的物品、医疗卫生行政行为和医药卫生的智力成果等。如物的范围包括食品、药品、化妆品、医疗器械等；行为有申请卫生许可行为、卫生资质审批行为、卫生监督检查等；智力成果主要是指卫生学术著作、药品专利、医药技术发明等。

（三）医药卫生行政法律关系的内容

卫生行政法律关系内容，是指卫生行政法律关系的主体针对特定客体在一定条件下依法享有的权利和承担的义务。医药卫生行政法律关系中的权利和义务受到法律的保护，当权利人的权利受到侵害时，受害人可以依法请求法律的保护并依法追究加害人的法律责任。同时义务人必须履行其义务，以保障权利人的权利实现。如卫生行政机关依法对卫生行政相对人的违法行为有权作出处罚决定的权利，卫生行政相对人必须依法履行处罚决定，保证行政处罚权的实现。

第二节　卫生行政法

一、卫生行政法的概念及特征

（一）卫生行政法的概念

卫生行政法是调整因卫生行政主体行使行政职权而产生的特定卫生社会关系的法律规范的总称。卫生行政法包括卫生行政机关组织法、卫生行政行为法、卫生行政程序法、卫生行政救济法、卫生行政监督法等。

（二）卫生行政法的特征

1.强制性。行政法是一部以国家强制力作为实施保障的法律。卫生行政法是行政法的一个部分，同时也是国家强制的一种法律制度。其权利和义务是法律规定的，不具有任意改变性，其实现受到国家强权的保护。

2.专业性、科学性和技术规范性。卫生行政法是行政法的一部分，卫生行政法在主体、手段、途径、程序、法律关系等方面都体现了行政规范的特殊性。同时卫生行政法与生物学、医学、卫生学、药物学等自然科学的基本原理和研究成果相协调一致，体现了卫生行政法的专业性和科学性。

3.以保护公民健康权为根本宗旨。卫生行政法的具体内容和规定是对公民健康权益的法律保障。卫生行政法对卫生事务的管理监督的目的是保护公民的身体健康。

二、卫生行政法的调整对象

1.卫生行政内部行政关系。包括上下级卫生行政机关之间的关系，平行卫生行政机关之间的关系，卫生行政机关与所属机构、派出机构的关系，卫生行政机关与国家公务员之间的关系等。

2.卫生行政管理关系。包括医药卫生机构及其人员的设置，在与人体生命健康相关的产品的生产、销售设置的市场准入及监督活动中，以及在与人体生命健康相关活动的行政相对人行为的规范和制裁等活动中与行政相对人形成的社会关系。

3.卫生行政服务关系。是指卫生行政机关在对社会提供医疗预防保健服务、卫生咨询服务、卫生设施服务等活动中所形成的社会关系。

4.卫生行政救济关系。指卫生行政相对人认为其权益受到卫生行政主体的行政行为侵犯，申请救济时，卫生行政机关审查后决定是否提供救济而发生的各种关系。

5.卫生行政法制监督关系。是指根据宪法和法律规定的方式和程序对卫生行政职权行使者及其所实施的行政行为进行法制监督的国家机关，在对卫生行政主体、国家公务员和其他卫生执法主体、人员实施监督时发生的各种关系。

三、卫生行政法的基本原则

（一）依法行政原则

1.行政合法性原则。具体要求包括以下几个方面：(1)行使卫生行政权的组织必须合法；(2)卫生行政权的拥有必须合法；(3)卫生行政权的行使必须合法。行政机关及其工作人员在行使卫生行政权时，必须严格按照法律的规定进行，不得超越职权或者滥用职权。

2.行政合理性原则。行政合理性原则是依法行政的另一重要组成部分，行政行为的内容要客观、适度、合乎理性。

（二）预防为主原则

预防为主是我国卫生工作的基本方针之一，也是卫生行政行为应当遵循的一项基本原则。国家确立卫生行政制度的目的，是保证公民身体健康，为公众健康的生活创造良好的社会卫生环境。防治结合、预防为主应当是卫生行政工作的一条基本思路和方略。

（三）行政性与技术性相结合原则

卫生行政行为的医学特点，决定了卫生行政行为面临的监督对象具有复杂性和技术性。必须将行政性活动与技术的支持相互结合起来，以行政性为依据来规范行政行为的程序，以技术活动来保证行政行为的科学性。不能片面地追求某一方面，片面强调行政性在一定程度上会失去卫生行政行为的科学性、权威性；而片面强调技术性也会使卫生行政行为失去强制性、合法性，因而两者必须统一。

第三节　卫生行政执法

一、卫生行政执法概述

（一）卫生行政执法的概念

卫生行政执法(The health administrative law enforcement)是指卫生执法机关依法对特定的对象或事件适用卫生法律规范的行政行为。其概念包含了以下要点：

1.执法主体包括三类：卫生行政机关、法律法规授权的组织和受委托的组织。

2.执法依据是我国相关法律规范和卫生标准。

3.执法对象主要为卫生行政管理相对人。

4.执法内容表现为执法机关对个人或组织是否合法行使权力和履行义务等情况,以及是否达到国家卫生标准等条件进行监督检查。

(二)卫生行政执法的特征

1.主体的特定性。这里的主体特定性是指卫生行政机关、法律法规授权的组织和受委托的组织,只有这三类主体才能行使国家权力,对卫生事业进行管理。

2.行为的职务性。卫生行政执法是代表国家行使卫生管理的权力,其权力合法有效,在其职务范围内履行职责。卫生行政执法是一种职务行为。

3.对象的特定性。卫生行政执法的对象是与卫生服务活动有关的具体人或事,且表现出与卫生相关的特定性。

4.依据的法定性。卫生执法机关作出具体行政行为的过程,同时也是一个法律法规适用的过程。其法律法规是国家现行有效的卫生法律规范和相关决定、命令、指示等。

5.意思表示的单方性。由于卫生执法是一个纵向行政行为,这决定了一方必须隶属于另一方管辖,无须行政相对方的同意。

(三)卫生行政执法的有效条件

1.资格条件。即卫生执法的主体必须是具有合法权力来源的机构,其他个人或组织不能行使执法权力。

2.职权条件。执法主体的执法活动一定是在其职责范围内行使,超出此范围将构成越权执法,丧失了合格的主体资格。

3.内容条件。卫生执法必须同时体现合法与合理双重要件,否则将导致执法结果不公。合法即严格按照现行有效法律法规的要求执法,法无明文规定不处罚;合理即在最大限度内保证执法结果易被接受。

4.程序条件。执法活动中的步骤、方式、顺序、时限应依照法律的规定,程序公正才能实体公正。

二、卫生行政执法主体

(一)卫生行政执法主体的概念

卫生行政执法主体,是指国家依法设立的代表国家行使卫生行政管理权力、实施卫生法律规范,并对国家各项卫生服务事务进行管理的各级卫生行政机关和法律法规授权的组织。

(二)卫生行政执法主体的分类

卫生行政执法主体可以分为职权性执法主体和授权性执法主体。前者从依法成立时即有相应职权的资格和能力,主要是国家卫生行政机关,包括地方政府的派出机构;而后者则是依据宪法或行政组织法以外的法律法规授权产生的合格执法主体。

1.卫生行政机关。卫生行政机关是承担执法职能的第一人,依法履行一定的法律手续,以国家名义行使卫生管理权力。卫生行政机关包括以下几类:

(1)卫生行政主管机关。包括中华人民共和国卫生部和地方各级人民政府主管部门。其职能包括在法定权限内制定规范性的法律文件;对辖区内卫生执法活动进行监督检查;对卫生服务商业活动进行审批审查,颁发卫生许可证;等等。

(2)食品药品监督管理机关。是一个独立存在的执法机关,可依职权单独对卫生活动进行监管,范围包括食品、药品、保健品、化妆品。其职责主要有起草相关物品的法律草案、组织协调有关部门综合执法、对卫生执法的综合监督、发布相关卫生安全信息、审核药品广告等。

(3)人口和计划生育管理机关。包含国家人口计划生育委员会和地方各级人民政府的人口和计划生育委员会,主要负责人口和计划生育的指导、监督,同时依法执行国家人口和计划生育的相关法律法规并对违法者给予一定的处罚。

(4)国境卫生检疫机关。主要是指国家质量监督检验检疫总局,其职责是对出入国境、省境的人员、交通工具、私人行李及货物、动物及微生物进行卫生检疫检查,对发现的违禁物品予以处理,对相关责任人给予处罚。

2.法律、法规授权的其他组织。非行政机关根据法律法规的授权取得行政执法主体资格,其组织前提是依法成立的,具有管理公共卫生服务事务的职能和能力,对相关法律法规熟悉并能依法适用于执法活动。被授权的非行政机关享有和行政机关一样的主体地位,以自己的名义从事行政活动,并对自己的行政行为承担相应责任。

3.受委托的组织。执法机关根据实际情况依法委托具有一定条件的组织在一定范围内行使执法权能。受委托的组织必须是依法成立的管理公共事务的组织,对相关法律法规熟悉且具有条件和能力进行相应的技术检查和技术鉴定。此外,受委托组织不能是国家机关和其他行政单位,不能以自己名义必须是以行政机关的名义,在一定范围内行使职能,且对外法律责任由委托行政机关承担。

(三)卫生行政执法主体的职权

卫生行政执法主体的职能是国家法律法规规定的,享有一定权力,承担相应责任。其权能包括:(1)制定卫生行政法规、规章及其他规范性文件。(2)公布信息,行使卫生行政指导权、卫生行政许可权、卫生监督检查权、卫生强制措施权、卫生行政处罚权等。行政执法机关在行使权力的同时必须依法办事,接受群众的监督。

三、卫生行政相对人

卫生行政相对人,是指在卫生行政法律关系主体中作为行政主体依法行使权力的作用对象。正确确定卫生行政相对人是卫生行政机关运用行政管理职能,合法正确处理行政违法案件的前提和基础。例如在卫生行政法律关系中,卫生行政相对人可以是个体工商户、个人合伙、联营企业等。

卫生行政相对人的权利,包括享受平等对待的权利、行政行为受益权、知情权、陈诉申辩权、申请回避权、行政复议和诉讼的权利等。卫生行政相对人的义务,主要包括不作为义务和履行行政决定的义务,前者是指在卫生执法活动中不能阻挠执法活动的顺利进行,应积极配合执法人员的工作并予以协助;后者是指必须依法履行生效的行政决定,否则将承担相应的处罚。

四、卫生行政执法行为

卫生行政执法行为是指卫生行政执法主体依法行使其职权的活动。包括卫生行政许可、卫生行政处罚、卫生行政强制、卫生行政检查等行为。

(一)卫生行政许可

1. 卫生行政许可的概念和特征。卫生行政许可是行政许可的一种,《行政许可法》第 2 条规定,行政许可是指行政机关根据公民、法人或者其他组织的申请,经依法审查,准予其从事特定活动的行为。

卫生行政许可不同于其他具体行政行为,具有以下特征:(1)卫生行政许可以一般禁止为前提,是对禁止的解除,即卫生行政许可是对一般人禁止而对特定人解除禁止的行为。(2)实施卫生行政许可的主体,是卫生行政管理部门。根据法律、法规的规定其他任何部门和个人均无权实施卫生行政许可。(3)卫生行政许可是一种授益性行政行为。(4)卫生行政许可是一种外部行政行为。(5)卫生行政许可是一种非要式行政行为。(6)卫生行政许可是一种依申请而实施的具体行政行为。

2. 卫生行政许可的范围。行政许可的范围涉及三大类:(1)与健康相关的产品许可,如消毒用品、保健用品、放射物品、药品食品等。(2)与医疗卫生有关的从业许可,包括各类医疗机构、学校卫生、劳动卫生、传染病防治从业许可等。(3)卫生服务专业人员许可,主要指从事医疗卫生保健方面的医师、药剂师、护理人员等,如职业医师资格许可、护士证等。

3.卫生行政许可的形式。主要有以下几种：

(1)颁发许可证。根据许可证的内容不同，我国现行的许可证可以分为：生产经营许可证、卫生许可证、进出口许可证、执业和工作许可证、批准文件和批准书。

(2)颁发批准文号。对一些特殊产品以颁发批准文号的方式给予的行政许可，主要表现为对一些国家予以特殊限制的产品在进入生产和流通领域前进行严格审查，获得批准文号是这些特殊产品取得行政许可的标志。包括：药品和生物制品批准文号、化妆品批准文号、食品批准文号、生物材料和医疗仪器批准文号等。

(3)取得合格证书。主要包括卫生服务人员的从业资格的许可和与健康相关产品的审批。其证书包括健康合格证书、产品合格证书和执业证书。

(4)非要式的行政许可形式。是指不以颁发证照为最终的行政许可表现形式，主要包括：批准、许可、审批、核准、认可、审查同意、准许、考核、登记、证明、审查批准等形式。

4.卫生行政许可的程序。(1)行政许可的申请。申请人向有权颁发申请许可的卫生行政机关提出申请，以书面的方式提出，要求明确具体。(2)对申请的审核。卫生机关收到行政相对人提出的申请，必须在法定的期限内依法作出处理，对其是否符合法定条件进行审核调查。(3)许可证的颁发。行政许可申请审核后应该立即作出颁发许可证或不予颁发许可证的决定，并通知行政相对人告知其应有的权利。

5.许可证的效力、无效、失效、中止和吊销。

(1)许可证的效力。卫生许可证是一种法律效力的体现，具有证明力、确定力、约束力。

(2)许可证的无效、失效、中止和吊销。包括：①许可证的无效。以下情况下，许可证自始至终都不发生法律效力：一是许可证瑕疵，包括无权行政机关颁发的许可证和行政机关工作人员滥用权力发放的许可证。二是申请人瑕疵，即申请人不具备法律法规规定的资格和能力。三是用欺诈方式获取的国家机关颁发的许可证或变造伪造的许可证。②许可证的失效。许可证失效有两种情况，一是正常的适用年限终止，许可证效力失效。二是许可证的目的实现，许可证失效。③许可证的中止。许可证中止是指暂时停止许可证的效力，等相关情况发生转变之后效力恢复；常发生在对违法活动的行政处罚决定中。④许可证的吊销。许可证持有人不履行相应义务而被吊销其许可证，将导致许可证的永久失效。同时，应注意许可证的吊销不同于无效引起的撤销和失效引起的撤销，许可证的吊销是一种行政处罚。

(二)卫生行政处罚

1. 卫生行政处罚的概念。卫生行政处罚(Punishment of health administration)是指卫生行政主体对违反卫生行政法律规范、尚未构成犯罪的行为给予制裁的具体行政行为。《卫生行政处罚程序》第2条规定:本程序所指卫生行政处罚,是指县级以上卫生行政机关依据法律、法规、规章,对应受制裁的违法行为,作出的警告、罚款、没收违法所得、责令停产停业、吊销许可证以及卫生法律、行政法规所规定的其他行政处罚。

2. 卫生行政处罚的原则。主要原则有:

(1)处罚法定原则。《行政处罚法》第3条规定:公民、法人或者其他组织违反行政管理秩序的行为,应当给予行政处罚的,依照本法由法律、法规或者规章规定,并由行政机关依照本法规定的程序实施。没有法定依据或者不遵守法定程序的,行政处罚无效。包括程序法定、内容法定、职权法定。

(2)处罚的适当、公正、公开原则。处罚适当,主要是在行使自由裁量权时需要根据违法的具体情节,作出同违法行为相协调一致的处罚,不能过重也不能过轻。处罚公正,指在同等条件下作出的处罚应公平相等。处罚公开,除国家机密、商业秘密和个人隐私之外,行政处罚应公开进行,不能有暗箱操作和报复他人的行为。

(3)先调查取证后裁决原则。行政处罚的决定必须是依据调查取证得来的证据作出的,不能仅凭主观感觉任意处罚,否则将构成程序违法,此种处罚的效力无效。

(4)处罚与教育结合原则。《行政处罚法》第5条规定:实施行政处罚,纠正违法行为,应当坚持处罚与教育相结合,教育公民、法人或者其他组织自觉守法。教育必须以处罚为后盾,教育也不能代替处罚。为了达到制止并预防违法的目的,对受处罚的违法行为,应在给予处罚时进行帮助教育,二者不可偏废。此外,《行政处罚法》对青少年的特别规定,对从轻或减轻行政处罚以及不予行政处罚等规定,均体现了处罚与教育相结合的原则。

(5)一事不再罚原则。一事不再罚原则,是指对行为人的同一个行为,不得以同一事实和同一依据,给予2次以上罚款的处罚。其目的在于防止重复处罚,防止显失公正,体现过罚相当的原则,以保护当事人的合法权益。卫生行政机关不得以任何理由给予违法行为人2次以上的罚款处罚。2个以上卫生行政机关都有处罚权,应由其中的一个机关给予罚款处罚,另一个机关不得以同一事实和理由再给予罚款处罚。此外,还应注意一个行政机关已经给予了一次罚款处罚的,其他行政机关就不能再给予罚款的处罚,但可以依法处以吊销证、照等其他种类的行政处罚。

3.卫生行政处罚的种类与形式。主要有如下几类：

(1)申诫罚。申诫罚亦称精神罚或影响声誉罚，行政机关向违法者发出警戒，申明其有违法行为，通过对其名誉、荣誉、信誉等施加影响，使其不再违法的处罚形式。申诫罚既可以对公民个人适用，也可以适用于法人或其他组织；既可单处，也可与其他行政处罚同时适用。申诫罚主要包括警告和通报批评两种方式。

(2)财产罚。财产罚是特定的行政机关或法定的其他组织要求违法者交纳一定数额的金钱或一定数量的物品，或者限制、剥夺其某种财产权的处罚。例如，《医疗器械监督管理条例》第36条："违反本条例规定，未取得《医疗器械生产企业许可证》生产第二类、第三类医疗器械的，没收违法生产的产品和违法所得，违法所得1万元以上的，并处违法所得3倍以上5倍以下的罚款。"罚款主要适用于违反行政法律规范的行为人，违法情节较轻；而没收是指有处罚权的行政主体依法将违法行为人的违法所得和非法财物收归国家的处罚形式，两者可以同时适用。

(3)行为罚。行为罚亦称能力罚，是限制或剥夺行政违法者某些特定行为能力和资格的处罚，主要包括责令停产停业和暂扣或者吊销许可证、执照。前者是对违反行政法律规范的工商企业或工商个体户责令其停止生产、停止营业，从而剥夺或限制违法相对人从事某种生产经营活动权利的一种处罚形式。后者是限制或剥夺违法者从事某项活动的权利或资格的处罚形式。

(4)人身罚。即行政拘留、劳动教养。在重大的卫生违法案件中，卫生行政部门可将案件移交给公安机关，只有公安机关才有权决定行政拘留、劳动教养。

4.卫生行政处罚的管辖。根据卫生行政处罚管辖方式的不同可以分为地域管辖、级别管辖、指定管辖和移送管辖、管辖权的转移。

(1)地域管辖。根据相同职能的卫生行政机关的管辖区域确定的其实施行政处罚权的地域范围，是同级卫生行政机关实施行政处罚的权限分工。

(2)级别管辖。级别管辖是指相同职能但不同级别的卫生行政机关之间实施行政处罚的权限分工。卫生行政处罚的级别管辖一般由法律、法规或规章具体规定。

(3)指定管辖、移送管辖。指定管辖是指两个卫生行政机关，在对管辖权发生争议时，报请其共同上级卫生行政机关以决定的方式指定某一卫生行政机关管辖，以避免管辖权的消极争议或积极争议。移送管辖指卫生行政机关发现查处的案件不属于自己管辖，应当将其及时移送给有管辖权的机关处理。

(4)管辖权的转移。经上级卫生行政机关决定或同意，上级卫生行政机关将原本属于自己的行政处罚管辖权交由下级卫生行政机关行使，或者下级卫生行政机关将原本属于自己的行政处罚管辖权交由上级卫生行政机关行使。

5.卫生行政处罚的适用条件。主要是:

(1)行为客观上违反了卫生行政法律规范的规定,事实清楚、证据确凿,这是适用的前提条件。

(2)主体达到行政责任年龄、具有责任能力。《行政处罚法》规定:“不满14周岁的公民违法,不予行政处罚。”且违法者能够辨认和控制自己的行为,不是精神病人。

(3)卫生行政处罚的主体享有相应行政处罚权,并且是在管辖范围内行使职权。

(4)在法定的追溯时效期间内作出处罚。《行政处罚法》规定:“违法行为在2年内未被发现的,不再给予行政处罚。”这里的2年期限从违法行为发生之日起计算,违法行为有连续或者继续状态的,从行为终了之日起计算。

6.卫生行政处罚程序。主要有一般程序、简易程序、听证程序。

(1)一般程序

①受理。卫生行政机关接收到在卫生行政管理中发现的、卫生检验机构报告的、社会投诉举报的、上级卫生行政部门交办或下级卫生行政机构报请的、有关部门移送的违法案件。

②立案。本机关管辖范围内并在追诉时效内的行政违法行为或重大违法嫌疑情况,行政机关认为有调查处理必要,决定接受的过程。在案件受理后,卫生行政机关经初步审查认为符合下列条件的,应当在7日内予以立案:有明确的违法行为人或者危害后果;有来源可靠的事实依据;属于卫生行政处罚的范围;属于本机关管辖。

③调查取证。遵循依法取证、证据全面的原则,同时应注意程序公正的原则。

④审核与决定。承办案件的执法人与其他执法人员3人以上单数组成,在调查终结后,对违法行为的事实、性质、情节以及社会危害程度进行集体讨论,认为应当给予卫生行政处罚的案件,应就案件的事实认定、案由确定、情节衡量、适用条文、具体处罚等内容提出具体的处理意见,报本部门及本机关负责人审查、批准后结案。

⑤说明理由并告知权利。行政机关在行政处罚决定前,应当告知当事人处罚决定的事实、理由和依据,并告知当事人依法享有的陈述权和申辩权。行政机关不得因当事人申辩而加重处罚,同时在作出处罚决定前拒绝听取当事人陈述或申辩的,行政处罚决定不能成立。

⑥通知与执行。行政处罚决定书应当在宣告后当场交付当事人,当事人不

在场的，行政机关应当在 7 日内依照民事诉讼法的有关规定，将行政处罚决定书送达当事人。当事人收到通知后应积极配合执法机关执行，不得阻挠执法干扰处罚决定的执行。

(2)简易程序

简易程序也称当场处罚程序，是指国家行政机关或者法律授权的组织对符合法定条件的行政处罚事项，当场作出行政处罚决定的处罚程序。

简易程序的基本内容有：表明身份；确认违法事实；说明处罚理由和依据；听取陈述和申辩；制作行政处罚决定书；交付行政处罚决定书和备案。同时，简易程序的适用必须符合一定条件：违法事实确凿；有法定依据；较小数额罚款（对公民处以 50 元以下、对法人或者其他组织处以 1000 元以下罚款）或警告。

(3)听证程序

行政执法机关在作出责令停产停业、吊销许可证或执照、较大数额罚款等行政处罚决定之前，经当事人申请，通过由各方利害关系人参加的公开听证会，广泛听取意见的方式、方法和作出行政决定的制度。

听证程序主要步骤为：

①听证的申请。当事人要求听证的，应当在行政机关告知后 3 日内提出。

②听证的通知。行政机关应当在听证的 7 日前，通知当事人举行听证的时间、地点和其他有关事项。除涉及国家秘密、商业秘密或者个人隐私外，听证公开举行。

③听证的主持与参与。听证由行政机关指定的非本案调查人员主持，当事人认为主持人与本案有直接利害关系的，有权申请回避。此外，当事人可以亲自参加听证，也可以委托一至两人代理。

④辩论。举行听证时，当事人对违法的事实、证据和行政处罚可以进行申辩和质证，争议双方可以进行辩论。

⑤听证笔录。对在听证会中出示的材料、当事人的陈述以及辩论等的过程，应当制作听证笔录。笔录应当交当事人审核无误后签字或者盖章。听证费用由行政机关承担。

7. 卫生行政处罚的执行。《行政处罚法》规定："行政处罚决定依法作出后，当事人应当在行政处罚决定的期限内，予以履行。当事人对行政处罚决定不服申请行政复议或者提起行政诉讼的，行政处罚不停止执行，法律另有规定的除外。"

（三）卫生行政强制

1. 卫生行政强制的概念。卫生行政强制执行是指卫生行政主体对可能或正在发生的违法行为或危害状态予以预防或制止，或为了进一步对违法行为进行调查而采取的强制行为。如《突发公共卫生事件应急条例》第33、34条规定，突发事件应急处理指挥部根据突发事件应急处理的需要，有权对人员、物资、交通工具、食品等进行控制管理。卫生行政强制执行的前提是公民、法人或其他组织不履行行政义务，在一般情况下，这种不履行还必须有不履行的故意；卫生行政强制执行的目的在于强迫公民、法人或其他组织履行其法律规定的行政义务。

2. 卫生行政强制措施。其措施主要有：(1)隔离，指将疑似传染病患者收留在指定的处所，限制其活动并进行治疗，直到消除传染病传播的危险。(2)查验，指卫生行政主体实施的医学检查和卫生检查。(3)留验，指将疑似染疫人员收留在指定的处所进行诊察和检验。(4)封锁，指对传染病疫区限制或禁止人员出入，以防止传染传播。(5)其他控制措施，指卫生行政主体为防止传染病蔓延可以根据需要依法对食物、水源、尸体等采取的控制措施。

3. 卫生行政强制执行程序。主要有卫生行政强制执行、法院的强制执行两种。

(1)卫生行政强制执行程序

卫生行政处罚决定是卫生强制执行的根据，也是进入强制执行程序的前提条件。当相对人逾期不申请复议或者不提起诉讼，又不履行处罚决定时，卫生执法机关应当对相对人不履行决定的情况进行认真调查，弄清不履行处罚的原因。对由于客观原因使相对人难以履行的情况，一般行政机关根据相对人的实际情况作出相应的决定，而不是将案件移交给法院强制执行。

(2)法院的强制执行程序

对确属故意不履行的情况，即卫生执法机关以告诫的方式敦促其履行处罚，催告发出10日后，如相对人仍不履行，则可进入实质阶段向法院申请强制执行。卫生执法机关申请法院采取强制执行措施，应当提供下列材料：以书面形式提交申请执行书，申请执行书应写明申请执行的事项和理由；作为执行根据的法律文书(即卫生行政机关的行政处理决定书)及作出决定的事实、理由和法定依据；相对人的意见和卫生行政机关催告的情况；申请卫生强制执行的标的；申请强制执行的日期及卫生行政机关负责人的签名并加盖卫生行政机关的印章。

法院经过审查核实并通知行政相对人履行处罚之后，在行政相对人仍然不履行的情况下，人民法院将强制其履行，特殊情况可请有关部门予以协助，如同公安部门、卫生行政部门联合执法等。

(四)卫生行政检查

卫生行政检查是卫生行政主体对行政相对人的卫生活动进行卫生检查、卫生鉴定、卫生评价和采样检查并对违法行为依法采取相应措施，包括卫生行政许可的实施和被许可人从事卫生行政许可事项的活动进行全面监督管理。如《国境卫生检疫法实施细则》第18条规定,卫生检疫机关应当对国境口岸的卫生状况实施卫生监督;对入境、出境的交通工具、人员、集装箱、尸体、骸骨以及可能传播检疫传染病的行李、货物、邮包等实施检疫查验、传染病检测、卫生监督和卫生处理;对入境、出境的微生物、生物制品、人体组织、血液及其制品等特殊物品以及能传播人类传染病的动物,实施卫生检疫。

第四节　卫生行政法律责任

一、卫生行政法律责任的概念

卫生行政法律责任是指卫生法律关系主体由于违反卫生法律规范规定的义务,所导致的承担一定不利后果的责任。如《中华人民共和国传染病防治法》第39条规定,从事传染病的医疗保健、卫生防疫、监督管理的人员和政府有关主管人员玩忽职守,造成传染病传播或者流行,给予行政处分;情节严重,构成犯罪的,依照《刑法》第187条的规定追究刑事责任。《中华人民共和国食品卫生法》第51条规定,卫生行政部门违反本规定,对不符合条件的生产经营者发放卫生许可证,对直接责任人员给予行政处分;收受贿赂,构成犯罪的,依法追究刑事责任。

根据卫生行政法律关系主体的不同,可将卫生行政法律责任区分为行政主体的法律责任和行政管理相对人的法律责任。由于行政管理相对人的违法行为是通过接受卫生行政机关的行政处罚、行政强制等制裁来承担法律责任的,本章第三节已有述及,这里不再赘述。

二、卫生行政主体的行政法律责任

(一)卫生行政法律责任的构成要件

1.行为人的特定性。行为人的特定性即责任主体应具备一定的能力条件,是具有承担行政责任能力的组织机构。法人和组织只要依法成立了,就应对其违法行为承担相应的法律责任,没有行政责任能力的组织机构不承担相应的行政法律责任,但并不表示不受到法律的追究。

2.行政行为的违法性。行政违法是行政责任的基本构成要件,行政主体必须严格依法履行其法定的职权和义务,这是行政责任产生的基础。

(二)卫生行政法律责任的特征

1.责任主体为行政主体及其工作人员。在卫生行政法律关系中,卫生行政主体的职权依法取得的同时应承担其违法行政的法律责任,是卫生行政主体以自己的名义做出的职权违法行为所产生的法律责任。

2.卫生行政主体行为的不当性。行政主体行为的不当性包括行政违法和行政不当，具体指其没有依法履行自己的法定职责和义务，给行政相对人带来了不利的法律后果。

3.卫生行政法律责任是一种独立的法律责任。它是基于我国行政法律规范所产生的，以法规规定的责任方式和内容为依据，不同于宗教道义的责任；同时它属于行政责任的范畴，不同于民事责任和刑事责任。

（三）卫生行政主体承担法律责任的方式

卫生行政主体承担法律责任主要采取通报批评、赔礼道歉、恢复名誉、消除影响、恢复原状、停止违法行为、撤销违法决定、金钱赔偿等方式。

第八章　卫生民事关系的法律调整

第一节　卫生民事法律关系

一、卫生民事法律关系的概念

卫生民事法律关系，是医药卫生民事主体之间，依医药卫生民事法产生的权利义务关系。关于这一概念，我们应从以下几个角度来理解和把握：

1. 卫生民事法律关系是在医药卫生民事活动中发生的。

2. 卫生民事法律关系发生于卫生民事法律关系主体之间。

3. 卫生民事法律关系是依据医药卫生民事法发生的。

4. 卫生民事法律关系的内容，是法定的民事权利义务关系。

二、卫生民事法律关系的特征

卫生民事法律关系属于民事法律关系，所以具有一般民事法律关系的特征，即：法定性、平等性、对偿性、任意性等。但因医药卫生民事活动的特殊性，其所发生的卫生民事法律关系，又具有自身独有的特征：

1. 卫生民事法律关系主要体现的是人身法律关系。根据民法调整对象的不同，民事法律关系可以分为财产法律关系和人身法律关系。财产法律关系是指因财产的所有和财产的流转所形成的、满足民事主体的人身利益所形成的民事法律关系，如所有权关系、物权关系等。人身法律关系是指与民事主体的人身不可分离、为满足民事主体的人身利益所形成的民事法律关系，如人格权关系、身份权关系等。医药卫生民事法律关系主要调整的是与公民生命健康密切相关的社会关系，虽然在承担民事责任时也必然涉及财产法律关系，但主要调整的是人身法律关系。

2. 卫生民事法律关系既是绝对法律关系又是相对法律关系。根据民事法律关系义务主体的范围不同，可以分为绝对法律关系和相对法律关系。绝对法律关系是指与权利人相对应的义务人是权利人以外一切不特定人的民事法律关系，如患者的人身权是绝对权，体现绝对法律关系等。相对法律关系是指与权利人相对应的义务人是特定人的民事法律关系，如医疗机构与某位患者所建立的医疗服务合同法律关系等。

3. 卫生民事法律关系既体现保护性民事法律关系又体现调整性民事法律关系。根据民事法律关系形成与实现的不同特点，可以分为调整性民事法律关系和保护性民事法律关系。调整性民事法律关系是指因民事法律关系主体的合法行为所形成的民事法律关系，主体的权利能够正常实现。如医疗合同关系中，合法的治疗行为和合法的支付医疗费行为。保护性民事法律关系是指因民事法律关系主体的不合法行为所产生的民事法律关系。如医疗损害赔偿法律关系。医药卫生民事法律责任主要是通过民事赔偿的形式承担(详见本章第三节)。

4. 卫生民事法律关系所体现的利益是社会和个人的健康利益。医药卫生民事法律关系的内容是卫生法律规范所确认和保护的卫生权利义务，都是以健康利益为法律前提的。这包括我们的社会健康利益和自然人个人的健康利益。社会健康利益如传染病防范法律制度、突发公共卫生事件应急法律制度中所体现的利益等；自然人个人的健康利益体现在患者到医疗机构就诊，医疗机构给予其相应的诊治以保护患者的生命健康权益。因此，没有这些健康问题也就不会存在医药卫生民事法律关系。

三、卫生民事法律关系的构成

同一般法律关系的构成一样，卫生民事法律关系也是由主体、内容和客体三个要素所构成，三者都是不可或缺的。

1. 卫生民事法律关系的主体。医药卫生民事法律关系的主体，是指参加医药卫生民事法律关系，享有卫生权利和承担卫生义务的人，即当事人。在我国，卫生民事法律关系主体主要包括以下几个：

(1)自然人(Natural person)。包括我国公民及在我国的外国人和无国籍人。作为医药卫生民事法律关系的主体有两种情况，一种是作为前述几个主体中的相应的工作人员；另一种是以普通身份参加卫生民事关系成为主体，如医药卫生服务中的患者一方。

(2)法人(Legal person)。在《民法通则》中，法人被分为企业法人、机关法人、事业单位法人和社会团体法人。①企业法人，是以从事生产、流通、科技等活动为内容，以获取盈利和增加积累、创造社会财富为目的，它是一种营利性的社会经济组织。在医药卫生民事法律关系中表现为与卫生工作有关的具有法人性质的食品和药品生产、经营企业及医药研究单位等。它们在医药卫生民事法律关系中是很重要的主体，同其他机关、团体、企事业单位、公民发生平等的卫生服务契约关系。②机关法人，是指依法享有国家赋予的公权力，并因行使职权的需要而具备相应的民事权利能力和民事行为能力的国家机关。③事业单位法人，是指为了社会公益事业目的，由国家机关、其他组织或者自然人投资举办的，从事文化、教育、卫生、体育、新闻等公益事业的单位。[①] 在医药卫生法律民事法律关系中主要是医疗机构。医疗机构是指《医疗机构管理条例》和《医疗机构管理条例实施细则》所称医疗机构，是指依据《医疗机构管理条例》和《医疗机构管理条例实施细则》的规定，经登记取得《医疗机构执业许可证》的机构。《医疗机构管理条例实施细则》的第2条规定了医疗机构的类别。④社会团体法人，是指自然人或法人自愿组成，为实现会员共同志愿，按照其章程开展活动的非营利性法人。[②] 可以分为卫生社会团体和一般社会团体。卫生社会团体在卫生民事法律关系中的地位和作用与卫生事业单位相似，如为社会提供咨询和医药卫生服务的红十字会、中华医学会等。医药卫生民事法律关系中一般只包括卫生社会团体。

(3)其他组织。其他组织是指参与到医药卫生民事法律关系中但不属于前两类的主体，例如合伙型的食品和药品生产、经营等单位。

2.医药卫生民事法律关系的内容。是指医药卫生民事法律关系的主体所享有的权利和承担的义务。法律上的权利和义务是对等的，即一方享有权利另一方必将承担相应的义务。

卫生民事法律关系中主体的权利，是医药卫生民事法律关系的主体能够做出或者不做出一定行为以及要求他人相应做出或不做出一定行为的许可和保障。如患者到医疗机构挂号之后，该医疗机构就与该患者建立了一种医疗民事合同关系，根据法律规定，患者有权利要求医疗机构给予其相应的诊疗护理活动，同时，医疗机构在诊疗护理过程中违反了诊疗护理规范常规，造成了患者不应有的损害，患者有权利要求医疗机构给予其相应的赔偿；医疗机构在这过程中，有权要求患者及其家属配合给予患者必要的诊疗护理服务，在医疗机构违反诊疗护理常规造成了患者不应有的损害之后，医疗机构也有权抵御患者的某些过激行为，通过法律途径维护自己的权益。

卫生民事法律关系中主体的义务，是卫生法律关系的主体必须做出一定行为或不做出一定行为的约束。如前所述的例子中，根据法律的规定，医疗机构有义务在患者与医院建立医疗民事合同之后给予其相应的诊疗护理服务，给患者造成不应有的损害的医疗机构应该有义务对患方做出相应的补偿；患者有义务配合医疗机构对其给予的相应的诊疗护理服务，造成其损害之后，只能通过正当的方式寻求解决途径。

---

① 参见《事业单位登记管理暂行条例》第2条。

② 参见《社会团体登记管理条例》第2条。

3. 卫生民事法律关系的客体。是指医药卫生民事法律关系的当事人权利义务所指向的对象。医药卫生民事法律关系的客体表现形式为：

(1)公民的生命健康权。世界卫生组织(WHO)把健康定义为“健康不仅是没有疾病和症状，而且是一种个体在身体上、心理上和社会适应性的完好状态”。健康是人类生存和发展的基本要素，保护公民的生命健康权，是我国社会主义民主和法制的根本原则之一。我国的卫生法律、法规明确地规定了公民的身体健康和公民的生命健康权是医药卫生民事法律关系的重要保护客体。

(2)物。物是指现实存在的，能够为人所支配、利用，具有一定价值和使用价值的物质财富，如食品、药品、医疗器械等。物与权利主体和义务主体的行为相联系，最能体现主体的物质利益。

(3)行为。行为是指医药卫生民事法律关系中的权利主体行使权利和义务主体履行义务的活动，如医疗服务行为等。行为可分为合法行为和不合法行为。合法行为依法受法律保护。

(4)智力成果。智力成果是指人们脑力劳动所创造的成果，属于精神财富，如医药卫生科学发明、学术论文、医学著作等。这是医药卫生知识产权法律关系的客体。

第二节　卫生民事法

一、卫生民事法的概念

卫生民事法是调整医药卫生民事关系的卫生法，具体而言，是指调整医药卫生民事主体(医药卫生预防保健单位与作为平等主体的自然人、法人和其他组织)之间，在医药卫生服务活动中所发生的卫生社会关系的卫生民事法律规范的总称。在这种服务关系中，双方当事人的地位是完全平等的，双方当事人所享有的权利和承担的义务是对等的，如医院有义务向在其医院就诊的患者提供相应的诊疗服务，同时，医院有获得相应报酬的权利；患者则有义务向医院支付一定的诊疗费用，并有获得相应的诊疗护理的权利。

把握这个概念要注意两点：

第一，确认卫生民事法是卫生法，有重要的认识论意义与实践意义。这种确认，就可以引导我们从卫生法的特征认定、本质判断、部门归属、作用认识和体系发展角度去研究卫生民事法；而不是简单地套用一般民法。

卫生法的本质是它的社会性。演绎而及，卫生民事法的本质也是它的社会性。这一点，可以把卫生民事法与一般民法区别开来，而且具有重要的实际意义。

第二,卫生民事法的作用在于调整卫生民事关系。这一属性,可以把卫生民事法与卫生行政法、卫生刑事法区别开来。

二、卫生民事法的调整对象

卫生民事法的调整对象,是卫生民事法在规范与人体生命健康相关活动中所形成的各种社会关系。这是卫生民事关系法律调整的具体内容。主要有如下方面:

(一)医疗卫生服务提供方与患方的民事法律关系

卫生民事法所调整的最核心内容,就是医疗卫生服务方与患方的卫生民事法律关系。主要通过我国的《民法通则》《侵权责任法》《人身损害赔偿司法解释》等法律、司法解释进行调整,如《民法通则》第106条规定:"公民、法人违反合同或者不履行其他义务的,应当承担民事责任。公民、法人由于过错侵害国家的、集体的财产,侵害他人财产、人身的,应当承担民事责任。没有过错,但法律规定应当承担民事责任的,应当承担民事责任。"《侵权责任法》第54条也规定:"患者在诊疗活动中受到损害,医疗机构及其医务人员有过错的,由医疗机构承担赔偿责任。"《人身损害赔偿司法解释》的法条也有相应的规定。

(二)医药卫生产品责任民事法律关系

医药卫生产品责任包括药品、血液与血液制品、化妆品、保健用品、医疗器械器材、生物材料的产品责任。例如《药品管理法》第93条规定:"药品的生产企业、经营企业、医疗机构违反本法规定,给药品使用者造成损害的,依法承担赔偿责任。"医疗机构的医务人员违反《献血法》规定,将不符合国家规定标准的血液用于患者,给患者健康造成损害的,应当依法赔偿。《化妆品卫生监督条例》第31条规定:"对违反本条例造成人体损伤或者发生中毒事故的,有直接责任的生产企业和经营单位或者个人应负损害赔偿责任。"《生物材料和医疗器材监督管理办法》第19条规定:"违反本办法造成严重伤亡后果的,依法追究当事人的法律责任。"

(三)食品安全责任民事法律关系

食品是关系人类生存的最重要的产品,食品安全就是关系人类生命健康很重要的一部分。与人类健康相关的产品都是医药卫生民事法律所调整的,所以,医药卫生民事法律还要调整食品安全责任民事法律关系。我国《食品安全法》第96条规定:"违反本法规定,造成人身、财产或者其他损害的,依法承担赔偿责任。生产不符合食品安全标准的食品或者销售明知是不符合食品安全标准的食品,消费者除要求赔偿损失外,还可以向生产者或者销售者要求支付价款10倍的赔偿金。"具体见本书第十八章第三节的论述。

(四)疾病预防与控制责任民事法律关系

疾病预防与控制主要包括:传染病防治、国境卫生检疫、职业病防治、性病及艾滋病防治、结核病防治等法律规定。疾病预防和控制是医药卫生民事法律中很重要的一环,关系到社会和个人的健康利益。其中《传染病防治法》第 77 条规定:“单位和个人违反本法规定,导致传染病传播、流行,给他人人身、财产造成损害的,应当依法承担民事责任。”用人单位造成劳动者患职业病或者其他职业性健康危害的,依法承担民事赔偿责任等。

(五)环境污染责任民事法律关系

环境污染防治主要包括:大气污染防治、水污染防治、环境噪声污染防治、固体废物污染防治、医疗废物管理等法律规定。环境的好坏关系到我们每个人的健康,所以,其也受医药卫生民事法律的调整。若有人恶意破坏环境,将会受到法律的惩罚,例如我国《大气污染防治法》第 62 条就规定:“造成大气污染危害的单位,有责任排除危害,并对直接遭受损失的单位或者个人赔偿损失。”《水污染防治法》第 85 条第 1 款规定:“因水污染受到损害的当事人,有权要求排污方排除危害和赔偿损失。”

(六)公共卫生责任民事法律关系

公共卫生主要关系到社会健康利益,也关系到公民个人的生命健康利益,受医药卫生民事法律的调整。例如违反《放射卫生条例》,发生事故的单位或者个人,应当赔偿受害者的经济损失及医学检查治疗费用,并支付处理放射事故的各种费用;违反《公共场所卫生管理条例》规定造成严重危害公民健康的事故或中毒事故的经营单位或者个人,依法应当对受害者赔偿损失。

(七)其他

还有对医学会及医学协会、红十字会活动、特殊人群生命健康权益保护等的调整。如《红十字会法》《母婴保健法》《残疾人保健法》《精神疾病司法鉴定暂行规定》等法律法规中有关民事法律的规定也属于医药卫生民事法律,共同参与调整卫生民事关系。

三、卫生民事法的基本原则

卫生民事法的基本原则是用以调整卫生民事关系的具有普遍指导意义的准则,它是卫生民事立法的指导思想和基本依据,是卫生民事法所确认的卫生民事社会关系主体及其卫生民事活动必须遵循的基本准则,在卫生民事司法活动中起指导和制约作用。卫生民事法的基本原则主要有以下几个:

(一)平等原则

平等原则也被称为法律地位平等原则。我国《民法通则》第 3 条规定:“当事人在民事活动中的地位平等。”平等原则集中反映了医药卫生民事法律关系的本质特征，是卫生民事法律关系区别于卫生行政法律关系的主要标志。卫生民事法律主要调整的是横向的法律关系，即医疗机构与患者在民法上都具有独立的法律人格，彼此不隶属，在民事活动中的法律地位是平等的，他们之间的权利义务对等，其合法权利都受到法律的保护。而卫生行政法律主要调整的是纵向的法律关系，法律关系主体之间具有隶属关系，是非平等的。

（二）意思自治原则

意思自治原则，又称为私法自治原则，该原则是指法律确认民事主体可以自由地基于其意志去进行民事活动的基本原则。在医患之间的合同关系中，主要体现为患者权利自主。虽然医方也有自主权，但法律规定医方有接受治疗要约的强制性义务；另外，根据有关法律规定，在紧急情况下，医务人员应及时实施抢救义务，不得无故不应诊或延误、推诿，这属于紧急医疗义务。

自20世纪70年代以来，患者权利的保护受到越来越多的关注，荷兰、丹麦等国家还制定了患者权利保护法。在我国，虽然还未有专门的患者权利保护法出台，但是随着我国公民法律意识的逐渐增强，患者权利保护也已提上了立法的议事日程。与荷兰、丹麦等国家的成熟保护相比，我国还只是处于起步阶段，还未形成正式的法律，在我国卫生民事法律都还未健全的当下，制定专门的患者权利保护法还不现实，只能通过逐步地完善卫生民事法，把患者的权利保护的法条穿插于其中来更好地保护医药卫生民事法律关系中的各方当事人。在紧急医疗过程中，由于医生常常无足够的时间向患者及家属详细问明病情、征求意见，这样的紧急医疗就具有一定的强制性，但是在病情得到控制后，这种强制性就自然消失，进一步的医疗仍需征询患者及其家属的同意。

（三）诚实信用原则

诚实信用，要求处于法律上特殊联系的民事主体应忠诚、守信，做到谨慎维护对方的利益，满足对方的正当期待，给对方提供必要的信息等。《民法通则》第4条规定，民事活动应当遵循诚实信用原则。它以强制性规范的方式要求当事人在进行民事活动时必须遵循基本的道德准则。卫生民事法律关系属于民事法律关系，该原则也当然地适用于卫生民事法律关系中。例如，医药卫生产品生产商、制造商以及销售商在进行其活动时均应遵循诚实信用原则。

第三节　卫生民事法律责任

一、卫生民事法律责任概述

(一)卫生民事法律责任的概念

卫生民事法律责任是指医疗机构及其卫生工作人员或者从事与卫生事业有关的机构或个人违反卫生民事法律规范而侵害了自然人、法人或其他组织的民事权益,所应当承担的以财产赔偿为主的法律责任。卫生民事责任不同于卫生民事义务,卫生民事义务是卫生民事责任的前提,无义务即无责任。卫生民事责任则是不履行卫生民事义务的法律后果。

(二)卫生民事法律责任的特征

1.强制性。法律责任的强制性是其区别于道德责任和其他社会责任的根本标志。卫生民事法律责任作为法律责任之一,也应以国家强制力为保障,具有强制性,主要体现为:首先,在卫生民事法律关系的主体不履行义务,侵害他人财产权利或者人身权利时,卫生民事法律规定应当承担民事责任;其次,当卫生民事法律关系的主体不主动承担民事责任时,通过国家有关权力机构强制其承担责任,履行卫生民事义务。

2.财产性。卫生民事责任以财产责任为主,非财产责任为辅。一方不履行民事义务的行为给他方造成了财产和人身的损失,通常通过财产性赔偿的方式予以处理。对于像侵害名誉权的案例,仅通过财产赔偿,对受害人的社会评价难以回复到受损害之前的状态,因此,民法中规定了一些辅助性的非财产责任,如赔礼道歉、消除影响、恢复名誉等都适用于卫生民事责任中。

3.补偿性。补偿性是指民事责任以补足民事主体所受损失为限。但是在卫生民事法律关系中,侵害的基本都是他人的生命健康权益,不可能通过财产赔偿回复到其受损害以前的状态,特别是侵害他人生命的案例。并且基于我国目前医药卫生民事法律关系的主体的特殊性,也不可能支付太多的金钱给予受损害者,只能尽量补足。

二、卫生民事责任的构成要件

(一)必须有损害事实的存在

损害是指侵权行为给受害人造成的不利后果。损害作为侵权民事责任的构成要件,是由侵权行为法的本质和社会功能决定的。侵权法的功能之一在于补偿受害人所受的损害,使其利益尽可能恢复到如同未曾受到损害的状态。因此,无损害即无责任。

损害事实包括受害人财产权或者人身权受到损害，并造成财产利益和非财产利益的减少或灭失的客观事实。损害事实作为侵权责任构成要件之一，是由两个因素构成的：一是权利被侵害；二是权利被侵害而造成的利益受到损害的客观结果。侵害财产权民事责任构成的损害事实，必须有财产权受到损害、且导致财产利益受到损失这两个要素。侵害人身权民事责任构成的损害事实要件，必须具备人身权受到损害，导致人格利益和身份利益损害这两个要素。

在侵害人身权的情况下，利益损害包括人格利益损害和身份利益损害。当违法行为作用于人身时，如果情节显著轻微，没有造成利益的损害，则不构成侵权责任。只有违法行为作用于权利主体的人身权利，并且造成了人格利益和身份利益损害的时候，才能成立卫生民事责任，并且以此损害的实际范围，确定赔偿责任的大小。这一点与刑法犯罪构成有一点相似，行为人的行为情节显著轻微则不构成犯罪。权利侵害和利益损害是紧密结合在一起的，是构成卫生民事责任的损害事实的要件。卫生民事责任只有在违法行为侵害了权利并且造成相应损害的条件下才能发生。如果仅有违法行为没有利益损害的损害事实存在，就不能发生卫生民事责任。

(二)必须有违反法律规范的行为的存在

只有当行为人以作为的形式违反了医疗卫生民事法律中的禁止性规定，或者以不作为的形式不履行卫生民事法律义务性规定，造成了患者不应有的损害时，才构成违反卫生民事法律的行为，才需要行为人承担卫生民事责任。这里说的医疗卫生民事法律应作最广义的理解，它不仅包括狭义的卫生民事法律，也包括宪法与其他任何实体法律、法规、规章，只要任何一个法律包含有确认与保护他人民事权益的内容或者包含有行为人义务的内容，行为人的行为违反了这样的法律，该法律就是我们所说的行为所违反的“法”。鉴于我国法律规定的相对简略，一些具体规范尚不详尽，在讨论违法的法律规范时并不只限于违反具体法律条文或者具体法律规范的情况，也包括违反法律基本原则的情况。在法律实践中，法律总是具有滞后性的，要修改或者颁布一部新的法律是需要很长时间，花费大量的人力、物力和财力的，所以，最高人民法院根据需要作出一些规范性的解释，这些司法解释也属于其中。

和民事侵权责任中侵权行为人的侵权行为存在违法阻却性一样，卫生民事侵权也存在。《侵权责任法》第60条第1款规定：“患者有损害，因下列情形之一的，医疗机构不承担赔偿责任：(一)患者或者其近亲属不配合医疗机构进行符合诊疗规范的诊疗；(二)医务人员在抢救生命垂危的患者等紧急情况下已经尽到合理诊疗义务；(三)限于当时的医疗水平难以诊疗。”

（三）损害事实和违法行为之间必须存在因果关系

所谓因果关系是指违法行为和损害事实之间存在必然的联系，即违法行为必须是引起损害事实的原因。因果关系是确定卫生民事法律责任的必备条件之一。引起损害事实发生的各种现象包括行为人的违法行为、第三人的行为、受害人的行为、介入的自然因素等都可以是因果关系中的原因，受害人所受到的人身和财产等方面的损失即是因果关系中的结果。

在因果关系领域有以下几种典型的学说：

1. 条件说。条件说亦称必要条件说、等价说、同等说。该理论认为："只要在行为和结果之间存在没有前者就没有后者这种必要条件关系，就可以认为有刑法上的因果关系。"将该理论应用于民事法律中就是：凡属发生结果的条件都是原因，凡是原因，对结果的发生都有同等的原因力。按照这种观点，只要结果的发生与行为之间存在有逻辑关系的事实，就认为有因果关系。

2. 原因说。原因说是为了克服条件说不当扩大因果关系的范围而提出的一种理论。原因说的倡导者认为条件说把一切与危害结果发生的条件都当做原因，有不适当地扩大刑法因果关系的倾向，因此提出原因说。这种理论以条件说为基础主张从引起结果发生的诸多条件中按照某种规则标准挑选出一个有特别意义的条件作为原因，只承认这种原因与结果之间有刑法上的因果关系，其余的条件则是单纯的条件，与结果无因果关系。由于原因说是就个别情形进行有无因果关系的判断，因此也被称为"个别化说"。将该理论应用于民事法律中就是：在引起结果发生的诸因素中应区别原因与条件，其中之一是原因，其余则为条件，原因和结果之间有因果关系，条件和原因之间没有因果关系。这里涉及原因和条件的关系问题。

3. 相当因果关系说。相当因果关系理论认为在实行行为与结果之间，根据社会生活经验，在通常情况下，某种行为产生某种结果被一般人认为在相当的场合，该行为与该结果之间就具有因果关系。就是说，只要结果的发生并非出于偶然，那么就应承认因果关系的存在。"相当"是指该行为产生该结果在日常生活中是一般的、正常的，而不是特殊的、异常的，或者说，在日常生活中，该行为一般会产生该结果。由于从众多条件中挑出一个条件作为"原因"的标准极不统一，所以，原因说远不如条件说易于操作，当然更谈不上对这些国家司法实践有多大影响了。相当因果关系说对大陆法系的不同国家来说，地位和影响差异很大。在学术界，相当因果关系说颇受日本法学界欢迎，是日本刑法理论的通说，但在德国，只有少数学者采用此说。而在我国现今学界所通行的也是相当因果关系说，该学说能够更好地为当事人所理解、接受，也便于法官更好地操作。

在卫生民事关系中，行为人的违法行为与损害后果之间的因果关系，此种因果关系是行为人对损害事实承担民事责任的必备条件之一。因果关系具有时间性、客观性和复杂性。时间性是指因果关系具有严格的时间顺序，作为原因的违法行为在前，作为结果的损害事实在后。客观性是指因果关系不以人的意志为转移，但通过人们的思维可以认知。复杂性是指因果关系表现为不同形态，有直接原因和间接原因之分，还有一因一果、一因多果、多因一果和多因多果之分。在医疗实践中，要对卫生民事争议中责任双方的责任承担进行细致的分析才能确定各方所承担的民事责任。

（四）必须有过错

过错指的是行为人通过其实施的侵权行为所表现出来的在法律和道德上应受非难的故意和过失状态。在医药卫生领域，过错仅指过失，若是故意就不再是卫生民事法律规范所研究的内容。

过错责任，是指以过错作为归责的最终构成要件，并且以过错作为确定责任范围的重要依据。过错责任的特点在于相对于违法行为、损害事实及其因果关系等构成要件而言，过错是归责的最终要件，无过错即无责任。根据“谁主张，谁举证”原则，受害人对加害人的过错承担举证责任。在某些特定条件下，行为人没有故意或者过失法律也明确规定其应当承担民事责任，称为无过错原则。如：食品和药品经营者，因其产品质量不合格，致使他人遭受财产或者人身损害，无论其有无过错，轻者追究该经营者的民事赔偿责任，重则追究其行政责任和刑事责任。

三、卫生民事责任的归责原则

医疗侵权诉讼的证明责任之分配在我国立法中几经变迁。最初其分配遵循的是民事侵权诉讼的一般分配规则，即由权利人主张其权利产生的基本要件事实：损害事实、因果关系和过错。《最高人民法院关于民事诉讼证据的若干规定》（以下简称《证据规定》）改变了这一分配格局，该规定第4条第8款规定：“因医疗行为引起的侵权诉讼，由医疗机构就医疗行为与侵权结果之间不存在因果关系及不存在医疗过错承担证明责任。”这就是我们所谓的“举证责任的倒置”。这一变革源于对医疗纠纷特殊性的认识，即“由于医疗机构具备专业知识和技术手段，掌握相关的证据材料，具有较强的证据能力，患者则处于相对的弱势地位，依据证明责任的一般规则，患者往往因证明不能而无法获得相应的赔偿。为平衡当事人利益，更好地实现实体法保护受害人的立法宗旨，《证据规定》对于医疗行为引起的侵权诉讼确立了证明责任倒置的分配规则”①。

① 宋春雨：《关于民事诉讼证据的若干规定的理解与适用》，《人民司法》2002年第2期。

但是，这种对公平的调整又造成了另外的不良后果，即过度医疗、防御性医疗和医患关系的进一步恶化。因此，2010 年生效的《中华人民共和国侵权责任法》(以下简称《侵权责任法》)第 54 条恢复了医疗侵权责任是一种过错责任的属性。该条规定："患者在诊疗活动中受到损害，医疗机构及其医务人员有过错的，由医疗机构承担赔偿责任。"这就是过错责任原则。第 60 条对医疗机构无过错的情形进行了详细的规定以细化过错内容，该条规定："患者有损害，因下列情形之一的，医疗机构不承担赔偿责任：(一)患者或者其近亲属不配合医疗机构进行符合诊疗规范的诊疗；(二)医务人员在抢救生命垂危的患者等紧急情况下已经尽到合理诊疗义务；(三)限于当时的医疗水平难以诊疗。前款第一项情形中，医疗机构及其医务人员也有过错的，应当承担相应的赔偿责任。"所以，就该法来看，除第 58 条的三种可被推定为过错的情形外，即：(1)违反法律、行政法规、规章以及其他有关诊疗规范的规定；(2)隐匿或者拒绝提供与纠纷有关的病历资料；(3)伪造、篡改或者销毁病历资料，一般应由患者就过错举证。

四、承担卫生民事法律责任的方式

承担卫生民事责任的方式是指为使受害人的合法权益恢复到未受损害的状态，加害人所应当为或不为的一定的行为。

我国《民法通则》第 134 条规定："承担民事责任的方式主要有：(一)停止侵害；(二)排除妨碍；(三)消除危险；(四)返还财产；(五)恢复原状；(六)修理、重作、更换；(七)赔偿损失；(八)支付违约金；(九)消除影响、恢复名誉；(十)赔礼道歉。"所以，承担卫生民事责任的主要方式也包括这 10 种。其中赔偿损失是卫生民事责任中最常见的赔偿损害方财产损失和人身损害的方式。

因卫生民事法律关系的一方主体的不法行为造成了另一方主体合法利益的损害，对于其侵权损害赔偿的具体项目和内容，《民法通则》《侵权责任法》、最高人民法院的司法解释和《医疗事故处理条例》都作了具体的规定。如《侵权责任法》第 16 条规定："侵害他人造成人身损害的，应当赔偿医疗费、护理费、交通费等为治疗和康复支出的合理费用，以及因误工减少的收入。造成残疾的，还应当赔偿残疾生活辅助具费和残疾赔偿金。造成死亡的，还应当赔偿丧葬费和死亡赔偿金。"《医疗事故处理条例》第 50 条规定，因医疗事故造成病人人身损害的，受害人及其家属有权要求损害赔偿，包括医疗费、误工费、住院伙食补助费、陪护费、残疾生活补助费、残疾用具费、丧葬费、被扶养人生活费、交通费、住宿费和精神损害抚慰金等，与《侵权责任法》相比缺少了死亡赔偿金。

第九章　卫生刑事关系的法律调整

第一节　医药卫生犯罪概述

一、卫生刑事关系与医药卫生犯罪的概念

（一）卫生刑事法律关系的概念

卫生刑事法律关系，是医药卫生刑事主体之间，依医药卫生刑事法产生的权利义务关系。亦即，在医药卫生领域，由于医药卫生主体的严重违法行为、严重损害人体生命健康、破坏医药卫生事业秩序而产生的卫生社会关系，这些社会关系经刑事法律规范的调整便上升为卫生刑事法律关系。

这里我们应当把握：

1.卫生刑事法律关系是在医药卫生刑事活动中发生的。

2.卫生刑事法律关系发生于卫生刑事法律关系主体之间。

3.卫生刑事法律关系是依据医药卫生刑事法发生的。

4.卫生刑事法律关系的内容，主要涉及医药卫生犯罪与刑罚。

（二）医药卫生犯罪的概念

犯罪（Crime）概念，着重回答“犯罪是什么”的问题，它是对犯罪的内在本质和外部特征的高度概括。犯罪概念在刑法学理论中居于十分重要的地位，大致可以划分为三种类型：形式的犯罪概念、实质的犯罪概念及混合的犯罪概念。我国《刑法》第 13 条规定：“一切危害国家主权、领土完整和安全、分裂国家、颠覆人民民主专政的政权和推翻社会主义制度，破坏社会秩序和经济秩序，侵犯国有财产或劳动群众集体所有的财产，侵犯公民私人所有的财产，侵犯公民人身权利、民主权利的行为，以及其他危害社会的行为，依照法律应当受刑罚处罚的，都是犯罪，但是情节显著轻微，危害不大的，不认为是犯罪。”这一规定不仅较为详实地揭示了我国现阶段犯罪的本质特征，而且揭示了犯罪的法律特征，属于混合的犯罪概念，这一规定，也为我们认定医药卫生犯罪提供了最主要的法律依据。

“医药卫生犯罪”（Medicine health crime）一词，可分为“医药卫生”和“犯罪”两个部分。“医药卫生”包括几个部分的内容：一是诊断和治疗（含计划生育、身

体检查）行为以及与之相关的一系列活动（包括医务人员管理和现代医学）；二是公共卫生事项的管理（如全民卫生保健、传染病防治）；三是药事（含药品、医疗器械）管理行为等。

根据“医药卫生”的内涵和外延，结合犯罪概念的相关理论，医药卫生犯罪是指，行为人违反国家医药卫生管理法律法规以及相关规范性文件的要求开展医药卫生活动，侵犯公民生命健康权，情节严重或足以造成侵犯公民生命健康权危险，破坏医药卫生事业秩序，依照法律应当受到刑罚处罚的行为。

（三）医药卫生犯罪的特征

与其他犯罪一样，医药卫生犯罪也具有以下三个基本特征：

1.相当程度的社会危害性。医药卫生犯罪是危害社会的行为，具有社会危害性，但社会危害性是一切医药卫生违法行为，包括犯罪和一般违法行为的共同特征。因此，仅具有社会危害性，只能将医药卫生违法行为和医药卫生合法行为区别开来，而无法将医药卫生犯罪行为与一般医药卫生违法行为区别开来。医药卫生犯罪行为是医药卫生违法行为中最严重的部分，其社会危害性要重于一般医药卫生违法行为。因此，相当程度的社会危害性才是医药卫生犯罪的基本特征。如果某种与医药卫生有关的行为虽然具有一定的社会危害性，但其情节显著轻微，危害不大的，不能认为是犯罪。

2.刑事违法性。医药卫生犯罪是一种违法行为。但它不同于一般的医药卫生民事违法行为、经济违法行为或医药卫生行政违法行为，而是触犯刑法的行为，是刑事违法行为。违法并不都构成犯罪，只有违反刑法的才构成犯罪。行为的相当程度的社会危害性，是医药卫生刑事违法性的基础。医药卫生刑事违法性则是其社会危害性在刑法上的表现。只有当与医药卫生相关的某种行为不仅具有社会危害性而且违反了刑法，具有刑事讳法性，才能被认为是医药卫生犯罪。

3.应受刑罚处罚性。任何违法行为都要承担相应的法律后果。医药卫生民事或医药卫生行政违法行为要承担医药卫生民事责任或医药卫生行政责任。而违反刑法的医药卫生犯罪行为则要承担刑罚的法律后果。医药卫生犯罪是适用刑罚的前提，刑罚是医药卫生犯罪的法律后果。因此，应受刑罚处罚性也是医药卫生犯罪的一个基本特征。

二、医药卫生犯罪的构成

（一）医药卫生犯罪构成的概念

医药卫生犯罪的构成是指依照我国《刑法》的规定，决定与医药卫生有关的某一具体行为的社会危害性及其程度而为该行为构成医药卫生犯罪所必需的一切客观和主观要件的有机统一。

(二)医药卫生犯罪构成要件

同其他犯罪成立的要件一样,任何一种医药卫生犯罪的成立,都必须具备四个方面的构成要件,即医药卫生犯罪的客体、客观方面、主体、主观方面。

1.医药卫生犯罪的客体

医药卫生犯罪的客体是指我国刑法所保护而为医药卫生犯罪行为所侵犯的社会关系。犯罪客体是行为构成犯罪的必备要件之一。

从总体上讲,医药卫生犯罪侵犯的是复杂客体,其主要客体是国家对医药卫生事业的管理制度,次要客体是公民生命、健康权。我国《刑法》关于医药卫生犯罪罪名的规定散见于不同章节之中。如危险物品肇事罪规定在第二章“危害公共安全罪”中;生产不符合卫生标准的食品罪,生产、销售有毒有害食品罪,生产不符合卫生标准的医用器材罪,生产不符合卫生标准的化妆品罪等 6 个罪名规定在第三章“破坏社会主义市场经济秩序罪”的第一节“生产销售伪劣商品罪”中;等等。各章节所规定的犯罪,各有其同类客体特征。因此,要研究和归纳医药卫生犯罪的客体特征比较困难,只有第六章“妨碍社会管理秩序罪”第五节“危害公共卫生罪”中所规定的 11 个罪名,其客体特征较好把握。尽管如此,我们仍然可以看出,所有医药卫生犯罪的客体都有一个共同特征,即它们所侵犯的社会关系都是由医药卫生法单独调整或与其他法规共同调整的医药卫生社会关系,而且这些医药卫生犯罪都直接危害人们的生命健康或对人们的生命健康构成潜在的危险。

2.医药卫生犯罪的客观方面

医药卫生犯罪的客观方面是指医药卫生犯罪活动的客观外在表现。这种客观外在表现的事实特征有:危害行为、危害结果以及犯罪的方法、时间、地点等。其中危害行为是一切医药卫生犯罪构成的必要条件;危害结果是绝大多数医药卫生犯罪构成的必要条件;犯罪方法、时间、地点则是某些医药卫生犯罪构成的必要条件。

医药卫生犯罪的客观方面,是一切医药卫生犯罪构成必备的基本要件,是行为人构成犯罪并进而承担刑事责任的客观基础,它在犯罪构成诸要件中,占据核心地位。缺乏医药卫生犯罪的客观方面,就没有医药卫生犯罪构成,不能认定为医药卫生犯罪。

医药卫生犯罪在客观方面主要表现为实施违反国家医药卫生管理法律法规,危害不特定多数人的健康、生命安全,情节严重的行为。这里要把握的要点是,首先,违反国家医药卫生管理法律法规的行为是构成医药卫生犯罪的前提,这是法定犯罪的共同特征。其次,违反医药卫生管理法律法规的行为危害了特定或不特定人的生命健康。医药卫生犯罪，尤其是我国《刑法》第六章“妨碍社会管理秩序罪”第五节“危害公共卫生罪”中所规定的 11 个罪名，大多数危害的是不特定多数人的健康和生命安全，极个别的医药卫生犯罪危害的则是特定人的健康与生命安全，比如强迫卖血罪。

3.医药卫生犯罪的主体

医药卫生犯罪主体是指在医药卫生领域实施危害社会的行为并且承担刑事责任的人。

医药卫生犯罪主体的情况较为复杂。根据我国刑法的规定，可以从两个角度对医药卫生犯罪主体进行分类：一是从主体的自然属性上分，医药卫生犯罪主体包括自然人主体和单位主体。在我国刑法中具有普遍意义的犯罪主体是自然人主体。单位主体在我国刑法中不具有普遍意义。二是从法律属性上分，医药卫生犯罪主体可分为一般主体和特殊主体。从总体上讲，医药卫生犯罪主体是一般主体，但也有若干种医药卫生犯罪是特殊主体，即要求具有特定的职能职务或者身份的人，才能构成的犯罪主体。例如，医疗事故罪的主体必须是医务人员。有的医药卫生犯罪主体只能是特定的单位，而不能是自然人，如采集、供应血液，制作、供应血液制品事故罪的主体是特殊单位，即必须经过国家主管部门批准有权从事采集、供应血液或者制作、供应血液制品活动的单位，包括采供血液机构和血液制品生产单位。有的犯罪如强迫卖血罪的主体则只能是自然人，单位不能构成本罪。有的犯罪如妨害国境卫生检疫罪，自然人和单位都可成为该罪主体。

4.医药卫生犯罪的主观方面

医药卫生犯罪的主观方面，是指犯罪主体对自己行为及其危害结果所持的心理态度。它包括罪过(犯罪的故意或者犯罪的过失)以及犯罪的目的和动机。其中，罪过是一切医药卫生犯罪构成必备的主观要件，它在区分罪与非罪、此罪与彼罪的界限以及量刑方面，均具有重要作用。而犯罪的目的只是某些犯罪构成所必备的主观要件，一般不影响定罪，只影响量刑。

罪过包括故意和过失两种表现形式。医药卫生犯罪的主观方面既可以是故意，也可以是过失。有的医药卫生犯罪其罪过形式只能是故意，如生产销售假药罪、生产销售劣药罪、生产销售不符合卫生标准的食品罪、非法组织卖血罪、非法行医罪等，皆属于这种情形。有些医药卫生犯罪其罪过形式只能是过失，包括疏忽大意的过失和过于自信的过失。如采集、供应血液，制作、供应血液制品事故罪和医疗事故罪等。关于过失犯罪需要注意的是，根据我国刑法的有关规定，过失行为本身只是包含着发生危险结果的可能性，如果这种可能性没有成为现实，尚不能认为是犯罪行为。可能发生危害结果的过失行为只有与实际发生的危害结果相结合才能表现严重的社会危害性，从而为刑法所禁止。因此，凡属于过失性的医药卫生犯罪，只有发生实际的危害结果才能构成。

第二节　医药卫生犯罪的范围与种类

一、医药卫生犯罪的范围

医药卫生犯罪主要涉及医疗活动、药品（健康相关产品）、公共卫生等三个方面，如上节所述，“医药卫生”主要包括三个部分的内容：一是诊断和治疗（含计划生育、身体检查）行为以及与之相关的一系列活动（包括医务人员管理和现代医学）；二是公共卫生事业的管理（如全民卫生保健、疾病预防与控制等）；三是药事（含药品、医疗器械）管理行为等。所以医药卫生犯罪的外延也可以分为三个部分：

（一）医疗类型的医药卫生犯罪

1.医疗过失犯罪。医疗过失犯罪是指医务人员在医疗活动的过程中由于严重不负责任，违反医疗法律法规及诊疗护理常规，造成患者死亡或者严重人身伤害的行为。医疗过失犯罪是医疗犯罪最主要的表现形式。在国外刑事立法中，医疗过失犯罪和交通肇事犯罪是业务过失犯罪的两个典型；在我国刑法中，专门规定了医疗事故罪，视为我国医疗过失犯罪的基本规定，此外，还散见于一些单行医疗法律法规中的刑法条文。

2.非法行医犯罪。非法行医犯罪泛指行为人没有取得医师执业资格及执业许可，而擅自行医，情节严重依照刑法应受刑罚处罚的行为。在我国刑法中见于《刑法》第336条，具体罪名有非法行医罪和非法进行节育手术罪两个。

（二）危害公共卫生类型的医药卫生犯罪

危害公共卫生的医药卫生犯罪主要指我国《刑法》分则第六章第五节“危害公共卫生罪”中的（除去医疗事故罪、非法行医罪、非法进行节育手术罪）8种犯罪。具体包括：妨害传染病防治罪；非法组织卖血罪；强迫卖血罪；非法采集、供应血液，制作、供应血液制品罪；采集、供应血液，制作、供应血液制品事故罪；传染病菌种、毒种扩散罪；妨害国境卫生检疫罪；逃避动植物防疫、检疫罪。

（三）其他医药卫生犯罪

其他医药卫生犯罪是指散见在刑法分则各章节，涉及药品、食品、医用器材，破坏我国社会主义卫生事业发展的犯罪类型。

二、医药卫生犯罪的种类

医药卫生犯罪分为医疗犯罪、卫生犯罪、其他医药卫生犯罪等三个范畴，据此，医药卫生犯罪的范围也有三个部分：

(一)医疗类型的医药卫生犯罪

医疗事故罪(《刑法》第335条)，非法行医罪(《刑法》第336条第1款)，非法进行节育手术罪(《刑法》第336条第2款)。

(二)危害公共卫生类型的医药卫生犯罪

医药卫生犯罪的范围，就狭义讲，仅指《刑法》第六章第五节"危害公共卫生罪"中所列的8种犯罪(第330条至337条)，具体罪名是：传染病菌种、毒种扩散罪(第330条)，妨害传染病防治罪(第331条)，妨害国境卫生检疫罪(第332条)，非法组织卖血罪(第333条)，强迫卖血罪(第333条)，非法采集、供应血液，制作、供应血液制品罪(第334条第1款)，采集、供应血液，制作、供应血液制品事故罪(第334条第2款)，逃避动植物防疫、检疫罪(第337条)。

(三)其他医药卫生犯罪

广义的医药卫生犯罪，除危害公共卫生罪外，还包括：《刑法》"危害公共安全罪"中的危险物品肇事罪(第136条)；"破坏社会主义市场经济秩序罪"中所列，生产、销售假药罪(第141条)，生产、销售劣药罪(第142条)，生产、销售不符合卫生标准的食品罪(第143条)，生产、销售有毒有害食品罪(第144条)，生产、销售不符合卫生标准的医用器材罪(第145条)，生产、销售不符合卫生标准的化妆品罪(第148条)；第六章第六节"破坏环境资源保护罪"所列重大环境污染事故罪(第338条)；第六章第七节规定的走私、贩卖、运输、制造毒品罪(第347条至第357条)；第六章第八节"组织、强迫、引诱、容留、介绍卖淫罪"中的传播性病罪(第360条第1款)；第九章"渎职罪"中的环境监管失职罪的某些具体情形(第408条)、传染病防治失职罪(第409条)、动植物检疫徇私舞弊罪(第413条第1款)、动植物检疫失职罪(第413条第2款)、放纵制售伪劣商品罪的某些具体情形(第414条)；等等。

三、医药卫生犯罪的典型罪名

(一)医疗事故罪

医疗事故罪，是指医务人员由于严重不负责任，造成就诊人死亡或者严重损害就诊人身体健康的行为。

本罪的犯罪客体是复杂客体，不仅侵犯了国家对医务工作的管理秩序，还侵犯了就诊人的生命健康权。客观方面表现为在医务工作中严重不负责任，造成就诊人死亡或者严重损害就诊人身体健康的行为。犯罪主体为特殊主体，是达到刑事责任年龄并具有刑事责任能力的实施了违章医疗行为的医务人员，即直接从事诊疗护理工作的人员。由于诊疗护理工作是群体性的活动，构成医疗事故的行为人，还应包括从事医疗管理、后勤服务等人员。主观方面只能是过失，故意不构成此罪。如果医务人员在诊疗护理过程中，故意造成患者死亡、残废，应按故意杀人或故意伤害罪论处。

医疗事故罪的刑事责任，根据《刑法》第335条的规定，犯医疗事故罪的，处3年以下有期徒刑或者拘役。

（二）非法行医罪

非法行医罪，是指未取得医生执业资格的人非法行医，情节严重的行为。非法行医罪侵犯的客体是复杂客体；客观行为表现为非法行医；犯罪主体必须是未取得医生执业资格的人；主观方面表现为故意，行为人明知自己未取得医生执业资格而非法行医，但行为人对造成就诊人死亡、身体健康受损的后果，则可能是过失，也可能是间接故意。

非法行医罪的刑事责任，根据《刑法》第336条第1款的规定，犯非法行医罪的，处3年以下有期徒刑、拘役或者管制，并处或者单处罚金；严重损害就诊人身体健康的，处3年以上10年以下有期徒刑，并处罚金；造成就诊人死亡的，处10年以上有期徒刑，并处罚金。

（三）非法进行节育手术罪

非法进行节育手术罪，是指未取得医生执业资格的人擅自为他人进行节育复通手术、假节育手术、终止妊娠手术或者摘取宫内节育器，情节严重的行为。

本罪侵犯的直接客体是国家的计划生育制度和就诊人的身体健康及生命安全；客观方面表现为擅自为他人进行节育复通手术、假节育手术、终止妊娠手术或者摘取宫内节育器，情节严重的行为；主体为一般主体，但必须是未取得医生执业资格的人；主观方面表现为故意，即行为人明知自己无权为他人实施计划生育手术，但为了牟取不法利益或者基于其他考虑所实施的行为。

非法进行节育手术罪的刑事责任，根据《刑法》第336条第2款的规定，犯非法进行节育手术罪的，处3年以下有期徒刑、拘役或者管制，并处或者单处罚金；严重损害就诊人身体健康的，处3年以上10年以下有期徒刑，并处罚金；造成就诊人死亡的，处10年以上有期徒刑，并处罚金。

（四）妨害传染病防治罪

妨害传染病防治罪，是指违反传染病防治法的规定，引起甲类传染病的传播或者有传播严重危险的行为。

本罪侵害的客体是国家预防、控制传染病的管理活动和广大人民群众的生命健康权利。客观方面表现为违反了国家预防、控制传染病的制度，并且引起了甲类传染病的传播或者有传播的严重危险。主体是一般主体，单位可以构成本罪。一般是指供水单位及有关机关、企事业单位、人民团体等单位的直接责任人员，只有他们才能直接涉及供水、对病原体污染物的消毒处理等各项极易使传染病传播的具体工作。主观方面表现为过失，即行为人对引起甲类传染病传播或传播严重危险这一结果是不明知的，但行为人违反传染病防治法规定的行为则是故意的。如果行为人明知会引起甲类传染病传播或传播严重危险而仍实施违反传染病防治法规定的行为的，则不能以本罪论处，而应以危害公共安全罪论处。

妨害传染病防治罪的刑事责任，根据《刑法》第 330 条的规定，犯妨害传染病防治罪的，处 3 年以下有期徒刑或者拘役；后果特别严重的，处 3 年以上 7 年以下有期徒刑。单位犯本罪的，对单位判处罚金，并对其直接负责的主管人员和其他直接责任人员，依上述规定处罚。

（五）非法组织卖血罪

非法组织卖血罪是指违反国家有关规定，非法组织出卖他人血液的行为。

本罪侵犯的客体是国家血液管理制度，同时也对公共卫生造成妨害。本罪的客观方面是指非法组织他人出卖血液的行为，具体说来，是行为人在组织他人卖血过程中实施了策划、指挥、领导的行为。在实践中，这种行为一般表现为动员、拉拢、联络、串联、制订计划、下达命令、分配任务、出谋划策等形式。本罪的主体要件是一般主体，任何达到刑事责任年龄且具备刑事责任能力的自然人均能构成本罪。单位亦能成为本罪主体。本罪在主观方面只能由故意构成，过失不构成本罪。

非法组织卖血罪的刑事责任，根据《刑法》第 333 条的规定，犯非法组织卖血罪的，处 5 年以下有期徒刑，并处罚金。

（六）强迫卖血罪

强迫卖血罪，是指以暴力、威胁方法强迫他人出卖血液的行为。

本罪侵犯的是复杂客体，其主要客体是国家对血液的管理制度，次要客体是被强迫人的人身权利。客观方面表现为以暴力、威胁方法强迫他人出卖血液的行为，暴力是指对他人人身进行打击或实施强制，如殴打、捆绑等，威胁是指以杀害、伤害、毁坏财产、破坏名誉等手段进行要挟，迫使他人接受自己的意志，从而实施卖血行为，他人既可以是除行为人外的特定的他人，也可以是除行为人外的不特定的他人。主体为一般主体，任何达到刑事责任年龄且具备刑事责任能力的自然人均能构成本罪。主观方面表现为直接故意，间接故意和过失不构成本罪。虽本罪多以牟利为犯罪目的，但不为此为构成要件。

强迫卖血罪的刑事责任，根据《刑法》第 333 条的规定，犯强迫卖血罪的，处 5 年以下有期徒刑，并处罚金。

（七）生产、销售假药罪

生产、销售假药罪，是指生产、销售假药，足以严重危害人体健康的行为。

本罪是选择性罪名，生产假药构成犯罪的，是生产假药罪；销售假药构成犯罪的，是销售假药罪；既生产又销售假药构成犯罪的，是生产、销售假药罪。

本罪的客体是国家对药品的管理制度和他人的生命、健康安全。客观方面表现为生产者、销售者违反国家的药品管理法律、法规，生产、销售假药，足以严重危害人体健康的行为。《刑法》第 141 条第 2 款规定："本条所称假药，是指依照《中华人民共和国药品管理法》的规定属于假药和按假药处理的药品、非药品。"生产、销售假药是两种行为，可以分别实施，也可以既生产假药又销售假药，同时存在两种行为。按照法律关于本罪的客观行为规定，只要具备其中一种行为即符合该罪的客观要求。如果行为人同时具有上述两种行为，仍视为一个生产、销售假药罪，不实行数罪并罚。生产、销售假药足以严重危害人体健康，即符合本罪成立的法定结果，这说明本罪在犯罪形态上属危险犯。而生产、销售假药对人体健康造成严重危害的则属结果加重犯，对其处以较重的刑罚。主体为一般主体，凡达到法定刑事责任年龄且具有刑事责任能力的自然人均可构成本罪，单位也能成为本罪主体。主观方面表现为故意，行为人的目的大多是以营利为目的，但也不可否认以其他目的而实施犯罪的存在，如为了损害某个名牌厂家的信誉，等等，因此，以营利为目的不作为构成本罪的必要要件。

生产、销售假药罪的刑事责任，根据《刑法》第 141 条的规定，犯生产、销售假药罪的，应依具体情形承担刑事责任：(1)生产、销售假药，足以严重危害人体健康的，处 3 年以下有期徒刑或者拘役，并处或者单处销售金额 50%以上 2 倍以下罚金；(2)生产、销售假药，对人体健康造成严重危害的，处 3 年以上 10 年以下有期徒刑，并处销售金额 50%以上 2 倍以下罚金；(3)生产、销售假药，致人死亡或者对人体健康造成特别严重危害的，处 10 年以上有期徒刑、无期徒刑或者死刑，并处销售金额 50%以上 2 倍以下罚金或者没收财产；(4)单位犯本罪，对单位判处罚金，对其直接负责的主管人员和其他直接责任人员，依照上述规定处罚。

(八)生产、销售不符合卫生标准的食品罪

生产、销售不符合卫生标准的食品罪，是指违反食品卫生管理法规，生产、销售不符合卫生标准的食品，足以造成严重食物中毒事故或者其他严重食源性疾患的行为。

本罪侵犯的客体是国家食品卫生管理制度和公民的生命权、健康权。客观方面表现为违反食品卫生管理法规，生产、销售不符合卫生标准的食品，造成严重食物中毒事故或其他严重食源性疾患，严重危害人体健康的行为。所谓"不符合卫生标准的食品"，《食品卫生法》第 9 条规定作了明确规定。主体为一般主体，只要达到刑事责任年龄并具有刑事责任能力的任何人均可构成本罪。单位也可构成本罪。主观方面表现为故意，即行为人明知生产、销售的食品不符合卫生标准而仍故意予以生产、销售，但不包括直接故意。行为人对可能造成严重食物中毒事故或其他严重食源性疾患的后果采取放任的态度。若行为人直接追求食物中毒等严重后果的发生，显然将构成其他更为严重的犯罪。本罪中的“明知”既包括已经知道，也包括应当知道，若应当知道而仍生产、销售不符合卫生标准的食品，应构成本罪。

生产、销售不符合卫生标准的食品罪的刑事责任，根据《刑法》第143条的规定，犯生产、销售不符合卫生标准的食品罪，应依具体情形承担刑事责任：(1)生产、销售不符合卫生标准的食品，足以造成严重食物中毒事故或者其他严重食源性疾患的，处3年以下有期徒刑或者拘役，并处或者单处销售金额50%以上2倍以下罚金；(2)生产、销售不符合卫生标准的食品，对人体健康造成严重危害的，处3年以上7年以下有期徒刑，并处销售金额50%以上2倍以下罚金；(3)生产、销售不符合卫生标准的食品、后果特别严重的，处7年以上有期徒刑或者无期徒刑，并处销售金额50%以上2倍以下罚金或者没收财产；(4)单位犯本条所定之罪的，对单位判处罚金，并对其直接负责的主管人员和其他直接责任人员，依本条规定追究处罚。

(九)生产、销售不符合卫生标准的医用器材罪

生产、销售不符合标准的医用器材罪，是指违反医用器材管理法规，生产不符合保障人体健康的国家标准、行业标准的医疗器械、医用卫生材料，或者销售明知是不符合保障人体健康的国家标准、行业标准的医疗器械、医用卫生材料，对人体健康造成严重危害的或者足以对人体健康造成严重危害的行为。

本罪侵犯的客体是国家医疗用品管理制度和公民的生命权、健康权；客观方面表现为违反国家产品质量管理法规，生产不符合国家标准、行业标准的医疗器械、医用卫生材料，或者销售明知是不符合国家标准、行业标准的医疗器械、医用卫生材料，对人体健康造成危害的行为。

《最高人民法院、最高人民检察院关于办理生产、销售伪劣商品刑事案件具体应用法律若干问题的解释》自2001年4月10日起施行。第6条规定生产、销售不符合标准的医疗器械、医用卫生材料，致人轻伤或者其他严重后果的，应认定为《刑法》第145条规定的“对人体健康造成严重危害”。生产、销售不符合标准的医疗器械、医用卫生材料，造成感染病毒性肝炎等难以治愈的疾病、1人以上重伤、3人以上轻伤或者其他严重后果的，应认定为“后果特别严重”。生产、销售不符合标准的医疗器械、医用卫生材料，致人死亡、严重残疾、感染艾滋病、3人以上重伤、10人以上轻伤或者造成其他特别严重后果的，应认定为“情节特别恶劣”。医疗机构或者个人，知道或者应当知道是不符合保障人体健康的国家标

准、行业标准的医疗器械、医用卫生材料而购买、使用，对人体健康造成严重危害的，以销售不符合标准的医用器材罪定罪处罚。没有国家标准、行业标准的医疗器械，注册产品标准可视为“保障人体健康的行业标准”。《最高人民法院、最高人民检察院关于办理妨害预防、控制突发传染病疫情等灾害的刑事案件具体应用法律若干问题的解释》第 3 条规定：在预防、控制突发传染病疫情等灾害期间，生产用于防治传染病的不符合保障人体健康的国家标准、行业标准的医疗器械、医用卫生材料，或者销售明知是用于防治传染病的不符合保障人体健康的国家标准、行业标准的医疗器械、医用卫生材料，不具有防护、救治功能，足以严重危害人体健康的，依照《刑法》第 145 条的规定，以生产、销售不符合标准的医用器材罪定罪，依法从重处罚。医疗机构或者个人，知道或者应当知道系前款规定的不符合保障人体健康的国家标准、行业标准的医疗器械、医用卫生材料而购买并有偿使用的，以销售不符合标准的医用器材罪定罪，依法从重处罚。主体为一般主体，即达到刑事责任年龄，具有刑事责任能力的任何自然人均可构成本罪。单位也能成为本罪的主体。主观方面表现为故意，即行为人明知所生产或销售的医疗器械、医用卫生材料不符合保障人体健康的国家标准、行业标准而仍然故意生产和销售。从其主观目的分析，构成本罪的行为人一般是为牟取暴利，并不直接追求对人体的健康造成严重危害，对这一结果采取放任态度。由此可知，本罪的主观方面是间接故意。

生产、销售不符合卫生标准的医用器材罪的刑事责任，根据《刑法》第 145 条、150 条，《刑法修正案（四）》第 1 条的规定，犯生产、销售不符合标准的医用器材罪的，足以危害人体健康的，处 3 年以下有期徒刑，并处销售金额 50％以上 2 倍以下罚金；对人体健康造成严重危害的，处 3 年以上 10 年以下有期徒刑，并处销售金额 50％以上 2 倍以下罚金；后果特别严重的，处 10 年以上有期徒刑或者无期徒刑，并处销售金额 50％以上 2 倍以下罚金或者没收财产。单位犯本罪的，实行双罚制，即对单位判处罚金，并对其直接负责的职工人员和其他直接责任人员，按照上述规定处罚。

第三节　医药卫生刑事法律责任

一、医药卫生刑事责任的概念

刑事责任（Legal responsibility）是刑法中的一个基本范畴，是一个根本性概念。它在刑法中多处使用，是犯罪和刑罚之间的桥梁和纽带。刑法中有关犯罪和刑罚的规定，都是围绕着“要不要追究刑事责任”、“追究什么样的刑事责任”以及“如何实现刑事责任”等问题展开的。刑事责任是刑法中的基石，离开刑事责任，刑法体系便随之解体。刑事责任是刑事诉讼活动的出发点和归宿。整个刑事诉讼活动，都是以查明行为人的刑事责任而展开，以确认行为人刑事责任的有无、大小和实现方式而终结。刑事责任是刑事诉讼的核心，离开刑事责任，刑事诉讼便无须进行。

医药卫生刑事责任是指一切破坏国家医药卫生管理制度和正常秩序，侵犯公民生命健康权的犯罪人应当承受的、体现国家对医药卫生犯罪行为的坚决否定和对医药卫生犯罪人的强烈谴责的一种负担。

二、医药卫生刑事责任的特征

医药卫生刑事责任作为法律责任的一种，与民事责任等法律责任相比，有其明显的特征，表现如下：

（一）极端的严厉性

予以刑罚处罚是实现医药卫生刑事责任的最基本方法。刑罚，轻者剥夺一定的财产权利、政治权利；重者剥夺一定的人身自由权甚至剥夺生命权。比起民事责任的恢复原状、赔偿损失等方法要严厉得多。

（二）绝对的专属性

医药卫生刑事责任是一种严格的个人责任，只能由犯罪分子承担，具有绝对的专属性，不能转移，不能替代。民事责任则既可以由侵权行为人承担，也可以由他人代为承担。

（三）严格的强制性

医药卫生刑事责任是犯罪人向国家承担的一种责任，反映了国家与犯罪人之间的否定与被否定、谴责与被谴责的关系。对公诉案件，不允许被害人和犯罪人私了；自诉案件的刑事责任确定以后，也不允许自诉人和被告人私了。民事责任则是侵权人向被害人承担的一种责任；是否追究以及在多大范围和程序内追究完全取决于被害人；民事责任追诉阶段，被害人也可以撤诉或者与被告人和解；民事责任履行阶段，被害人还可以减轻或者免除责任人的民事责任。

（四）明确的前瞻性

国家确立和追究医药卫生刑事责任的目的并不在于对过去行为的惩罚，而是着眼于未来，试图通过对犯罪分子的惩罚，改造和教育犯罪分子本人，免其再次犯罪，并警戒和威慑社会上的不稳定分子，预防其走上犯罪道路。因此，在决定是否追究刑事责任、追究多重的刑事责任、以什么方式实现刑事责任，特别涉及是否变更刑事责任等问题时，不仅要考虑行为在客观上给社会造成的危害大小，更要考虑行为人在主观上的罪过大小，如故意或过失、动机及目的等。而民事责任则主要是着眼于过去，通过确立和追究民事责任，恢复被侵害的民事权利的原状或给权利人以赔偿，对行为人并不含有惩罚的内容。因此，民事责任的承担与否、承担的量的大小，取决于行为人是否给他人造成客观危害以及客观危害的大小，行为人的行为无论是出于故意，还是出于过失，甚至于既无故意也无过失，都要承担同样的民事责任。

三、医药卫生刑事责任与刑罚的关系

医药卫生刑事责任是体现国家对医药卫生犯罪行为的坚决否定和对医药卫生犯罪人的强烈谴责的一种负担。刑罚(Penalty)是由《刑法》规定的、由国家审判机关依法限制或者剥夺犯罪人一定权益的最严厉的强制性的制裁方法。医药卫生刑事责任与刑罚是两个不同的概念，二者既有联系又有区别。

(一)我国刑罚的种类

我国刑罚分为主刑和附加刑两类。

1. 主刑。主刑有 5 种：

(1)管制。这是指由人民法院判决，对犯罪分子不予关押，但管制其一定的人身自由，并由公安机关管束和人民群众监督改造的一种刑罚方法。它主要适用于罪行较轻，不必关押的犯罪分子。管制的期限一般为 3 个月以上 2 年以下。

(2)拘役。这是指短期剥夺犯罪分子一定期限的人身自由，并就近实行劳动改造的一种刑罚。它主要适用于罪行较轻而又需要短期关押改造的犯罪分子，由公安机关就近执行。拘役的期限一般为 1 个月以上 6 个月以下。

(3)有期徒刑。一般期限为 6 个月以上 15 年以下。

(4)无期徒刑。

(5)死刑。

2. 附加刑。附加刑有 3 种：

(1)罚金。

(2)剥夺政治权利。

(3)没收财产。但应对犯罪分子本人及其扶养的家属保留必要的生活费用。

主刑只能独立适用，而不能附加于其他刑种适用。对于犯了一种罪行的犯罪分子只能适用一个主刑，不能同时适用两个或两个以上主刑。附加刑是补充主刑而适用的刑罚方法，它既可以作为主刑的附加刑，也可以独立适用。

(二)医药卫生刑事责任与刑罚的联系

1. 二者都是以医药卫生犯罪为前提，同时都是医药卫生犯罪的法律后果和结局。无医药卫生犯罪则无医药卫生刑事责任，自然也无刑罚。医药卫生刑事责任由医药卫生犯罪而产生，而刑罚又是医药卫生刑事责任实现的主要方式，所以医药卫生刑事责任与刑罚都是以医药卫生犯罪为前提，同时又都是医药卫生犯罪的法律后果和结局。

2. 医药卫生刑事责任是行为人承受刑罚的前提条件。没有医药卫生刑事责任就没有刑罚，行为人只有在应当承担医药卫生刑事责任的前提下，才可能承受刑罚处罚。所以，医药卫生刑事责任的有无决定刑罚的有无。医药卫生刑事责任可以不依附于刑罚而存在，对行为人宣告有罪而免予刑罚处罚，这本身意味着已经追究了其医药卫生刑事责任。但刑罚不能独立于医药卫生刑事责任之外，即刑罚必须依附于医药卫生刑事责任而存在。

3. 医药卫生刑事责任的大小决定刑罚的轻重。司法机关在裁量刑罚的时候，必须考虑行为人所承担的医药卫生刑事责任程度，医药卫生刑事责任重则刑罚重，医药卫生刑事责任轻则刑罚轻。

4. 刑罚是医药卫生刑事责任的主要实现方式。虽然医药卫生刑事责任可以通过非刑罚处理的方法得到实现，但刑罚仍是刑事责任的主要实现方式。在大多数情况下，承担医药卫生刑事责任的人要承受刑罚处罚。

（三）医药卫生刑事责任与刑罚的区别

1. 医药卫生刑事责任的实现方式不仅限于刑罚。医药卫生刑事责任的主要实现方式是以限制或剥夺犯罪人一定权益为内容的刑罚，但除刑罚外，它还可以通过其他非刑罚处理方法、免予处罚等实现。

2. 医药卫生刑事责任在行为人实施犯罪时就已经产生，司法机关的侦查、起诉、审判过程都是在依法追究其刑事责任，而刑罚并不是在行为人犯罪之时产生，它只能在人民法院依法作出刑罚判决并生效时才产生。

3. 医药卫生刑事责任是犯罪人因其医药卫生犯罪行为而必须承受审判机关依法对自己的行为所作出的否定评价和谴责的义务，是一种法律责任，而刑罚是实现刑事责任的方法之一，是一种强制方法。两者相比，“前者表明犯罪人有义务接受国家对他的追究，是法律上的观念形态，因而比较抽象；后者可以对犯罪人实际科处，是能够操作的惩罚手段，因而比较具体”。

4. 医药卫生刑事责任的实现既可由人民法院判决、由犯罪人实际承担，也可由检察机关经过审查，认为犯罪嫌疑人的行为虽已构成医药卫生犯罪，但犯罪情节轻微、依法不需要判处刑罚或应免除刑罚，决定不起诉而使犯罪人实际承担。即因为检察院宣布行为人的行为构成犯罪，实际上认定了其医药卫生刑事责任。而刑罚只能由人民法院依法作出裁判。对于刑罚，人民检察院虽有代表国家请求依法判处刑罚的请求权，但最终的裁量权只能由人民法院行使。

第十章　卫生国际关系的法律调整

第一节　卫生国际法律关系概述

一、卫生国际法律关系的概念

人类赖以生存的地球是一个整体生态系统，它的各个部分是相互联系、相互影响和相互制约的。全球卫生状况和生态环境状况，关系到全球人类的生命健康，关系到各国人民的根本利益，医药卫生是一项越来越具有广泛联系和影响的全球活动和社会性事业。不同国家的人民迫切地感到，需要在医药卫生领域不断加强国际合作与交流，来解决人类面临的种种卫生问题，这就导致了国际卫生关系的发生与国际卫生法的出现。各国共同制定国际条约、协定和有关国际卫生法的宣言与决议，对保护人体健康活动中所产生的权利义务关系进行调整，从而产生了卫生国际法律关系。

卫生国际法律关系（Health international legal relationship），是国际卫生民事主体之间，依国际卫生法产生的权利义务关系，即是指国家（包括类似国家的政治实体以及由国家组成的国际组织）因预防和治疗疾病，改善人们生产、学习和生活环境及卫生状况，保护和增进全人类人们生命与健康，参与国际卫生活动中形成的国际社会关系。

这一概念包含以下几层意思：

第一，卫生国际法律关系是在卫生国际活动中发生的。这里我们不说是“国际卫生活动”，而是说“卫生国际活动”，目的在于突出卫生国际法律关系不是产生于一般“卫生活动”中，而是产生于医药卫生的“国际活动”中。

第二，卫生国际法律关系发生于国际卫生民事关系主体之间。国际卫生行政关系极为罕见，卫生国际关系通常只有一种形式，即卫生国际民事关系，在卫生国际法律关系中，参与国是以国家的名义，作为民事法律关系主体资格出现的。

第三，卫生国际法律关系是依据国际卫生法发生的。这里所说的国际卫生法，可以是双边的，也可以是多边的，还可以是联合国主持下大多数以至所有国家都参与的。

第四，卫生国际法律关系的内容，是法定（或协定）的国家与国家之间，在医药卫生领域合作与交往中的权利义务关系。

二、卫生国际法律关系的特点

第一，卫生国际法律关系形成的目的和过程具有独特性。卫生国际法律关系是国家（包括类似国家的政治实体以及由国家组成的国际组织）之间在保护人体健康活动中所产生的各种法律关系。其目的是解决人类面临的种种卫生问题，是在国际医药卫生组织管理和预防保健服务过程中产生的，其形成目的和过程都具有独特性。

第二，卫生国际法律关系的形成必须以相应的国际卫生法律规范的存在为前提。卫生国际法律关系是依据国际卫生法律规范而形成的权利和义务关系，它是由各类国际卫生条约、协定和有关国际卫生法的宣言和决议予以确认和调整的社会关系，具有特定的范围。

第三，卫生国际法律关系的主体具有特殊性。卫生国际法律关系主体主要是国家，也包括类似国家的政治实体以及由国家组成的国际组织。

第二节　卫生国际法律关系的主体、客体和内容

卫生国际法律关系同其他法律关系一样，也是由主体、内容和客体三个方面的要素构成的。

一、卫生国际法律关系的主体

卫生国际法律关系的主体是指卫生国际法律关系的参加者，亦即在卫生国际法律关系中享有权利并承担义务的当事人。卫生国际法的主体主要是国家，有时也包括国际组织。卫生国际法主要表现为国家为确定维护人体健康关系的权利和义务而达成国际卫生条约或协定，政府间国际组织在其职权范围内作出的涉及国际卫生关系的决议或决定，其缔结的主体为国家或国际组织，它们之间以协议的方式制定，不存在像一国立法机构那样的特别立法机构。因此，卫生国际法律关系的主体为国家或国际组织。

二、卫生国际法律关系的内容

这是指在卫生国际法律关系中主体依法享有的权利和应承担的义务。

（一）权利

这里的权利是指卫生国际法赋予双方当事人的实现己方意志的可能性。它

表现为权利人有权做出(或不做出)符合卫生国际法规定的某种行为,以实现己方的意志;也可能表现为权利人有权要求对方依法做出(或不做出)某种行为,以满足己方的意志。但与国际法不同的是,国际卫生法规定国际卫生法主体的权利义务关系,没有国内法那种强制执行的外力来保证它的实施,而是依靠国际卫生法主体的承诺并善意履行。

(二)义务

这里的义务是指卫生国际法对双方当事人所规定的必须履行的责任。也就是义务主体,为实现权利主体的利益,依法应当为一定行为或不行为的拘束。具体说就是它一方面表现为义务人必须依法按照权利人的要求做出一定的行为,以实现对方的权利;另一方面表现为义务人必须依法抑制己方的某些行为,以保障对方的权利。

三、卫生国际法律关系的客体

卫生国际法律关系的客体是指卫生国际法律关系主体的权利和义务共同指向的事物(对象),这一事物与主体的权利、义务相联系,体现主体在卫生国际法律关系中所追求的利益。由于卫生国际法是围绕保护公民生命健康而进行的一系列立法的总和,因此,当事人的权利义务,最终都可以追溯到保护公民的生命健康权,这是卫生国际法律关系的共同客体,具体来说,卫生国际法律关系的客体和其他医事法律关系的客体一样,也包括人身利益、医事行为、物(如麻醉药品、精神药品等)、精神产品等。

第三节　国际卫生法

一、国际卫生法的概念

国际卫生法(International Health Law)就是调整国家与国家之间、国家与国际组织之间以及国际组织相互之间在保护人体生命健康活动中所产生的各种关系的原则、规则、规章、制度等签约国共同认可的规范性文件的总称。

全球是一个整体,人类生活在共同的生态环境中。全球卫生状况的好坏,关系到各国人民的根本利益。健康问题已成为全人类面临的共同问题,没有一个国家能够单独解决,只能在世界经济一体化进程中,通过自律、交流、合作、理解、支持、付出,方可使人民得到生命健康的保护。随着全球经济的一体化,随着各国之间相互依存的关系的加强,有必要加强国际间的交流与合作。因此,为了使全世界人民获得可能的最高水平的健康,有必要对保护人类健康活动中产生的国际关系进行调整，确定一些各国在改善生活、劳动卫生环境，保护人类健康活动中需要共同遵循的基本原则、规则和制度，这就导致了国际卫生法的产生。其目的在于保护人类健康，保障全球经济和社会的持续发展。

近代关于保护人体健康的国际协定可以追溯到19世纪中叶，其动因则是早年工业国家为了国际贸易以及减轻战争带来的疾苦而达成的国际检疫协议。1851年，在巴黎举行的有11个国家参加的第一次国际卫生会议上，产生了第一个地区性的《国际卫生公约》。1905年，美洲24个国家签订了《泛美卫生法规》。第二次世界大战后，国际卫生法发展的步伐加快。世界卫生组织（World Health Organization，WHO）1948年成立后，为了实现其"使全世界人民获得可能的最高水平的健康"的宗旨，积极开展国际间医学和医疗卫生立法的交流协作，各专家委员会与特设小组把制定国际卫生公约、规则和协定以及制定食品、药品、生物制品的国际标准和诊疗方法的国际通用规范和原则作为自己的任务之一，并编辑出版了《国际卫生立法汇编》（*International Digest of Health Legislation*）季刊，以全文或摘要刊登各国的卫生法律法规，同时介绍各国卫生立法的新进展，发表对不同国家、不同区域实施卫生法的对比性调查分析，为各国卫生立法提供有益借鉴。

世界卫生组织会同联合国系统的有关组织，制定了许多单行国际医药卫生法规，订立了多项有价值的国际公约、条约和世界性医学原则。内容涉及临床医学、卫生、药物、食品、环境、职业卫生防护等领域。在1969年第22届世界卫生大会上正式通过的《国际卫生条例》，就是世界各国在开展国境卫生检疫、防止传染病在国际间的传播、保障人体健康方面共同遵守的国际卫生法，也是各国制定本国有关卫生法规的重要依据。

世界卫生组织制定了一系列与人体健康相关产品的国际标准，在药品质量控制方面，倡导《药品生产质量规范》（GMP），编辑和出版国际药典，建立药品的《国际质量标准》，主持药品的统一国际命名；与国际放射防护委员会（TCRP）合作，制定了《放射防护基本安全标准》；与联合国粮农组织（FAO）合作，建立了食品法典委员会，制定并公布了《食品卫生国际标准》，对农药残留量、食品添加剂开展毒理学的研究和评价，规定最高容许量标准。

此外，联合国也制定了多项与保护人体健康有关的国际卫生条约，例如1961年的《麻醉药品单一公约》、1971年的《精神药物公约》、1974年的《职业性肿瘤公约》、1975年的《残疾人权利宣言》、1988年的《联合国禁止非法贩运麻醉药品和精神药物公约》、1990年的《儿童生存、保护和发展世界宣言》、1992年的《环境与发展宣言》等。

国际立法还得到了涉及医药卫生领域的国际性学会和其他非政府组织的大

力支持和推动。自20世纪60年代以来，它们相继开展了多项活动，为各国的卫生立法和国际卫生立法奠定良好的基础。尤其世界医学法学协会在比利时召开第一届世界医学法学大会以来，已连续召开了18届世界医学法学大会，极大地推动了各国卫生法理论队伍的建设。

二、国际卫生法的特点

国际卫生法主要是国家之间的法律，是指在国际社会中实现的法律，它具有以下特点：

1. 国际卫生法的主体主要是国家，有时也包括国际组织，调整的关系主要是国家之间的关系。

2. 国际卫生法的缔结者只能是国家或国际组织，不存在像一国立法机构那样的特别立法机构和专设的部门，即使世界卫生组织也只是倡导和提出建议。

3. 国际卫生法规定国际卫生法主体的权利义务关系，没有国内法那种强制执行的外力来保证它的实施，而是依靠国际卫生法主体的承诺和遵守，并善意履行，有时也依靠临时的国际专业小组或委员会对其进行监督。

4. 国际卫生法与国内法发生冲突时谁优先的问题。实践上有国内法优于国际卫生法、国内法与国际卫生法的地位相当、国际卫生法优于国内法等几种做法。我国采取的是，除我国声明保留的条款外，国际卫生法优于国内法的原则，即国际卫生法有优行适用的效力。

三、国际卫生法的原则

(一)全人类达到尽可能高的健康水平的总体利益原则

根据 WHO 在《2000 年人人健康全球策略》中提出的观点，健康是一项基本人权，是全世界的一项目标，也是全人类总体利益的重要体现。而人类生存环境、生活环境的卫生状况直接关系着人体健康，劳动者的健康状况又直接制约着生产力的提高和社会经济的发展。因此，使全世界人民获得可能的最高水平的健康，以保障全球经济的持续发展和促进人类社会进步，是国际卫生法的基本原则。

(二)人体健康保护的合作原则

人类生活的相互依存，环境卫生与人类健康的相互联系和影响，随着人类社会的进步越趋明显。人类健康受到了来自生存环境的政治、经济、文化、技术、自然诸因素的全方位威胁。而这些因素是由许多国家、民族共同造成的。所以，维护和增进人类健康，需要整个国际社会的合作和共同努力，在国际合作中共同发展，创造一个有利于人类健康的公共生存环境。这就要求国际社会制定一些保护人类健康的国家行为规范，通过国际卫生立法协调人类健康和生存环境的关系。

（三）公平分配卫生资源的原则

支撑人类健康和开展人人享有健康活动不可缺少的是卫生人力、卫生经费、卫生设施等卫生资源。当今由于人口迅速增长，人类卫生资源有限，以及其他社会和经济的原因，在不同地区和国家之间，在同一国家的城乡之间、不同阶层之间，在卫生资源分配和享有健康保健方面存在着很大差别。因此，除了需要各个国家以自给的原则来满足卫生方面的需求外，所有的国家和人民都必须同时承担寻求社会和经济平衡发展的责任，建立新的国际卫生秩序，能较公平地分配卫生资源。所以《阿拉木图宣言》提出，要采取迅速有效的国家和国际行动，在全世界范围内，特别是在发展中国家，以技术合作和符合国际新经济秩序的精神，开展和贯彻执行初级卫生保健，使人人享有卫生保健。《国际人口与发展行动纲领》也提出，增加人口领域中的国际财政援助，帮助发展中国家实现人口方案。

四、国际卫生法的渊源

国际卫生法的渊源，是指国际卫生法的规范的表现形式或形成的过程、程序。国际卫生法的渊源主要是各类国际卫生条约、协定和有关国际卫生法的宣言和决议。

（一）国际卫生条约或协定

国际卫生条约或协定是指两个或两个以上的国家，为确定它们之间维护人体健康关系的权利和义务而达成的协定。其中两个国家签订的国际卫生条约称为双边条约；两个以上国家共同缔结的或参加的国际卫生条约，称为多边条约或国际公约。如《国际卫生条例》《1961年麻醉品单一公约》《1974年职业性肿瘤公约》《儿童权利公约》《医疗道德法典草案》等。但是，并不是所有的国际卫生条约或协定都是一般国际卫生法渊源，只有造法性条约即多边条约或国际公约，才是现代一般国际卫生法的主要渊源之一。因为造法性国际卫生条约以确立或变更国际卫生法规范为内容，参加国家多，具有一般国际卫生法的效力。现代国际卫生法的原则、规则和制度，主要是规定于国际卫生条约之中，国际社会也主要是采取国际卫生条约的形式规定国际卫生法原则、规则和制度的。条约有其明确性，所包含的规则为国家的明示同意，对国家有直接的拘束性。因此，国际法院对于陈述的争端主要适用国际卫生法来解决。同时，为了适应国家社会的发展，国家通过条约而同意的规则较易制定和变动。契约性的双边条约只对少数缔约国有效，因而不是一般国际卫生法的主要渊源。

（二）国际组织的有关协议

国际组织的有关协议是指政府间国际组织在其职权范围内作出的涉及国际

卫生关系的决议或决定。非政府间国际组织的决议虽然对于国际卫生关系有影响，但在法律上对于国家没有任何拘束的效力。在诸多的国际组织中，最主要的是联合国。联合国主要机关的决议在国际上不仅有政治意义，还有法律意义。例如联合国大会通过的《儿童生存、保护和发展世界宣言》《保护精神病患者和改善精神保健的原则》，世界卫生大会通过的《阿拉木图宣言》等。这些文件虽然都是原则性的规定，有待于进一步具体化和规范化，但是，它们作为国际卫生法渊源的作用是不容置疑的。

第三编

医药卫生法制

第十一章 公共卫生监督法律制度

第一节 公共卫生监督法律制度概述

一、公共卫生的概念

公共卫生(Public health)是指以生物—心理—社会医学模式为指导,面向社会与群体,综合运用法律、行政、预防医学技术、宣传教育等手段,调动社会共同参与消除和控制威胁人类生存环境质量和生命质量的危害因素,改善卫生状况,提高全民健康水平的社会卫生活动。

二、公共卫生监督的性质和内容

公共卫生监督(Public health surveillance),是政府行使国家对社会公共卫生事务的行政管理职能、以保护公众健康为目的的行政执法活动,是国家卫生行政执法的一大方面和重要组成部分。公共卫生监督执法活动要遵循“以事实为依据,以法律为准绳,以医学科学技术为手段”的原则,要依法行政,依法定程序办事,做到“公开、公正、公平”,使卫生监督行为合法、适当、有序、高效,达到维护公共卫生秩序、保护公众健康的目的。

公共卫生监督主要包括预防性卫生监督、经常性卫生监督、事故性卫生监督、健康监护等。

(一)预防性卫生监督

预防性卫生监督是指对城乡建设规划和新建、改建、扩建、续建的工程项目,进行设计和选址的卫生审查与竣工验收的监督活动。

(二)经常性卫生监督

经常性卫生监督是指定期或不定期对社会管理相对人遵守公共卫生法律法规的情况进行日常性的监督活动。

(三)事故性卫生监督

事故性卫生监督是指在发生重大公共卫生事故或事件的情况下,对事故进行调查、处理和采取紧急医学措施所进行的监督活动。

(四)健康监护

健康监护是指对参加公共卫生活动的有关人员进行就业前健康检查,就业后定期健康检查,以及对疾病的诊断和因职业禁忌而调离人员所进行的监督活动。

三、我国公共卫生监督立法

公共卫生是社会安全的重要组成部分,具有社会性、系统性、政策法制性、多学科性和随机性等特征。它涉及人们生活、生产、学习、工作、休闲、娱乐等广泛领域。随着人类社会的进步、科学技术的发展、跨国流动的增多,加强公共卫生的监督管理,对于保障和促进人们的生命健康安全具有非常重要的意义。为此,我国制定、颁布了一系列的公共卫生监督管理法律、法规、规章。如《公共场所卫生管理条例》《学校卫生工作条例》《放射性同位素与射线装置放射防护条例》《生活饮用水卫生监督管理办法》《突发公共卫生事件应急条例》等。本章重点介绍以下公共卫生法律制度。

第二节　公共场所卫生监督法律制度

一、概述

公共场所是人们劳动、生活、学习、娱乐、聚会的社会活动场所,是指为了满足公众对生活、文化、人际交往的需要而设立,供公众共同使用的,具有一定封闭性的社会公共设施。它包括:

(1)宾馆、饭馆、招待所、车马店、咖啡、酒吧、茶座;

(2)公共浴室、理发店、美容店;

(3)影剧院、录像厅(室)、游艺厅(室)、舞厅、音乐厅;

(4)体育场(馆)、游泳场(馆)、公园;

(5)展览馆、美术馆、图书馆;

(6)商场(店)、书店;

(7)候诊室、候车(机、船)室、公共交通工具。

为了创造良好的公共场所卫生条件,预防疾病,保障人体健康,国务院于1987年4月1日发布了《公共场所卫生管理条例》,卫生部于1987年发布了《公共场所卫生监督监测要点》,于1991年3月11日发布了《公共场所卫生管理条例实施细则》。

二、公共场所的卫生质量要求

由于公共场所具有人群密集、流动性大、健康与非健康个体混杂、设备和物品重复使用、容易造成污染、导致疾病传播的特点，因此，公共场所的下列项目应符合国家卫生标准和要求：一是空气、微小气候（湿度、温度、风速）；二是水质；三是采光、照明；四是噪音；五是顾客用具和卫生设施。

公共场所的卫生标准和要求，由卫生部负责制定。其具体标准和要求是：

1. 公共场所内外环境应当清洁卫生，室内空气质量、空调送风质量、微小气候、采光照明和防噪声污染必须符合国家卫生标准。

2. 宾馆、饭店、洗浴场所、美发美容场所、娱乐场所应当设置符合要求的消毒间和储存间，消毒设施齐全、运转正常，并配备符合卫生要求的消毒药品。

3. 公共场所使用的用品用具及一次性用品必须符合国家卫生标准和卫生要求，重复使用的用品用具使用前应洗净消毒、按卫生要求保管，一次性用品严禁重复使用；客用清洁用品、化妆品、涉水产品、消毒产品、空气净化装置及其他健康相关产品必须符合国家卫生标准和卫生要求；清洗、消毒、储存用品、用具的专用设施应当分类设置，使用的洗涤剂、消毒剂应当对人体健康无害。

4. 公共场所的吸烟室、卫生间及浴室须设置独立的排气系统，不得与其他排气系统相通。空调通风系统的新风量应当符合国家卫生标准，新风入口必须设于室外并远离污染源，空调通风设施的送风口、回风口、过滤器、盘管组件、风管及其他系统部件应当定期清洁，空调冷却用水应当定期消毒。

三、公共场所的卫生管理

公共场所的卫生管理是指公共场所的主管部门和经营单位要加强自身建设和卫生管理，应按照规定做好以下工作：

（一）建立卫生管理制度

公共场所的主管部门应当建立卫生管理制度，配备专职或者兼职卫生管理人员，对所属经营单位（包括个体经营者）的卫生状况进行经常性检查，并提供必要的条件。经营单位应当负责所经营的公共场所的卫生管理，建立健全卫生管理制度、卫生操作规程、消毒制度和卫生档案。

（二）建立卫生责任制度

1. 卫生知识培训和考核。经营单位应当负责所经营的公共场所的卫生管理，建立卫生责任制度，对本单位的从业人员进行卫生知识的培训和考核工作。

2. 从业人员持证上岗。公共场所直接为顾客服务的人员，持有《健康证》方能从事本职工作。患有痢疾、伤寒、病毒性肝炎、活动性肺结核、化脓性或者渗出性皮肤病以及其他有碍公共卫生的疾病，治愈前不得从事直接为顾客服务的工作。

3. 卫生许可证。经营单位须取得《卫生许可证》后，方可向工商行政管理部门申请登记，办理营业执照。《卫生许可证》两年复核1次。

4. 事故报告。公共场所因不符合卫生标准和要求造成危害健康事故的，经营单位应妥善处理，并及时报告卫生防疫机构。发生死亡或者同时发生3名以上（含3名）受害病人时，事故报告责任人要在发生事故24小时之内，电话报告当地卫生监督机构。必要时（如重大事故和可疑刑事案件等）必须同时报告公安部门。

四、公共场所的卫生监督

（一）卫生监督机构及其职责

《公共场所卫生管理条例》规定，各级卫生行政主管部门设立的卫生监督所负责管辖范围内的公共场所卫生监督工作。民航、铁路、交通、厂（场）矿所属的卫生监督机构对管辖范围内的公共场所，施行卫生监督，并接受当地和上级卫生监督机构的业务指导。

卫生监督机构对公共场所的卫生监督有以下职责：

1. 对公共场所进行卫生监测和卫生技术指导，管理核发公共场所卫生许可证。

2. 监督从业人员健康检查，指导有关部门对从业人员进行卫生知识的教育和培训。

3. 对新建、改建、扩建的公共场所的选址和设计进行卫生审查，并参加竣工验收。

4. 对公共场所发生的危害健康事故进行调查处理。

5. 对违反公共场所卫生管理条例的单位和个人进行行政处罚。

（二）公共场所卫生监督员及其职责

卫生监督机构根据需要设立公共场所卫生监督员，执行卫生监督机构交给的任务。公共场所卫生监督员由同级人民政府发给证书。民航、铁路、交通、工矿企业卫生防疫机构的公共场所卫生监督员，由其上级主管部门发给证书。

公共场所卫生监督员在执行任务时，应佩戴证章、出示证件，其职责是：有权对公共场所进行现场检查，索取有关资料，经营单位不得拒绝或隐瞒。卫生监督员对所提供的技术资料有保密的责任。

五、法律责任

违反《公共场所卫生管理条例》及相关法律规范的法律责任包括行政责任、

民事责任和刑事责任。

(一)行政责任

《公共场所卫生管理条例》规定,凡具有下列行为之一的公共场所经营单位或者个人,卫生防疫机构可以根据情节轻重,给予警告、罚款、停业整顿、吊销“卫生许可证”的行政处罚:

1.卫生质量不符合国家卫生标准和要求,而继续营业的。

2.未获得“健康合格证”,而从事直接为顾客服务的。

3.拒绝卫生监督的。

4.未取得“卫生许可证”,擅自营业的。

公共场所经营单位及从业人员,对罚款、停业整顿及吊销“卫生许可证”的行政处罚不服的,在接到处罚通知之日起15天内,可以向当地人民法院起诉。但对公共场所卫生质量控制的决定应立即执行。对处罚的决定不履行又逾期不起诉的,由卫生防疫机构向人民法院申请强制执行。

(二)民事责任

违反《公共场所卫生管理条例》的规定造成严重危害公民健康的事故或中毒事故的单位或者个人,应当对受害人赔偿损失。

(三)刑事责任

1.违反《公共场所卫生管理条例》的有关规定致人残疾或者死亡,构成犯罪的,应由司法机关依法追究直接责任人员的刑事责任。

2.公共场所卫生监督机构和卫生监督员不履行职责,玩忽职守,滥用职权,收取贿赂,依法构成犯罪的,由司法机关追究直接责任人员的刑事责任。

第三节 学校卫生监督法律制度

一、概述

学校卫生(School health),是应用基础医学、临床医学和预防医学的方法,根据儿童和青少年生长发育的特点和规律,研究和预防儿童、青少年学生在学习和生活环境中各种有害因素对机体健康的影响,并制定相应的卫生措施的一门科学。

学校卫生既是预防医学的一个重要组成部分,也是教育学的重要组成部分。这里所指的“学校”包括:普通中小学、农业中学、职业中学、中等专业学校、技工学校、普通高等学校。

为了加强学校卫生工作,提高学生的健康水平,经国务院批准,1990年6月

4日国家教委和卫生部联合发布施行了《学校卫生工作条例》，制定了《中小学教室采光和照明标准(GB7793—85)》《学校课桌卫生标准(GB7792—87)》《中小学校建筑设计标准(GBJ99—86)》等一系列学校卫生标准。

二、学校卫生管理的法律规定

(一)学校卫生的行政管理

教育行政部门负责学校卫生工作的行政管理。各级教育行政部门应当把学校卫生工作纳入学校工作计划，作为考评学校工作的一项内容，同时将学校卫生经费纳入核定的年度教育经费预算；组织实施学校卫生技术人员的专业技术职称考核、评定，将培养学校卫生技术人员的工作列入招生计划，并通过各种教育形式为学校卫生技术人员和保健教师提供进修机会。

(二)学校的卫生工作机构

1.设立学校卫生工作管理机构。普通高等学校、中等专业学校、技工学校和规模较大的农业中学、职业中学、普通中小学，可以设立卫生管理机构，管理学校的卫生工作。

2.设立学校卫生工作保健机构。普通高等学校设校医院或者卫生科。校医院应当设保健科(室)，负责师生的卫生保健工作。城市普通中小学、农村中心小学和普通中学设立卫生室，按学生人数600∶1的比例配备专职卫生技术人员。中等专业学校、技工学校、农业中学、职业中学，可以根据需要，配备专职卫生技术人员。学校人数不足600人的学校，可以配专职或者兼职保健教师，开展学校卫生工作。经本地区卫生行政部门批准，可以成立区域性的中小学生卫生保健机构。

(三)学校卫生工作的任务

《学校卫生工作条例》规定，学校卫生工作的主要任务是：

1.监测学生健康状况。

2.对学生进行健康教育，培养学生良好的健康习惯；改善学校卫生环境和教学卫生条件。

3.加强对传染病和学生常见病的预防和治疗。

(四)学校卫生管理的主要内容

1.教学卫生

(1)作息卫生。教学过程要严格遵守卫生保健原则，根据学生年龄合理安排教学进度和作息时间，使学生的学习能力保持在最佳状态。学生每日学习时间(包括自习)，小学不超过6小时，中学不超过8小时，大学生不超过10小时。学校或者教师不得以任何理由和方式，增加授课时间和作业量，加重学生学习负担。

(2)劳动卫生。学校应当根据学生的年龄，组织学生参加适当的劳动，并对参加劳动的学生进行安全教育，提供必要的安全和卫生防护措施。普通中小学校组织学生参加劳动，不得让学生接触有毒、有害物质或者从事不安全工种的作业，不得让学生参加夜班劳动。普通高等学校、中等专业学校、技工学校、农业中学、职业中学组织学生参加生产劳动，接触有毒、有害物质，按照国家有关规定，提供保健待遇。学校应当定期对他们进行体格检查，加强卫生防护。

(3)体育卫生。学校体育场地和器材应当符合卫生和安全要求。运动项目和运动强度应当符合学生的生理承受能力和体质健康状况，防止发生伤害事故。学校在安排体育课以及劳动等体力活动时，应当注意女学生的生理特点，给予必要的照顾。

2.建筑环境卫生。学校教学建筑、环境噪声、室内微小气候、采光、照明等环境质量以及黑板、课桌椅的设置应当符合国家卫生和安全标准。新建、改建校舍，其选址、设计应当符合国家的卫生标准，并取得卫生行政部门的许可。竣工验收应当有当地卫生行政部门参加。

3.生活设施卫生。学校应当按照有关规定为学生设置厕所和洗手设施；寄宿学校应当为学生提供相应的洗漱、洗澡等卫生设施，为学生提供充足的符合卫生标准的饮用水。

4.卫生保健与疾病预防。学校应根据条件定期对学生进行体格检查，建立学生体质健康卡片，纳入学生档案，发现学生有器质性疾病的，应当配合学生家长做好转诊治疗。学校应当积极做好近视、弱视、龋齿、寄生虫、营养不良、贫血、脊柱弯曲、神经衰弱等学生常见病的整体预防和矫正工作。认真贯彻执行传染病防治法律、法规，做好急、慢性传染病的预防和控制管理工作，同时做好地方病的预防和控制工作。

5.营养与饮食卫生。学校应当贯彻执行食品卫生法律、法规，加强饮食卫生管理，办好学生膳食，加强营养指导，为学生提供优质卫生的食品，保障身体健康。

6.卫生宣传与健康教育。学校应当把健康教育纳入教学计划。普通中小学必须开设健康教育课，普通高等学校、中等专业学校、技工学校、农业中学、职业中学应当开设健康教育选修课或者讲座，开展学生健康咨询活动，对残疾、体弱学生应当加强医学照顾和心理健康工作。

三、学校卫生监督的法律规定

(一)学校卫生工作监督机构及其职责

卫生行政部门负责对学校卫生工作的监督指导。县级以上卫生行政部门对学校卫生工作行使监督权，其职责是：

1. 对新建、改建、扩建校舍的选址、设计实行卫生监督。

2. 对学校内影响学生健康的学习、生活、劳动、环境、食品等方面的卫生和传染病防治工作实行卫生监督。

3. 对学生使用的文具、娱乐器具、保健用品实行卫生监督。

4. 对违反学校卫生工作管理法规的，进行行政处罚。

(二)学校卫生监督员及其职责

行使学校卫生监督职权的机构设立学校卫生监督员，由省级以上卫生行政部门聘任并发给学校卫生监督员证书。学校卫生监督员的职责是执行卫生行政部门或者其他有关部门卫生主管机构交付的学校卫生监督任务。

学校卫生监督员在执行任务时应当出示证件。学校卫生监督员在进行监督时，有权查阅与卫生监督有关的资料，搜集与卫生监督有关的情况，被监督的单位或者个人应当给予配合。学校卫生监督员对所掌握的资料、情况负有保密责任。

四、法律责任

《学校卫生工作条例》规定：对在学校卫生工作中成绩显著的单位或个人，各级教育卫生行政部门和学校应当给予表彰、奖励。同时，对于违反《学校卫生工作条例》的单位或个人，应承担相应的法律责任。主要有以下几种情形：

1. 未经卫生行政部门许可新建、改建、扩建校舍的，由卫生行政部门对直接责任单位或个人给予警告、责令停止施工或者限期改正。

2. 学校环境设施不符合国家有关标准的，由卫生行政部门对直接责任单位或者个人给予警告并责令限期改进；情节严重的，可以同时建议教育行政部门给予行政处分。

3. 在组织学生参加劳动时违反学校卫生有关规定致使学生健康受到损害的，由卫生行政部门对直接责任单位或个人给予警告，责令限期改正。

4. 供学生使用的文具、娱乐器具、保健用品，不符合国家有关卫生标准的，由卫生行政部门对直接责任单位或个人给予警告；情节严重的可以会同工商行政部门没收其不符合国家有关卫生标准的物品，并处以非法所得两倍以下的罚款。

5. 拒绝或者妨碍学校卫生监督员依照本条例实施卫生监督的，由卫生行政部门对直接责任单位或个人给予警告；情节严重的，可以建议教育行政部门给予行政处分或者处以200元以下罚款。

第四节 放射防护卫生监督法律制度

一、放射防护卫生概述

放射防护(Emission protection)是指对从事放射工作的人员和公众的健康与安全,以及相关环境的保护,防止和减少电离辐射造成的危害。

为了加强对放射性同位素与射线装置放射防护的监督管理,保障放射从业人员和公众的健康与安全,保护环境,促进放射性同位素和射线技术的应用与发展,我国历来重视放射卫生防护工作。改革开放以后,放射卫生立法工作发展迅速,国家相继制定发布了《医用诊断X线卫生防护规定》(1978)、《核设施放射卫生防护管理规定》(1991)等20多部放射卫生行政规章。1989年10月国务院发布了《放射性同位素与射线装置放射防护条例》,它标志着我国放射卫生防护监督走上了法制化轨道。同时,根据现行的国家《放射卫生防护基本标准》(GB4792—84),制定了《放射工作人员个人剂量监测方法》(GB5294—85)、《医用诊断射线卫生防护标准》(GB8299—87)、《内照射放射病诊断标准及处理原则》(GB8284—88)、《职业性外照射个人监测规范》等90多项配套的国家放射卫生标准。此外,各省、自治区、直辖市也制定发布了地方性放射卫生管理办法和标准。初步形成了我国放射卫生法规体系。

二、放射防护卫生管理法律规定

放射工作单位的上级行政管理部门,负责管理本系统的放射防护工作,并定期对本系统执行国家放射防护法规和标准进行检查。放射工作单位应当采取有效的措施,使本单位的放射防护工作符合国家有关规定和标准。管理制度主要包括:

(一)放射工作许可登记制度

国家对放射工作实行许可登记制度,许可登记证由卫生、公安部门办理。

任何单位在从事生产、使用、销售放射性同位素和含放射源的射线装置前,必须向省、自治区、直辖市的卫生行政部门申请许可,并向同级公安部门登记。涉及放射性废水、废气、固体废物排放的,还必须先向省、自治区、直辖市的环境保护部门递交环境影响报告书,经批准后方可申请许可登记证,领取许可登记证后方可从事许可登记范围内的放射工作。

新建、改建、扩建放射工作场所的放射防护设施,必须与主体工程同时设计审批,同时施工,同时验收投产。放射防护设施的设计,必须经所在省、自治区、直辖市的卫生行政部门会同公安等部门审查同意，竣工后须经卫生、公安、环境保护等有关部门验收同意，获得许可登记后方可启用。涉及放射性废水、废气、固体废物治理的工程项目，必须在申请审查的同时，提交经环境保护等部门批准的环境影响评价文件，竣工后必须经卫生、公安、环境保护等部门验收同意。

放射工作许可登记证每一至两年进行一次检查。原审批部门将核查情况记在许可登记证上。从事放射工作的单位在需要改变许可登记证的内容时，需持许可登记证件到原审批部门办理变更手续。终止放射工作时必须向原批准部门办理注销许可登记手续。

（二）放射防护标志制度

1. 设置防护设施。放射性同位素的生产、使用、贮存场所和射线装置的生产、使用场所必须设置防护设施。其入口处必须放置放射性标志和必要的防护安全锁、报警装置或者工作信号。

2. 设置危险标志。在室外、野外从事放射工作时，必须划出安全防护区域，并设置危险标志，必要时设专人警戒。在地面水和地下水进行放射性同位素试验时，必须事先经所在省级环境保护、卫生行政部门批准。

（三）放射物质管理制度

1. 放射性同位素的储存保管。放射性同位素应存放在专用的安全贮存场所，不得与易燃、易爆、腐蚀性物品放在一起，其贮存场所必须采取有效的防火、防盗、防泄漏的安全防护措施，并指定专人负责保管。贮存、领取、使用、归还放射性同位素时必须进行登记、检查，做到账物相符。

2. 放射性物品的口岸检查。进口装备有放射性同位素的仪表的单位或个人，必须向当地卫生、公安、环境保护部门登记备案；进口含有超过放射性豁免水平的矿品、成品、消费品的单位或者个人，应当向口岸所在地的省级卫生行政部门申请放射性监测检查。

3. 放射性产品的防护要求。生产装有放射性同位素的设备、射线装置、放射防护器材，必须符合放射防护要求，不合格的产品不得出厂。生产含有放射性物质的消费品、物料和伴有产生X射线的电器产品，必须符合放射防护要求，不合格的产品不得销售。

4. 放射性同位素的运输管理。托运、承运和自行运输放射性同位素或者装有放射性同位素的空容器，必须按国家有关运输规定进行包装和剂量检测，经县级以上运输和卫生行政部门核查后方可运输。

（四）放射工作人员健康管理制度

1. 放射从业者的许可。从事放射性同位素的订购、销售、转证、调拨和借用的单位或者个人，必须持有许可登记证并只限于在许可登记证的范围内从事上述活动，并向同级卫生、公安部门备案。严禁非经许可或者在许可登记范围之外从事上述活动。

2.放射从业者的健康保护。已从事和准备从事放射工作的人员，必须接受体格检查，并接受放射防护知识培训和法规教育，合格者方可从事放射工作。放射工作单位必须严格执行国家对放射工作人员个人剂量监测和健康管理的规定。

（五）放射事故管理制度

放射事故是指放射性同位素丢失、被盗或者射线装置、放射性同位素失控而导致工作人员或者公众受到意外的、非自愿的异常照射。

发生放射事故的单位，必须立即采取防护措施，控制事故影响，保护事故现场，并向县以上卫生、公安部门报告，对可能造成环境污染事故的，必须同时向所在地环境保护部门报告。

发生放射事故的单位或者个人，应当赔偿受害者的经济损失及医学检查治疗费用，并支付处理放射事故的各种费用。但如果能够证明该损害是由受害人故意造成的，不承担赔偿责任。

三、放射防护卫生监督法律制度

（一）放射防护监督机构及其职责

1.放射防护的卫生监督。县级以上卫生行政部门负责本辖区内放射性同位素与射线装置的放射防护监督，组织实施放射防护法规。其主要职责是：(1)负责对放射工作的监督检查；(2)组织实施放射防护法规；(3)会同有关部门调查处理放射事故；(4)组织放射防护知识的宣传、培训和法规教育；(5)处理放射防护监督中的纠纷。

2.放射防护的“三废”监督。各省、自治区、直辖市的环境保护部门对放射性同位素和含有放射源的射线装置在应用中排放放射性废水、废气、固体废物实施监督，其主要职责是：(1)审批环境影响报告书；(2)对废水、废气、固体废物处理进行审查和验收；(3)对废水、废气、固体废物排放实施监督监测；(4)会同有关部门处理放射性环境污染事故。

3.放射防护的安全监督。县以上公安部门对放射性同位素应用中的安全保卫实施监督管理，其主要职责是：(1)登记放射性同位素和放射源；(2)检查放射性同位素及放射源保存、保管的安全性；(3)参与放射事故处理。

（二）放射防护监督员及其职责

县以上的卫生行政部门设放射防护监督员，由省级卫生行政部门任命。

放射防护监督员有权按照规定对本辖区内放射工作进行监督和检查，并可以按照规定采样和索取有关资料，有关单位不得拒绝和隐瞒，对涉及保密的资料应当按照国家保密规定执行，并负保密责任。放射防护监督员必须严守法纪，秉公执法，不得玩忽职守，徇私舞弊。

四、法律责任

（一）行政责任

1. 对违反放射卫生法律规定的单位或个人，县以上卫生行政部门可视其情节轻重，给予警告并限期改进、停工或停业整顿，或处以罚款和没收违法所得，直至会同公安部门吊销其许可登记证的行政处罚。

2. 在放射性废水、废气、固体废物排放中造成环境污染事故的单位和个人，由省、自治区、直辖市的环境保护部门执行处罚。

3. 由于违反放射卫生法律规定而发生放射事故尚未造成严重后果的，可以由公安机关予以处罚。

4. 卫生行政部门及其卫生监督执法人员、公安机关工作人员在放射防护执法活动中玩忽职守、滥用职权、徇私舞弊，情节轻微的，由其所在单位或上级主管部门予以行政处分。

（二）民事责任

违反放射防护监督法规而发生放射事故，造成他人人身和财产损失的，应当承担民事赔偿责任。

（三）刑事责任

1. 对于违反放射防护监督法规而发生放射事故，造成严重后果，构成犯罪的，由司法机关依法追究刑事责任。

2. 利用放射性同位素或者射线装置进行破坏活动或者有意伤害他人，构成犯罪的，由司法机关依法追究刑事责任。

第五节　生活饮用水卫生监督法律制度

一、生活饮用水卫生监督概述

生活饮用水（Life tap water）是人们赖以生存的基本条件。生活饮用水的污染，将会直接导致传染病的暴发流行和慢性非传染性疾病的发生，直接影响人民群众的生活质量、健康和生命安全。

我国历来重视生活饮用水的卫生立法。2001 年 6 月，卫生部颁布了《生活饮用水卫生规范》，于 2001 年 9 月 1 日起实施。2007 年 1 月 26 日卫生部、国家标准化委员会发布了《生活饮用水卫生标准(GB5749—2006)》并于2007年7月1日起正式实施,《生活饮用水水质卫生规范》和《生活饮用水检验规范》同时废止。

二、生活饮用水的卫生质量要求

(一)生活饮用水卫生质量基本要求

1.生活饮用水中不得含有病原微生物。

2.生活饮用水中化学物质不得危害人体健康。

3.生活饮用水中放射性物质不得危害人体健康。

4.生活饮用水的感官性状良好。

5.生活饮用水应经消毒处理。

(二)水源卫生防护

饮用水水源必须设置水源保护区,设立明显的范围标志和严禁事项告示牌,保护区内严禁修建任何可能危害水源水质卫生的设施及其他有碍水源水质卫生的行为。

(三)供水过程卫生要求

1.集中式供水单位必须建立水质检验室,配备与供水规模和水质检验要求相适应的检验人员和仪器设备,负责检验水源水、净化构筑物出水、出厂水和管网水的水质。

2.集中式供水单位使用的涉及饮用水卫生安全产品必须符合卫生安全和产品质量标准的有关规定,在使用前应当按照国家有关质量标准进行检验。

3.集中式供水单位应对取水、输水、净水、蓄水和配水等设施加强质量管理,建立放水、清洗、消毒和检修制度及操作规程,保证供水水质;新建水处理设备、设施、管网投产前,以及设备、设施、管网修复后,必须严格冲洗、消毒,经水质检验合格后方可正式通水。

4.遇生活饮用水水质污染或不明原因水质突然恶化及水源性疾病暴发事件时,集中式供水单位须在发现上述情况后立即采取应急措施,以最快的方式报告当地卫生行政部门、建设行政部门,并及时进行水质检测,报送处理报告。

三、生活饮用水的卫生监督

(一)卫生监督机构的主要职责

卫生部主管全国生活饮用水卫生监督工作。县级以上人民政府卫生行政部门主管本行政区域内生活饮用水卫生监督监测工作。主要职责是:

1.对新建、改建、扩建集中式供水项目进行预防性卫生监督,并负责本行政区域内饮用水的水源水质监测和评价。

2. 负责本行政区域内饮用水污染事故对人体健康影响的调查。当发现饮用水污染危及人体健康，须停止使用时，对二次供水单位应责令其立即停止供水；对集中式供水单位应当会同城市建设行政主管部门报同级人民政府批准后停止供水。

3. 负责卫生许可证的颁发、复核和换证。

4. 涉及饮用水卫生安全的产品的审批。

5. 对取得卫生许可证的单位或个人，以及取得卫生许可批准文件的饮用水卫生安全的产品进行日常监督检查，发现已不符合卫生许可证颁发条件或不符合卫生许可批准文件颁发要求的，原批准机关有权收回有关证件或批准文件。

（二）卫生监督员及其职责

县级以上人民政府卫生行政部门设饮用水卫生监督员，负责饮用水卫生监督工作；可聘任饮用水卫生检查员，负责乡、镇饮用水卫生检查工作。饮用水卫生监督员、卫生检查员由县级以上人民政府卫生行政部门发给证书。铁道、交通、民航的饮用水卫生监督员，由其上级行政主管部门发给证书。

饮用水卫生监督员负责饮用水卫生监督工作，应秉公执法，忠于职守，不得利用职权谋取私利。

四、法律责任

（一）行政责任

有下列行为之一的，县级以上卫生行政机关可依法给予警告、限期改进、罚款、没收违法所得、吊销卫生许可证等行政处罚。

1. 集中式供水单位安排未取得体检合格证的人员从事直接供、管水工作或安排患有有碍饮用水卫生疾病的或病原携带者从事直接供、管水工作的。

2. 在饮用水水源保护区修建危害水源水质卫生的设施或进行有碍水源水质卫生的作业的。

3. 新建、改建、扩建的饮用水供水项目未经卫生行政部门参加选址、设计审查和竣工验收而擅自供水的。

4. 供水单位未取得卫生许可证而擅自供水的。

5. 供水单位供应的饮用水不符合国家规定的生活饮用水卫生标准的。

6. 未取得卫生行政部门的卫生许可擅自从事二次供水设施清洗消毒工作的。

7. 生产或者销售无卫生许可批准文件的涉及饮用水卫生安全的产品的。

（二）民事责任

因生活饮用水或涉及生活饮用水卫生安全产品造成人身健康损害的，受害者可以依照民法的有关规定要求损害赔偿；供水单位或者涉及生活饮用水卫生安全产品生产经营单位，应依法承担民事赔偿责任。

(三)刑事责任

根据《传染病防治法》和《刑法》的有关规定，对供水单位供应的饮用水不符合国家卫生标准，引起甲类传染病传播或者有严重传播危险的，构成危害公共卫生罪，处3年以下有期徒刑或者拘役；后果特别严重的，处3年以上7年以下有期徒刑。

第六节　环境卫生监督法律制度

一、概述

环境卫生(Environmental sanitation)是指应用环境卫生学的理论和技术，贯彻预防为主的方针，利用有利环境因素，控制有害环境因素，并消除其对人体健康的影响，达到预防疾病和保护人体健康目的的各种措施。

环境卫生法的一个重要特点就是它的国际性。由于环境污染和破坏已经是当代全球的重大问题之一，对全世界都有影响，特别是大气污染和水污染尤其如此。许多有关环境保护的国际条约和双边协定应运而生。我国已加入其中部分公约，并自觉地履行条约规定的义务。

我国环保工作起步晚，但发展快，近20多年来，无论在立法上还是实际治理措施上都作了很大努力。1989年我国颁布了《环境保护法》，在此前后还制定了《大气污染防治法》《水污染防治法》《环境噪声污染防治法》《固体废料污染环境防治法》和《海洋环境保护法》等。此外，我国还颁布了大量的环境保护方面的行政法规、部门规章和环境标准。

二、我国环境卫生监督的基本法律制度

(一)国家环境质量标准制度

国家环境质量标准制度，一般包括环境质量标准、污染物排放标准、环境基础标准和环境方法标准等。环境基础标准和环境方法标准只有国家标准，而环境质量标准和污染物排放标准则有国家和地方两级标准。它们共同构成环境标准体系。

(二)环境监测制度

环境监测制度，是指关于环境监测机构的设置、监测标准、监测任务和检测管理的法律规范的总和。通常，根据目的的不同把监测分为研究性监测、监视性监

测和临时性监测三类。环境监测的对象主要是污染源和环境质量状况。

（三）环境影响评价制度

环境影响评价，也叫环境质量预断评价，它是指对人们的某种行为可能给环境造成的影响和结果的评价。我国《环境保护法》第13条规定："建设项目的环境影响报告书，必须对建设项目产生的污染和对环境的影响作出评价，规定防治措施，经项目主管部门预审并依照规定的程序报环境保护行政主管部门批准。环境影响报告书经批准后，计划部门方可批准建设项目设计任务书。"这说明，我国环境保护法确立了这项制度。环境标准是环境影响评价的基础，而环境影响评价制度是保证贯彻环境标准的一项重要制度。

（四）现场检查制度

县级以上人民政府环境保护行政主管部门或者其他依照法律规定行使环境监督管理权的部门有权对管辖范围内的排污单位进行现场检查。被检查的单位应当如实反映情况，提供必要的资料。检查机关应当为被检查的单位保守技术秘密和业务秘密。

（五）"三同时"制度

"三同时"制度是指建设项目中防治污染的设施，必须与主体工程同时设计、同时施工、同时投产使用。"三同时"制度与环境影响评价制度息息相关。环境影响评价是"三同时"的前提，没有环境影响评价，就不可能做到"三同时"，而"三同时"制度是环境影响评价制度的保障。

（六）超标排污收费制度

排放污染物超过国家或者地方规定的污染物排放标准的企业事业单位，依照国家规定缴纳超标准排污费，并负责治理。这是环境保护法规定的"谁污染谁治理"原则的具体体现。

（七）排污申报登记制度

排放污染物的企业事业单位，必须依照国务院环境保护行政主管部门的规定申报登记。

（八）限期治理制度

对造成环境严重污染的企业事业单位，限期治理。被限期治理的企业事业单位必须如期完成治理任务。

（九）环境污染及破坏事故的报告与处理制度

因发生事故或者其他突然性事件，造成或者可能造成环境污染事故的单位，必须立即采取措施处理，及时通报可能受到污染危害的单位和居民，并向当地环境保护行政主管部门和有关部门报告，接受调查处理。

三、环境卫生监督的法律规定

(一)大气污染防治的法律规定

大气污染也称空气污染,是指大气因某种有毒、有害物质介入而导致其化学、物理、生物或者放射性等方面的原有的正常组成和特性的改变,使得生活环境和生态环境受到污染,危害人体健康和生命安全,以及破坏自然生态系统,造成大气质量恶化的现象。

为防治大气污染,我国于1987年颁布、1995年和2000年两次修订了《大气污染防治法》,1991年颁布了《大气污染防治法实施细则》,并陆续颁布了一些行政法规、部门规章和大气环境质量标准,对防治燃煤产生的大气污染、机动车船排放污染,防治废气、粉尘和恶臭污染等作出了具体规定。

1.大气质量标准的法律规定

大气环境质量标准是指大气中有害物质的最高密浓度。1982年4月颁布的《大气环境质量标准》将全国大气环境质量分为三级。对总悬浮微粒、飘尘、二氧化碳等空气污染物按不同取值时间和三级标准的要求,分别规定了不同的浓度限量,并对大气环境质量区的划分、执行标准的级别、监测方法和监督机关等作了具体的规定。

2.大气污染物排放标准的法律规定

1973年国家计委、建委、卫生部颁布的《工业"三废"排放试行标准》规定了二氧化硫等13种有害物质的排放标准,对烟囱的高度及单位时间向大气中排放的限量都作了具体规定。

3.大气污染物治理技术的法律规定

一切排放污染物的单位、机动车船等,都必须装置各种防治设备,采取积极措施,防止对大气的污染。

4.大气污染防治监测管理的法律规定

《大气污染防治法》规定,向大气排放污染物的单位,必须按照国务院环境保护行政主管部门的规定,向所在地的环境保护行政主管部门申报拥有的污染物排放设施、处理设施和在正常作业条件下排放污染物的种类、数量、浓度,并提供防治大气污染方面的有关技术资料。拆除或者闲置大气污染物处理设施的,必须事先报经所在地的县级以上地方人民政府环境保护行政主管部门批准。

发生事故或突发性事件,排放和泄漏有毒、有害气体,造成或者可能造成大气污染事故、危害人体健康的单位,必须采取防治紧急措施,并报告当地环保部门,接受调查处理。

(二)固体废物污染防治的法律规定

固体废物是在生产建设、日常生活和其他活动中产生的污染环境的因素、半固态废弃物质。主要包括工业固体废物、城市生活垃圾和危险废物等三类,也包括液态废物和置于容器中的气态废物。

为了防治固体废物污染环境,我国于1995年10月30日颁布了《固体废物污染环境防治法》,又先后颁布了《城市市容和环境卫生管理条例》《废物进口环境保护管理暂时规定》《防治尾矿污染环境管理规定》《城市生活垃圾管理办法》等行政法规和部门规章,还发布了20多项国家或行业标准,对工业固体废物污染环境的防治、城市生活垃圾污染环境的防治、危险废物污染环境的防治等工作作了具体规定。

(三)环境噪声污染防治的法律规定

环境噪声是工业生产、建筑施工、交通运输和社会生活中所产生的干扰周围生活环境的声音。环境噪声污染是指所产生的环境噪声超过国家规定的环境噪声排放标准,并干扰他人正常生活、工作和学习的现象。

为防治环境噪声污染,我国于1996年10月26日颁布了《环境噪声污染防治法》,还颁布了《城市区域环境噪声标准》《工业企业噪声卫生标准(试行)》《机动车辆允许噪声标准》等环境标准,对工业噪声污染防治、建筑工地噪声污染防治、交通运输噪声污染防治、社会生活噪声污染防治等作了具体规定。

(四)海洋环境污染防治的法律规定

为了保护海洋环境,保护海洋资源,防治污染损害,保护生态平衡,保障人体健康,促进经济和社会可持续发展,我国于1982年颁布、1999年12月25日修订了《海洋环境保护法》,颁布了《防止船舶污染海域管理条例》《海洋倾废管理条例》《海洋石油勘探开发环境保护管理条例》《海水水质标准》等行政法规和标准,对防治海洋污染作了具体规定。

(五)农药污染防治的法律规定

农药污染是指因生产、运输、存放和使用农药而污染环境,引起人和动植物急性或慢性中毒的现象。为此,我国颁布了农药在农产品(包括食品)中容许残留限量和农药安全使用标准等法律规定。

(六)放射性污染防治的法律规定

放射性污染是指人类生产和生活所排放的放射性污染物,使环境放射性水平改变,从而危害人体健康或者污染环境的现象。

我国对防治放射性污染十分重视,陆续颁布了一系列防治放射性污染的法律规定,有如前述。

四、法律责任

(一)行政责任

违反环境保护法的规定,存在下列行为之一的,根据不同情节,分别给予警告、罚款、责令停止生产或者责令停业、关闭：

1.拒绝主管部门或者其他依照法律规定行使环境监督管理权的部门现场检查或者在被检查时弄虚作假的。

2.拒报或者谎报国务院环境保护行政主管部门规定的有关污染物排放申报事项的。

3.不按国家规定缴纳超标准排污费的。

4.引进不符合我国环境保护规定要求的技术和设备的。

5.将产生严重污染的生产设备转移给没有污染防治能力的单位使用的。

6.建设项目的防治污染设施没有建成或者没有达到国家规定的要求，即投入生产或者使用的。

7.未经环境保护行政主管部门同意，擅自拆除或者闲置防治污染的设施，污染物排放超过规定的排放标准的。

8.违反规定，造成环境污染事故的，经限期治理逾期未完成治理任务的，加收超标准排污费。

（二）民事责任

造成环境污染危害的，由责任人排除危害，并对直接受到损害的单位或个人赔偿损失。因环境污染损害赔偿提起诉讼的时效期间为 3 年，从当事人知道或者应该知道受到污染损害时起计算。

民事责任主要是损害赔偿，其特点是无过失责任，即行为人即使没有过失，也要承担损害赔偿。除非该后果是由不可抗拒的自然灾害所引起，并经及时采取合理措施，仍不能避免的；或者由第三者的故意或过失，或受害者自身的责任所引起的，行为人才免于承担责任。

（三）刑事责任

违反环境保护法规定，向土地、水体、大气排放、倾倒或者处置有放射性的废物、含传染病病原体的废物、有毒物质或者其他危险废物，造成重大环境污染事故，致使公私财产遭受重大损失或者人身伤亡的严重后果的，依法追究单位和直接责任人的刑事责任。

《刑法》第六章第六节设立了“破坏环境资源保护罪”，其第 338 条、第 339 条、第 155 条作了具体规定。

第七节　突发公共卫生事件处理法律制度

一、概述

(一)突发公共卫生事件的概念和特征

突发公共卫生事件(Arises suddenly the public health event)(以下简称"突发事件"),是指突然发生,造成或者可能造成社会公众健康严重损害的重大传染病疫情、群体性不明原因疾病、重大食物和职业中毒以及其他严重影响公众健康的事件。为了有效预防、及时控制和消除突发事件的危害,保障公众身体健康与生命安全,维护正常的社会秩序,2003年5月9日国务院公布、施行了《突发公共卫生事件应急条例》(以下简称《条例》)。

突发事件应当具备以下特征:

1.突发性。突发事件是突然发生、人们往往缺乏防范和准备的事件。

2.严重性。突发事件常常造成或者可能造成社会公众健康严重损害,因此具有严重的社会危害性。

3.广泛性。这首先指突发事件的方面广,不仅包括发生重大传染病疫情,而且包括发生群众性不明原因疾病、重大食物和职业中毒以及其他严重影响公众健康的事件;其次,指影响的范围广,常常不仅涉及一个单位,而是涉及若干单位乃至一个地区、几个地区,甚至可能涉及全国;再次,往往影响一定人群、公众的健康,影响社会安定。因此,对突发事件的防治也具有广泛性,必须社会动员、协调运作、综合治理。

(二)突发公共卫生事件的应急处理体制和工作原则

1.突发事件的应急处理体制。其体制层级是:(1)突发事件发生以后,国务院设立全国突发事件应急处理指挥部,由国务院有关部门和军队有关部门组成,国务院主管领导担任总指挥,负责对全国突发事件应急处理的统一领导、统一指挥。(2)国务院卫生行政主管部门和其他有关部门,在各自的职责范围内做好突发事件应急处理的有关工作。(3)省、自治区、直辖市人民政府成立地方突发事件应急指挥部,省、自治区、直辖市人民政府主要领导人担任总指挥,负责领导、指挥本行政区域内突发事件应急处理工作。(4)县级以上地方人民政府卫生行政部门,具体负责组织突发事件的调查、控制和医疗救治工作。县级以上地方人民政府有关部门,在各自的职责范围内做好突发事件应急处理的有关工作。

2.突发事件应急工作原则。突发事件应急工作,应当遵循预防为主、常备不懈的方针,贯彻统一领导、分级负责,反应及时、措施果断,依靠科学、加强合作的原则。国务院有关部门和县级以上地方人民政府及有关部门，应当建立严格的突发事件防范和应急处理责任制，切实履行各自的职责，保证突发事件应急处理工作的正常进行。国家鼓励、支持开展突发事件监测、预警反应处理有关技术的国际交流与合作。

二、突发公共卫生事件预防

（一）突发事件应急预案

1.突发事件应急预案的制定。国务院卫生行政主管部门按照分类指导、快速反应的要求，制定全国突发事件应急预案，报请国务院批准；省、自治区、直辖市人民政府根据全国突发事件应急预案，结合本地实际情况，制定本行政区域的突发事件应急预案。

2.突发事件应急预案的内容。全国突发事件应急预案的内容应当包括以下主要内容：(1)突发事件应急处理指挥部的组成和相关部门的职责；(2)突发事件的监测与预警；(3)突发事件信息的收集、分析、报告、通报制度；(4)突发事件应急处理技术和检测机构及其任务；(5)突发事件的分级和应急处理工作方案；(6)突发事件预防、现场控制，应急措施、设备、救治药品和医疗器械以及其他物质和技术的储备与调度；(7)突发事件应急处理专业队伍建设。

突发事件应急预案应当根据突发事件的变化和实施中发现的问题及时进行修订、补充。

（二）突发事件预防控制

1.突发事件防范教育。地方各级人民政府应当依照法律、行政法规的规定，做好传染病预防和其他公共卫生工作，防范突发事件的发生。县级以上各级人民政府卫生行政主管部门和其他有关部门，应当对公众开展突发事件应急知识的专门教育，增强全社会对突发事件的防范意识和应对能力。

2.突发事件预防控制体系。国家建立统一的突发事件预防控制体系。县级以上地方人民政府应当建立和完善突发事件监测与预警系统。县级以上各级人民政府卫生行政主管部门应当指定机构负责开展突发事件的日常监测，并确保监测与预警系统的正常运行。

突发事件监测与预警工作应当根据突发事件的类别，制定监测计划，科学分析、综合评价监测数据。对早期发现的潜在隐患以及可能发生的突发事件，应当依照法定的报告程序和时限及时报告。

（三）突发事件的应急准备

国务院有关部门和县级以上地方人民政府以及有关部门，应当根据突发事件应急预案的要求，保证应急设施、设备、救治药品和医疗器械等物资储备。

县级以上各级人民政府应当加强急救医疗服务网络的建设，配备相应的医疗救治药物、技术、设备和人员，提高医疗卫生机构应对各类突发事件的救治能力。设区的市级以上地方人民政府应当设置与传染病防治工作需要相适应的传染病专科医院，或者指定具备传染病防治条件和能力的医疗机构承担传染病防治任务。

县级以上地方人民政府卫生行政主管部门应当定期对医疗卫生机构和人员开展突发事件应急处理知识、技能的培训，定期组织医疗卫生机构进行突发事件应急演练，推广最新知识和先进技术。

（四）突发事件报告与信息发布制度

1.突发事件应急报告制度。（1）国务院卫生行政主管部门制定突发事件应急报告规范，建立重大、紧急疫情信息报告系统。（2）省级人民政府系统和卫生部的报告责任。有下列情形之一的，省、自治区、直辖市人民政府必须在接到疫情等突发事件报告1小时内，向国务院卫生行政主管部门报告：发生或者可能发生传染病暴发、流行的；发生或者发现不明原因的群体性疾病的；发生传染病菌种、毒种丢失的；发生或者可能发生重大食物和职业中毒事件的。国务院卫生行政主管部门对可能造成重大社会影响的突发事件，应当立即向国务院报告。（3）县级以上地方人民政府卫生行政主管部门的报告责任。县级以上地方人民政府卫生行政主管部门在接到疫情等突发事件报告2小时内，向本级人民政府和上级卫生行政主管部门报告，并同时向国务院卫生行政主管部门报告。（4）其他机构的报告责任。突发事件监测机构、医疗卫生机构和有关单位发现有《条例》第19条规定的情形之一的，应当在2小时内向所在地县级人民政府卫生行政主管部门报告。

2.突发事件举报制度。国家建立突发事件举报制度，公布统一的突发事件报告、举报电话。任何单位和个人有权向人民政府及其有关部门报告突发事件隐患，有权向上级人民政府及其有关部门举报地方人民政府及其有关部门不履行突发事件应急处理职责，或者不按照规定履行职责的情况。接到报告、举报的有关人民政府及其有关部门应当立即组织进行调查处理。对举报有功的单位和个人，应当予以奖励。

3.突发事件核实与通报制度。接到突发事件报告的地方人民政府、卫生行政主管部门依法报告的同时，应当立即组织力量对报告事项调查核实、确证，采取必要的控制措施，并及时报告调查情况。

国务院卫生行政主管部门应当根据发生突发事件的情况，及时向国务院有关部门和各省、自治区、直辖市人民政府卫生行政主管部门通报；突发事件发生地的省、自治区、直辖市人民政府卫生行政主管部门，应当向毗邻省、自治区、直辖市人民政府卫生行政主管部门通报;接到通报的省、自治区、直辖市人民政府卫生行政主管部门,必要时应当及时通知本行政区域内的医疗卫生机构;县级以上地方人民政府有关部门,已经发生或者发现可能引起突发事件的情形时,应当及时向同级人民政府卫生行政主管部门通报。

4. 突发事件信息发布制度。国务院卫生行政主管部门负责向社会发布突发事件的信息。必要时可以授权省、自治区、直辖市人民政府卫生行政主管部门向社会发布本行政区域内突发事件的信息。信息发布应当及时、准确、全面。

三、突发公共卫生事件的应急处理

(一)突发事件应急预案的启动

突发事件发生后,卫生行政主管部门应当组织专家对突发事件进行综合评估,初步判断突发事件的类型,提出是否启动应急预案的建议。在全国范围内或者跨省、自治区、直辖市范围内启动全国突发事件应急预案,由国务院卫生行政主管部门报国务院批准后实施;省、自治区、直辖市启动突发事件应急预案,由省、自治区、直辖市人民政府决定,并向国务院报告。

(二)突发事件应急处理的督导

全国突发事件应急处理指挥部对突发事件应急处理工作进行督察和指导,地方各级人民政府及其有关部门应当予以配合。省、自治区、直辖市突发事件应急处理指挥部对本行政区域内突发事件应急处理工作进行督察和指导。

省级以上人民政府卫生行政主管部门或者其他有关部门指定的突发事件应急处理专业技术机构,负责突发事件的技术调查、确证、处置、控制和评价工作,有权进入突发事件现场进行调查、采样、技术分析和检验,对地方突发事件的应急处理工作进行技术指导,有关单位和个人应当予以配合;任何单位和个人不得以任何理由予以拒绝。

(三)突发事件应急处理措施

1. 突发事件应急处理的行政措施,主要有以下七个方面:

(1)有关行政部门的职责。应急预案启动前,县级以上各级人民政府有关部门应当根据突发事件的实际情况,做好应急处理准备,采取必要的应急措施。应急预案启动后,突发事件发生地的人民政府有关部门应当根据预案规定的职责要求,服从突发事件应急处理指挥部的统一指挥,立即到达规定岗位,采取有效的控制措施。

(2)所需物资的行政保障。突发事件发生后,国务院有关部门和县级以上地方人民政府及其有关部门,应当保证突发事件应急所需的医疗救护设备、救治药品、医疗器械等物资的生产、供应;铁路、交通、民用航空行政主管部门应当保证及时运送。

(3)应急处理指挥部的紧急控制。根据突发事件应急处理的需要，突发事件应急处理指挥部有权紧急调集人员、储备的物质、交通工具以及相关设施、设备；必要时，对人员进行疏散或者隔离，并可以依法对传染病疫区实行封锁，对食物、水源采取控制措施。

(4)突发事件发生地的控制。县级以上地方人民政府卫生行政主管部门应当对突发事件现场等采取控制措施，宣传突发事件防治知识，及时对易受感染的人群和其他易受损害的人群采取应急接种、预防性投药、群体保护等措施。

(5)新卫生技术标准和规范的制定。对新发现的突发传染病、不明原因的群体性疾病、重大食物和职业中毒事件，国务院卫生行政主管部门应当尽快组织力量制定相关的技术标准、规范和控制措施。

(6)暴发、流行区域内流动人口的卫生控制。对暴发、流行区域内流动人口，突发事件发生地的县级以上人民政府应当做好预防工作，落实有关卫生控制措施；对传染病病人和疑似传染病病人，应当采取就地隔离、就地观察、就地治疗的措施。对需要治疗和转诊的依法救护、处置。

(7)致病、致残人员救治的资金保障。县级以上各级人民政府应当提供必要资金，保障因突发事件致病、致残的人员得到及时、有效的救治。

2.突发事件应急处理的卫生措施，主要有以下七个方面：

(1)开展突发事件科学研究。医疗卫生机构、监测机构和科学研究机构，应当服从突发事件应急指挥部的统一指挥，相互配合、协作，集中力量开展相关的科学研究工作。

(2)突发事件现场的查验。受指定的专业技术机构，有权进入突发事件现场进行调查、采样、技术分析和检验，对地方突发事件的应急处理工作进行技术指导，有关单位和个人应当予以配合；任何单位和个人不得以任何理由予以拒绝。

(3)国境卫生检疫。涉及国境口岸和入出境的人员、交通工具、货物、集装箱、行李、邮包等需要采取传染病应急控制措施的，依法进行卫生检疫和卫生处理。

(4)医疗救护的提供。医疗卫生机构应当对因突发事件致病的人员提供医疗救护和医疗救援，对就诊病人必须接诊治疗，并书写详细、完整的病历记录；需要转送的病人，应当按照规定将病人及其病历记录的复印件转送至接诊的或者指定的医疗机构。

(5)卫生防护和医学观察。参加突发事件应急处理的工作人员，应当按照预案的规定，采取卫生防护措施，并在专业人员的指导下进行工作。医疗卫生机构内应当采取卫生防护措施，防止交叉感染和污染。医疗卫生机构应当对传染病病人密切接触者采取医学观察措施，传染病病人密切接触者应当予以配合。

(6)防疫调查和控制。医疗机构收治传染病病人、疑似传染病病人，应当依法报告所在地的疾病预防控制机构。接到报告的疾病预防控制机构应当立即对可能受到危害的人员进行调查，根据需要采取必要的控制措施。

(7)传染病防治的“四早”措施。有关部门、医疗卫生机构应当对传染病做到早发现、早报告、早隔离、早治疗，切断传播途径，防止扩散。

3.突发事件应急处理的社会措施，主要有以下三个方面：

(1)交通控制措施。交通工具上依法需要采取应急控制措施的传染病病人、疑似传染病病人，其负责人应当以最快的方式通知前方停靠点，并向交通工具的营运单位报告。交通工具的前方停靠点和营运单位应当立即向交通工具营运单位行政主管部门和县级以上地方人民政府卫生行政主管部门报告。卫生行政主管部门接到报告后，应当立即组织有关人员采取相应的医学处置措施。交通工具上的传染病病人密切接触者，由交通工具停靠点的县级以上各级人民政府卫生行政主管部门或者铁路、交通、民用航空行政主管部门，根据各自的职责，依法采取控制措施。

(2)组织人力协助防治。传染病暴发、流行时，街道、乡镇以及居民委员会、村民委员会应当组织力量，团结协作，群策群力，协助卫生行政主管部门和其他有关部门、医疗卫生机构做好疫情信息的收集和报告、人员的分散隔离、公共卫生措施的落实，向居民、村民宣传传染病防治的相关知识。

(3)应急处理相对人的配合义务。在突发事件中需要接受隔离治疗、医学观察措施的病人、疑似病人和传染病病人密切接触者，在卫生行政主管部门或者有关机构采取医学措施时应当予以配合；拒绝配合的，由公安机关依法协助强制执行。

四、法律责任

(一)行政责任

1.县级以上地方人民政府及其卫生行政主管部门未依法履行报告职责，对突发事件隐瞒、缓报、谎报或者授意他人隐瞒、缓报、谎报的，对政府主要领导人及其卫生行政主管部门主要负责人，依法给予降级或者撤职的行政处分；造成传染病传播、流行或者对社会公众健康造成其他严重危害后果的，依法给予开除的行政处分。

2.国务院有关部门、县级以上地方人民政府及其有关部门未依法完成突发事件应急处理所需要的设施、设备、药品和医疗器械等物资的生产、供应、运输和储备的，对政府主要领导人和政府有关部门主要负责人依法给予降级或者撤职的行政处分。

3.突发事件发生后,县级以上地方人民政府及其有关部门对上级人民政府有关部门的调查不予配合,或者采取其他方式阻碍、干涉的,对政府主要领导人和政府部门主要负责人给予降级或者撤职的行政处分。

4.县级以上各级人民政府卫生行政主管部门和其他部门在突发事件调查、控制、医疗救治工作中玩忽职守、失职、渎职的,由本级人民政府或者上级人民政府有关部门责令改正、通报批评,给予警告;对主要负责人、负有责任的主管人员和其他责任人员依法给予降级、撤职的行政处分;造成传染病传播、流行或者对社会公众健康造成其他严重危害后果的,依法给予开除的行政处分。

5.医疗卫生机构有下列行为之一的,由卫生行政主管部门责令改正、通报批评,给予警告;情节严重的,吊销《医疗机构执业许可证》;对主要负责人、负有责任的主要人员和其他直接责任人员依法给予降级或者撤职的纪律处分:(1)未依法履行报告职责,隐瞒、缓报或者谎报的;(2)未依法及时采取控制措施的;(3)未依法履行突发事件监测职责的;(4)拒绝接诊病人的;(5)拒不服从突发事件应急指挥部调度的。

6.在突发事件应急处理工作中,有关单位和个人未依法履行报告职责,隐瞒、缓报或者谎报,阻碍突发事件应急处理工作人员执行职务,拒绝国务院卫生行政主管部门或者其他有关部门指定的专业技术机构进入突发事件现场,或者不配合调查、采样、技术分析和检验的,给予行政处分或者纪律处分;触犯《治安管理处罚条例》,构成违反治安管理行为的,由公安机关给予处罚。

7.在突发事件发生期间,散布谣言、哄抬物价、欺骗消费者,扰乱社会秩序、市场秩序的,由公安机关或者工商行政管理部门依法给予行政处罚。

(二)刑事责任

国务院有关部门、县级以上地方人民政府及其有关部门、医疗卫生机构,有关单位和个人未履行《突发公共卫生事件应急条例》有关法定义务,造成传染病传播、流行或者对社会公众健康造成其他严重危害后果的;或者不配合,以其他方式阻碍、干涉调查,造成重大伤亡或者疫情扩散等严重后果的;或者造成传染病菌种、毒种扩散,后果严重的;或者扰乱灾害期间市场秩序,情节严重的;或者编造与突发传染病疫情等灾害有关的恐怖信息;或者明知是编造的此类恐怖信息而故意传播,严重扰乱社会秩序的,依照《刑法》的有关规定构成犯罪的,分别以滥用职权罪、玩忽职守罪、传染病防治失职罪、妨害传染病防治罪、妨害公务罪、危害公共安全罪、传染病菌种毒种扩散罪、非法经营罪和编造、故意传播虚假恐怖信息罪等追究刑事责任。

第八节　国境卫生检疫法律制度

一、国境卫生检疫法律制度概述

(一)国境卫生检疫法的概念

检疫(Quarantine)一词,是从意大利文 Quaranta 演变而来的,原义是指对传染病人和染疫船舶隔离观察,它是随着交通运输工具的发展和疾病传播而产生的一种防疫措施。

国境卫生检疫(Frontier health and quarantine)是指为了防止传染病从国外传入或者由国内传出而在国境和国家确立的关口、口岸,对出入境人员、交通工具、运输设备、动植物以及有可能传播传染病的行李、货物、邮包等实施传染病检疫、监测和卫生监督的卫生防护措施。它是一种国家行为,是国家实施的行政执法活动。这里所说的国境关口、口岸是指国际通航的港口、机场、车站、陆地边境和国界江河的关口。由于国际交往的不断发展,国境卫生检疫的传染病病种、对象和方法也随之不断更新和完善,国际卫生检疫的范围也从最初的海港检疫发展到陆地检疫,以至今天的航空检疫。

国境卫生检疫具有以下特征:

1.对内是行政执法活动,对外是维护卫生主权的国家行为。

2.主体是国家法律授权的国境卫生检疫机关。

3.是以医学等自然科学为主要手段的执法行为。

4.是预防医学的一个分支,是以防止传染病传入、传出,保护人体健康为目的的执法活动。

国境卫生检疫法是调整防止传染病从国外传入或者由国内传出,实施国境卫生检疫行为,保护人体健康活动中产生的各种社会关系的法律规范的总和。

(二)国境卫生检疫的历史发展

国境卫生检疫起源于15世纪,至今已有500多年的历史。早在14世纪中叶,随着航海贸易的发展,鼠疫由东方侵入地中海沿岸的国家和地区,造成人员的大量死亡。为此,1445年意大利在威尼斯港建立了世界上第一个检疫站,实施严格的海港检疫措施来防止鼠疫的传入。它规定,来自国外的商船一律先要在港口外海面上停留40天,如果不发生疫情,才允许进港。自此以后,欧洲各国相继成立了自己的检疫机构。

1926年,在巴黎召开的有74个国家代表参加的第12次国际卫生会议上,制定了《国际卫生公约》。1951年在第四届国际卫生大会上,讨论通过了《国际公共卫生条约》，把鼠疫、霍乱、黄热病、斑疹伤寒、回归热和天花6种传染病规定为检疫传染病。1969年又作了一次修改，更名为《国际卫生条例》（*International Health Regulation*）。至今为止，世界上绝大多数国家都加入了《国际卫生条例》和《国际卫生公约》。国境卫生检疫已成为国际交往中严格遵守的法律准则。我国于1979年承认了《国际卫生条例》。

（三）我国国境卫生检疫立法

我国的国境卫生检疫始于1873年。1840年鸦片战争后，清政府签订了丧权辱国的《南京条约》，开辟了五个通商口岸。当时，为了防止泰国、缅甸的霍乱传入中国，我国最早的海港检疫机构于1873年在厦门、上海两港设立，隶属于帝国主义国家的海关，担任高级检疫官的均是外国人，对于违反检疫规定的事件，都由外国领事馆惩办，清政府无权过问。1930年，国民党政府从外国人手中收回了检疫管理权，在上海成立了检疫管理机构，并制定公布了《海港检疫章程》，有权宣布国外疫区和采取各种检疫措施。但是，由于国民党政府腐败无能和极端轻视国家的卫生健康事业，国境卫生检疫机构没有发挥应有的作用，霍乱、天花、鼠疫每年流行，检疫工作有名无实。

新中国成立以后，为了维护国家的主权和尊严，保护人民健康，控制国际间传染病的传播，防止传染病由国外传入、国内传出，党和政府一直高度重视我国的国境卫生检疫工作。1957年12月，全国人大常委会通过了《中华人民共和国国境卫生检疫条例》；1958年3月，经国务院批准，卫生部发布了《国境卫生检疫条例实施细则》，第一次以法律形式系统地规定了卫生检疫的各项工作内容。此后，卫生部先后发布了《关于入境过境飞机人员检疫和卫生监督暂行规定的通知》《关于国际航行船舶试行电讯卫生检疫的规定》《国境口岸传染病监测试行办法》《中华人民共和国国境口岸卫生监督办法》《实施卫生监督办法若干规定》《关于开展对部分入出境人员健康检查的通知》等办法和规定，补充了原条例的不足，使国境卫生检疫改变了守关把口的传统模式，将检疫查验、疾病监测、卫生监督三者有机结合，丰富了卫生检疫工作的内容。为了适应改革开放，促进国际交流与合作的新形势，1986年12月，第六届全国人大常委会第18次会议通过了《中华人民共和国国境卫生检疫法》（以下称《国境卫生检疫法》），并于1987年5月1日起施行。它的产生标志着我国国境卫生检疫工作已进入法制化管理轨道。此外，卫生部还相继发布了《传染病监测健康检查暂行办法》《进口废旧物品卫生检疫管理规定》《入境出境集装箱卫生管理规定》等规章。1989年3月6日，经国务院批准，卫生部又发布了《国境卫生检疫法实施细则》。另外，卫生部单独或与有关部委联合发布的有关办法、规则或通知，主要有：1989年《关于中国公民出入境提交健康证明的通知》《关于来华外国人提供健康证明的若干规定》,1990年《中华人民共和国卫生检疫行政处罚程序规则》,1991年《进口食品卫生监督检验工作规程》等。1991年10月,第七届全国人大常委会第22次会议又通过了《中华人民共和国进出口动植物检疫法》。上述法律法规的制定与实施,使我国国境卫生检疫基本上形成了较完善的法律制度,国境卫生检疫工作走上了法治化轨道。

(四)国境卫生检疫的范围和检疫的传染病种类

1.国境卫生检疫的范围。国境卫生检疫范围也称国境卫生检疫对象。根据《国境卫生检疫法》的规定,入出国境的人员、交通工具、运输设备以及可能传播检疫传染病的行李、货物、邮包、尸体、骸骨等物品都属检疫范围。

2.国境卫生检疫传染病的种类。《国境卫生检疫法》规定:"检疫传染病是指鼠疫、霍乱、黄热病以及国务院确定和公布的其他传染病。"这个规定既与《国际卫生条例》的规定相一致,又保留了我国今后宣布新的检疫传染病的独立性和机动性。

根据国境卫生检疫法律、法规的规定,目前我国国境卫生检疫涉及的传染病包括以下三类:

第一类为检疫传染病。包括鼠疫、霍乱和黄热病。

第二类为监测传染病。根据世界卫生组织的要求,确定流行性感冒、疟疾、脊髓灰质炎、流行性斑疹伤寒、回归热作为国际间监测传染病。近年来,世界上相继发现不少新的传染病,如埃波拉—马尔保病毒病、拉沙热、军团热等也列入严密监测之中。

第三类为禁止外国人入境的传染病。包括禁止患有艾滋病、性病、开放性肺结核、麻风病、精神病(非传染病)的外国人入境。

2003年,我国已宣布传染性非典型肺炎被列为我国国境卫生检疫传染病的对象。

(五)国境卫生检疫机关、人员及其职责

1.国境卫生检疫机关及其职责。国境卫生检疫机关是指国家在国境口岸设立的,依法实施对传染病检疫、监测和卫生监督活动的卫生执法机构。它代表国家在国境口岸行使检疫主权。《国境卫生检疫法》规定,在中华人民共和国国际通航的港口、机场以及陆地边境和国界江河的口岸(以下简称国口岸)设立国境卫生检疫机关,依法实施传染病检疫、监测和卫生监督。国务院卫生行政部门主管全国国境卫生检疫工作。为了完善和加强口岸管理,提高通关速度和检验检疫工作效率,1998年,按照国务院机构改革方案,由原国家商检局、农业部动植物检验局、卫生部卫生检疫总署共同组建了国家出入境检验检疫局。实行"一次报验、一次取(采)样、一次检验检疫、一次卫生除害处理、一次收费、一次发证放行"的新的出入境检疫体制,为国境卫生检疫法的实施提供了重要保证。

国境卫生检疫机关行使以下职权：(1)严格执行国境卫生检疫法及其实施细则和国家制定的有关卫生法规；(2)收集、整理、报告国际和国境口岸传染病的发生、流行和终息情况；(3)对国境口岸的卫生状况实施卫生监督，对入、出境的交通工具、人员、集装箱、尸体、骸骨以及可能传播检疫传染病的行李、货物、邮件等实施检疫查验、传染病监测、卫生监督和卫生处理；(4)对入、出境的微生物、生物制品、人体组织、血液及其制品等特殊物品以及能传播人类传染病的动物实施卫生检疫；(5)对入境、出境人员进行预防接种、健康检查、医疗服务、国际旅行健康咨询和卫生宣传；(6)签发卫生检疫证件；(7)进行流行病学调查研究，开展科学实验；(8)执行国务院出入境检验部门指定的其他工作。

2.国境卫生检疫人员及其职责。国境卫生检疫人员是由国家出入境检验检疫主管部门任命或经其他法定程序任职于国家或国境口岸的国境卫生检疫机关，从事国境卫生检疫管理或者国境卫生检疫查验工作的人员。代表国家行使国境卫生检疫权，代表国境卫生检疫机关行使国境卫生检疫行政权，其职务行为受法律保护。

国境口岸检疫医师是具体执行国境卫生检疫法的行政执法人员，其主要职责是：(1)查验权；(2)询问权；(3)签证权。

国境口岸卫生监督员是国境口岸卫生检疫机关设置的实施卫生监督任务的执法人员。该监督员由各地卫生检疫机关推荐，各省、自治区、直辖市出入境检验检疫主管部门审核，国务院出入境检验检疫主管部门委任，并发给证件。行使以下职责：(1)对国境口岸和停留在国境口岸的入境、出境交通工具进行卫生监督和卫生宣传；(2)在消毒、除鼠、除虫等卫生处理方面进行技术指导；(3)对造成传染病的传播、啮齿动物和病媒昆虫扩散、食物中毒、食物污染等事故进行调查，并提出控制措施。

二、国境卫生检疫的法律规定

(一)入出境检疫的法律规定

入境、出境的交通工具、人员、集装箱以及来自疫区的、被检疫传染病污染的或者可能成为检疫传染病传播媒介的行李、货物、邮包等物品都应接受检疫，经国境卫生检疫机关检查合格后发给入境、出境许可证，方准入境或出境。入出境检疫包括以下几种情况：

1.海港检疫。主要指对船舶的入境检疫与出境检疫。

2.航空检疫。主要指对航空器的入出境检疫。

3.陆地边境检疫。主要指对入出境的列车和其他车辆的检疫，以及对徒步入出境人员的入出境查验。

(二)卫生处理的法律规定

卫生处理是指卫生检疫机关实施的隔离、留验和就地诊验等医学措施，以及消毒、除鼠、除虫等卫生措施。包括：

1.对交通工具的卫生处理。

2.对废旧物品的卫生处理。

3.对尸体、骸骨的卫生处理。

4.对其他物品的卫生处理。

(三)检疫传染病人的管理的法律规定

检疫传染病人的管理包括如下几种情况：

1.就地诊验。是指对入出境人员是否患有检疫传染病或者监测传染病、疑似检疫传染病或者疑似监测传染病所进行的医学检查。

2.留验。留验是指将染疫嫌疑人收留在指定的处所进行诊察和检验。留验是为了防止检疫传染病的传入或传出所采取的一种限制人身自由的强制性措施，因此检疫机关要慎重确定留验人员。

3.隔离。隔离是指将染疫人收留在指定的处所，限制其活动并进行治疗，直到消除传染病传播的危险。这里的染疫人是指正在患检疫传染病的人，或者经卫生检疫机关初步诊断，认为已经感染检疫传染病或者已经处于检疫传染病潜伏期的人。由于隔离是一种限制人身自由的强制措施，卫生检疫机关确定隔离对象时，一定要严格地以检疫医师的医学诊断为依据，依法办事，做到既要防止检疫传染病的传入或传出，同时又要保障出入境人员的人身自由。

(四)传染病监测的法律规定

1.传染病监测的概念和对象。传染病监测是指对特定环境和人群进行流行病学、血清学、病原学、临床症状以及其他有关影响因素的调查研究，预测有关传染病的发生、发展和流行。入出境的交通工具、人员、食品、饮用水和其他物品以及病媒昆虫、动物均为传染病监测的对象。

2.传染病监测的内容。(1)首发病例的个案调查；(2)暴发流行的流行病学调查；(3)传染源调查与追踪；(4)国境口岸内监测传染病的回顾性调查；(5)病原体的分离、鉴定，人群、有关动物血清学调查以及流行病学调查；(6)有关动物、病媒昆虫、食品、饮用水和环境因素的调查；(7)消毒、除鼠、除虫的效果观察与评价；(8)国境口岸以及国内外监测传染病疫情的收集、整理、分析和传递；(9)对监测对象开展健康检查和对监测传染病病人、疑似病人、密切接触人员的管理。

3.传染病监测的具体措施。(1)禁止某些疫病患者入境；(2)填写健康申明卡，出示健康证明；(3)发给就诊方便卡，进行健康检查。

三、国境卫生检疫的卫生监督

（一）卫生监督的概念及任务

卫生监督是指国境卫生检疫机关根据卫生法规和卫生标准，对国境口岸和停泊在国境口岸的交通工具进行的卫生检查、卫生鉴定、卫生评价和采样检验等活动。

国境卫生检疫机关根据国家规定的卫生标准，对国境口岸的卫生状况和停留在国境口岸的入出境交通工具的卫生状况实施卫生监督，其具体任务如下：

1. 监督和指导有关人员对啮齿动物、病媒昆虫的防除。

2. 检查和检验食品、饮用水及其储存、供应、运输设施。

3. 监督从事食品、饮用水供应的从业人员的健康状况，检查其健康证明。

4. 监督和检查垃圾、废物、污水、粪便、压舱水的处理。

（二）卫生监督员及其职责

国境卫生检疫机关设立国境口岸卫生监督员，执行国境卫生检疫机关交给的任务。国境口岸卫生监督员在执行任务时，有权对国境口岸和入境、出境的交通工具进行卫生监督和技术指导，对卫生状况不良和可能引起传染病传播的因素提出改进意见、协同有关部门采取必要的措施，进行卫生处理。

（三）卫生监督的内容

1. 国境口岸的卫生监督。国境口岸卫生的要求是，国境口岸和国境口岸内涉外宾馆、生活服务单位以及候船、候车、候机厅（室）应当有健全的卫生制度和必要的卫生设施，并保持室内外环境整洁、通风良好；国境口岸有关部门应采取切实可行的措施控制啮齿动物、病媒昆虫，使其数量降低到不足为害的程度，仓库、货物必须具有防鼠设施；国境口岸的垃圾、废物、污水、粪便必须进行无害处理，保持国境口岸环境整洁卫生。

2. 交通工具的卫生监督。交通工具的卫生要求是，交通工具上宿舱、车厢必须保持清洁卫生、通风良好；必须有足够的消毒、除鼠、除虫药物及器械，并备有防鼠装置；货舱、行李舱、货车车厢在装货前或卸货后应当进行彻底清扫，有毒物品和食品不得混装，防止污染；对不符合卫生要求的入出境交通工具必须接受卫生检疫机关的督导并立即进行改进。

3. 饮用水、食品及从业人员的卫生监督。饮用水、食品及从业人员的卫生要求是，国境口岸和交通工具上的食品、饮用水必须符合有关的卫生标准；国境口岸的涉外宾馆以及向入出境交通工具提供饮食服务的部门，营业前必须向卫生检疫机关申请卫生许可证；国境口岸涉外的宾馆和入出境交通工具上的食品、饮用水从业人员应持有卫生检疫机关签发的健康证明。

四、违反国境卫生检疫法的法律责任

(一)行政责任

《国境卫生检疫法》及其实施细则规定，有下列行为之一的单位或个人，国境卫生检疫机关可以根据情节轻重，给予警告或罚款：

1.应当接受入境检疫的船舶，不悬挂检疫信号的。

2.入境、出境的交通工具，在入境检疫之前或在出境检疫之后，擅自上下人员，装卸行李、货物、邮包等物品的。

3.拒绝接受检疫或者抵制卫生监督，拒不接受处理的。

4.伪造或者涂改检疫单、证，不如实申报疫情的。

5.瞒报携带禁止进口的微生物、人体组织、生物制品、血液及其制品或其他可能引起传染病传播的动物和物品的。

6.未经检疫的入境、出境交通工具，擅自离开检疫地点，逃避检疫的。

7.隐瞒疫情况或者伪造情节的。

8.未经卫生检疫机关实施卫生处理，擅自排放压舱水，移下垃圾、污物等控制的物品的。

9.未经卫生检疫机关实施卫生处理，擅自移运尸体、骸骨的。

10.废旧物品、废旧交通工具，未向卫生检疫机关申报，未经卫生检疫机关实施卫生处理和签发卫生检疫证书而擅自入境、出境或者使用、拆卸的。

11.未经卫生检疫机关检查，从交通工具上移下传染病病人造成传染病传播危险的。

当事人对国境卫生检疫机关给予的罚款决定不服的，在接到处罚通知之日起 15 日内，可向当地人民法院起诉。逾期不起诉又不履行的，国境卫生检疫机关可以申请人民法院强制执行。

(二)刑事责任

《刑法》第 332 条规定，违反国境卫生检疫规定，引起检疫传染病传播或者有传播严重危险的，处 3 年以下有期徒刑或拘役，并处或单处罚金。单位犯前款罪的，对单位判处罚金，并对其直接负责的主管人员和其他直接责任人员，依照上述规定处罚。

国境卫生检疫机关工作人员违法失职，尚不构成犯罪的，给予行政处分；情节严重构成犯罪的，依法追究刑事责任。

五、国境卫生检疫的发展趋势

随着人类社会、经济与科技的发展以及全球生态环境的变化，人类在继续预防和控制既有传染病的同时，更面临着诸如 SARS 流行、禽流感暴发等新出现的传染病病原和疾病的危害，以及外来生物毒素、化学污染、核辐射等对公众健康乃至生命安全的严重威胁及对经济技术贸易的严重影响。面对人类卫生安全的严峻形势，2005 年 5 月，第 58 届世界卫生大会通过修订、于 2007 年 6 月 15 日生效的新的《国际卫生条例(2005)》(IHR)，将疾病定义为由生物、化学与核放射源引起、对人类构成严重危害的人间或动物疾患。这一重大修改预示着国境卫生检疫的适用范围，从鼠疫、霍乱、黄热病三种检疫传染病的国境卫生检疫，扩大为全球协调应对构成国际关注的突发公共卫生事件（包括各种起源和来源，实际上是指生物、化学和核辐射等各种因素所致突发公共卫生事件）；国境卫生检疫内容，从单纯的隔离、留验到疾病监测、卫生监督和旅行者的卫生保健以及全球协调应对构成国际关注的突发公共卫生事件的不断延伸，使我国国境卫生检疫面临着新的形势、新的任务与新的挑战。

第十二章　疾病预防与控制法律制度

第一节　疾病预防与控制法律制度概述

一、疾病预防与控制概述

随着社会的进步与发展，人类健康问题逐渐成为一个涉及社会医学与哲学的基本问题，健康促进与维护已经逐渐成为社会发展的必然结果。而公共卫生就是保障人体健康最有效的基本手段。新中国建立之后，党和政府十分重视公共卫生事业的发展和建设，制定了“预防为主”的卫生工作方针，并逐步建立健全了各级卫生防疫、防治机构，建立了一支适合我国国情的卫生防疫工作队伍，在全国范围内大力开展群众性的爱国卫生运动，建立和完善了多项公共卫生法律、法规，大力推行免疫预防策略等，使疾病预防与控制取得了显著成效。

随着工业化、城市化和人口老龄化进程加快，中国的公共卫生事业面临着急慢性传染病、慢性非传染性疾病、意外伤害、环境污染等的多重挑战。由单纯的生物医学模式向生物—心理—社会医学模式转变的现实，使单纯防治生物性因素所致传染病的卫生防疫工作正在被注入许多新的内容，并不断扩大其综合性、社会性预防保健范围，以适应日益提高的广大民众的医疗卫生保健需求。

2002 年 1 月 23 日，中国疾病预防控制中心和卫生部卫生监督中心宣布成立，这标志着我国的疾病预防控制工作揭开了新的一页。新成立的中国疾病预防控制中心，是以中国预防医学科学院为基础组建的，它的成立将从根本上填补国家级疾病预防控制机构的空缺，从根本上解决国家疾病预防控制能力不足的问题，从根本上提高国家防范生物恐怖活动和应对突发卫生事件反应的能力，从根本上加大对地方疾病预防控制工作的指导力度。

二、疾病预防与控制立法

疾病预防与控制(Prophylaxis and control)有广义和狭义之分。狭义上的疾病预防与控制指的是传染病的预防与控制；广义上的疾病预防与控制，包括传染病的预防与控制、地方病防治、职业病防治以及慢性病的防治等。

新中国成立以后，党和政府为了保障人民的生命健康，实行预防为主的方针，采取了各种防治疾病的措施，制定了一系列疾病预防与控制的法律法规（将在以下章节予以介绍），取得了举世瞩目的成绩。

第二节　传染病防治法律制度

一、传染病防治法概述

传染病（Infectious disease）是指由病原性细菌、病毒、立克次体和原虫引起的，能在人与人、动物与动物或人与动物之间相互传播的疾病。

新中国建立后，党和政府十分重视公共卫生事业的发展和建设，绝大部分传染病从根本上得到了控制，人民健康水平有了显著提高。但我们应该看到的是，新发现的传染病，如埃博拉出血热和军团病等在世界一些国家和地区广泛流行，严重影响人类的健康。性病、结核病等已被控制的传染病在我国又死灰复燃，再度肆虐。艾滋病也已对我国居民构成极大的威胁。在全球范围内乙型肝炎在中国属极度流行疾病，给我国人民带来沉重的社会和经济负担。一些地方病、寄生虫病的流行在我国仍未得到有效遏制。这些都迫切要求从过去单一的生物学模式转向生物—心理—社会医学模式，从对个体防治疾病方式转向综合防治和群体干预方式，同时要特别重视对环境和人们行为危险因素的控制和干预。

传染病防治法（Infectious disease prevention law）是指调整预防、控制和消除传染病的发生与流行、保障人体健康活动中所产生的各种社会关系的法律规范的总称。为了做好传染病防治工作，我国制定和实施了以《传染病防治法》为主体的系列法律法规，如《传染病防治法实施办法》《艾滋病监测管理的若干规定》《性病防治管理办法》《预防接种工作实施办法》《国境卫生检疫法》《国境卫生检疫法实施细则》《国境口岸卫生监督办法》《结核病防治管理办法》《传染性非典型脑炎防治管理办法》等。除上述法律法规外，还包括《献血法》《母婴保健法》《血液制品管理条例》等法律法规中关于预防与控制传染病的相关规定。

二、传染病预防与控制的法律规定

（一）传染病预防的法律规定

1. 各级人民政府应组织开展群众性卫生活动，进行预防传染病的健康教育，倡导文明健康的生活方式，提高公众对传染病的防治意识和应对能力，加强环境卫生建设，消除鼠害和蚊、蝇等病媒生物的危害。

2. 各级人民政府农业、水利、林业行政部门应按照职责分工负责指导和组织消除农田、湖区、河流、牧场、林区的鼠害与血吸虫危害，以及其他传播传染病的动物和病媒生物的危害。铁路、交通、民用航空行政部门负责组织消除交通工具以及相关场所的鼠害和蚊、蝇等病媒生物的危害。

3.地方各级人民政府应当有计划地建设和改造公共卫生设施，改善饮用水卫生条件，对污水、污物、粪便进行无害化处置。

4.国家实行有计划的预防接种制度，制定传染病预防接种规划并组织实施。

5.国家对儿童实行预防接种证制度。国家免疫规划项目的预防接种实行免费。医疗机构、疾病预防控制机构与儿童的监护人应当相互配合，保证儿童及时接受预防接种。

6.国家和社会应当关心、帮助传染病病人、病原携带者和疑似传染病病人，使其得到及时救治。任何单位和个人不得歧视传染病病人、病原携带者和疑似传染病病人。传染病病人、病原携带者和疑似传染病病人，在治愈前或者在排除传染病嫌疑前，不得从事法律、行政法规和国务院卫生行政部门规定禁止从事的易使该传染病扩散的工作。

（二）传染病监测预警的法律规定

1.国家建立传染病监测制度

国务院卫生行政部门制定国家传染病监测规划和方案。省、自治区、直辖市人民政府卫生行政部门根据国家传染病监测规划和方案，制定本行政区域的传染病监测计划和工作方案。各级疾病预防控制机构对传染病的发生、流行以及影响其发生、流行的因素，进行监测；对国外发生、国内尚未发生的传染病或者国内新发生的传染病，进行监测。

2.国家建立传染病预警制度

国务院卫生行政部门和省、自治区、直辖市人民政府根据传染病发生、流行趋势的预测，及时发出传染病预警，根据情况予以公布。

3.国家建立传染病菌种、毒种库

对传染病菌种、毒种和传染病检测样本的采集、保藏、携带、运输和使用实行分类管理，建立健全严格的管理制度。对可能导致甲类传染病传播的以及国务院卫生行政部门规定的菌种、毒种和传染病检测样本，确需采集、保藏、携带、运输和使用的，须经省级以上人民政府卫生行政部门批准。具体办法由国务院制定。

（三）传染病疫情报告、通报和公布的法律规定

1.疫情报告。疾病预防控制机构、医疗机构和采供血机构及其执行职务的人员发现《传染病防治法》规定的传染病疫情或者发现其他传染病暴发、流行以及突发原因不明的传染病时，应当遵循疫情报告属地管理原则，按照国务院规定

的或者国务院卫生行政部门规定的内容、程序、方式和时限报告。任何单位和个人发现传染病病人或者疑似传染病病人时，应当及时向附近的疾病预防控制机构或者医疗机构报告。疫情报告人分义务疫情报告人和责任疫情报告人两种。

2.疫情信息公布。传染病疫情的通报和公布，是传染病防治管理工作的重要组成部分。国务院卫生行政部门定期公布全国传染病疫情信息。省、自治区、直辖市的卫生行政部门定期公布本行政区的疫情。传染病暴发、流行时，国务院卫生行政部门负责向社会公布传染病疫情信息，并可以授权省、自治区、直辖市政府卫生行政部门向社会如实通报和公布本行政区域的疫情。公布传染病疫情信息应当及时、准确。

(四)传染病控制的法律规定

传染病控制，指传染病发生或暴发、流行时，政府和有关部门为了阻止传染病的扩散和蔓延而采取的必要措施。一般情况下，政府和有关部门针对传染病流行的三个环节(传染源、传播途径、易感人群)所采取的以针对其中一个环节为主或同时控制几个环节的综合措施，包括隔离治疗传染源、切断传播途径、保护易感人群。在传染病暴发、流行时，当地政府应当立即组织力量进行防治，切断传染病的传播途径。

《传染病防治法》规定：

1.医疗机构发现甲类传染病时，对病人、病原携带者，予以隔离治疗，隔离期限根据医学检查结果确定。

2.对疑似病人，确诊前在指定场所单独隔离治疗。

3.对医疗机构内的病人、病原携带者、疑似病人的密切接触者，在指定场所进行医学观察和采取其他必要的预防措施。

拒绝隔离治疗或者隔离期未满擅自脱离隔离治疗的，可以由公安机关协助医疗机构采取强制隔离治疗措施。医疗机构发现乙类或者丙类传染病病人，应当根据病情采取必要的治疗和控制传播措施。医疗机构对本单位内被传染病病原体污染的场所、物品以及医疗废物，必须依照法律、法规的规定实施消毒和无害化处置。

对已经发生甲类传染病病例的场所或者该场所内的特定区域的人员，所在地的县级以上地方人民政府可以实施隔离措施，并同时向上一级人民政府报告；接到报告的上级人民政府应当即时作出是否批准的决定。上级人民政府作出不予批准决定的，实施隔离措施的人民政府应当立即解除隔离措施。在隔离期间，实施隔离措施的人民政府应当对被隔离人员提供生活保障；被隔离人员有工作单位的，所在单位不得停止支付其隔离期间的工作报酬。隔离措施的解除，由原决定机关决定并宣布。

传染病暴发、流行时，县级以上地方人民政府应当立即组织力量，按照预防、控制预案进行防治，切断传染病的传播途径。患甲类传染病、炭疽死亡的，应当将尸体立即进行卫生处理，就近火化。患其他传染病死亡的，必要时，应当将尸体进行卫生处理后火化或者按照规定深埋。为了查找传染病病因，医疗机构在必要时可以按照国务院卫生行政部门的规定，对传染病病人尸体或者疑似传染病病人尸体进行解剖查验，并应当告知死者家属。

传染病暴发、流行时，药品和医疗器械生产、供应单位应当及时生产、供应防治传染病的药品和医疗器械。铁路、交通、民用航空经营单位必须优先运送处理传染病疫情的人员以及防治传染病的药品和医疗器械。县级以上人民政府有关部门应当做好组织协调工作。

三、传染病防治监督的法律规定

(一)传染病防治监督管理机关及其职责

县级以上人民政府卫生行政部门的监督检查职责是：

1.对下级人民政府卫生行政部门履行本法规定的传染病防治职责进行监督检查。

2.对疾病预防控制机构、医疗机构的传染病防治工作进行监督检查。

3.对采供血机构的采供血活动进行监督检查。

4.对用于传染病防治的消毒产品及其生产单位进行监督检查，并对饮用水供水单位从事生产或者供应活动以及涉及饮用水卫生安全的产品进行监督检查。

5.对传染病菌种、毒种和传染病检测样本的采集、保藏、携带、运输、使用进行监督检查。

6.对公共场所和有关单位的卫生条件和传染病预防、控制措施进行监督检查。

省级以上人民政府卫生行政部门负责组织对传染病防治重大事项的处理。

(二)卫生部门及其监督管理员的职责

卫生部门及其监督管理员有权进入被检查单位和传染病疫情发生现场调查取证，查阅或者复制有关的资料和采集样本。被检查单位应当予以配合，不得拒绝、阻挠。卫生部门在履行监督检查职责时，发现被传染病病原体污染的公共饮用水源、食品以及相关物品，如不及时采取控制措施可能导致传染病传播、流行的，可以采取封闭公共饮用水源、封存食品以及相关物品或者暂停销售的临时控制措施，并予以检验或者进行消毒。经检验，属于被污染的食品，应当予以销毁；对未被污染的食品或者经消毒后可以使用的物品，应当解除控制措施。卫生部门的监督管理员应依法执行职务，卫生行政部门应当依法建立健全内部监督制度，对其工作人员依据法定职权和程序履行职责的情况进行监督。

四、违反《传染病防治法》的法律责任

（一）地方各级人民政府的责任

地方各级人民政府未依照《传染病防治法》的规定履行报告职责，或者隐瞒、谎报、缓报传染病疫情，或者在传染病暴发、流行时，未及时组织救治、采取控制措施的，由上级人民政府责令改正，通报批评；造成传染病传播、流行或者其他严重后果的，对负有责任的主管人员，依法给予行政处分；构成犯罪的，依法追究刑事责任。

（二）县级以上人民政府卫生行政部门的责任

县级以上人民政府卫生行政部门违反《传染病防治法》规定，有下列情形之一的，由本级人民政府、上级人民政府卫生行政部门责令改正，通报批评；造成传染病传播、流行或者其他严重后果的，对负有责任的主管人员和其他直接责任人员，依法给予行政处分；构成犯罪的，依法追究刑事责任：

1.未依法履行传染病疫情通报、报告或者公布职责，或者隐瞒、谎报、缓报传染病疫情的。

2.发生或者可能发生传染病传播时未及时采取预防、控制措施的。

3.未依法履行监督检查职责，或者发现违法行为不及时查处的。

4.未及时调查、处理单位和个人对下级卫生行政部门不履行传染病防治职责的举报的。

5.违反规定的其他失职、渎职行为。

（三）县级以上人民政府有关部门的责任

县级以上人民政府有关部门未依照《传染病防治法》的规定履行传染病防治和保障职责的，由本级人民政府或者上级人民政府有关部门责令改正，通报批评；造成传染病传播、流行或者其他严重后果的，对负有责任的主管人员和其他直接责任人员，依法给予行政处分；构成犯罪的，依法追究刑事责任。

（四）其他部门的责任

《传染病防治法》对疾病预防控制机构，医疗、预防机构，采供血机构，国境卫生检疫机关，动物防疫机构，铁路、交通、民用航空经营单位，饮用水供水单位，从事病原微生物实验的单位，畜牧兽医行政管理部门，在自然疫源地兴建大型建设项目的单位及相关人员等，在防治传染病过程中的各类违法行为引起的法律后果，规定了明确、具体、可操作的法律责任。

第三节　几种常见传染病防治的法律规定

一、结核病防治的法律规定

结核病是由结核杆菌引起的乙类慢性感染性疾病。未经治疗的结核病人是最危险的传染源，而一经治疗其传染性可迅速降低。因此，发现和及时治疗结核病人是防治的头等大事。1991年9月卫生部发布了《结核病防治管理办法》，对结核病防治机构、预防接种、调查与报告、治疗以及控制传染等作了规定。2007年8月4日，卫生部印发了《结核病预防控制工作规范》，就结核病防治工作10个方面问题作了规定。这些为结核病预防控制工作提供了法律上的保障。

（一）机构及职责

国务院卫生行政部门设卫生部结核病控制中心与分中心；省、自治区、直辖市及所辖市（地）、县卫生行政部门设省、市（地）、县结核病防治机构，或指定医疗预防保健机构承担结核病防治机构的职责。在《结核病预防控制工作规范》中对上述机构的设置和职责作了详细的规定。

（二）调查与报告

结核病防治机构和指定的医疗预防保健机构，应当按规定进行结核病疫情和传染源的调查，有关地区和单位应配合防治机构的调查工作，并采取有效措施控制疫情蔓延。医疗预防保健机构和个体开业医生对确诊的肺结核病人，必须按规定时间向当地防治机构报告。

（三）治疗

医疗预防保健机构对收治的肺结核病人应当按《全国结核病防治工作手册》和《肺结核病诊疗规程》实施诊断、治疗和管理。不能按工作手册和诊疗规程要求实施治疗的，必须将肺结核病人及时转至结核病防治机构或指定的医疗预防保健机构。

（四）控制

结核病防治机构或指定的医疗预防保健机构对食品、药品、化妆品从业人员以及教育、托幼等单位的从业人员中患有传染性肺结核病的，应通知其单位和当地卫生监督管理机构。新参加工作、参军、入学的人员，食品、药品、教育、托幼等从业人员，接触粉尘和有害气体的厂矿企业职工，排菌群肺结核病人的家属及其密切接触者等，应按规定进行预防性结核病体检。按规定的卫生要求对结核病菌污染的污水、带有结核病菌的排泄物和痰液进行消毒或卫生处理。

（五）药品管理

国家建立全国抗结核药品管理制度，各级政府加强对抗结核药品的管理。

（六）健康促进

通过健康促进活动，提高各种目标人群对结核病防治政策和防治知识的认识，改变他们陈旧的和错误的观念和认识，使不同目标人群采取相应的正确行动或改变不正确的行动，有助于政府和卫生机构实施有效的现代结核病防治策略，有效控制结核病的流行，提高人民健康水平。

二、狂犬病防治的法律规定

狂犬病俗称“疯狗病”，是由狂犬病病毒引起的人兽共患中枢神经系统传染病，是迄今为止人类唯一病死率高达100%的急性传染病。《传染病防治法》将狂犬病列为乙类传染病。新中国建立后，各地为预防和控制狂犬病做了大量工作，取得了一定成绩。但是，目前在我国许多地区出现了狂犬病疫情上升的趋势。这与我国养犬数量增加和缺乏严格的管理有着直接关系。

国家对狂犬病防治工作高度重视，针对疫情形势变化，卫生部、公安部、农业部、食品药品监管局于2003年联合印发了《关于加强狂犬病预防控制工作的通知》，进一步明确了各部门的工作职责。2006年农业部修订了《狂犬病防治技术规范》，对动物狂犬病诊断、疫情报告、疫情处理、紧急免疫、预防与控制等作出明确规定。卫生部进一步加强了全国狂犬病监测工作，制定了《全国狂犬病监测方案（试行）》，建立并完善了全国狂犬病监测网络，在安徽、湖南、广西、贵州等省（区）建立了国家监测点；制定了《狂犬病暴露后处置工作规范（试行）》，对全国医疗卫生单位暴露后处置工作提出要求；根据近年疫情形势变化及防治技术的发展，组织开展专项调查，积极修订《狂犬病防治手册》，指导各地特别是基层卫生机构的狂犬病防治工作；不断加强对狂犬病防治专业人员的培训和指导，大力开展狂犬病防治知识的宣传普及工作。

三、淋病、梅毒防治的法律规定

淋病、梅毒是通过性行为传播的感染性疾病。为了预防、控制和消除淋病、梅毒等疾病的发生和蔓延，保障人体健康，卫生部于1986年9月发布了《性病监测工作试行方案》，1991年8月发布了《性病防治管理办法》，进一步明确国家对性病实行“预防为主、防治结合、综合治理”的方针，并要求各级卫生行政部门在各级政府领导下，积极开展性病防治工作。

（一）防治机构

县以上卫生行政部门根据工作需要可设性病防治机构，并健全疫情报告监测网。性病防治机构包括县以上皮肤病防治院、所、站或卫生行政部门指定承担皮肤病防治机构职责的医疗预防保健机构。

(二)预防和疫情报告

性病防治机构要利用多种形式宣传性病的危害、传播方式和防治知识，严格执行各项管理制度和技术操作规程，防治性病的医源性感染，推广使用一次性用品和注射器；各级医疗预防保健机构在发现孕妇患有性病时，应当给予积极治疗，并建立新生儿1%硝酸银制度。

性病防治机构、各级医疗预防保健机构和个体医生发现规定的性病病人及疑似病人时，应按有关规定报告。从事性病防治、卫生防疫、传染病监督的人员，不得隐瞒、谎报或者授意他人隐瞒、谎报疫情。

(三)治疗

凡性病患者或疑似患有性病的，应及时至性病防治机构进行治疗，并如实提供传染病有关情况，遵照医嘱进行定期检查、彻底治疗。性病防治机构要积极协助配合公安、司法部门，对查禁的卖淫、嫖娼人员进行性病检查。性病防治机构和从事性病诊断治疗业务的个体医生，对诊治的性病患者应当进行规范性治疗，采取保护性医疗措施，严格为患者保密。

四、艾滋病的监测管理

艾滋病是一种病死率极高的严重传染病，目前还没有治愈的药物和方法，但可以预防。艾滋病医学名称为“获得性免疫缺陷综合征”(AIDS)，是由艾滋病毒(HIV)引起的一种严重传染病。艾滋病毒通过性接触、血液及其制品、母婴传播疾病，病毒侵入人体后破坏人的免疫功能，使人体发生多种难以治愈的感染和肿瘤，最终导致死亡。艾滋病病毒感染者的血液、精液、阴道分泌液、乳汁、伤口渗出液中均含有大量艾滋病毒，具有很强的传染性。

(一)我国预防和控制艾滋病的目标

现在，我国预防和控制艾滋病的目标是：实现建立综合性防治体系和全社会普及防治知识的总目标，明确近期和远期防治工作目标，阻断艾滋病病毒经采血途径传播、遏制经静脉吸毒传播的迅猛势头和降低性病发病上升幅度，加紧对艾滋病疫苗的研究、试验。根据对艾滋病监测管理规定，将监测管理对象锁定在已确诊的艾滋病病人、艾滋病病毒感染者、疑似艾滋病病人或与艾滋病病人、艾滋病病毒感染者有密切接触者。

(二)艾滋病监测管理的法律规定

1.艾滋病监测管理机构。各级人民政府卫生行政部门主管辖区内的艾滋病监测管理工作。公安、外事、海关、旅游、教育、航空、铁路、交通等有关部门及企业、事业单位和群众团体，应协助卫生行政部门采取措施，防治艾滋病传播。

2.艾滋病的监测工作内容包括：(1)疫情收集、整理、分析；(2)重点人群的血清检查;(3)流行病学因素调查、分析。

3.对艾滋病病人和感染者的处理。卫生、医疗和保健机构发现艾滋病病人时,应立即采取隔离措施,并送其至指定的医疗单位治疗。对艾滋病病毒感染者和疑似艾滋病病人,以及与艾滋病病人或艾滋病病毒感染者有密切接触者,应当根据预防的需要,对其实施下列部分或全部措施:(1)留验;(2)限制活动范围;(3)医学观察;(4)定期或不定期访视。

外国人在我国居留期间,如被发现属艾滋病病人或艾滋病病毒感染者,当地卫生行政部门可提请公安部门令其立即出境。

艾滋病病人或感染者的尸体必须就地火化。艾滋病病人或感染者的分泌物、排泄物及其所接触可能造成污染的用品和环境,应在卫生防疫机构监督指导下进行消毒,必要时由卫生防疫机构实施消毒。禁止艾滋病病毒感染者捐献人体组织、器官、血液和精液。

4.艾滋病病人和感染者的合法权益。社会不得歧视艾滋病病人、病毒感染者及其家属,他们应当依法享有公民权利和社会福利,对检测发现艾滋病病毒抗体阳性结果的确认报告属个人隐私,有关方面不得泄露,卫生行政部门指定提供服务的机构,不得拒绝收治艾滋病病人,对经济特别困难者,收治的医疗机构应报请当地政府协调解决费用。

五、传染性非典型肺炎的监测管理

为了有效预防和控制传染性非典型肺炎(严重急性呼吸综合征)的发生与流行,保障公众的身体健康和生命安全,2003 年 5 月 12 日卫生部颁布实施了《传染性非典型肺炎防治管理办法》。

(一)疫情报告、通报和公布

1.疫情报告。(1)任何单位和个人发现传染性非典型肺炎病人或者疑似传染性非典型肺炎病人时,都应当及时向当地疾病预防控制机构报告。(2)医疗机构及其医务人员、疾病预防控制机构的工作人员发现病人或者疑似病人,必须立即向当地疾病预防控制机构报告。(3)疾病预防控制机构发现疫情或者接到疫情报告,应当立即报告上级疾病预防控制机构和当地卫生行政部门;卫生行政部门接到报告后应当立即报告本级人民政府,同时报告上级卫生行政部门和国务院卫生行政部门。任何单位和个人对传染性非典型肺炎疫情,不得隐瞒、缓报、谎报或者授意他人隐瞒、缓报、谎报。

2.疫情通报。卫生部根据传染性非典型肺炎疫情情况,及时向国务院有关部门和各省、自治区、直辖市卫生行政部门以及军队卫生主管部门通报。传染性非典型肺炎疫情发生地的省、自治区、直辖市卫生行政部门,应当及时向毗邻省、自治区、直辖市卫生行政部门通报。接到通报的省、自治区、直辖市卫生行政部门，必要时，应当及时通知本行政区域内的医疗卫生机构，做好预防控制工作。

3.疫情公布。卫生部及时、如实向社会公布疫情；省、自治区、直辖市卫生行政部门及时、如实公布本行政区域的疫情。县级以上卫生行政部门应当加强农村疫情监测和疫情报告体系建设，建立健全县、乡、村三级疫情信息网络。

（二）预防与控制

1.预防。各级疾病预防控制机构负责对传染性非典型肺炎的预防控制工作，其主要职责是：(1)对传染性非典型肺炎疫情进行监测与预警；(2)对疫情报告进行汇总、分析、评估；(3)对病人或者疑似病人及其密切接触者进行流行病学调查；(4)对病人或者疑似病人的密切接触者采取必要的医学观察措施；(5)对医疗机构的消毒、隔离工作进行技术指导；(6)对疫点进行隔离控制和消毒；(7)对医疗机构外死亡的病人或者疑似病人的尸体进行消毒处理；(8)对疾病预防控制人员进行专门的业务培训；(9)对公众开展健康教育和医学咨询服务。

2.控制。疾病预防控制机构发现传染性非典型肺炎疫情或者接到疫情报告时，应当立即采取以下控制措施：(1)及时到达现场，调查登记病人或者疑似病人的密切接触者；(2)对密切接触者按照有关规定进行流行病学调查，并根据情况采取集中隔离或者分散隔离的方法进行医学观察；(3)对医疗机构外被病人或者疑似病人污染的场所、物品进行卫生处理。

病人或者疑似病人以及密切接触者及其他有关单位和人员，应当配合疾病预防控制机构和医疗机构采取预防控制措施。传染性非典型肺炎病人死亡后，尸体处理按照《传染病防治法》第 28 条的有关规定和卫生部、民政部《关于做好传染性非典型肺炎患者遗体处理和丧葬活动的紧急通知》的规定，立即消毒、就地火化。医疗机构、疾病预防控制机构必要时可以对尸体进行解剖查验。

（三）医疗救治

县级以上地方卫生行政部门应当指定专门的医疗机构负责收治传染性非典型肺炎病人或者疑似病人；指定医疗机构应设立发热门诊和隔离观察室，负责收治可疑发热病人，实行首诊负责制。发现病人或者疑似病人时，应当采取应急控制措施，并及时报告当地疾病预防控制机构。乡(镇)卫生院应当根据县级以上卫生行政部门的要求设立发热病人隔离观察室，发现可疑发热病人时，及时通知县级医疗机构派专门技术人员诊断或者转诊。上述医疗机构承担责任范围内的传染性非典型肺炎的预防、诊断、治疗任务，改善服务质量，提高治疗水平。

医疗机构收治病人或者疑似病人，实行先收治、后结算的办法，任何医疗机构不得以费用为由拒收病人。对农民(含进城务工农民)和城镇困难群众中的传染性非典型肺炎病人实行免费医疗，所发生救治费用由政府负担，具体办法按国家有关部门规定执行。

（四）监督管理

1.监督管理机构。卫生部对全国传染性非典型肺炎防治工作进行督察、指导。省、自治区、直辖市卫生行政部门对本行政区域的传染性非典型肺炎防治工作进行督察、指导。

2.监督检查内容。各级卫生监督机构在卫生行政部门的领导下，对下列事项进行监督检查：(1)医疗机构和疾病预防控制机构的疫情报告；(2)医疗机构、留验站(所)的隔离、消毒、防护和医疗废弃物处理；(3)公共场所的消毒、密切接触者的医学观察、疫点的环境消毒；(4)生产、经营和使用单位的消毒产品、防护用品的质量；(5)依法开展其他监督检查工作。

（五）法律责任

1.卫生行政部门的责任。县级以上地方卫生行政部门有下列行为之一的，由上级卫生行政部门责令改正，通报批评，给予警告，对其主要负责人由有关部门依法给予降级或者撤职的行政处分；造成传染性非典型肺炎传播、流行或者对社会公众健康造成其他严重危害后果的，依法给予开除的行政处分；构成犯罪的，依法追究刑事责任：(1)未按照规定履行报告职责，隐瞒、缓报、谎报或授意他人隐瞒、缓报、谎报疫情的；(2)在防治工作中玩忽职守，失职、渎职的；(3)对上级卫生行政部门的督察、指导不予配合，或者采取其他方式阻碍、干涉的。

2.疾病预防控制机构和医疗机构及其人员的责任。疾病预防控制机构和医疗机构及其人员有下列行为之一的，由县级以上卫生行政部门责令改正，通报批评，给予警告；情节严重的，依法吊销医疗机构执业许可证，并由有关部门对主要负责人给予降级或者撤职的行政处分；对有关医疗卫生人员，由其所在单位或者上级机关给予纪律处分，并由县级以上卫生行政部门依法吊销执业证书；造成传染性非典型肺炎传播、流行或者对社会公众健康造成其他严重危害后果，构成犯罪的，依法追究刑事责任：(1)未依法履行疫情报告职责，隐瞒、缓报或者谎报的；(2)拒绝服从卫生行政部门调遣的；(3)未按照规定及时采取预防控制措施的；(4)拒绝接诊病人或者疑似病人的；(5)未按照规定履行监测职责的。

3.其他有关单位和个人的责任。有关单位和人员有下列行为之一的，由县级以上卫生行政部门责令改正，可以处五千元以下罚款；情节较严重的，可以处五千元以上两万元以下的罚款；对主管人员和直接责任人员，由所在单位或有关部门给予行政处分；构成犯罪的，依法追究刑事责任：(1)对传染性非典型肺炎病原体污染的污水、污物、粪便不按规定进行消毒处理的；(2)造成传染性非典型肺炎的医源性感染、医院内感染、实验室感染或者致病性微生物扩散的；(3)生产、经营、使用消毒产品、隔离防护用品等不符合规定与标准，可能造成传染病的传播、扩散或者造成传染病的传播、扩散的；(4)拒绝、阻碍或者不配合现场调查、资料收集、采样检验以及监督检查的；(5)拒绝执行疾病预防控制机构提出的预防、控制措施的；(6)病人或者疑似病人故意传播传染性非典型肺炎，造成他人感染的。

第四节　职业病与地方病防治法律制度

一、职业病防治法律制度

(一)概述

职业病是企业、事业单位和个体经营组织的劳动者在职业活动中，因接触粉尘、放射性物质和其他有毒、有害物质等有害因素引起的疾病。职业病不仅是一个医学概念，而且具有法律意义。法律上所称的职业病一般是指由国家确认并经法定程序公布的职业病。我国《职业病防治法》采用法定职业病办法。根据2002年4月28日卫生部会同劳动保障部发布的《职业病目录》，职业病有10类115种。

职业病防治法是调整预防、控制和消除职业危害，防止职业病，保护劳动者健康，促进经济发展活动中所产生的各种社会关系的法律规范的总称。新中国建立后，在职业病防治方面，国务院及卫生行政部门颁布实施了《尘肺病防治条例》《职业病诊断管理办法》《职业病报告办法》等劳动卫生与职业病防治法规和规章。2001年10月27日，第九届全国人大常委会第24次会议正式通过了《职业病防治法》，并于2002年5月1日起施行，这是我国第一部全面规范职业病防治活动的法律，它确立了职业病防治法律制度，为职业病防治提供了法律保障。此后，卫生部及有关部门相继发布了《职业病防治法》实施的配套规章和规范性文件。

(二)职业病前期预防的法律规定

1.设立符合卫生条件的工作场所。产生职业病危害的用人单位的设立，除应当符合法律、行政法规规定的设立条件外，其工作场所还应符合下列职业卫生要求：(1)职业病危害因素的强度或者浓度符合国家职业卫生标准；(2)有与职业病危害防护相适应的设施；(3)生产布局合理，符合有害与无害作业分开的原则；(4)有配套的更衣间、洗浴间、孕妇休息间等卫生设施；(5)设备、工具等设施符合保护劳动者生理、心理健康的要求；(6)法律、行政法规和国务院卫生行政部门关于保护劳动者健康的其他要求。

2.建立职业病危害项目申报制度。国家依法设立并公布职业病目录，涉及目录中所列职业病危害项目的用人单位应当及时、如实向卫生行政部门申报，接受监督。职业病危害项目申报的具体方法由国务院卫生行政部门制定。

3.建立职业病危害预评制度。新建、扩建、改建项目和技术改造、技术引进项目（以下统称建设项目）可能产生职业病危害的，要实行职业病危害预评价审核制度，其主要规定有：预评价报告和审核、职业病防护设施“三同时”制度、防护设施的设计和验收、设立职业病危害预评价和控制效果评价的法定机构。

（三）劳动过程中的防护与管理制度

1.职业病防治管理措施。用人单位应采取以下管理手段和方法防治职业病：(1)设置或者指定职业卫生管理机构或者组织，配备专职或者兼职的职业卫生专业人员，负责本单位的职业病防治工作；(2)制定职业病防治计划和实施方案；(3)建立、健全职业卫生管理制度和操作规程；(4)建立、健全职业卫生档案和劳动者健康监护档案；(5)建立、健全工作场所职业病危害因素监测及评价制度；(6)建立、健全职业病危害事故应急救援预案。

用人单位的负责人应当接受职业卫生培训，遵守职业病防治的法律、法规，依法组织本单位的职业病防治工作。

2.工作环境和工作场所的防护。(1)用人单位应在醒目位置设置公告栏，公布职业病防治的规章制度、操作规程、职业病危害事故应急救援措施和工作场所职业病危害因素检测结果；(2)对产生严重职业病危害的作业岗位，应当在其醒目位置设置警示标志和中文警示说明，警示说明应当载明产生职业病危害的种类、后果、预防以及应急救治措施等内容；(3)对可能发生急性职业损伤的有毒、有害工作场所，用人单位应当设置报警装置，配置现场急救用品、冲洗设备、应急撤离通道和必要的泄险区；(4)对放射工作场所和放射性同位素的运输、贮存，用人单位必须配置防护设备和报警装置，保证接触放射线的工作人员佩戴个人剂量计；(5)用人单位应当定期对工作场所进行职业病危害因素检测、评价；检测、评价结果存入本单位的职业卫生档案，定期向所在地卫生行政部门报告并向劳动者公布。

经检测，发现工作场所职业病危害因素不符合国家职业卫生标准和卫生要求时，用人单位应立即采取相应治理措施，经治理后，符合国家职业卫生标准和卫生要求的，方可重新作业；仍然达不到要求的，必须停止作业。

3.生产设备的防护。(1)用人单位应当优先采用有利于防治职业病和保护劳动者健康的新技术、新工艺、新材料，逐步替代职业病危害严重的技术、工艺、材料。(2)向用人单位提供可能产生职业病危害的设备、化学品、放射性同位素和含有放射性物质的材料的，应当提供中文说明书，并在设备的醒目位置设置警示标志和中文警示说明。(3)国内首次使用或者首次进口与职业病危害有关的化学材料，使用单位或者进口单位按照国家规定经国务院有关部门批准后，应当向国务院卫生行政部门报送该化学材料的毒性鉴定以及经有关部门登记注册或者批准进口的文件等资料；进口放射性同位素、射线装置和含有放射性物质的物品的，按照国家有关规定办理。(4)任何单位和个人不得生产、经营、进口和使用国家明令禁止使用的可能产生职业危害的设备或者材料。

用人单位对采用的技术、工艺、材料，应当知悉其产生的职业病危害，对有职业病危害的技术、工艺、材料隐瞒其危害而采用的，对所造成的职业病危害后果承担责任。

4.个人防护。用人单位必须采用有效的职业病防护设施，并为劳动者提供符合防治职业病的要求的个人使用的职业病防护用品。对职业病防护设备、应急救援设施和个人使用的职业病防护用品，用人单位应当进行经常性的维护、检修，定期检测其性能和效果。

(四)劳动者的职业卫生权利

根据《职业病防治法》的规定，劳动者享有下列职业卫生保护权利：发生或者可能发生急性职业病危害事故时，用人单位当立即采取应急救援和控制措施，并及时报告所在地卫生行政部门和有关部门；卫生行政部门接到报告后，应当及时会同有关部门组织调查处理，必要时，可以采取临时控制措施；对受害者或者可能遭受急性职业病危害的劳动者，用人单位应当及时组织救治，进行健康检查和医学观察，所需经费由用人单位承担。

(五)职业病的诊断与处理的法律规定

1.职业病诊断。依照《职业病防治法》的规定，职业病诊断应当由省级以上人民政府卫生行政部门批准的医疗机构承担；劳动者可以在用人单位所在地或者本人居住地依法承担职业病诊断的医疗卫生机构进行职业病诊断。

职业病诊断标准和职业病诊断、鉴定办法由国务院卫生行政部门制定；职业病伤残等级的鉴定办法由国务院劳动保障行政部门会同国务院卫生行政部门制定。

承担职业病诊断的医疗卫生机构在进行职业病诊断时，应当组织3名以上取得职业病诊断资格的执业医师集体诊断；职业病诊断证明书应当由参与诊断的医师共同签署，并经承担职业病诊断的医疗卫生机构审核盖章。

2.职业病的鉴定。当事人对职业病诊断有异议的，有申请鉴定的权利，可以向作出诊断的医疗卫生机构所在地地方人民政府卫生行政部门申请鉴定。

3.职业病病人和疑似职业病病人的报告制度。用人单位和医疗机构发现职业病病人或者疑似职业病病人时，应当及时向卫生行政部门报告；医疗卫生机构发现疑似职业病病人时，应当告知劳动者本人并及时通知用人单位；用人单位应当及时安排对其进行诊断，在诊断或者医学观察期间，不得解除或者终止与其订立的劳动合同；确诊为职业病的，用人单位还应当向劳动保障行政部门报告，上述两个部门接到报告后，应当依法作出处理。

4.职业病病人保障的规定。职业病病人依法享有国家规定的职业病待遇。主要有：用人单位应当按照国家有关规定，安排职业病病人进行治疗、康复和定期检查；用人单位对不适宜继续从事原工作的职业病病人，应当调离原岗位，并妥善安置；职业病病人的诊疗、康复费用，伤残以及丧失劳动能力的职业病病人的社会保障，按照国家有关工伤社会保险的规定执行。

（六）职业病防治的监督管理

1.监督管理机构。国务院卫生行政部门统一负责全国职业病防治的监督管理工作；国务院有关部门在各自的职责范围内负责职业病防治的有关监督管理工作。县级以上地方人民政府卫生行政部门负责本行政区域内职业病防治的监督管理工作；县级以上地方人民政府有关部门在各自的职责范围内负责职业病防治的有关监督管理工作。

2.监督管理的内容及措施。(1)内容：县级以上人民政府卫生行政部门依照职业病防治法律、法规，国家职业标准和卫生要求，依据职类划分，对职业病防治工作及职业病危害检测评价活动进行监督检查。(2)监督措施：①一般性措施。卫生行政部门履行监督检查职责时，有权采取下列措施：进入被检查单位和职业病危害现场，了解情况，调查取证。查阅或者复制与违反职业病防治法律、法规的行为有关的资料和采集样品。责令违反职业病防治法律、法规的单位和个人停止违法行为。②临时控制措施。发生职业病危害事故或者有证据证明危害状态可能导致职业病危害事故发生时，卫生行政部门可以采取下列临时控制措施：责令暂停导致职业病危害事故的作业；封存造成职业病危害事故或者可能导致职业病危害事故发生的材料和设备；组织控制职业病危害事故现场。在职业病危害事故或者危害状态得到有效控制后，卫生行政部门应当及时解除控制措施。

3.监督执法的要求。职业卫生监督执法人员应当依法经过资格认定。职业卫生监督执法人员依法执行职务时，应当出示监督执法证件。职业卫生监督执法人员应当忠于职守，秉公执法，严格遵守执法规范；涉及用人单位的秘密的，应当为其保密。职业卫生监督执法人员依法执行职务时，被检查单位应当接受并予以支持配合，不得拒绝和阻碍。卫生行政部门及其职业卫生监督执法人员履行职责时，不得有下列行为：(1)对不符合法定条件的，发给建设项目有关证明文件、资质证明文件或者予以批准；(2)对已经取得有关证明文件的，不履行监督检查职责；(3)发现用人单位存在职业病危害及可能造成职业病危害事故，不及时依法采取控制措施。

（七）法律责任

1. 民事责任。《职业病防治法》第52条规定，职业病病人除依法享有工伤社会保险外，依照有关民事法律，尚有获得赔偿的权利，有权向用人单位提出赔偿要求。

2. 行政责任。《职业病防治法》对有关建设单位、用人单位、医疗卫生机构、从事职业卫生技术服务的机构、职业病诊断鉴定委员会、卫生行政部门及其职业卫生监督执法人员违反本法有关规定应当承担的行政责任，分别作了具体规定。还包括对向用人单位提供可能产生职业病危害的设备、材料的，生产、经营或者进口国家明令禁止使用的可能产生职业病危害的设备或者材料的，未取得职业卫生技术服务资质认证擅自从事职业卫生技术服务的，因违反本法有关规定其应当承担的行政责任，也分别作了具体规定。

3. 刑事责任。用人单位违反本法的规定，造成重大职业病危害事故或者其他严重后果，构成犯罪的，对直接负责的主管人员和其他直接责任人员，依法追究刑事责任。

从事职业卫生技术服务的机构和承担职业健康检查、职业病诊断的医疗卫生机构直接负责的主管人员和其他直接责任人员违反本法，构成犯罪的，依法追究刑事责任。

卫生行政部门及其职业卫生监督执法人员导致职业病危害事故发生，构成犯罪的，依法追究刑事责任。

二、地方病防治法律制度

地方病是指局限在某些特定地区发生和流行的疾病。我国的地方病现在已知的有70余种。在地方病防治方面，我国先后颁布实施了一系列关于防治地方病的法规、规章及规范性文件，如《全国地方病防治规划》《全国麻风病防治管理条例》《防治布氏杆菌暂行办法》《食盐加碘消除碘缺乏危害管理条例》《关于完善地方病工作达标考核验收办法的通知》《全国血吸虫病防治规则》等。

地方病按其发病原因可分为自然疫源性疾病（如鼠疫）、生物地球化学性疾病（如碘缺乏病）和与生产生活方式有关的疾病（如布鲁氏菌病）共三类。

我国国家重点防治的地方病主要有：

（一）鼠疫

鼠疫是自然疫源性疾病。《传染病防治法》将其列为法定甲类传染病，它通过媒介昆虫在啮齿动物中流行。动物间不同类型的鼠疫，具有特定的地区、宿主、媒介、流行和保存规律。在一定条件下通过疫鼠、疫蚤或其他染疫动物，将鼠疫传染给人，可造成人类鼠疫流行。鼠疫的主要防治对策是：改造主要动物（鼠、蚤)的生态环境,破坏其生存条件,达到间接消灭鼠疫的目的;加强鼠疫监测工作,建立全国重点地区的监测机构,对已知的鼠疫自然疫源地进行系统监测,作出短期或中长期科学预报;加强国境卫生检疫,进行预防接种以及疫区处理等。

(二)碘缺乏病

碘缺乏病是指碘缺乏对机体造成的危害,可表现为不同的疾病形式,包括缺碘地区出现的胎儿早产、死产、先天畸形、亚临床克汀病、单纯聋哑、甲状腺腺肿和克汀病等。1994 年 9 月,国务院办公厅转发卫生部、国家轻工总会的《中国 2000 年消除碘缺乏病规划纲要》,提出了消除碘缺乏病的目标及步骤。预计在“九五”期间,全国所有食用盐全部加碘,合格碘食用盐食用率达 95%;缺碘地区特需人群覆盖率大于 95%;全国 95%的县达到消除碘缺乏病;2000 年前达到全国消除碘缺乏病。要求内蒙古、辽宁、福建、海南、四川、贵州、云南、西藏、重庆、陕西、甘肃、青海、宁夏、新疆等 14 个省、自治区、直辖市实现消除碘缺乏病阶段目标,经 2000 年考评已实现消除碘缺乏病阶段目标的省、自治区、直辖市持续巩固防治成果。

国务院颁发的《食盐加碘消除碘缺乏危害管理条例》规定,县级以上地方各级人民政府卫生行政部门,负责对本地区食盐加碘消除碘缺乏危害的卫生监督和碘盐的卫生监督以及防治效果评估;县级以上盐业主管机构负责对本地区碘盐加工和市场供应的监督管理。

(三)血吸虫病

血吸虫病是由保存宿主钉螺传染所致的疾病,它已列为法定乙类传染病。其流行的主要原因是保存宿主的广泛存在并有其孳生繁殖的自然环境,同时由于人接触疫水机会频繁。我国血吸虫病主要分布在长江三峡以东的东南沿海的浙江、江西、福建一带以及川西平原和金沙江流域。我国的血吸虫病防治工作,经过多年努力,总结出“各级防治,综合措施,发动群众和科学技术相结合,防治工作和发展农业生产、兴修水利相结合”的策略,采取了灭螺、治病、防护、管粪管水等综合措施。近年来,卫生部先后修订颁布了有关血吸虫病的灭螺、治疗、疾病监测、质量控制等实施细则,规定防治血吸虫病的主要对策是:查病治病,查螺灭螺,加强粪便管理、水源管理和个人防护等。

(四)布鲁氏菌病

布鲁氏菌病是由布鲁氏菌属细菌引起的人畜共患的传染—变态反应性疾病,它被列为法定乙类传染病。1980 年国务院颁布了《防治布鲁氏菌病暂行办法》,其主要防治对策是:加强传染源管理,对非疫区要防止病畜带入,对疫区要做好控制和杀灭病畜工作,切断传播途径;加强个人防护,防止经人的皮肤、消化道或呼吸道感染;对易感人群(密切接触疫区家畜和畜产品人员)进行预防接种。

（五）地方性氟中毒

地方性氟中毒是一种地方性慢性中毒性疾病，其流行原因是由特定的自然条件、地球化学背景和生活习惯等的影响，使居民在生活环境特别是饮水或空气、食物中氟化合物中毒，是一种地球化学性疾病，主要分布在我国北方、西南和西北地区。该病以斑釉齿和氟骨症为特征，对人体危害较为严重。1983 年经国务院批准，由卫生部、水电部、地矿部、财政部联合发布了《改水防治地方性氟中毒暂行办法》。地氟病的主要防治对策是改水、改炉、改灶、防氟。

（六）麻风病

麻风病为法定丙类传染病，它是由麻风杆菌引起的，是主要侵犯人体皮肤和周围神经的慢性传染病，是严重危害人类健康的地方病之一。目前我国麻风病患区主要集中在东南沿海和长江流域。早在 20 世纪 50 年代，我国政府就制定防治规划，采取“积极防治，控制污染”的原则，做到“早期发现、早期隔离、早期治疗”。卫生部制定的《全国麻风病防治管理条例》提出，要采取加强领导、多部门协作、统一规划、广泛宣传、建立防治机构、开展联合治疗等综合措施。

第五节 慢性非传染性疾病控制的法律规定

一、我国慢性非传染性疾病的现状

慢性非传染性疾病（Chronic non-communicable disease）（以下简称慢性病），既是一组发病率、致残率和死亡率高，严重耗费社会资源，危害劳动力人口健康的疾病，也是可预防、可控制的疾病。当前主要指心脑血管疾病、恶性肿瘤、糖尿病、慢性阻塞性肺部疾病、精神心理性疾病等一组疾病。

慢性病的特点，一是病因复杂，发病与多个行为因素有关；二是潜伏期较长，没有明确的得病时间；三是病程长，随着疾病的发展，表现为功能进行性受损或失能，对健康损伤严重；四是很难彻底治愈，表现为不可逆性。

慢性病是全球的一个重要公共卫生问题。据世界卫生组织报道，慢性病是全球致死和致残的首位原因，慢性病导致了全球疾病负担加重。随着社会经济的发展和人民生活水平的提高，慢性病已成为严重危害我国人民健康的重要公共卫生问题。1997 年全国死因顺位统计，恶性肿瘤、脑血管病、心脏病为城镇居民的前三位死因，占总死因的 62.11%。我国慢性病造成的早死占全国潜在寿命损失的 63.00%。可见，我国正面临着慢性病的严重挑战。慢性病发病率的上升，带来居民对卫生服务需求和卫生服务利用的增加，成为卫生费用过度增长的主要因素，如不及时采取有效措施预防及控制慢性病，将对我国国民经济造成巨大影响。

在预防控制和减少慢性非传染性疾病方面,我国的立法和政策的主导思想是:掌握发病情况和发病规律,制定相应防治规则,适时制定有利于防治疾病和降低行为危害因素的法规和指导政策,如烟草控制、公共场所禁烟、保护生态环境、合理营养与膳食结构、全民体育运动等。

国家大力发展社区医疗卫生服务,积极开展疾病预防,推进社区综合干预和综合防治活动。逐步建立全国慢性病防治体系,完善以个人为中心、家庭为单位、社区为范畴的预防、保健、治疗、康复一体化的社区卫生服务网络,动员全社会全民积极参与,形成有效的全社区综合预防机制。这是预防控制慢性疾病的基本对策。

当前我国从观念到体制、机制都处在从卫生防疫到疾病控制的转变时期,在预防控制慢性非传染性疾病方面,还需要制定和完善相应的法律和政策指导。卫生部疾病预防控制局已于 2010 年 3 月向社会发布《全国慢性病预防控制工作规范(征求意见稿)》。

二、慢性非传染性疾病控制的法律制度

《全国慢性病预防控制工作规范(征求意见稿)》(以下简称《规范》)针对我国慢性病的现状和特点,根据《中共中央、国务院关于深化医药卫生体制改革的意见》(以下简称《医改意见》)中关于"完善疾病预防控制体系,加强对严重危害人民健康的慢性病等疾病的监测和预防控制"的要求,重点围绕严重危害我国人民健康的心脑血管疾病、恶性肿瘤、慢性呼吸系统疾病和糖尿病等 4 类疾病,对卫生行政部门、疾病防控机构、专病防治机构、基层医疗卫生机构、医院等开展的慢性病防控工作进行规范。

(一)机构

各级卫生行政部门、疾病防控机构、专病防治机构、基层医疗卫生机构和医院,在预防与控制慢性病工作中应设立相应的机构,配备足够人员,积极履行慢性病防控工作职责。

1.卫生部负责全国慢性病预防控制工作的组织领导与协调,各级卫生行政部门负责区域内慢性病预防控制工作的组织领导与协调。

2.疾病防控机构。其主要职责是:(1)各级疾病防控机构负责执行慢性病防控规划和方案,发挥业务技术指导和协调作用,为制定和发展政策提供技术支持,协助卫生行政部门制订慢性病防控规划;(2)负责制订本机构慢性病防控工作的年度计划和实施方案;(3)疾病防控机构承担慢性病及其危险因素等的监测与调查工作,定期发布信息,预测我国慢性病发病和死亡、疾病负担、危险因素流

行和发展趋势；(4)针对慢性病发生的危险因素，组织开展以人群为基础的慢性病防控的健康促进活动；(5)对基层医疗卫生机构和医院开展的慢性病防控工作进行考核与评价；(6)对下级疾控机构开展慢性病防控工作给予技术指导和业务培训；(7)承担慢性病防控工作的业务信息管理与综合评估；(8)开展慢性病防控相关的科学研究；(9)承担慢性病防控有关技术规范、指南、标准的制订及推广应用。但就上述职责，各级疾病防控机构有所侧重。

3.专病防治机构。国家设立国家心血管病中心、国家癌症中心和全国脑血管病防治办公室及其他专病防治机构，承担专病防治工作。各地根据实际情况，建立各级专病防治机构或是指定专科/综合医院承担本地区慢性病的预防、治疗与康复以及技术指导与培训工作。

4.基层医疗卫生机构。基层医疗卫生机构是慢性病防控网络的重要组成部分，包括城市社区卫生服务中心和服务站、农村乡镇卫生院和村卫生室。

5.医院。医院包括《医改意见》中提及的城市医院和县级医院。

疾病防控机构、专病防治机构、基层医疗卫生机构和医院履行着不同的慢性病预防与控制工作职责和任务，应根据各自的职责任务制订工作计划和实施方案。

(二)监测与调查

建立和完善慢性病监测系统，动态掌握我国居民慢性病发病、患病、死亡及危险因素的流行状况和变化趋势，确定慢性病预防控制优先领域，是制定政策和评价干预措施效果的重要基础。

我国慢性病有关监测的框架包括：死因监测、慢性病危险因素监测、发病和患病登记、居民营养监测、国民体质监测、特定人群(孕产妇、儿童、青少年)营养或行为监测、人口和出生资料的收集等内容。监测系统和信息管理系统纳入大的信息系统，进行统一维护。

1.死因监测。即建立和完善各级死因监测系统，了解居民死亡情况，确定主要死因分布及其变化趋势，为确定慢性病预防控制优先领域、制定政策和评价干预效果提供科学依据。

2.慢性病危险因素监测。慢性病危险因素监测内容，主要包括吸烟、饮酒、膳食、身体活动、体重控制情况，以及身高、体重、腰围、血压、空腹血糖、血脂(胆固醇、甘油三酯)等。各级疾病控制中心应从本地区的实际情况出发，逐步建立起能反映本地区慢性病危险因素流行水平及变化趋势的慢性病危险因素监测系统。

3.肿瘤登记。建立和完善符合我国社会经济水平的国家肿瘤登记报告系统，反映我国城乡、不同地区、不同人群的居民肿瘤发病、死亡、生存状态，提供满足我国肿瘤防治需求的信息。

4.脑卒中和心肌梗死病例报告。对辖区内的急性心肌梗死和心性猝死、脑卒中(指:原发性脑实质出血、脑栓塞、脑血栓形成、蛛网膜下腔出血)病例进行报告,为分析发病原因、控制发病水平、评价预后和预防控制效果、指导卫生决策提供数据支持,也为开展科学研究提供支持。

(三)干预与管理

在慢性病的防治中,预防显得特别重要,需要对其进行干预与管理。慢性病的干预与管理,需要卫生系统内各级疾病防控机构、专病防治机构、基层医疗卫生机构和医院的密切协作,需要其他部门的支持,以及社会和民众的积极参与。干预工作需要面向三类人群:一般人群、高危人群和患病人群;重点关注三个环节:危险因素控制、早诊早治和规范化管理;注重运用三个手段:健康促进、健康管理和疾病管理。围绕高血压、糖尿病、心脑血管病、肿瘤等重点慢性病,积极开展社区防治和健康教育,重视高危人群管理,控制社会和个人危险因素,推广有效防治模式,努力减少疾病负担。

根据我国慢性病及其危险因素流行特征,结合世界卫生组织《烟草控制框架公约》《饮食、身体活动与健康全球战略》等战略目标,我国现阶段慢性病干预与管理工作重点针对:烟草使用、不合理膳食、身体活动不足三种行为危险因素;超重/肥胖、血压升高、血糖升高和血脂异常四种生物学指标异常;以及心脑血管病、恶性肿瘤、慢性呼吸系统疾病、糖尿病四类慢性病。有条件的地区,在有效开展上述工作基础上,可扩大慢性病干预与管理的范围。

第十三章　精神卫生法律制度

第一节　精神卫生法律制度概述

一、精神卫生和精神疾病的概念

(一)精神卫生

精神卫生(Mental health),又称心理卫生,是指保障心理健康的各种措施和活动的总和。精神卫生概念有广义和狭义之分。

狭义的精神卫生是指对各种心理障碍和精神疾病患者进行广泛的预防和治疗,纠正心理偏差,减少精神疾病的发病率,促进精神疾病患者的治疗、康复和回归社会。精神疾病的预防一般包括:一级预防,旨在消除和减少病因或致病因素,采取措施,以防止和减少精神疾病的发生。二级预防,指早期发现、早期治疗,争取完全缓解和良好的愈合,防止复发,建立精神疾病防治网。三级预防,已患病者的康复工作,最大限度促进病人社会功能恢复,尽可能减少精神残疾发生,把预防精神残疾和康复纳入初级卫生保健系统中。

广义的精神卫生,是指人们保持并不断提高精神健康水平,培养健全的人格以战胜各种不良刺激,从而更好地适应社会生活。它是使人获得心理健康的方法和手段,是一种为保护和促进人类心理健康,保持人类对环境的良好适应,预防和治疗心理疾病的综合学科和实践技术。它的任务是采取适当措施,培养健全个性,消除各种不良影响,预防各种心理疾病和心理方面的问题,以保障心理健康。广义的精神卫生其内容十分广泛,基本属于精神医学的范畴,又涉及心理学、社会学、行为科学等许多学科。在努力提高全民族的健康水平的目标中,也包括提高社会的精神卫生水平。

(二)精神疾病

精神疾病(Mental illness)不仅是一个医学概念,也是一个法学概念。其医学概念为,在内外各种致病因素(生物的、心理的或社会的、文化的有害因素)的影响下,大脑机能活动发生紊乱,导致认识、情感、行为和意志等精神活动不同程度障碍的疾病。精神疾病可出现感觉、知觉、记忆、思维、情感、意志等精神活动障碍的表现，重者可出现幻觉、妄想、药物依赖、自杀倾向、冲动等特定症状。在法学意义上，凡是能使个体在实施危害行为时的辨认能力和控制能力受到损害的各种精神异常，不论是慢性的或者是暂时性的，先天的或者后天的，器质性的或者功能性的，重的或轻的，统称为精神病。

二、精神卫生立法概述

精神疾病患者，缺乏对心理异常的自知能力和对行为的控制能力。在科学文化落后的历史时期，世界各地普遍把精神疾病患者视为“狂人”而加以歧视、虐待甚至杀害。19 世纪 60 年代以来，随着医学的进步和人们社会价值观念的转变，人们对精神疾病本质逐步了解。改善精神疾病患者的社会地位，保障精神疾病患者的人身基本权利，减少限制，使精神疾病患者回归社会的维护精神疾病患者合法权益的运动，在世界范围内产生了深刻的影响。一些国家开始用立法的形式来保护精神疾病患者的合法权益。从 1800 年英国颁布《精神错乱者法》（1890 年更名为《精神错乱法》）起至今，目前世界上已经有 100 多个国家进行了精神卫生立法。中国所在的西太平洋地区国家，除中国以外，仅有老挝和马绍尔群岛没有专门的精神卫生法律。我国的香港和台湾地区于 20 世纪 90 年代初颁布了精神卫生法。

精神卫生法（Mental health law）是调整保障精神疾病患者的医疗、康复、就业、婚姻等合法权益，维护精神卫生工作者正常工作活动所产生的各种社会关系的法律规范的总和。其中不仅包括精神疾病患者的医疗、康复、就业等合法权益，维护精神卫生机构的正常工作秩序，保护精神卫生工作人员的人身安全等，还包括精神疾病的预防、各类精神障碍的医疗及康复中的合法权益。

精神疾病是严重危害人民群众身心健康的疾病，我国政府多年来致力于完善一系列精神卫生工作的政策、规划，积极探索精神卫生的法制化管理。1987 年 4 月国务院审核同意了卫生部、民政部、公安部《关于加强精神卫生工作的意见》；1988 年 12 月国务院发布了《精神药品管理办法》；1989 年 7 月，最高人民法院、最高人民检察院、公安部、司法部、卫生部联合颁布了《精神疾病司法鉴定暂行规定》；1992 年 6 月，又发布了《精神卫生工作“八五”计划要点》；2001 年 12 月 28 日，上海市人大常委会通过了《上海市精神卫生条例》，并从 2002 年 4 月 1 日起正式实施；2001 年召开的“第三次全国精神卫生工作会议”提出了“预防为主，防治结合，重点干预，广泛覆盖，依法管理”的新时期精神卫生工作指导原则；2002 年，卫生部、公安部、民政部、中国残联四部门联合下发了《中国精神卫生工作规划（2002—2010 年）》；2004 年，国务院办公厅转发了卫生部等部门《关于进一步加强精神卫生工作的指导意见》；2006 年，卫生部、国家中医药管理局联合发布的《城市社区卫生服务机构管理办法(试行)》中,将社区精神卫生服务列入社区公共卫生服务内容,并且由政府提供补助;2008 年 1 月,卫生部等 17 个部门联合发布的《全国精神卫生工作体系发展指导纲要(2008—2015 年)》,提出到 2010 年、2015 年精神卫生工作体系发展的分阶段目标,以及在保障目标实现的过程中,各部门的精神卫生工作职责;2006 年 11 月,国务院批准建立由卫生部、民政部等部门和单位组成的精神卫生工作部际联席会议制度。所有这些共同奠定了我国精神卫生的立法基础。我国从 1985 年开始由卫生部组织起草《精神卫生法》,至今已历时 20 余年,目前已经向社会公布征求意见稿,并已经纳入十一届全国人大常委会的立法规划。

第二节　精神疾病预防和精神疾病患者保护、治疗的法律规定

一、精神疾病预防的法律规定

(一)加大精神卫生健康教育和宣传

各级人民政府和政府有关部门,应当组织开展精神卫生的健康教育,倡导文明健康科学的生活方式,营造关怀和帮助精神疾病患者及其家属的社会环境。使广大人民群众增加精神卫生知识,改变对精神疾病患者的偏见和歧视的传统观念,普及常见精神疾病的防治知识,呼吁全社会都来关心和体贴精神病患者。居民委员会、村民委员会应当协助当地人民政府和政府有关部门,组织开展社区心理健康指导、精神卫生知识宣传和健康教育活动,举办有益于城乡居民身心健康的文体活动,创建文明和谐的社区环境。县级以上人民政府教育行政部门,应当指导学校通过课堂教学和课外活动等形式开展精神卫生健康教育,促进学生身心健康发展。县级以上人民政府教育行政部门和学校,应当对教师进行上岗前和在岗期间的精神卫生知识培训,使教师在日常管理和教学活动中关心、爱护学生,促进学生心理健康。用人单位应当组织其工作人员学习有关精神卫生知识,开展文化、体育和娱乐活动,合理安排工作和休息时间,创造有益于身心健康的工作环境。

大众传播媒介及各宣传单位应积极开展经常性精神卫生宣传工作,并纳入年度工作计划。政府有关部门和社会团体应组织定期精神卫生宣传活动。积极开展和利用现代网络信息技术向大众传播心理健康和精神疾病防治知识,提供精神卫生服务信息。各级精神卫生专业机构、综合性医院、基层医疗卫生机构、

精神卫生相关学会和协会要主动开展精神卫生宣传和咨询服务。

(二)重视突发事件的心理救援和心理咨询

各级人民政府和政府有关部门制定突发公共事件应急预案,应当包括心理救援内容,避免和减少精神疾病的发生。心理健康咨询是预防精神疾病的重要环节,从事心理咨询的人员应当经过精神卫生知识的培训,取得相应的资格。心理治疗师执业,应当经注册取得心理治疗师执业证书。心理治疗师应当在医疗机构中从事心理治疗,但不得从事精神疾病的诊断、治疗,不得向精神疾病患者提供药物治疗;发现或者怀疑接受心理咨询的人员有精神疾病时,应当建议其到符合法律规定的医疗机构进行诊断、治疗。

(三)开展精神卫生监测

建立精神卫生监测网络,对精神疾病的发生及其因素开展监测。国务院卫生行政部门制定国家精神卫生监测工作计划。省、自治区、直辖市人民政府卫生行政部门,根据国家精神卫生监测工作计划制定本行政区域的精神卫生监测方案,组织开展精神卫生监测和专题调查。

二、对精神疾病患者的保护和诊断治疗的法律规定

(一)对精神疾病患者的保护

精神疾病患者的权利能力并不因其患有精神疾病而受到影响,但是由于其不能进行各项民事活动,需要设立监护人。《民法通则》第17条规定:无民事行为能力或者限制民事行为能力的精神病人,由下列人员担任监护人:配偶;父母;成年子女;其他近亲属;关系密切的其他亲属、朋友愿意承担监护责任,经精神病人的所在单位或者住所地的居民委员会、村民委员会同意的。对担任监护人有争议的,由精神病人的所在单位或者住所地的居民委员会、村民委员会在近亲属中指定。对指定不服提起诉讼的,由人民法院裁定。没有规定的监护人的,由精神病人的所在单位或者住所地的居民委员会、村民委员会或者民政部门担任监护人。

精神疾病患者监护人除承担民法规定的责任外,还必须承担患者在就医时的保护责任,主要有:

1.妥善看管、照顾精神疾病患者,防止其伤害自身、危害他人或社会。

2.督促患者接受治疗;为需要住院治疗的患者办理住院手续。

3.为经诊断可以出院的精神疾病患者办理出院手续。

4.帮助精神疾病患者接受康复治疗或者职业技能培训。

(二)精神疾病患者的诊断和治疗的法律规定

1.精神疾病患者的诊断。精神疾病患者的诊断,必须严格按照国家规定的

标准和程序进行。(1)诊断的机构及人员。从事精神疾病诊断、治疗的医疗机构应当具备下列条件,并按照《医疗机构管理条例》的规定办理有关手续,如不具备,不得从事精神疾病的诊断、治疗:①有与从事的精神疾病诊断、治疗相适应的精神专科执业医师和其他医疗卫生技术人员;②有满足精神疾病诊断、治疗所需要的设施和设备;③有完备的精神疾病诊断、治疗管理制度和质量监控制度;④有医学、法学、伦理学等方面专家组成的伦理委员会。精神疾病的诊断应当由精神专科执业医师作出。(2)诊断标准。精神疾病的诊断、治疗应当遵循国务院卫生行政部门规定的精神疾病分类、诊断标准和治疗规范进行。(3)复诊。精神疾病患者或者其监护人对诊断有异议的,可以在接到书面诊断结论后10日内向作出诊断的医疗机构提出复诊申请。医疗机构应当在接到申请后3日内组织原诊断医师以外的2名以上精神专科执业医师进行复诊。

2.精神疾病患者的治疗。(1)自愿治疗。精神疾病患者的治疗实行自愿原则。(2)强制治疗。对有重性精神疾病患者,如有可能发生伤害自身、危害他人的行为的精神病患者,经精神专科执业医师检查评估,可采取强制住院措施治疗。但禁止利用约束、隔离等保护性医疗措施惩罚精神疾病患者。(3)社区康复。社区康复是指依靠社区(城市街道、农村乡镇)的力量,包括精神疾病患者本身和家庭以及整个社区的力量,在力所能及的水平上采取各种措施,诸如医学的、家庭的、职业的、社会的康复,使多数精神疾病患者可以就近得到恢复和补偿功能,以增加其参与社会的能力。同时,积极开展精神疾病的预防工作,防止疾病的发生和发展。

三、精神疾病患者的权利

精神疾病患者作为我国公民,应享有宪法规定的所有权利。但是,由于他们丧失了行为能力和自我保护能力,因此对他们的合法权利必须特别加以保障。应特别重视的权利有:

(一)人身自由权和人格尊严权

精神疾病患者的公民权利和人格尊严受法律保护。对精神疾病患者,除非对本人有危险或对他人的安全构成威胁,不得加以非法的捆绑、拘禁,更不得对其进行殴打、不给饮食等虐待行为。医疗机构及其医务人员应当尊重精神疾病患者的通讯和会见探访者等权利。除非符合法定条件,并经法定程序,任何人不得强制精神疾病患者住院治疗。

(二)知情权

医疗机构和医师,应当向精神疾病患者或者其监护人告知疾病治疗情况,说明有关治疗方法、目的以及可能产生的后果,并取得精神疾病患者或者其监护人书面知情同意。要求精神障碍者参与医学教学、科研活动或者接受新药、新的治疗方法的临床试用的医疗机构，必须书面告知其本人或者监护人教学、科研、试用的目的、方法及可能产生的后果，并取得其本人或者监护人的书面同意。禁止对精神疾病患者进行与其疾病治疗无关的新药、新的治疗方法等临床试验。

（三）隐私权

患者的隐私权是指，对于病人在疾病的诊断和治疗过程中向医生披露的任何信息，以及医生通过诊断和治疗获得的与病人相关的任何信息，病人都有权利期待医生会为其保密；医生在未经病人许可时，不得披露这些信息。

未经患者本人或其监护人同意，任何单位或者个人不得公开精神疾病患者及其家属的姓名、住址、工作单位、肖像、病史资料以及其他任何可能推断出其具体身份的信息。非法侵犯精神疾病患者隐私权的，应当依法承担相应的行政责任、民事责任；构成犯罪的，依法追究刑事责任。

（四）学习和劳动就业权利

对于已康复的精神疾病患者，除能证明其无能力胜任外，不得以曾患精神病为由，拒绝其入学、应考、雇用等。

（五）女精神疾病患者的性不可侵犯权

对明知女方是精神疾病患者，不论采取任何手段非法与之发生两性关系的，均以强奸罪论处。

第三节　精神疾病的司法鉴定

一、司法精神病学及精神疾病司法鉴定的概念

（一）司法精神病学

司法精神病学（Judicial psychiatry）又称法律精神病学，是法学和精神病学之间的边缘学科。它研究与法律有关的精神病学问题，以及精神卫生工作中蕴涵的法律问题。研究这些问题的归类及其产生和发展的原因与规律，也研究对这些问题检查、鉴定和处理的具体技术方法、组织机构、法律程序、法律规定和法学理论。法律精神病学，不仅研究适用于现行法律的精神病司法鉴定问题，还要研究进一步修改、完善乃至制定有关法律制度的问题，就这类问题向国家立法部门提出自己的科学见解。因此，法律精神病学必须不断完善自己的理论体系，同时还要不断吸收当代科学成果，在司法和立法中发挥自己应有的作用。

与法律有关的精神病学问题范围比较广，不仅与刑法、民法、诉讼法、劳动法、经济法、行政法、医药卫生法等部门法有关，也常常涉及宪法的某些方面。

法律精神病学是一门实践性、社会性、理论性很强的综合性应用科学，它从法学、精神病学、医学、伦理学、社会学和现代科学技术中不断汲取新鲜的研究成果，不断完善发展自己独立的学科体系，使之更好地为人类服务。

法律精神病学面临许多重大难题，如精神病人犯罪的司法鉴定，精神病人的强制性住院，精神病人的婚育和离婚以及继承权，精神疾病的伪装和边缘人格的违法犯罪：吸毒、赌博、酗酒、色情犯罪等行为所涉及的法律问题等。上述问题都需由法律精神病学与其他相关的学者共同研究来解决。

(二)精神疾病司法鉴定

精神疾病司法鉴定(God disease judicial authentication)，是指鉴定人运用现代医学手段和专业知识，对被鉴定人及其行为进行司法精神病学调查和分析，客观评价被鉴定人的精神状况和行为能力的科学技术工作。精神疾病司法鉴定应当根据案件事实和被鉴定人的精神状态，应用司法精神病学的理论和技术，科学地作出鉴定。

我国在 1998 年 1 月 1 日颁布施行的《精神疾病司法鉴定管理办法》，集中体现了精神疾病司法鉴定制度的相关规定。

二、精神疾病司法鉴定的法律规定

(一)鉴定机构

鉴定机构是指执行精神疾病司法鉴定任务的组织和单位。最高人民法院、最高人民检察院、卫生部、司法部和公安部等共同组成国家精神疾病司法鉴定协调委员会，负责全国精神疾病司法鉴定的协调工作。国家精神疾病司法鉴定协调委员会下设办公室，办公室设在国务院卫生行政部门。省、自治区、直辖市成立精神疾病司法鉴定委员会，负责本行政区域内的精神疾病司法鉴定工作。精神疾病司法鉴定委员会由精神疾病司法鉴定人组成。

(二)精神疾病司法鉴定场所

精神疾病司法鉴定，必须在精神疾病司法鉴定指定医院中进行。申请精神疾病司法鉴定指定医院资格的医院，经省、自治区、直辖市人民政府卫生行政部门审核，报省、自治区、直辖市人民政府批准后，由省、自治区、直辖市人民政府卫生行政部门颁发国务院卫生行政部门统一印制的《精神疾病司法鉴定许可证》，成为精神疾病司法鉴定指定医院。未取得《精神疾病司法鉴定许可证》的任何单位，不得开展精神疾病司法鉴定工作。

(三)精神疾病司法鉴定人

1. 鉴定人资格。具有下列资格之一的，可以担任鉴定人：(1)取得国家高等医学院校精神卫生专业或者医疗专业本科以上学历，具有精神科执业医师资格，在精神病专科医院或者综合医院精神科连续从事精神病临床工作5年以上，在精神病专科医院或者综合医院精神科再连续参与精神疾病司法鉴定工作5年以上，并取得精神科副主任医师以上职务任职资格；(2)取得国家高等医学院校精神卫生专业或者医疗专业专科学历，具有精神科执业医师资格，在精神病专科医院或者综合医院精神科连续从事精神病临床工作7年以上，在精神病专科医院或者综合医院精神科再连续参与精神疾病司法鉴定工作5年以上，并取得精神科副主任医师以上职务任职资格。

2.鉴定人的权利。鉴定人享有以下权利：(1)接受精神疾病司法鉴定委员会的委托从事精神疾病司法鉴定工作；(2)案件材料不充分时，要求鉴定委托机关或者鉴定申请人提供所需要的案件材料；(3)向被鉴定人的工作单位和家属以及有关证人了解情况；(4)根据案情和被鉴定人病情的需要，要求鉴定委托机关或者鉴定申请人将被鉴定人移送至收治精神病人的医院住院检查和鉴定。

3.鉴定人职责。精神疾病司法鉴定人的职责有：(1)接受精神疾病司法鉴定委员会的委托从事精神疾病司法鉴定工作；(2)由于某种原因暂不能从事精神疾病司法鉴定工作的，应及时向精神疾病司法鉴定委员会说明；(3)在精神疾病司法鉴定工作中做到科学、公正、严谨；(4)遵守有关回避的规定；(5)遵守有关保密的规定；(6)解答鉴定委托机关或者鉴定申请人提出的与鉴定结论有关的问题；(7)接受精神疾病司法鉴定委员会的委托出庭作证；(8)根据办案机关的要求或申请人的要求出庭作证；(9)省、自治区、直辖市人民政府精神疾病司法鉴定委员会规定的其他职责。

(四)精神疾病司法鉴定的程序

1.鉴定的提出。公安机关、检察机关、司法机关、监狱管理机关和其他办案机关(以下称办案机关)以及其他单位和个人，涉及需要进行精神疾病司法鉴定的，向省、自治区、直辖市精神疾病司法鉴定委员会提出委托或者申请。办案机关以及其他单位和个人也可以直接向其他省、自治区、直辖市精神疾病司法鉴定委员会提出委托或者申请。

办案机关以及其他单位和个人，对鉴定结论有异议或者有多个鉴定结论不一致的，可以向原精神疾病司法鉴定委员会提出委托或者申请复核，也可直接向其他省、自治区、直辖市精神疾病司法鉴定委员会提出委托或者申请重新鉴定。

委托或者申请精神疾病司法鉴定，应当提交精神疾病司法鉴定委托书或者申请书，并提交下列材料：(1)被鉴定人及其家庭资料；(2)被鉴定人的案件情况；(3)被鉴定人的社会资料；(4)知情人对被鉴定人精神状态的证言；(5)被鉴定人的疾病情况和病历资料；(6)精神疾病司法鉴定委员会要求提交的其他材料。

办案机关委托鉴定的，除提交上述规定的材料外，还应当提交被鉴定人案件卷宗材料。已经鉴定过的案件的鉴定委托或者申请，还应当提交原鉴定结论。

2.鉴定的受理。精神疾病司法鉴定委员会在受理鉴定委托或者鉴定申请后，应当在3个工作日内，向委托机关或者申请人出具《精神疾病司法鉴定受理通知书》。申请或者委托精神疾病司法鉴定有下列情形之一的不予受理：(1)委托机关或者申请单位不具备法人资格或者申请人不具备完全民事行为能力；(2)不能按《精神疾病司法鉴定管理办法》第19条的规定提交有关材料，或者提交的材料不符合要求；(3)未交纳鉴定费；(4)省、自治区、直辖市人民政府精神疾病司法鉴定委员会规定的其他情形。

精神疾病司法鉴定委员会应当在受理鉴定委托或者鉴定申请之日起3个工作日内完成鉴定前的准备工作：(1)对当事人提交的材料进行初步审查；(2)与鉴定委托人或者申请人约定鉴定日期；(3)随机确定提供鉴定场所的指定医院；(4)随机确定鉴定人和鉴定主持人；(5)其他必要的准备工作。

3.鉴定的实施。精神疾病司法鉴定组可以根据不同情况，选择直接鉴定、文证审定或者缺席鉴定等不同鉴定种类。被鉴定人能够配合和接受鉴定的，应当选择直接鉴定；被鉴定人死亡的，曾经有过精神疾病司法鉴定以及根据其他材料足以进行鉴定的，可以选择文证审定；具有下列情形之一的，可以选择缺席鉴定：(1)患有严重躯体疾病正在抢救，其他材料足以进行鉴定的；(2)意识丧失，近期内不能恢复，其他材料足以进行鉴定的；(3)省、自治区、直辖市人民政府卫生行政部门规定的其他情形。

4.鉴定结论的出具。精神疾病司法鉴定结论，以《精神疾病司法鉴定书》的形式作出。《精神疾病司法鉴定书》经所有参加精神疾病司法鉴定的鉴定人签字，并加盖指定医院指定公章后生效。

《精神疾病司法鉴定书》的内容包括：(1)被鉴定人姓名、性别、年龄、婚姻、民族、文化程度、职业、住址等；(2)委托鉴定单位或申请鉴定人；(3)鉴定种类；(4)鉴定时间；(5)指定医院名称、场所、鉴定参加人；(6)鉴定案由；(7)调查和有关证据材料；(8)检查所见；(9)分析意见；(10)鉴定结论；(11)鉴定人签名及指定医院指定公章；(12)编号及签发日期。

在作出精神疾病司法鉴定结论时，参加鉴定的精神疾病司法鉴定人，应当签署分析意见和鉴定结论；有不同意见时，应当记录在案，鉴定结论依据多数人意见形成。

第十四章　医疗机构管理法律制度

第一节　医疗机构管理法律制度概述

一、医疗机构的概念与特征

医疗机构(Medical establishment)是指符合法定条件，依法取得《医疗机构执业许可证》，专门从事疾病诊断、治疗活动的所有卫生机构的总称。在我国，医疗机构的宗旨是救死扶伤、防治疾病、为人民的健康服务。

根据这个概念，医疗机构应当符合以下几个特征：

(一)医疗机构是依法成立的卫生机构

依法成立是指依据国务院《医疗机构管理条例》及其实施细则的规定进行设置和登记，并取得了《医疗机构执业许可证》的卫生机构。

(二)医疗机构是专门从事疾病诊断、治疗活动的卫生机构

根据设立卫生机构目的的不同，我国将卫生机构分为医疗机构和疾病预防机构等。前者主要以开展疾病诊断、治疗活动为主，后者主要以开展卫生防疫、疾病预防和控制活动为主。可见，卫生机构是一个更加广义的概念，它除了包括医疗机构外，还包括与卫生工作相关的其他机构。

(三)医疗机构是从事疾病诊断、治疗活动的卫生机构的总称

我国的医疗机构是由一系列开展疾病诊断、治疗活动的卫生机构构成的。下面将作具体介绍。

二、医疗机构的分类

根据医疗机构的功能、任务、规模等内容，可以将我国的医疗机构划分为12类：

1.综合医院、中医医院、中西医结合医院、民族医医院、专科医院、康复医院。

2.妇幼保健院。

3.中心卫生院、乡(镇)卫生院、街道卫生院、社区卫生服务中心。

4.疗养院。

5.综合门诊部、专科门诊部、中医门诊部、中西医结合门诊部、民族医门诊部。

6.诊所、中医诊所、民族医诊所、卫生所、医务室、卫生保健所、卫生站。

7.村卫生室(所)。

8.急救中心、急救站。

9.临床检验中心。

10.专科疾病防治院、专科疾病防治所、专科疾病防治站。

11.护理院、护理站。

12.其他诊疗机构。

还有一些非医疗机构利用其业务特点,在本职业务范围之外开展诊疗活动(如卫生防疫、国境卫生检疫、医学科研和教学机构等)或美容服务机构开展医疗美容业务的,也必须按照上述分类,申请设置相应类别的医疗机构。

随着社会主义市场经济的完善,国家扶持医疗机构的发展,鼓励多种形式兴办医疗机构。自2000年起,根据医疗机构的法律性质、社会职能等,又可以将医疗机构区分为营利性医疗机构和非营利性医疗机构。非营利性医疗机构,是指为社会公众利益服务而设立和运营的医疗机构,不以营利为目的,其收入用于弥补医疗服务成本,实际运营中的收支结余只能用于自身的发展,如改善医疗条件、引进技术、开展新的医疗服务项目等。营利性医疗机构,是指医疗服务所得收益可用于投资者经济回报的医疗机构。政府不举办营利性医疗机构。非营利性医疗机构在医疗服务体系中占主导地位。

三、我国医疗机构管理立法

新中国医疗机构管理立法的历史,以党的十一届三中全会为中线,可分为两个阶段。

第一阶段,从20世纪50年代初到1978年,是我国医疗机构管理立法的产生和初步发展期。这期间国家根据当时的国情提出了“以加强基层卫生组织建设为重点”的工作方向,1951年1月3日,政务院批准颁布了我国第一个医疗机构管理行政法规《医院诊所管理暂行条例》。之后,国务院和卫生部又相继出台了若干医疗机构管理法规、规章,如《医院、诊所组织编制原则(草案)》《关于组织联合医疗机构实施办法》《县卫生院暂行组织通则》《县属区卫生所暂行组织通则》等。这些行政法规、规章组成了我国医疗机构管理的初步制度框架,但由于种种原因,实施并不顺畅,我国的医疗机构管理立法整体发展缓慢,社会医疗水平整体偏低。

第二阶段,从1978年至今,是我国医疗机构管理立法的稳步发展期。党的十一届三中全会以后，随着我国社会主义市场经济的发展，医疗机构的种类和经营模式也开始多样化。为了规范市场经济条件下医疗机构的设置和运行，以卫生部为主的相关部门，先后制定实施了有关医疗机构管理的一系列行政规章和规范性文件，如《综合医院组织编制原则（试行草案）》（1978 年 12 月 2 日）、《农村合作医疗章程（试行草案）》（1979 年 12 月 15 日）、《全国城市街道卫生院工作条例（试行草案）》（1979 年 12 月 19 日）、《全国医院工作条例》（1982 年 1 月 12 日）、《医院工作制度》（1982 年 4 月 7 日）、《医师、中医师个体开业暂行管理办法》（1988 年 11 月 21 日）、《医院分级管理办法（试行）》（1989 年 11 月 29 日）、《医院工作制度补充规定（试行）》（1992 年 3 月 7 日）、《全国血站工作条例（试行草案）》《综合医院组织编制原则（试行草案）》等。特别是国务院于 1994 年 2 月 26 日发布了《医疗机构管理条例》，自同年 9 月 1 日起施行；随后卫生部又陆续发布了《医疗机构管理条例实施细则》《医疗机构监督管理行政处罚程序》《医疗机构设置规划指导原则》《医疗机构基本标准（试行）》《医疗机构评审委员会章程》等，标志着我国医疗机构法律制度逐步形成。

随着卫生体制改革的深入和社会需要，卫生部等部委联合印发了《关于城镇医疗机构分类管理的实施意见》《中外合资、合作医疗机构暂行管理办法》等规章；2009 年 8 月卫生部在征求意见的基础上发布了新的《医疗机构设置规划指导原则》。

近年来，卫生部单独或者与有关部门联合又陆续制定实施了一些新的规定，如《医疗美容服务管理办法》《医疗广告管理办法》《城市社区卫生服务机构管理办法（试行）》《妇幼保健机构管理办法》《关于医疗机构冠名红十字（会）的规定》《医疗机构药事管理办法》《医疗机构院务公开监督考核办法（试行）》《医疗机构校验管理办法（试行）》《医疗卫生服务单位信息公开管理办法（试行）》《医疗机构监督管理行政处罚程序》等。2009 年 3 月 17 日，中共中央、国务院《关于深化医药卫生体制改革意见》中提出，进一步完善医疗服务体系，坚持非营利性医疗机构为主体、营利性医疗机构为补充，公立医疗机构为主导、非公立医疗机构共同发展的办医原则，建设结构合理、覆盖城乡的医疗服务体系。2010 年，卫生部又对《医院工作制度》《医院工作人员职责》和《医院工作制度的补充规定（试行）》进行修订，形成并发布了《全国医院工作制度与人员岗位职责》。2010 年 11 月 26 日国务院办公厅转发了国家发展改革委员会、卫生部、财政部、商务部、人力资源社会保障部《关于进一步鼓励和引导社会资本举办医疗机构的意见》。以上情况表明，我国医疗机构管理立法呈现出积极稳步发展的态势，医疗机构管理法律制度体系基本形成并逐步完善。

第二节　医院管理的法律规定

一、医院的概念和任务

(一)医院的概念

医院(Hospital)是指拥有一定数量的病床设施,具备相应的医务人员和医疗设备,通过医务人员的集体协作,对住院病人或门诊病人实行诊疗活动,达到防病治病、保障人体健康的医疗机构。它从产生至今,已经成为社会处理健康和疾病问题的主要卫生机构。

医院按照不同的标准有不同的分类。按照所有制形式,可以分为全民所有制医院、集体所有制医院、股份合作制医院及个体医院。按照医院规模、医疗技术水平及服务区域,可以分为一级医院、二级医院、三级医院。按照隶属关系,可分为地方医院、军队医院、企业医院、医学院校附属医院。而最常见的分类是根据收治病人的范围,分为综合医院和专科医院两大类。

综合医院,是指设有一定数量的病床,划分内、外、妇、儿、中医、五官等专科,配备药剂、检验、放射等医技部门、相应的人员和设备的医疗机构。综合医院的多专科性,最容易实现现代医学所要求的对病人进行多专科协作诊疗的功能,是各类医院的主体,它在我国医院总数中占80%。

专科医院,是指为诊治某些特种疾病而设立的单科性医疗机构。专科医院包括:传染病医院、精神病医院、结核病医院、麻风病医院、职业病医院、儿童医院、妇幼保健院、肿瘤医院、口腔医院、眼耳鼻喉科医院、胸科医院、骨科医院、中医医院等10多种。

中医医院和儿童医院,由于其有较完全的分科,可视为特殊类型的综合医院。

(二)医院的任务

根据《全国医院工作条例》,我国医院的任务是:以医疗工作为中心,在提高医疗质量的基础上,保证教学和科研任务的完成,并不断提高教学质量和科研水平,同时做好扩大预防、指导基层和计划生育的技术工作。所以,医院的任务和功能具有综合性。具体包括:

1. 医疗,这是医院的中心任务。医院的医疗工作以诊疗和护理两大业务为主体,并与其他辅助业务密切配合,形成完整的医疗体系。医院医疗一般分为门诊医疗、住院医疗、康复医疗和急救医疗。门急诊诊疗是第一线,住院诊疗是中心。

2. 教学，这是医院的一项重要任务。医院的教学任务，按医学教育的对象划分，包括：对医学院校学生的临床教学和毕业实习及毕业后的专科培训；本院各类人员的继续教育；对下级医疗机构人员的培训、进修教育和技术指导。

3. 科研，这是提高医院医疗和教学质量的重要基础。医院由于其拥有丰富的临床病例资料，开展科研工作有其得天独厚的条件，同时医院又是进行临床科学实践的重要场所，因此，医院开展科研工作，对提高医疗业务水平及推动医学科学发展都有重要意义。

4. 预防保健，这是医院的社会责任。随着生物—心理—社会医学模式的建立发展，人们对健康保健问题有了新的认识。要提高健康水平，延长寿命，单靠医院内的医疗服务是很难实现的，必须通过加强预防和社区医疗卫生保健。因此，主动参与和指导社区预防保健工作，为社区提供医疗服务，也是医院的工作任务之一。

二、医院的组织结构和编制原则

（一）医院的组织结构

科学、合理的医院组织结构，是完成医院各项任务，提高医疗工作质量和管理水平的组织保证。我国的综合性医院通常由诊疗部门、辅助诊疗部门、护理部门、行政、后勤等部门构成。

（二）综合医院组织编制

根据《综合医院组织编制原则（试行草案）》的规定，综合医院机构设置实行院和科室两级制。医院设置科室，应以医院的性质、任务、规模、本身的技术力量和业务实际需要和业务发展规划为依据，从有利于病员的诊断、治疗、康复和增进健康出发设立。

医院人员编制是指医院工作人员的定员、结构比例和职务配备。医院人员编制以病床为基数核定。综合医院病床数与工作人员编制比例为：(1)300 张床位以下的，按 1∶1.30～1.40 计算；(2)300～500 张床位的，按 1∶1.40～1.50 计算；(3)500 张床位以上的，按 1∶1.60～1.70 计算。病床与门诊量之比应按 1∶3计算，不符合 1∶3 时，可按每增减 100 门诊人次增减 5～7 人计算。对于医药科研和教学所需人员，可在总编制内增加 5%～15%。

《综合医院组织编制原则（试行草案）》还规定了医院各类人员的比例：卫生技术人员占总编制的 70%～72%，其中中西医师占 25%，护理人员占 50%，药剂人员占 8%，检验人员占 4.6%，放射人员占 4.4%，其他卫生技术人员占 8%；行政、管理和工勤人员占总编制的 28%～30%，其中行政管理人员占总编制的 8%～10%。

新建医院的编制申报，由主管局人事部门以正式文件的形式，向编制主管部门提出编制的专项申请。医院因病床增加或其他因素要求增加编制时，必须向主管局提出申请报告，经业务主管局审核后，再由主管局向编制主管部门提出申请报告。

三、医院分级管理和评审

医院分级管理，是指从地区医疗保健供求现状出发，制定区域卫生规划，适当调整原有医疗机构，并根据地区内医院的不同功能、任务、规模、服务面大小和技术条件等，划分为一定的级别和等次，按相应的医院分级管理标准，实行标准化、目标化管理的制度。医院评审是按医院分级管理标准，对医院综合质量作出的院外评价。

医院分级管理和评审，是运用现代卫生管理和医院管理理论，在总结我国三级医疗网建设经验的基础上，吸取国际上“区域卫生发展规划”思想，借鉴国外医院评审的经验，实行的具有中国特色的医院宏观管理制度。其目的在于优化医疗服务整体结构，增强医疗卫生机构的整体效能，调整与健全三级医疗预防体系，充分合理地利用卫生资源，提高医院科学管理水平和医疗卫生服务质量，更好地为人民健康服务。它是我国医院管理体制的一项重大改革，也是加强行业管理、深化卫生改革的一个重要步骤。

（一）医院分级管理

根据卫生部发布的《综合医院分级管理标准（试行）》及《医疗机构基本标准》，我国现行的医院分级管理标准由以下三部分组成：

1. 医院基本标准。这是指各级医院无论其规模大小、技术水平高低都必须达到的必备条件和最低要求。其主要内容是：(1)医院规模；(2)医院功能和任务；(3)医院管理；(4)质量管理；(5)思想政治工作和医德医风建设；(6)医院安全；(7)医院环境。

2. 医院分级标准。这是依据国际惯例和我国三级医疗保健网建设的实际情况，根据医院的功能和任务，将医院划分为一级、二级和三级医院三个级别。其划分标准是：(1)一级医院是直接向一定人口的社区提供预防、医疗、保健、康复服务的基层医院、卫生院，属初级卫生保健机构；(2)二级医院是向多个社区提供综合医疗卫生服务和承担一定教学、科研任务的地区性医院；(3)三级医院是向几个地区提供高水平专科性医疗卫生服务和执行高等医学教学、科研任务的区域性以上的医院。在卫生行政部门的规划和指导下，一、二、三级医院之间应建立与完善双向转诊制度和逐级技术指导关系。

3. 医院分等标准。这是指各级医院建设和发展的标准，由临床、医技、教学、科研及护理等部门的管理水平、技术水平和技术质量所组成，是对医院医疗技术质量和医院学术水平的评价依据。我国医院共分为三级十等，即一、二级医院各分为甲、乙、丙三等，三级医院分为特、甲、乙、丙四等。

（二）医院评审

医院管理的核心是质量管理，而医院评审是对医院质量进行评价的一种有效形式和手段。它可以推动医院实行标准化、目标化管理，提高科学管理水平，促进医院提高医疗质量和服务质量，改善医疗条件和就医环境，充分发挥医院的功能。

为实施医院评审，各级卫生行政部门要按照有关规定，聘请有经验的医院管理、医学教育、临床、医技、护理和财务等有关方面专家组成评审委员会。评审委员会是在同级卫生行政部门领导下，独立从事医院评审的专业组织。我国的医院评审委员会分为部级评审委员会、省级评审委员会、地（市）级评审委员会三级。部级评审委员会，由卫生部组织，负责评审三级特等医院，制定与修订医院分级管理标准及实施方案，并对地方各级评审结果进行必要的抽查复核。省级评审委员会，由省、自治区、直辖市卫生厅（局）组织，负责评审二、三级甲、乙、丙等医院（包括计划单列市的二、三级医院）。地（市）评审委员会，由地（市）卫生局组织，负责评审一级甲、乙、丙等医院。医院评审，一般规定 3 年为一个评审周期。

四、医院工作制度

为加强对医院的科学管理，提高医疗护理质量，保证医院各项工作任务的完成，保障公民健康，卫生部先后发布了《全国医院工作条例》《医院工作制度》《医院工作人员职责》和《医务人员医德规范及实施办法》，从而使医院各项工作和医院各级各类工作人员的管理有章可循。

《全国医院工作条例》，共 7 章 30 条。该条例规定医院的性质和任务、领导体制和管理体制；对医院的门诊、急诊和住院诊疗工作作了详细规定，并对护理、医技、中医和中西医结合、隔离消毒、医院预防保健、计划生育门诊以及划区划级分工医疗等工作提出了具体要求；同时对教学科研工作、技术管理工作、经济管理工作和总务工作以及思想政治工作等制度作了规定。

《医院工作制度》，是为加强对医院的科学管理，建立正常工作秩序，改善服务态度，提高医疗护理质量，防止医疗差错事故，在总结经验的基础上，对医院各项工作制度提出的原则要求，包括 64 项具体制度。其内容涉及医院工作的各个方面和环节。从医院领导干部深入科室制度到会议制度、请示报告制度，从传达、门卫制度到出入院制度，从挂号工作制度、门诊工作制度、处方制度、注射室工作制度、病房管理制度到护理工作制度、医疗收费制度等，每一项具体制度都明确了相应科室、部门的职责范围和完成工作任务的原则要求。

《医院工作人员职责》，是为加强各级各类工作人员的责任心，实行岗位责任制而制定的。对从医院领导到临床、护理、辅助、行政、后勤等 97 项岗位的工作人员职责作了详细、明确的规定，内容包括各个岗位的职责范围和履行岗位职责的具体要求。

第三节　其他各类医疗机构管理的法律规定

一、中外合资、合作医疗机构管理的法律规定

（一）中外合资、合作医疗机构的概念

中外合资、合作医疗机构是指外国医疗机构、公司、企业和其他经济组织，经中国政府主管部门批准，在中国境内（香港、澳门及台湾地区除外）与中国的医疗机构、公司、企业和其他经济组织以合资或者合作形式设立的医疗机构。

我国第一所中外合资医院诞生于 1989 年。自 1989 年 2 月 10 日卫生部和原对外经济贸易部联合发布了《关于开办外宾华侨医院、诊所和外籍医生来华执业行医的几条规定》，允许在华试办中外合资、合作医疗机构以来，中外合资、合作医疗机构的数量快速增加。中国医疗市场的开放，对引进先进的设备、技术及资金，促进学科发展起了积极作用。但合资、合作医疗机构在发展过程中，布局、审批、执业、管理等方面存在不少问题。为了进一步适应改革开放的需要，加强对中外合资、合作医疗机构的管理，促进我国医疗卫生事业的健康发展，2000 年 5 月 15 日，卫生部、对外贸易经济合作部（商务部）发布了《中外合资、合作医疗机构管理暂行办法》，此后又相继作出多次补充规定。2010 年 12 月 22 日，卫生部、商务部发布了《香港和澳门服务提供者在内地设立独资医院管理暂行办法》和《台湾服务提供者在大陆设立独资医院管理暂行办法》。而在 2011 年 2 月 9 日卫生部发布了《关于调整中外合资合作医疗机构审批权限的通知》，对中外合资、合作医疗机构审批权限进行了调整，补充了设置人设置中外合资、合作医疗机构，既可举办营利性医疗机构，也可以举办非营利性医疗机构的规定。

（二）中外合资、合作医疗机构的设置条件与审批登记

1. 中外合资、合作医疗机构的设置条件。中外合资、合作医疗机构的设置和发展必须符合区域卫生规划和医疗机构设置规则，并执行卫生部制定的《医疗机构基本标准》。申请设立的中外合资、合作医疗机构的中外双方应是能够独立承担民事责任的法人。合资、合作的中外双方应当具有直接或间接从事医疗卫生

投资与管理的经验，并符合下列要求之一：(1)能够提供国际先进的医疗机构管理经验、管理模式和服务模式；(2)能够提供具有国际领先水平的医学技术和设备；(3)可以补充或完善当地在医疗服务能力、医疗技术、资金和医疗设施方面的不足。

设立的中外合资、合作医疗机构应当符合以下条件：(1)必须是独立的法人；(2)投资总额不得低于2000万元人民币；(3)中方在中外合资、合作医疗机构中所占的股份比例或权益不得低于30%；(4)合资、合作期限不超过20年；(5)省级以上卫生行政部门规定的其他条件。合资、合作中方以国有资产参与投资(包括作价出资或作为合作条件)，应当经相应主管部门批准，并按国有资产评估管理有关规定，由国有资产管理部门确认的评估机构对拟投入的国有资产进行评估。经省级以上国有资产管理部门确认的评估结果，可以作为拟投入的国有资产的作价依据。

2. 中外合资、合作医疗机构的设置审批与登记。根据卫生部发布的《关于调整中外合资合作医疗机构审批权限的通知》，对中外合资、合作医疗机构审批权限进行了调整：设置中外合资、合作医疗机构，经医疗机构所在地设区的市级卫生行政部门初审后，报省级卫生行政部门审批。

已经由卫生部和商务部批准设立的中外合资、合作医疗机构变更设置人(合作方)、法定代表人、地址、投资总额、规模(床位、牙椅)、诊疗科目及合资、合作期限或者筹建期限的，应当经医疗机构所在地设区的市级卫生行政部门初审后，报省级卫生行政部门审批。

中外合资、合作医疗机构的设置、变更及终止等，经省级卫生行政部门批准后，申请人应当按照有关法律、法规向相应的商务主管部门提出申请。

获准设立的中外合资、合作医疗机构，应自收到《外商投资企业批准证书》之日起1个月内，凭此证书到国家工商行政管理部门办理注册登记手续。获准设立的中外合资、合作医疗机构，应当按《医疗机构管理条例》和《医疗机构管理条例实施细则》关于医疗机构执业登记所规定的程序和要求，向所在地省级卫生行政部门规定的卫生行政部门申请执业登记，领取《医疗机构执业许可证》。

(三)中外合资、合作医疗机构的监督管理

根据《中外合资、合作医疗机构管理暂行办法》，卫生部和对外贸易经济合作部在各自的职责范围内，负责全国中外合资、合作医疗机构管理工作。县级以上地方人民政府卫生行政部门(含中医药主管部门)和外经贸部在各自职责范围内，负责本行政区域内中外合资、合作医疗机构的日常监督管理工作。中外合资、合作医疗机构违反国家相关法律、法规和规章，由有关主管部门依法查处。对于违反《中外合资、合作医疗机构管理暂行办法》的中外合资、合作医疗机构，县级以上卫生行政部门和外经贸行政部门可根据相关法律、法规和规章予以处罚。中外各方未经卫生部和外经贸部批准，成立中外合资、合作医疗机构并开展医疗活动，或者以合同形式经营诊疗项目的，视同非法行医，按《医疗机构管理条例》和《医疗机构管理条例实施细则》及有关规定进行处罚。

《办法》在赋予卫生行政部门和外经贸行政部门监督管理中外合资、合作医疗机构的职责的同时，明确了其在监督管理工作中的法律责任。地方卫生行政部门和外经贸行政部门违反《中外合资、合作医疗机构管理暂行办法》规定，擅自批准中外合资、合作医疗机构设置和变更的，依法追究有关负责人的责任。

二、妇幼保健机构管理的法律规定

（一）妇幼保健机构的概念与职能

妇幼保健机构，是指由政府举办、不以营利为目的、具有公共卫生性质的公益性事业单位，是为妇女儿童提供公共卫生和基本医疗服务的专业机构。妇幼保健机构将“以保健为中心，以保障生殖健康为目的，保健与临床相结合，面向群体、面向基层和预防为主”作为工作方针。为进一步明确妇幼保健机构的性质和功能定位，加强妇幼保健机构的规范化管理，2006 年 12 月 19 日，卫生部发布了《妇幼保健机构管理办法》。

妇幼保健机构以群体保健工作为基础，面向基层，预防为主，为妇女儿童提供健康教育、预防保健等公共卫生服务，开展与妇女儿童健康密切相关的基本医疗服务。具体包括：

1.公共卫生服务。妇幼保健机构提供的公共卫生服务主要包括：(1)完成各级政府和卫生行政部门下达的指令性任务；(2)掌握本辖区妇女儿童健康状况及影响因素，协助卫生行政部门制定本辖区妇幼卫生工作的相关政策、技术规范及各项规章制度；(3)受卫生行政部门委托，对本辖区各级各类医疗保健机构开展的妇幼卫生服务进行检查、考核与评价；(4)负责指导和开展本辖区的妇幼保健、健康教育与健康促进工作，组织实施本辖区母婴保健技术培训，对基层医疗保健机构开展业务指导，并提供技术支持；(5)负责本辖区孕产妇死亡、婴儿及 5 岁以下儿童死亡、出生缺陷监测、妇幼卫生服务及技术管理等信息的收集、统计、分析、质量控制和汇总上报；(6)开展妇女保健服务；(7)开展儿童保健服务；(8)开展妇幼卫生、生殖健康的应用性科学研究并组织推广适宜技术。

2.基本医疗服务。主要包括：妇女儿童常见疾病诊治、计划生育技术服务、产前筛查、新生儿疾病筛查、助产技术服务等。根据需要和条件，开展产前诊断、产科并发症处理、新生儿危重症抢救和治疗等。

（二）妇幼保健机构的设置

妇幼保健机构由政府设置，分省、市（地）、县三级。上级妇幼保健机构应承担对下级机构的技术指导、培训和检查等职责，协助下级机构开展技术服务。设区的市（地）级和县（区）级妇幼保健机构的变动应征求省级卫生行政部门的意见。不得以租赁、买卖等形式改变妇幼保健机构所有权性质，保持妇幼保健机构的稳定。

各级妇幼保健机构应根据《母婴保健法》《母婴保健法实施办法》《医疗机构管理条例》等相关法律规定，进行设置审批和执业登记。从事婚前保健、产前诊断和遗传病诊断、助产技术、终止妊娠和结扎手术的妇幼保健机构，要依法取得《母婴保健技术服务执业许可证》。

妇幼保健机构应当具备与其职责任务相适应的基础设施、基本设备和服务能力，内部科室的设置应当与其承担的任务和职责相一致。保健科室包括妇女保健科、儿童保健科、生殖健康科、健康教育科、信息管理科等。临床科室包括妇科、产科、儿科、新生儿科、计划生育科等，以及医学检验科、医学影像科等医技科室。

（三）妇幼保健机构的监督管理

各级卫生行政部门负责对同级妇幼保健机构实施监督与管理，建立健全妇幼保健机构评估和监督考核制度，定期进行监督评估和信息公示。应建立社会民主监督制度，定期收集社会各界的意见和建议，并将服务对象的满意度作为考核妇幼保健机构和从业人员业绩的评定标准之一。各级妇幼保健机构应接受卫生行政部门的监督管理与评估，同时应接受上级妇幼保健机构的业务指导与评价。

三、美容医疗机构管理的法律规定

（一）美容医疗机构的概念

医疗美容，是指运用手术、药物、医疗器械以及其他具有创伤性或者侵入性的医学技术方法，对人的容貌和人体各部位形态进行的修复与再塑。医疗美容科为一级诊疗科目，美容外科、美容牙科、美容皮肤科和美容中医科为二级诊疗科目。美容医疗机构，是指以开展医疗美容诊疗业务为主的医疗机构。

为规范医疗美容服务，促进医疗美容事业的健康发展，维护就医者的合法权益，2002 年 1 月 22 日，卫生部发布了《医疗美容服务管理办法》以及《美容医疗机构、医疗美容科（室）基本标准（试行）》。

（二）美容医疗机构的设置和登记

申办美容医疗机构或医疗机构设置医疗美容科室，必须同时具备下列条件：

1.具有承担民事责任的能力。

2.有明确的医疗美容诊疗服务范围。

3.符合《医疗机构基本标准(试行)》。

4.省级以上人民政府卫生行政部门规定的其他条件。

申请举办美容医疗机构的单位或者个人,应按照《医疗美容服务管理办法》以及《医疗机构管理条例》和《医疗机构管理条例实施细则》的有关规定,办理设置审批和登记注册手续。美容医疗机构必须经卫生行政部门登记注册并获得《医疗机构执业许可证》后,方可开展执业活动。医疗机构增设医疗美容科目的,必须具备《医疗美容服务管理办法》规定的条件,按照《医疗机构管理条例》及其实施细则规定的程序,向登记注册机关申请变更登记。

(三)美容医疗机构的执业规则

《医疗美容服务管理办法》规定,美容医疗机构和医疗美容科室应加强医疗质量管理,不断提高服务水平,遵守以下执业规则。

1.在规定的医疗机构中进行。实施医疗美容服务项目必须在相应的美容医疗机构或开设医疗美容科室的医疗机构中进行。医疗美容服务实行主诊医师负责制,医疗美容项目必须由主诊医师负责或在其指导下实施。

2.按核定的诊疗科目范围开展业务。美容医疗机构和医疗美容科室,应根据自身条件和能力,在卫生行政部门核定的诊疗科目范围内开展医疗服务;未经批准不得擅自扩大诊疗范围,不得开展未向登记机关备案的医疗美容项目。

3.严格执行有关法律、法规。美容医疗机构执业人员要严格执行有关法律、法规和规章,遵守医疗美容技术操作规程。美容医疗机构使用的医用材料须经有关部门批准。

4.知情同意。执业医师对就医者实施治疗前,必须向就医者本人或亲属书面告知治疗的适应证、禁忌证、医疗风险和注意事项等,并取得就医者本人或监护人的签字同意。未经监护人同意,不得为无行为能力或者限制行为能力人实施医疗美容项目。美容医疗机构和医疗美容科室的从业人员要尊重就医者的隐私权,未经就医者本人或监护人同意,不得向第三方披露就医者病情及病历资料。

5.报告。美容医疗机构发生重大医疗过失,要按规定及时报告当地人民政府卫生行政部门。

(四)医疗整形美容纠纷的法律救济

在众多的整形美容手术过程中,由于医生的失误、术后护理不善、手术用药或填充材料使用不当等原因,受术者的身体往往受到损害,与其预期的手术效果不吻合,从而引起了许多的医疗整形美容纠纷,也由此产生了一些社会影响力较大的案件。但目前医疗整形美容的纠纷存在着损害结果的评判标准不明确、违约责任与侵权责任的竞合、医疗整形手术过错行为认定困难、医疗整形美容纠纷缺少精神损害赔偿等问题，亟待进一步完善和解决。有关部门也要加强对整形美容机构的监督管理，整顿规范医疗整形美容市场，为整形美容消费者和医疗美容机构提供良好的服务环境。

四、个体医疗机构的法律规定

（一）个体医疗机构的概念

个体医疗机构，是指个体开业行医者根据国家法律规定所开办的门诊所、病房、康复医院或医院。个体医疗机构是我国医疗卫生事业的一个组成部分，属于社会民办医疗机构中的一种情形。

新中国成立以来，根据我国的实际情况，在大力发展国家办和集体办医疗机构的同时，一直允许少数符合个体开业条件的医师行医。1963 年，卫生部发布了《开业医师暂行管理办法》。改革开放以后，许多地方陆续出现了个体开业从业人员，为了对社会民办医疗机构进行统一规范和管理，1980 年 8 月 20 日，国务院批转了卫生部《关于允许个体开业行医问题的请示报告》；1988 年 11 月 21 日，卫生部、国家中医药管理局联合发布了《医师、中医师个体开业暂行管理办法》，对个体开业医师的开业资格、执业管理等作了明确规定；1989 年 5 月 3 日，国家中医药管理局又发布了《中医人员个体开业管理补充规定》；1994 年 2 月 26 日，国务院《医疗机构管理条例》及其实施细则对个人设置医疗机构作了规定；1998 年 6 月 26 日，第九届全国人大常委会第三次会议通过的《中华人民共和国执业医师法》对执业医师申请个体行医以及管理作了明确规定，从而将我国对社会民办医疗机构的管理纳入了法制化轨道。

党中央在十届三中全会明确提出，为提高人民医疗生活水平，真正解决农村人员看病难、看不起病的社会难题，鼓励工交企业和其他部门建立卫生机构，支持个体开业行医。已经建立的，要充实发展。对这些医疗卫生机构，卫生部门应在技术方面给予帮助和支持。

（二）个体医疗机构的开业条件

根据《执业医师法》等的规定，申请在城市设置诊所的个人，应当同时具备下列条件：

1. 具有执业医师资格。

2. 经注册取得《医师执业证书》或医师职称后，在医疗、预防、保健机构中从事同一专业临床工作 5 年以上。

3. 取得《医疗机构执业许可证》。

在乡镇和村设置诊所的个人条件，由省、自治区、直辖市卫生行政部门规定。未经批准，不得行医。

(三)个体医疗机构的监督管理

根据《执业医师法》规定,县级以上地方人民政府卫生行政部门对个体行医的医师,应当按照国务院卫生行政部门的规定,经常监督检查。凡发现医师注册后有下列情形之一的,应当即时注销注册,收回医师执业证书:

1.死亡或被宣告失踪的。

2.受刑事处罚的。

3.受吊销医师执业证书行政处罚的。

4.依照《执业医师法》有关规定,定期考核不合格暂停执业活动期满,再次考核仍不合格的。

5.中止医师执业活动满2年的。

6.有国务院卫生行政部门规定不宜从事医疗、预防、保健业务的其他情形的。

第四节　急救医疗管理法律制度

一、急救医疗机构概述

(一)急救医疗机构的概念及其管理立法

急救医疗机构,是指在各级卫生行政部门统一领导下,实施急诊抢救工作的医疗组织。从范围上包括了大中城市的各级急救站(急救中心)和医院的急诊科(室)。

随着我国人口老龄化的趋势和疾病谱的改变,加之能源、工业、交通的迅速发展,急救病人和各种灾害、事故造成的伤亡人数逐年增加。急诊抢救是医疗工作的最前线,对救治伤病员,保障人体健康具有十分重要的作用。如何及时高效地抢救各种急危重病人,反映着一个国家的医学科学管理和医疗技术水平。为提高急救医疗部门的应变能力和日常急救工作水平,1980年10月30日卫生部发布了《关于加强城市急救工作的意见》,1983年颁布了《城市医院急救科(室)建设方案》,1986年9月和1987年7月卫生部又先后发布了《关于进一步加强急诊抢救工作的补充规定》《关于加强急诊抢救和提高应急能力的通知》,对建立健全医疗急救机构网,提高急诊抢救和应急能力提出了具体要求。为了提高对灾害事故的应急反应能力和医疗救援水平,避免和减少人员伤亡,保障公民身体健康和生命安全,1995年4月卫生部发布了《灾害事故医疗救援工作管理办法》,对灾情报告、现场医疗救护、部门协调与培训等作了明确规定。为进一步加强我国院前急救工作,建立适应社会需求、比较完善的院前急救服务体系,保障人民群众健康和生命安全，卫生部和信息产业部于2004年5月17日联合下发了《关于加强院前急救网络建设及“120”特服号码管理的通知》，对院前急救工作的重要性、院前急救机构的设置、院前急救工作的管理等作了规定。一系列的规范性文件逐步构成了我国的急救医疗管理法律体系。

（二）急救医疗机构的任务

1.独立急救站的主要任务是：

（1）中心急救站在市卫生行政部门直接领导下，统一指挥全市日常急救工作，分站在中心急救站的领导下担负一定范围的抢救任务；

（2）以医疗急救为中心，负责对各种危重患者及意外灾害事故现场和护送途中的抢救治疗；

（3）在基层卫生组织和群众中宣传普及急救知识，有条件的急救站可承担一定的科研教学任务；

（4）接受上级领导指派的临时救护任务。

2.城市医院急诊室（科）的任务是：

（1）迅速准确地诊断和治疗从基层医院、急救站转来的或自行来院的急诊病人；

（2）根据城市急救中心的指挥，派出医护人员及车辆到现场抢救伤病员。

二、急救医疗机构的设置

根据卫生部关于加强城市急救工作的意见，城市应逐步建立健全以急救中心、急救站、医院急诊室（科）、街道卫生院、群众性基层卫生组织（红十字会卫生站、防治站）相结合的急救医疗网络。大城市可根据情况在急救中心下设立若干急救分站。急救任务由医院承担的城市，可选择一两个医院担负中心急救的指挥调度任务。有条件的城市在加强急救医疗网建设的同时，也可逐步向专科、专业急救网方向发展。

原则上一个城市只建立一个急救中心（站）；确因地域辽阔或交通不便等原因，直辖市、省会城市和地级市院前急救网络未覆盖的县和县级市，也可以建立一个独立的急救站。急救中心（站）可单独设置，也可依托辖区内医疗技术力量最强的综合医院设置，根据人口分布组建院前急救网络，以缩短急救半径，提高应急反应速度和能力。

为规范院前急救机构设置，加强院前急救工作管理，卫生行政部门对院前急救机构实行属地化、全行业管理，统一规划，统一设置审批、登记注册、校验和执业监管。未经卫生行政部门审批，任何机构、组织、个人等不得使用“紧急救援中心”“急救中心（站）”的名称，并从事院前急救工作。对于未经审批、擅自从事院前急救工作的，依法予以查处和纠正；对于不能胜任院前急救工作的机构，应当及时予以调整。

农村急救医疗工作，主要由县级医院急诊科、乡镇卫生院急救室和村卫生室(所)为主体的急救医疗网络负责。县医院急诊室(科)应成为全县急救医疗的基地和技术指导中心。

三、急救医疗机构的组织管理

为了充分发挥医疗急救网的作用，使急救工作迅速、准确、有效、合理，高效率、高质量地抢救各种危急重病人，减少伤亡，必须加强急救医疗机构的组织管理，具体做好以下几项工作：

1. 急救中心(站、分站)与医院急诊室分工负责全市的急救工作，建立适合本地情况的、能有效协调急诊抢救的组织指挥系统和充分发挥各级医疗单位作用的急救网。

2. 遇有重大灾难、意外事故时，各级急救组织应迅速报告卫生局，并立即组织现场抢救和护送伤病员。

3. 充实急救站、急诊室(科)各类人员的骨干力量，配备固定的人员编制，提高抢救人员的应急能力。

4. 急救站应有比较现代化的交通、通信设备和车辆维修场地，急诊室(科)的装备与布局要逐步自成系统化，不断采用新设备、新技术，提高抢救成功率。

5. 加强救护车辆管理，使分散在各医疗单位的救护车统一管理、调动，提高使用率，切实发挥在救护工作中的作用。

6. 各级急救组织必须建立健全以岗位责任制为中心的规章制度，提高科学管理水平和急救质量。

7. 搞好经济管理，充分调动职工的积极性，为急救医疗事业作贡献。

第十五章　医药卫生技术人员管理法律制度

第一节　医药卫生技术人员管理法律制度概述

一、医药卫生技术人员的概念

医药卫生技术人员(Medicine health technical personnel),是指受过高等或中等医药卫生教育、培训,掌握医药卫生知识,经卫生行政部门审查合格,从事医疗、预防、保健、药剂、护理或其他卫生专业技术的人员。

(一)医疗防疫人员

医疗防疫人员是指从事医疗、卫生防疫、寄生虫及地方病防治、工业卫生、妇幼保健、计划生育等专业工作中的中医(含民族医)、西医、中西医结合医等人员。其技术职称分为主任医师、副主任医师、主治(主管)医师、医师、医士。

(二)药剂人员

药剂人员是指从事药剂、药检人员,包括从事中药和西药专业的技术人员。其技术职称分为主任药师、副主任药师、主管药师、药师、药士。

(三)护理人员

护理人员是指在医院、门诊部和其他医疗预防机构内担任各种护理工作,在医师指导下执行治疗或在负责地段内担任一般医疗处理和卫生防疫等工作的人员。其技术职称分为主任护师、副主任护师、主管护师、护师、护士。

(四)其他技术人员

其他技术人员是指从事检验、理疗、同位素、放射、营养等技术操作、器械维修以及生物制品研制等专业技术人员。其技术职称分为主任技师、副主任技师、主管技师、技师、技士。

除上述外,还有卫生技术管理干部,是指在卫生行政部门、卫生企事业单位和学术团体中,从事医疗、科研、教学、防治、保健、计划生育、药械等技术管理工作的,具有高、中等医药院校毕业或具有同等学力的人员。他们的技术职称,依其掌握的专业知识和管理水平,分为主任医(药、护、技)师、副主任医(药、护、技)

师、主管医（药、护、技）师、医（药、护、技）师、医（药、护、技）士。

据卫生部发布的《2010 年我国卫生事业发展统计公报》统计，2010 年末，全国卫生人员总数达 820.8 万人，其中卫生技术人员 587.6 万人，乡村医生和卫生员 109.2 万人，其他技术人员 29.0 万人，管理人员 37.1 万人，工勤技能人员 57.9 万人。卫生技术人员中，执业医师（含助理医师）241.3 万人，注册护士 204.8 万人，药剂师（士）35.4 万人，技师（士）33.9 万人。

二、医药卫生技术人员管理法制建设

新中国成立后，中央人民政府极为重视对医师的管理，颁布了一系列法规和规章，如 1951 年颁布了《医师暂行条例》《中医师暂行条例》等。党的十一届三中全会以后，卫生部制定发布了一系列规范性文件，如《卫生技术人员职称及晋升条例（试行）》（1979 年）、《医院工作人员职责》（1982 年）、《医师、中医师个体开业暂行管理办法》（1988 年）、《外国医师来华短期行医暂行管理办法》（1993 年）等。

为了加强卫生技术人员管理，全国人大常委会于 1998 年 6 月颁布了《执业医师法》；国务院于 2003 年 8 月发布了《乡村医生从业管理条例》，2008 年 1 月发布了《护士条例》；卫生部先后制定了《卫生技术人员职务试行条例》《医务人员医德规范及实施办法》《台湾地区医师获得大陆医师资格认定管理办法》《香港和澳门特别行政区医师获得内地医师资格认定管理办法》《台湾地区医师在大陆短期行医管理规定》《香港、澳门特别行政区医师在内地短期行医管理规定》等规章；国家食品药品监督管理局制定了《执业药师资格制度暂行规定》等规章。2010 年，卫生部对《医院工作制度》《医院工作人员职责》和《医院工作制度的补充规定（试行）》进行修订，形成并发布了《全国医院工作制度与人员岗位职责》。

2009 年，中共中央、国务院《关于深化医药卫生体制改革意见》提出，要加强医药卫生人才队伍建设。制定和实施人才队伍建设规划，重点加强公共卫生、农村卫生、城市社区卫生专业技术人员和护理人员的培养培训；完善全科医师任职资格制度；加强高层次科研、医疗、卫生管理等人才队伍建设；建立住院医师规范化培训制度，强化继续医学教育；加强护理队伍建设，逐步解决护理人员比例过低的问题；培育壮大中医药人才队伍。为了推动社会主义卫生事业发展和提高人民健康水平，加强卫生人力资源建设，卫生部制定了《中国 2001—2015 年卫生人力发展纲要》。

第二节　执业医师法

为了加强医师队伍的建设，提高医师的职业道德和业务素质，保障医师的合

法权益，保护人民健康，1998 年 6 月 26 日第九届全国人大常委会第三次会议审议通过了《中华人民共和国执业医师法》(以下简称《执业医师法》)，此法于 1999 年 5 月 1 日起正式施行。这是我国第一部规范医师执业活动的法律。

一、《执业医师法》的适用范围与执业医师的必备条件

(一)《执业医师法》的适用范围

《执业医师法》的适用范围，也称调整对象，是指在医疗、预防、保健机构中工作的，依法取得执业医师资格或者执业助理医师资格，经注册取得医师执业证书，从事相应的医疗、预防、保健业务的专业医务人员。这里所称的医师，在我国包括执业医师和执业助理医师。执业医师，是指依法取得执业医师资格并经注册，在医疗、预防、保健机构中，按照其注册的执业类别和范围，独立从事相应的医疗工作的人员。执业助理医师，是指依法取得执业助理医师资格并经注册，在医疗、预防、保健机构中执业医师的指导下，按照其注册的执业类别和范围执业的人员。

(二)执业医师的必备条件

1. 必须“依法取得执业医师资格或者执业助理医师资格”。这里的“依法”，是指依照有关规定，通过参加执业医师资格或者执业助理医师资格考试，成绩合格的，才可取得执业医师资格或者执业助理医师资格。

2. 必须“经注册”。即依法取得执业医师资格或者执业助理医师资格后，还必须经过注册，取得执业证书，才能执业。

3. 必须是“在医疗、预防、保健机构中执业的专业医务人员”。这就进一步明确了本法的调整范围，即在医疗、预防、保健机构中执业的医师才适用本法。

二、医师资格考试制度

(一)医师资格考试的种类与条件

国家实行医师资格考试制度。医师资格考试是评价申请医师资格者是否具备执业所必需的专业知识与技能的考试。医师资格考试分执业医师考试和执业助理医师考试，实行国家统一考试，每年举行一次。考试类别分为临床、中医(含民族医、中西医结合医)、口腔、公共卫生四类。考试方式分为实践技能考试和医学综合笔试。

1. 执业医师考试条件。《执业医师法》规定，具有下列条件之一的，可以参加执业医师资格考试：(1)具有高等学校医学专业本科以上学历(是指国务院教育行政部门认可的各类高等学校医学专业本科以上学历)，在执业医师指导下，在医疗、预防、保健机构中试用期满 1 年；(2)取得执业助理医师执业证书后，具有

高等学校医学专科学历(是指省级以上教育行政部门认可的各类高等学校医学专业专科学历),在医疗、预防、保健机构中工作满2年;(3)具有中等专业学校医学专业学历(是指经省级以上教育行政部门认可的各类中等专业学校医学专业中专学历),在医疗、预防、保健机构中工作满5年;(4)以师承方式学习传统医学满3年或者经多年实践医术确有专长的,经县级以上人民政府卫生行政部门确定的传统医学专业组织或者医疗、预防、保健机构考核合格并推荐;(5)在1998年6月26日前获得医士专业技术职务资格,后又取得执业助理医师资格,医士从业时间和取得执业助理医师执业证书后执业时间累计满5年;(6)七年制临床医学、口腔医学、中医学的临床硕士生和八年制毕业生在学习期间有相当于大学本科的1年生产实习和1年以上严格的临床实践训练,可在毕业当年参加医师资格考试。

2.执业助理医师考试条件。《执业医师法》规定,具有下列条件之一的,可以参加执业助理医师资格考试:(1)具有高等学校医学专业专科学历或者中等专业学校医学专业学历,在执业医师指导下,在医疗、预防、保健机构中试用期满1年;(2)以师承方式学习传统医学满3年或者经多年实践医术确有专长的,经县级以上人民政府卫生行政部门确定的传统医学专业组织或者医疗、预防、保健机构考核合格并推荐。

(二)考试的组织与管理

卫生部成立医师资格考试委员会,负责全国医师资格考试工作。各省、自治区、直辖市卫生行政部门牵头成立医师资格考试领导小组,负责本辖区的医师资格考试工作。考务的组织与管理由国家医学考试中心、考区、考点三级分别负责。

(三)报考程序

申请参加医师资格考试的人员,应当在规定期限内,到户籍所在地的考点办公室报名,并提交规定的材料。

(四)资格取得

医师资格考试成绩合格,取得执业医师资格或者执业助理医师资格,并发给证书。

三、医师执业注册制度

(一)注册条件与管理

1.注册条件。国家实行医师执业注册制度。医师经注册取得《医师执业证书》后,方可按照注册的执业地点、执业类别、执业范围,从事相应的医疗、预防、保健活动。未经注册取得《医师执业证书》者,不得从事医疗、预防、保健活动。

2.不予注册。《执业医师法》规定,有下列情形之一的,不予注册:(1)不具有完全民事行为能力的;(2)因受刑事处罚,自刑罚执行完毕之日起至申请注册之日止不满2年的;(3)受吊销医师执业证书行政处罚,自处罚决定之日起至申请注册之日止不满2年的;(4)甲类、乙类传染病传染期、精神病发病期以及身体残疾等健康状况不适宜或者不能胜任医疗、预防、保健业务工作的;(5)重新申请注册,经卫生行政部门指定机构或组织考核不合格的;(6)有国务院卫生行政部门规定不宜从事医疗、预防、保健业务的其他情形的。

3.注册管理。卫生部负责全国医师执业注册监督管理工作。县级以上地方卫生行政部门是医师执业注册的主管部门,负责本行政区域内的医师执业注册监督管理工作。中医(含民族医、中西医结合医)医疗机构的医师执业注册管理由中医(药)主管部门负责。

(二)注册程序

1.申请。医师执业的具体注册机关为省、市、县卫生行政部门、申请注册人上岗医疗机构的《医疗机构执业许可证》原发证机关。计划生育技术服务部门、血办、血站、防疫站、口岸检验检疫部门到所辖卫生行政部门注册。

获得执业医师资格或执业助理医师资格后2年内未注册者,申请注册时,还应提交在省级以上卫生行政部门指定的机构接受3—6个月的培训,并经考核合格的证明。医疗、预防、保健机构可以为本机构中的医师集体办理注册手续。

2.重新申请。有下列情形之一的,应当重新申请注册:(1)中止医师执业活动2年以内的;(2)规定不予注册的情形消失的。重新申请注册的人员,应当首先到县级以上卫生行政部门指定的医疗、预防、保健机构或组织,接受3至6个月的培训,并经考核合格,方可依照有关规定重新申请执业注册。

3.审核。注册主管部门应当自收到注册申请之日起30日内,对申请人提交的申请材料进行审核。审核合格的,予以注册,并发给卫生部统一印制的《医师执业证书》。对不符合注册条件的,注册主管部门应当自收到注册申请之日起30日内,书面通知申请人,并说明理由。申请人如有异议的,可以依法申请行政复议或者向人民法院提起行政诉讼。

(三)注册的变更与注销

1.注册的变更。医师变更执业地点、执业类别、执业范围等注册事项的,应当到注册主管部门办理变更注册手续。注册主管部门应当自收到变更注册申请之日起30日内办理变更注册手续。对因不符合变更注册条件不予变更的,应当自收到变更注册申请之日起30日内书面通知申请人,并说明理由。申请人如有异议的,可以依法申请行政复议或者向人民法院提起诉讼。

2.注册的注销。医师注册后有下列情形之一的,其所在的医疗、预防、保健机构应当在30日内报告准予注册的卫生行政部门，卫生行政部门应当注销注册，收回医师执业证书：(1)死亡或者被宣告失踪的；(2)受刑事处罚的；(3)受吊销医师执业证书行政处罚的；(4)因考核不合格，暂停执业活动期满，经培训后再次考核仍不合格的；(5)中止医师执业活动满2年的；(6)身体健康状况不适宜继续执业的；(7)有出借、出租、抵押、转让、涂改《医师执业证书》行为的；(8)有国务院卫生行政部门规定不宜从事医疗、预防、保健业务的其他情形的。

医师注册后有下列情况之一的，其所在的医疗、预防、保健机构应当在30日内报注册主管部门备案：(1)调离、退休、退职；(2)被辞退、开除；(3)省级以上卫生行政部门规定的其他情形。

被注销注册的当事人有异议的，可以自收到注销注册通知之日起15日内，依法申请行政复议或者向人民法院提起诉讼。

四、医师的执业规则

(一)医师的权利

1.医学诊疗检查，疾病调查，医学处置，出具相应的医学证明文件，选择合理的医疗、预防、保健方案。

2.有权享有使用与执业活动相关的医疗设备基本条件。注意两点：不能因为条件不具备而拒绝对患者进行医疗诊治工作；当条件实在不具备时，医师应当将患者转院到具备条件的医疗机构中诊治。

3.有权从事医学研究、学术交流和参加专业学术团体活动，如著书立说、撰写学术论文、进行医学技术研究、参加国内外医学专业学术交流，在其中工作、自由发表自己的意见和观点。

4.参加医学专业培训，接受继续医学教育，不断更新知识，调整知识结构，不断补充新知识、新信息、新方法，培养造就新型合格的医学人才。

5.在执业活动中人格尊严、人身安全不受侵犯。

6.医师依法享有工资报酬和津贴，享有国家规定的福利待遇，获得职业报酬，还可以获得补偿和津贴。特定的医疗业务、放射性医疗任务等应享有国家规定的放射工作补贴。

7.对所在机构的医疗、预防、保健工作和卫生行政部门的工作提出意见和建议，依法参与所在机构的民主管理。

(二)医师的义务

1.规范医师执业的义务，即遵守法律、法规、技术操作规范的义务。

2.法定义务。树立敬业精神，遵守职业道德，履行医师职责，尽职尽责为患者服务；重视人的生命，尊重人格，维护人的健康，治疗伤疾，减轻人的痛苦；无论病人的地位、国籍、宗教信仰、声望，医师都必须予以真诚无私的诊治。

3. 关心、爱护、尊重患者，保护患者隐私的义务。尊重患者对自己的病情、诊断、治疗的知情权；实施手术、特殊检查、特殊治疗时的必要解释；保护性治疗不宜向患者说明情况的，应及时通知家属，并取得家属和有关人员的配合。

4. 努力钻研业务，更新知识，提高自己专业技术水平的义务。

5. 用科学宣传卫生知识，进行健康教育的义务。

（三）医师执业规则的具体规定

1. 医师实施医疗、预防、保健措施，签署有关医学证明文件，必须亲自诊查并按照规定及时填写医学文书，不得隐匿、伪造或者销毁医学文书及有关资料。

2. 医师不得出具与自己执业范围无关或者与执业类别不相符的医学证明文件。

3. 对急危患者，医师应当采取紧急措施进行诊治；不得拒绝急救处置。

4. 医师应当使用经国家有关部门批准使用的药品、消毒药剂和医疗器械。除正当诊断治疗外，不得使用麻醉药品、医疗用毒性药品、精神药品和放射性药品。

5. 医师应当如实向患者或家属介绍病情，但应注意避免对患者产生不利后果。医师进行实验性临床医疗，应当经医院批准并征得患者本人或者家属同意。

6. 医师不得利用职务之便，索取、非法收受患者财物或者牟取其他不正当利益。

7. 遇有自然灾害、传染病流行、突发重大伤亡事故及其他严重威胁人民生命健康的紧急情况时，医师应当服从县级以上人民政府卫生行政部门的调遣。

8. 医师发生医疗事故，或发现传染病疫情，或发现患者涉嫌伤害事件，或发现非正常死亡时，都应当及时向所在机构或政府有关部门报告。

以上执业规则的具体规定，包含“一个必须”“五个不得”“十个应当”。

五、医师的考核和培训

（一）医师的考核

《执业医师法》规定，国家建立医师工作考核制度。县级以上人民政府卫生行政部门负责指导、检查和监督医师考核工作。根据卫生部《医师定期考核管理办法》，受县级以上人民政府卫生行政部门委托的医疗、预防、保健机构或者医疗机构评审委员会、医师协会或者其他医学专业组织，应当以医师执业标准，对医师的业务水平、工作成绩和职业道德状况进行定期考核。医师考核的结果，考核机构应当报告准予注册的卫生行政部门备案。对考核不合格的医师，县级以上人民政府卫生行政部门可以责令其暂停执业活动 3 至 6 个月，并接受培训和继续医学教育。暂停执业活动期满，再次进行考核，对考核合格的，允许其继续执业；对考核不合格的，由县级以上卫生行政部门注销注册，收回《医师执业证书》。

（二）医师的培训

县级以上人民政府卫生行政部门应当制定医师培训计划，对医师进行多种形式的培训，为医师接受继续医学教育提供条件。应当采取有力措施，对在农村和少数民族地区从事医疗、预防、保健业务的医务人员实施培训。医疗、预防、保健机构应当按照规定和计划保证本机构医师的培训和继续医学教育。县级以上人民政府卫生行政部门委托的承担医师考核任务的医疗卫生机构，应当为医师的培训和接受继续医学教育提供和创造条件。

六、法律责任

（一）行政责任

1. 以不正当手段取得《医师执业证书》的，由发给证书的卫生行政部门吊销；对负有直接责任的主管人员和其他直接责任人员，依法给予行政处分。

2. 医师在执业活动中有下列行为之一的，由县级以上卫生行政部门给予警告或者责令暂停6个月以上1年以下执业活动；情节严重的，吊销其《医师执业证书》：(1)违反卫生行政规章制度或者技术操作规范，造成严重后果的；(2)由于不负责任延误急危患者的抢救和诊治，造成严重后果的；(3)造成医疗责任事故的；(4)未经亲自诊查、调查，签署诊断、治疗、流行病学等证明文件或者有关出生、死亡等证明文件的；(5)隐匿、伪造或者擅自销毁医学文书及有关资料的；(6)使用未经批准使用的药品、消毒药剂和医疗器械的；(7)不按照规定使用麻醉药品、医疗用毒性药品、精神药品和放射性药品的；(8)未经患者或者其家属同意，对患者进行实验性临床医疗的；(9)泄露患者隐私，造成严重后果的；(10)利用职务之便，索取、非法收受患者财物或者牟取其他不正当利益的；(11)发生自然灾害、传染病流行、突发重大伤亡事故以及其他严重威胁人民生命健康的紧急情况时，不服从卫生行政部门调遣的；(12)发生医疗事故或者发现传染病疫情，患者涉嫌伤害事件或者非正常死亡，不按照规定报告的。

3. 未经批准擅自开办医疗机构行医或者非医师行医的，由县级以上卫生行政部门予以取缔，没收其违法所得及其药品、器械，并处10万元以下的罚款；对医师吊销其《医师执业证书》。

4. 阻碍医师依法执业，侮辱、诽谤、威胁、殴打医师或者侵犯医师人身自由，干扰医师正常工作、生活的，依法给予治安行政处罚。

5. 医疗、预防、保健机构对属于注销注册情形而未履行报告职责，导致严重后果的，由县级以上卫生行政部门给予警告，并对该机构的主要负责人依法给予行政处分。

6.卫生行政部门工作人员或者医疗、预防、保健机构工作人员违反《执业医师法》的有关规定,弄虚作假、玩忽职守、滥用职权、徇私舞弊,尚不构成犯罪的,依法给予行政处分。

(二)民事责任

《执业医师法》规定,医师在医疗、预防、保健工作中造成事故的,依照法律或者国家有关规定处理。未经批准擅自开办医疗机构行医或者非医师行医,给患者造成损害的,依法承担赔偿责任。

(三)刑事责任

《执业医师法》规定,违反《执业医师法》,构成犯罪的,依法追究刑事责任。《刑法》第335条、第336条作了具体规定。

第三节 护士管理法律制度

一、护士和护士管理立法

护士(Nurse),是指经执业注册取得《护士执业证书》,依照规定从事护理活动,履行保护生命、减轻痛苦、增进健康职责的卫生技术人员。

护理立法源于20世纪初。1903年美国北卡罗来纳、新泽西等州首先颁布了《护士执业法》。1953年世界卫生组织发表了第一份有关护理立法的研究报告。1968年,国际护士委员会特别成立了一个专家委员会,制定了《系统制定护理法规的参考指导大纲》,为各国护理法必须涉及的内容提供了权威性的指导。1953年国际护士协会制定了《护士伦理学国际法》,并分别于1965年和1973年再修订。

为了推动护理事业的发展,我国也非常注重护理管理立法工作。为加强护士管理,提高护理质量,保障医疗和护理安全,保护护士的合法权益,1993年卫生部制定了《中华人民共和国护士管理办法》,2008年1月31日国务院发布了《护士管理条例》,2008年5月6日卫生部发布了《护士执业注册管理办法》,2010年5月10日卫生部、人力资源和社会保障部联合发布了《护士执业资格考试办法》。

二、护士执业资格考试

《护士执业资格考试办法》规定,具有护理、助产专业中专和大专学历的人员,按照有关规定参加全国护士执业资格考试并成绩合格,可取得护理初级(士)

专业技术资格证书。具有护理、助产专业本科以上学历的人员，按照有关规定参加全国护士执业资格考试并成绩合格，可以取得护理初级(士)专业技术资格证书；在达到《卫生技术人员职务试行条例》规定的护师专业技术职务任职资格年限后，可直接聘任护师专业技术职务。

(一)考试原则和科目

《护士执业资格考试办法》规定，护士执业资格考试遵循公平、公开、公正的原则。护士执业资格考试实行国家统一考试制度，统一考试大纲，统一命题，统一合格标准。

护士执业资格考试包括专业实务和实践能力两个科目。一次考试通过两个科目的为考试成绩合格。为加强对考生实践能力的考核，原则上采用“人机对话”考试方式进行。

在中等职业学校、高等学校完成国务院教育主管部门和国务院卫生主管部门规定的普通全日制3年以上的护理、助产专业课程学习，包括在教学、综合医院完成8个月以上护理临床实习，并取得相应学历证书的，可以申请参加护士执业资格考试。

(二)考试申请

申请参加护士执业资格考试的人员，应当在公告规定的期限内报名，并提交规定的材料。

三、护士执业

(一)申请护士执业注册的条件

《护士管理条例》规定，护士执业，应当经执业注册取得《护士执业证书》。申请护士执业注册，应当具备下列条件：

1.具有完全民事行为能力。

2.在中等职业学校、高等学校完成国务院教育主管部门和国务院卫生主管部门规定的普通全日制3年以上的护理、助产专业课程学习，包括在教学、综合医院完成8个月以上护理临床实习，并取得相应学历证书。

3.通过国务院卫生主管部门组织的护士执业资格考试。

4.符合国务院卫生主管部门规定的健康标准。

护士执业注册申请，应当自通过护士执业资格考试之日起3年内提出；逾期提出申请的，除应当具备规定条件外，还应当在符合国务院卫生主管部门规定条件的医疗卫生机构接受3个月临床护理培训并考核合格。

(二)护士执业注册管理机关

申请护士执业注册的，应当向拟执业地省、自治区、直辖市人民政府卫生主管部门提出申请。收到申请的卫生主管部门应当自收到申请之日起20个工作日内作出决定，对具备《护士管理条例》规定条件的，准予注册，并发给《护士执业证书》；对不具备规定条件的，不予注册，并书面说明理由。护士执业注册有效期为5年。

（三）护士执业注册的变更、延续和注销

护士在其执业注册有效期内变更执业地点的，应当向拟执业地省、自治区、直辖市人民政府卫生主管部门报告。收到报告的卫生主管部门应当自收到报告之日起7个工作日内为其办理变更手续。护士跨省、自治区、直辖市变更执业地点的，收到报告的卫生主管部门还应当向其原执业地省、自治区、直辖市人民政府卫生主管部门通报。护士执业注册有效期届满需要继续执业的，应当在护士执业注册有效期届满前30日向执业地省、自治区、直辖市人民政府卫生主管部门申请延续注册。收到申请的卫生主管部门对具备《护士管理条例》规定条件的，准予延续，延续执业注册有效期为5年；对不具备规定条件的，不予延续，并书面说明理由。护士有《行政许可法》规定的应当予以注销执业注册情形的，原注册部门应当依照《行政许可法》的规定注销其执业注册。

四、护士执业权利和义务

（一）护士执业权利

护士执业权利主要是：

1.有按照国家有关规定获取工资报酬、享受福利待遇、参加社会保险的权利。任何单位或者个人不得克扣护士工资，降低或者取消护士福利等待遇。

2.有获得与其所从事的护理工作相适应的卫生防护、医疗保健服务的权利。从事直接接触有毒有害物质、有感染传染病危险工作的护士，有依照有关法律、行政法规的规定接受职业健康监护的权利；患职业病的，有依照有关法律、行政法规的规定获得赔偿的权利。

3.有按照国家有关规定获得与本人业务能力和学术水平相应的专业技术职务、职称的权利；有参加专业培训、从事学术研究和交流、参加行业协会和专业学术团体的权利。

4.有获得疾病诊疗、护理相关信息的权利和其他与履行护理职责相关的权利，可以对医疗卫生机构和卫生主管部门的工作提出意见和建议。

（二）护士执业义务

护士执业义务主要是：

1.应当遵守法律、法规、规章和诊疗技术规范的规定。

2.在执业活动中，发现患者病情危急，应当立即通知医师；在紧急情况下为抢救垂危患者生命，应当先行实施必要的紧急救护。护士发现医嘱违反法律、法规、规章或者诊疗技术规范规定的，应当及时向开具医嘱的医师提出；必要时，应当向该医师所在科室的负责人或者医疗卫生机构负责医疗服务管理的人员报告。

3.应当尊重、关心、爱护患者，保护患者的隐私。

4.有义务参与公共卫生和疾病预防控制工作。发生自然灾害、公共卫生事件等严重威胁公众生命健康的突发事件时，护士应当服从县级以上人民政府卫生主管部门或者所在医疗卫生机构的安排，参加医疗救护。

五、法律责任

《护士管理条例》规定，护士在执业活动中有下列情形之一的，由县级以上地方人民政府卫生主管部门依据职责分工责令改正，给予警告；情节严重的，暂停其6个月以上1年以下执业活动，直至由原发证部门吊销其《护士执业证书》：

1.发现患者病情危急未立即通知医师的。

2.发现医嘱违反法律、法规、规章或者诊疗技术规范的规定，未依照规定提出或者报告的。

3.泄露患者隐私的。

4.发生自然灾害、公共卫生事件等严重威胁公众生命健康的突发事件，不服从安排参加医疗救护的。护士在执业活动中造成医疗事故的，依照医疗事故处理的有关规定承担法律责任。

护士被吊销执业证书的，自执业证书被吊销之日起2年内不得申请执业注册。

扰乱医疗秩序，阻碍护士依法开展执业活动，侮辱、威胁、殴打护士，或者有其他侵犯护士合法权益行为的，由公安机关依照治安管理处罚法的规定给予处罚；构成犯罪的，依法追究刑事责任。

第四节　执业药师管理法律制度

一、执业药师的概念

执业药师(Disciple of a master pharmacist)，是指经全国统一考试合格，取得《执业药师资格证书》并经注册登记，在药品生产、经营、使用单位中执业的药学技术人员。执业药师分为药学和中药学两个类别，统称为执业药师。

1994年我国开始实施执业药师资格制度，对药学技术人员的职业实行准入控制，纳入全国专业技术人员执业资格制度范围。1999 年起，国家人事部、国家食品药品监督管理局重新修订颁布了《执业药师资格制度暂行规定》《执业药师资格考试实施办法》《执业药师注册管理暂行办法》《执业药师继续教育管理暂行办法》等一系列规范性文件；在有关药品分类管理制度、GSP 规范、换发《药品经营许可证》等方面，均对执业药师提出明确要求，对建立和完善执业药师资格制度、推进执业药师工作起到了良好的促进作用。

二、执业药师资格考试

执业药师资格考试属于职业准入性考试。经过本考试成绩合格者，国家发给《执业药师资格证书》，表明具备执业药师的水平和能力，可在全国范围内的药品生产、经营、使用单位执业。用人单位可根据工作需要，聘任其担任主管药师和主管中药师专业技术职务。

执业药师资格实行全国统一大纲、统一命题、统一组织的考试制度。参加执业药师考试必须具备以下条件：

1. 中华人民共和国公民和获准在我国境内就业的其他国籍的人员。

2. 学历和从事药学、中药工作的时间应符合以下要求：

（1）取得药学、中药学或相关专业博士学位者；

（2）取得药学、中药学或相关专业第二学士学位、研究生班毕业或取得硕士学位，从事药学或中药学专业工作满 1 年者；

（3）取得药学、中药学或相关专业大学本科学历，从事药学或中药学专业工作满 3 年者；

（4）取得药学、中药学或相关专业大专学历，从事药学或中药学专业工作满 5 年者；

（5）取得药学、中药学或相关专业中专学历，从事药学或中药学专业工作满 7 年者。

三、执业药师执业注册

执业药师实行注册制度。国务院药品监督管理部门为全国执业药师注册管理机构，省级药品监督管理部门为本辖区执业药师注册机构。经注册后，方可按照注册的执业类别、执业范围从事相应的执业活动。未经注册者，不得以执业药师身份执业。

执业药师只能在一个省、自治区、直辖市注册。执业药师注册有效期为 3 年，有效期满前 3 个月，持证者须到注册机构办理再次注册手续。执业药师变更执业地区、执业范围应及时办理变更注册手续。

1.申请注册的执业药师，有以下情况之一者，不予注册：

(1)不具有完全民事行为能力的；

(2)因受刑事处罚，自刑罚执行完毕之日到申请注册之日不满2年的；

(3)受过取消执业药师执业资格处分不满2年的；

(4)国家规定不宜从事执业药师业务的其他情形的。

2.执业药师注册后如有以下情况之一的，予以注销注册：

(1)死亡或被宣告失踪的；

(2)受刑事处罚的；

(3)被吊销《执业药师资格证书》的；

(4)受开除行政处分的；

(5)因健康或其他原因不能从事执业药师业务的。

对不予注册或注销注册持有异议的当事人，可以依法申请行政复议或者向人民法院提起诉讼。

四、执业药师职责

根据执业药师资格制度规定，执业药师必须遵守执业道德，忠于职守，以对药品质量负责、保证人民用药安全有效为基本准则。

1.必须严格执行《药品管理法》及国家有关药品研究、生产、经营、使用的各项法规及政策。执业药师对违反《药品管理法》及有关规定的行为或决定，有责任提出劝告、制止、拒绝执行并向上级报告。

2.在执业范围内负责对药品质量的监督和管理，参与制定、实施药品全面质量管理及对本单位违反规定的处理。

3.负责处方的审核及监督调配，提供用药咨询与信息，指导合理用药，开展治疗药物的检测及药品疗效的评价等临床药学工作。

五、执业药师继续教育

《执业药师资格制度暂行规定》明确将执业药师继续教育纳入法制化管理范畴，规定执业药师必须接受继续教育。

《执业药师继续教育管理暂行办法》规定，执业药师继续教育的目的是使执业药师保持良好的职业道德，以病患者和消费者为中心，开展药学服务；不断提高依法执业能力和业务水平，认真履行职责，维护广大人民群众身体健康，保障公众用药安全、有效、经济、合理。执业药师继续教育的内容要适应执业药师工作岗位的实际需要，注重科学性、先进性、实用性和针对性，适应执业药师提供高质量药学服务的基本要求。执业药师继续教育实行学分制和登记制度。执业药师接受继续教育经考核合格后，由培训机构在《执业药师继续教育登记证书》上登记盖章。《执业药师继续教育登记证书》是执业药师再次注册的必备证件。注册机构以《执业药师继续教育登记证书》为依据，考查执业药师接受继续教育的情况。

六、法律责任

单位和执业药师违反《药品管理法》和《执业药师资格制度暂行规定》的，必须承担相应的行政责任、民事责任或刑事责任。

1. 对未按规定配备执业药师的单位，应限期配备，逾期将追究单位负责人的责任。

2. 对已在应由执业药师担任的工作岗位、但尚未通过资格考试的人员，要进行强化培训，限期达到要求。对经过培训仍不能通过考试者，必须调离岗位。

3. 对涂改、伪造或以虚假和不正当手段获取《执业药师资格证书》或《执业药师注册证》的人员，发证机构应收回证书，取消其执业药师资格，注销注册，并对直接责任者给予行政处分，直到追究法律责任。

执业药师有违反《执业药师资格制度暂行规定》的，所在单位须如实上报，由药品监督管理部门根据情况给予处分。注册机构对执业药师所受处分，应及时记录在其《执业药师资格证书中》的“执业情况记录”中。执业药师在执业期间违反《药品管理法》及其他法律法规构成犯罪的，由司法机关依法追究其刑事责任。

第五节　乡村医生管理的法律规定

一、乡村医生的概念

乡村医生(Rural doctor)，是指取得当地卫生行政部门颁发的《乡村医生证书》，并在村卫生室从事医疗卫生工作的人员，而卫生员则指没有取得《乡村医生证书》的人员。

为了提高乡村医生的职业道德和职业素质，加强乡村医生从业管理，保护乡村医生的合法权益，保障村民获得初级卫生保健服务，2003 年 8 月 5 日，国务院公布了《乡村医生从业管理条例》，并自 2004 年 1 月 1 日起施行。尚未取得执业医师资格或者执业助理医师资格，经注册在村医疗卫生机构从事预防、保健和一般医疗服务的乡村医生均适用《乡村医生从业管理条例》，而村医疗卫生机构中的执业医师或者执业助理医师，依照《执业医师法》的规定管理，不适用《乡村医生从业管理条例》。

国务院卫生行政主管部门负责全国乡村医生的管理工作;县级以上地方政府卫生行政主管部门负责本行政区域内乡村医生的管理工作。

二、乡村医生执业注册

《乡村医生从业管理条例》规定,国家实行乡村医生执业注册制度。县级人民政府卫生行政主管部门负责乡村医生执业注册工作。

(一)注册条件

乡村医生的注册条件是:

(1)已经取得中等以上医学专业学历的;

(2)在村医疗卫生机构连续工作20年以上的;

(3)按照省、自治区、直辖市人民政府卫生行政主管部门制定的培训规划,接受培训取得合格证书的。

(二)不予注册的情形

乡村医生有下列情形之一的,不予注册:

(1)不具有完全民事行为能力的;

(2)受刑事处罚,自刑罚执行完毕之日起至申请执业注册之日止不满2年的;

(3)受吊销乡村医生执业证书行政处罚,自处罚决定之日起至申请执业注册之日止不满2年的。

(三)注销注册的情形

乡村医生有下列情形之一的,由原注册的卫生行政主管部门注销执业注册,收回乡村医生执业证书:

(1)死亡或者被宣告失踪的;

(2)受刑事处罚的;

(3)中止执业活动满2年的;

(4)考核不合格,逾期未提出再次考核申请或者经再次考核仍不合格的。

(四)证书的更换

《乡村医生执业证书》有效期为5年。有效期满需要继续执业的,应当在期满前3个月申请再注册。

三、乡村医生执业规则

(一)乡村医生在执业活动中享有的权利

乡村医生在执业活动中享有的主要权利有:

(1)进行一般医学处置,出具相应的医学证明;

(2)参与医学经验交流,参加专业学术团体;

(3)参加业务培训和教育;

(4)在执业活动中,人格尊严、人身安全不受侵犯;

(5)获取报酬;

(6)对当地的预防、保健、医疗工作和卫生行政主管部门的工作提出意见和建议。

(二)乡村医生在执业活动中应当履行的义务

乡村医生在执业活动中应当履行的主要义务有:

(1)遵守法律、法规、规章和诊疗护理技术规范、常规;

(2)树立敬业精神,遵守职业道德,履行乡村医生职责,为村民健康服务;

(3)关心、爱护、尊重患者,保护患者的隐私;

(4)努力钻研业务,更新知识,提高专业技术水平;

(5)向村民宣传卫生保健知识,对患者进行健康教育。

(三)乡村医生执业规则

1.乡村医生应当协助有关部门做好初级卫生保健服务工作;按照规定及时报告传染病疫情和中毒事件,如实填写并上报有关卫生统计报表,妥善保管有关资料。

2.乡村医生在执业活动中,不得重复使用一次性医疗器械和卫生材料。对使用过的一次性医疗器械和卫生材料,应当按照规定处置。

3.乡村医生应当如实向患者或者其家属介绍病情,对超出一般医疗服务范围或者限于医疗条件和技术水平不能诊治的患者,应当及时转诊;情况紧急不能转诊的,应当先行抢救并及时向有抢救条件的医疗卫生机构求助。

4.乡村医生不得出具与执业范围无关或者与执业范围不相符的医学证明,不得进行实验性临床医疗活动。

5.省、自治区、直辖市人民政府卫生行政主管部门应当按照乡村医生一般医疗服务范围,制定乡村医生基本用药目录。乡村医生应当在乡村医生基本用药目录规定的范围内用药。

四、乡村医生执业培训与考核

(一)乡村医生执业培训

省级政府组织制定乡村医生培训规划,保证乡村医生至少每2年接受一次培训。县级人民政府根据培训规划制定本地区乡村医生培训计划。对承担国家规定的预防、保健等公共卫生服务的乡村医生,其培训所需经费列入县级财政预算。对边远贫困地区,设区的市级以上地方人民政府应当给予适当经费支持。

同时国家鼓励社会组织和个人支持乡村医生培训工作。

（二）乡村医生执业考核

根据 2008 年 8 月卫生部印发的《乡村医生考核办法》，乡村医生考核包括业务考评和职业道德评定两方面内容。主要是：

(1)工作任务完成情况；

(2)业务水平；

(3)学习培训情况；

(4)省级卫生行政部门规定的其他内容。

乡村医生经考核合格的，可以继续执业；经考核不合格的，在 6 个月之内可以申请进行再次考核。逾期未提出再次考核申请或者经再次考核仍不合格的乡村医生，原注册部门应当注销其执业注册，并收回《乡村医生执业证书》。

五、法律责任

1. 乡村医生在执业活动中，违反规定，有下列行为之一的，由县级人民政府卫生行政主管部门责令限期改正，给予警告；逾期不改正的，责令暂停 3 个月以上 6 个月以下执业活动；情节严重的，由原发证部门暂扣《乡村医生执业证书》：

(1)执业活动超出规定的执业范围，或者未按照规定进行转诊；

(2)违反规定使用乡村医生基本用药目录以外的处方药品的；

(3)违反规定出具医学证明，或者伪造卫生统计资料的；

(4)发现传染病疫情、中毒事件不按规定报告的。

2. 乡村医生在执业活动中，违反规定进行实验性临床医疗活动，或者重复使用一次性医疗器械和卫生材料的，由县级人民政府卫生行政主管部门责令停止违法行为，给予警告，可以并处 1000 元以下的罚款；情节严重的，由原发证部门暂扣或者吊销《乡村医生执业证书》。

3. 以不正当手段取得《乡村医生执业证书》的，由发证部门收缴《乡村医生执业证书》；造成患者人身损害的，依法承担民事赔偿责任；构成犯罪的，依法追究刑事责任。

4. 未经注册在村医疗卫生机构从事医疗活动的，由县级以上地方人民政府卫生行政主管部门予以取缔，没收其违法所得以及药品、医疗器械，违法所得 5000 元以上的，并处违法所得 1 倍以上 3 倍以下的罚款；没有违法所得或者违法所得不足 5000 元的，并处 1000 元以上 3000 元以下的罚款；造成患者人身损害的，依法承担民事赔偿责任；构成犯罪的，依法追究刑事责任。

第十六章　传统医学管理法律制度

第一节　传统医学管理法律制度概述

一、传统医学的概念

传统医学（Traditional medicine），是指在现代医学之前已经独立发展起来的多种医疗知识体系的统称。2008 年 11 月在北京举办的世界卫生组织首届传统医学大会发布了《北京宣言》，该宣言对“传统医学”明确定义为：“在维护健康以及预防、诊断、改善或治疗身心疾病方面使用的以不同文化固有的、可解释的或不可解释的理论、信仰和经验为基础的知识、技能和实践总和。”

通常情况下，在亚洲、非洲和拉丁美洲使用“传统医学”一词较多，而在欧洲、北美等发达地区则较多地使用“补充医学”和“替代医学”。很多文明古国都有自己的传统医学，目前传播和应用较广的传统医学主要包括中医学（Traditional Chinese Medicine）、印度医学（Ayurveda，也称阿育吠陀）、尤纳尼（Unani，即阿拉伯医学）以及顺势疗法（Homeopathy）、整脊疗法（Chiropractic）、整骨疗法（Osteopathy）和自然疗法（Naturopathy）等。

二、中国传统医学的概念

中国传统医学是中华民族在长期的医疗、生活实践中，不断积累、反复总结而逐渐形成的具有独特理论风格的医学体系，是中国各民族医学的统称，主要包括汉族医学以及藏族医学、蒙古族医学、维吾尔族医学等少数民族医学。

在中国传统医学中，由于汉族人口最多，文字产生最早，历史文化较长，汉族医学在中国乃至在世界上的影响最大。在 19 世纪西方医学传入中国并普及以后，汉族医学又有“中医学”之称，以此有别于西方医学。因此，概括而言，中国传统医学即指中医学和少数民族医学，其中中医学为主流。为了表述准确与方便，本章中的传统医学除特别说明外，特指中国的传统医学。

中国传统医学在世界四大传统医学中，是实践内容既丰富又有效的医学。传统医学是中国医学科学的特色，是中华民族传统文化的积淀和升华，是中华传统文化不可分割的一个重要组成部分和载体。如今,传统医学已经成为具有中国特色卫生事业的重要组成部分,在人民群众卫生保健中发挥着不可替代的作用,传统医学理应受到国家法律的保护。由于传统医学的理论体系和实践方法不同于西方医学,所以不能简单沿用西医学的规章制度进行管理,而应依照传统医学的特点和活动规律制定法律法规,将传统医学纳入法制轨道,以保障和促进传统医学事业的健康发展。

三、传统医学法制建设概况

传统医学法,是指调整在中医药和少数民族医药防病治病过程中所产生的各种社会关系的法律规范的总和。

新中国建立后,传统医学法制建设经历了曲折的发展过程。党的十一届三中全会以来,传统医学法制建设有了长足的发展。1982 年《宪法》明确规定“发展现代医药和我国传统医药”,这是制定中医药法律规范的根本法律依据。1997年《中共中央、国务院关于卫生改革与发展的决定》充分肯定了中医药的重要地位和作用,进一步明确了中西医并重的方针,把中医药确定为卫生事业发展的重点领域。

为贯彻落实《宪法》和中央决定,国家中医药管理局先后制定了《野生药材资源保护管理条例》《中医事业“八五”计划及十年规划设想》《中医药事业“九五”计划及 2010 年规划设想》;2002 年 10 月,科技部、卫生部等部委联合发布了《中药现代化发展纲要(2002—2010 年)》;2003 年 11 月,国家中医药管理局发布了《关于进一步加强中西医结合工作的指导意见》;2003 年 4 月 17 日,国务院颁布了《中华人民共和国中医药条例》,并于 2003 年 10 月 1 日起施行,这是新中国建立以来,第一部对中医药进行规范的行政法规;2006 年 12 月 21 日,卫生部发布了《传统医学师承和确有专长人员医师资格考核考试办法》;2007 年 3 月 21 日,科技部、卫生部、国家中医药管理局、国家食品药品监督管理局等国务院 16 个部门联合发布《中医药创新发展规划纲要(2006—2020 年)》,从中医药创新发展的全局出发,确定了“继承、创新、现代化、国际化”四个方面的基本任务;2007 年 10 月 10 日,国务院制定了《中药品种保护条例》;2007 年 12 月 25 日,卫生部、国家中医药管理局等 11 个部委联合发布了《关于切实加强民族医药事业发展的指导意见》等。这一系列法律文件和政策文件,使传统医学管理逐步法治化,保障和促进了传统医学事业的发展。

四、坚持中西医并重

党的十七大提出,坚持中西医并重,扶持中医药和民族医药事业发展。这是根据我国国情提出的建设有中国特色的基本医疗卫生制度的重要方针。

坚持中西医并重，就是要把中医药与西医药切实摆在同等重要的地位，对中医药在思想上重视、在感情上热爱、在工作上加强。同时，不能把坚持中西医并重简单理解为在资金投入上、资源布局上、服务领域上的绝对“平等”。而是要根据中西医各自不同的发展规律、特点和各自的优势，在大卫生的整体框架内，在重点领域实行重点倾斜，努力使中医和西医在各自的优势领域充分发挥作用，互为补充，相互促进，共同维护和促进人民群众的健康。

中医药要特别注重与现代医学的结合，做好中西医结合工作。中西医结合是党的中医政策的重要内容之一。《中共中央、国务院关于卫生改革与发展的决定》明确提出：“中西医要加强团结，互相学习，取长补短，共同提高，促进中西医结合。”中西医结合是继承发展中医药的重要途径，其基础和前提是继承中医的学术思想，目的是提高临床疗效。中西医结合不是简单相加，更不是以西化中，而是取中西医之长，实现更高水平的发展和创新。

在坚持中西医并重上，目前更多的是政策指导，有待加强法制建设。

第二节 中医医疗机构管理法律规定

一、中医医疗机构的概念

中医医疗机构，是指依法取得《医疗机构执业许可证》的中医医院、中西医结合医院、中医门诊部和中医诊所等。依法设立的社区卫生服务中心（站）、乡镇卫生院等城乡基层卫生服务机构，应当能够提供中医医疗服务。《中医药条例》规定，开办中医医疗机构，应当符合国务院卫生行政部门制定的中医医疗机构设置标准和当地区域卫生规划，并按照《医疗机构管理条例》的规定办理审批手续，取得《医疗机构执业许可证》后，方可从事中医医疗机构活动。根据《2009年全国中医药统计摘编》数据显示，2009年我国共有中医类医院3164所。

二、中医医院管理

中医医院是以医疗工作为中心，结合医疗进行教学和科学研究，继承和发扬中医药学，培养中医药人才的基地。《中医药条例》《全国中医医院工作条例（试行）》《中医医疗机构管理办法（试行）》《中医病症诊断疗效标准》《全国示范中医医院建设验收标准》等法规对中医医院的管理作了明确的规定。

（一）机构及编制

中医医院是中医综合性医院，实行院、科室两级制。其业务科室设置和病床分配比例，可根据中医专科特色和各自的规模、任务、特长及技术发展情况确定，并力求科室设置齐全。人员编制按病床与工作人员 1∶1.3～1∶1.7 计算。病床数与门诊量的比例按 1∶3 计算，每增减 100 门诊人次，可增减 6～8 人，或比同级西医综合医院的编制高 15%～18%。医生和药剂人员要高于西医综合医院的比例，护理人员可低于西医综合医院的比例。在医生和药剂人员中，中医、中药人员要占绝对多数，逐步达到 70%以上。

（二）分级管理制度

根据《中医医院分级管理办法（试行）》，对中医医院实行分级管理。中医医院划分为三级十等。其等级划分与上述医院等级划分相同。

中医医院的等级须由中医医院评审委员会根据《中医医院分级管理标准》严格评审确定。省级中医医院必须达到三级甲等标准，地（市）级中医医院必须达到三级乙等或二级甲等标准，县（区）级中医医院必须达到二级甲等标准。

（三）医疗工作制度

具体包括：

1.门诊管理。中医医院应组织有经验的中医参加门诊，并根据本院的技术专长开设专科门诊。地、市级以上及有条件的县（区）级中医医院，要开设急诊室，要努力继承挖掘中医治疗急重症的经验。

2.病房管理。根据中医特点加强病房建设，逐步实行住院医师、主治医师、主任医师三级负责制或住院医师、主治医师两级负责制。住院病人应有固定的医师（士）负责管理。定期组织有经验的老中医查房、会诊，指导疑难、危急病症的诊治。

3.病历管理。要建立体现中医辨证论治特色的病历。要按照《中医病历书写格式与要求（试行）》，使病历书写规范化。把病历书写作为中医技术考核的一项重要内容。

4.护理工作管理。在努力发掘中医药学护理知识的同时，吸收西医护理的长处，进行辨证论护，并逐步制定出具有中医特色的常见病和危重病的护理常规。护士交班日志逐步用中医病名和术语。根据医院条件逐步实行护士、护士长、科护士长三级负责制或护士、护士长两级负责制。有条件的逐步实行整体护理。要重视中医的食养疗法，改善病人饮食，配合临床治疗。

5.药品管理。加强中药管理，保证药品质量，严禁采购、使用伪劣中药，严格执行中药炮制规范、煎熬操作规程、配方复核和库房保管等制度，严格遵循《中药调剂室工作制度（试行）》《中药库管理制度（试行）》和《医院中药饮片管理规范》等的规定。

毒、麻药品必须专人管理，确保安全。贵重药品要建立健全保管、领发制度。

对危急病人的抢救用药，要保证及时供应。要积极恢复传统急救的中药制剂品种，满足危急重症治疗的需要。要积极创造条件，研究安全有效的药品，适应临床和科研工作的需要。

另外，要根据继承发扬中医药学的需要，配备现代科学仪器，尤其应优先配备对中医专科和科研所需要的仪器设备。

（四）中医药人员管理制度

1.业务技术人员的管理。医院要制订培养中医、药、护和各类技术人员的规划，建立一支较高水平的中医、药、护队伍。中医医院业务技术人员的补充，主要是医药院校毕业生和出师合格的中医学徒。对业务技术人员要建立技术档案，定期进行考核，做到合理使用。

2.中医药人员的职称评定与职务聘任。其职称分为主任中医（药）师、副主任中医（药）师、主治中医（主管中药）师、中医（药）师、中医（药）士五级。其职称评定和聘任程序与其他卫生技术人员相同。对各级人员的任职条件，要按照《中医药人员技术职务任职条件》规定执行。在我国现有的中医药人员中，很大一部分系属师承、家传和以中医学徒形式培养的，对这部分人员的专业技术职称评定，国家也有明文规定。

三、中医专科管理

中医专科是中医伟大宝库的一个重要组成部分。许多中医专科，如针灸、推拿、骨伤、皮肤、痔瘘、耳鼻喉、眼科、气功等，都具有简、便、验、廉的特点，深受人民群众的欢迎。卫生部于1983年9月26日发布了《关于加强中医专科建设的通知》，强调了加强中医专科建设是保持发扬中医特色、提高中医医疗质量、扩大中医就诊人次的重要措施，要求各级卫生行政部门和医院一定要加强对中医专科工作的领导和建设，并对中医专科的设置、人才培养、学术交流作了规定。

（一）中医专科设置

中医医院临床科室的设置，要充分发挥中医传统专科的特色，积极、有计划地建设各种专科，各地也可根据自己的学术特长和群众的需要，开办中医专科医院，综合医院、专科医院也应根据群众的需要，积极创造条件，开设针灸、推拿、骨伤等中医专科。

（二）中医专科人才培养

努力培养和造就一批中医专科人才，其要求是：

1.在目前有些专科面临失传的情况下，首先要把那些具有独特专长的老中医的经验继承下来，配备好助手和徒弟，做好传、帮、带，认真总结他们的经验和技术专长。

2.要把那些散在社会、具有专科特长、经验丰富的老中医聘请到医院，总结、学习他们的经验，发挥他们的作用。

3.举办中医专科培训班。对那些具有一定临床经验、热爱中医专科的医生进行专科培训，定向发展，使他们尽快掌握专科独特技术和经验。

（三）中医专科学术交流

积极开展中医专科的学术交流。各级中医学会要协助做好中医专科的学术交流，以促进专科技术水平的不断提高。

四、中医坐堂医诊所管理

中医坐堂医诊所，是指由中药饮片品种不少于400种的药店设置、由中医类别的中医执业医师在药店内坐诊并只允许提供中药饮片处方服务的医疗机构。卫生部、国家中医药管理局于2010年10月19日颁布了《中医坐堂医诊所管理办法（试行）》。

（一）中医坐堂医诊所的设置

申请设置中医坐堂医诊所的药品零售药店，必须同时具备以下条件：

1.具有《药品经营质量管理规范认证证书》、《药品经营许可证》和营业执照。

2.具有独立的中药饮片营业区，饮片区面积不得少于50平方米。

3.中药饮片质量符合国家规定要求，品种齐全，数量不少于400种。

设置中医坐堂医诊所，必须按照有关规定进行设置审批和执业登记。

中医坐堂医诊所登记注册的诊疗科目，应为《医疗机构诊疗科目名录》"中医科"科目下设的二级科目，所设科目不超过2个，并且与中医坐堂医诊所提供的医疗服务范围相对应。中医坐堂医诊所的命名由识别名称和通用名称依次组成——识别名称：药品零售药店名称和地名；通用名称：中医坐堂医诊所。

（二）中医坐堂医诊所医师管理

中医坐堂医诊所聘用的医师，应当是取得医师资格后经注册、连续在医疗机构从事5年以上临床工作的中医类别中医执业医师；中医坐堂医诊所可以作为中医类别中医执业医师的第二执业地点进行注册，但至少有1名中医类别中医执业医师的第一执业地点为该诊所；中医类别中医执业医师可以在中医坐堂医诊所执业，其他类别的执业医师不得在中医坐堂医诊所执业；同一时间坐诊的中医类别中医执业医师不得超过2人。

（三）中医坐堂医诊所的执业规则

其主要规定是：

1.中医坐堂医诊所执业，应当在显著位置公示诊疗科目、诊疗手段、诊疗时间以及收费标准。

2.严格遵守国家有关法律、法规、规章和技术规范,加强对中医从业人员的教育,预防医疗事故,确保医疗安全和服务质量。

3.严格执行国家关于中医病历书写、处方管理的有关规定;严格按照国家规定规范使用有关部门统一印制的收费票据。

4.只能提供中药饮片处方服务,不得超出执业范围。

第三节　传统医药人员管理法律规定

一、传统医药人员发展概况

党的十一届三中全会以来,民族医药事业得到较快恢复、发展,传统医药人员不断增多,根据《2009年全国中医药统计摘编》,2009年我国共有卫生技术人员5 396 941人,其中中医执业医师236 277人,中医执业助理医师36 302人,中药师(士)93 178人,见习中医师11 958人。民族医医院人员总数为11 316人,其中蒙医医院共3 425人,藏医医院共3 074人,维医医院共3 202人,傣医医院共137人,其他民族医院共1 478人。这显示了传统医药人员数量的飞速增长。

二、中医从业人员管理

(一)执业资格

中医从业人员,应当依照有关卫生管理的法律规定通过资格考试,并经注册取得执业证书后,方可从事中医服务活动。以师承方式学习中医药的人员以及确有专长的人员,应当按照国务院卫生行政部门的规定,通过执业医师或者执业助理医师资格考核考试,并经注册取得医师执业证书后,方可从事中医医疗活动。

(二)执业要求

中医从业人员应当遵守相应的中医诊断治疗原则、医疗技术标准和技术操作规范。全科医师和乡村医生,应当具备中医药基本知识以及运用中医诊疗知识、技术处理常见病和多发病的基本技能。

(三)评审鉴定

与中医药有关的评审或者鉴定活动,应当体现中医药特色,遵循中医药自身的发展规律。中医药从业人员专业技术职务任职资格的评审,中医医疗、教育、科研机构的评审、评估,中医药科研课题的立项和成果鉴定,应当成立专门的中医药评审、鉴定组织或者由中医药专家参加评审、鉴定。

(四)奖励处罚

对在继承和发展中医药事业中,作出显著贡献和在边远地区从事中医药工作做出突出成绩的单位和个人，县级以上各级人民政府应当给予奖励。未按照规定通过执业医师或者执业助理医师资格考试取得执业许可，从事中医医疗活动的，依照《中华人民共和国执业医师法》和《医疗机构管理条例》的有关规定给予处罚。

三、传统医学师承和确有专长人员管理

为规范传统医学师承和确有专长人员医师资格考核考试，卫生部于2006年12月21日发布了《传统医学师承和确有专长人员医师资格考核考试办法》，规定以师承方式学习传统医学或者经多年传统医学临床实践医术确有专长、不具备医学专业学历的人员，参加医师资格考试，适用本办法。取得医师资格证书后，遵守《执业医师法》的相关规定。

（一）考核

考核是对传统医学师承和确有专长人员申请参加医师资格考试的资格评价和认定，分为传统医学师承出师考核（以下简称出师考核）和传统医学医术确有专长考核（以下简称确有专长考核）。

1.出师考核。师承人员应当具有高中以上文化程度或者具有同等学力并连续跟师学习满3年，应当与指导老师签订由国家中医药管理局统一式样并经县级以上公证机构公证的师承关系合同，跟师学习时间自公证之日起计算。出师考核内容应当包括职业道德和业务水平，重点是传统医学专业基础知识与基本技能，学术经验、技术专长继承情况，方式包括综合笔试和临床实践技能考核。出师考核由省级中医药管理部门具体组织实施，每年进行一次，考核合格者由省级中医药管理部门颁发由国家中医药管理局统一式样的《传统医学师承出师证书》。

2.确有专长考核。申请确有专长考核的人员，应当依法从事传统医学临床实践5年以上并掌握独具特色、安全有效的传统医学诊疗技术。确有专长考核，包括综合笔试和临床实际本领考核；考核内容主要是职业道德和业务水平，重点是传统医学专业基础知识及掌握的独特诊疗技术和临床基本操作。确有专长考核由设区的市级卫生行政部门、中医药管理部门组织实施，每年进行一次，考核合格者由负责组织考核的卫生行政部门、中医药管理部门发给由国家中医药管理局统一式样的《传统医学医术确有专长证书》，并报省级中医药管理部门备案。

（二）医师资格考试

1.考试条件。师承和确有专长人员取得《传统医学师承出师证书》或《传统医学医术确有专长证书》后，在执业医师指导下，在授予《传统医学师承出师证书》或《传统医学医术确有专长证书》的省（自治区、直辖市）内的医疗机构中试用

期满1年并考核合格，可以申请参加执业助理医师资格考试；师承和确有专长人员取得《执业助理医师执业证书》后，在医疗机构中从事传统医学医疗工作满5年，可以申请参加执业医师资格考试。

2.考试内容。师承和确有专长人员医师资格考试是评价申请医师资格者是否具备执业所需的专业知识与技能的考试，是国家医师资格考试的组成部分。考试方式分为实践技能考试和医学综合笔试，实践技能考试合格的方可参加医学综合笔试。

3.组织管理。师承和确有专长人员医师资格考试的具体内容和方案，由卫生部医师资格考试委员会制定。考试成绩合格的，获得卫生部统一印制的《医师资格证书》。

四、民族医药人才队伍建设

2007年10月25日，国家中医药管理局等11个部委联合发布了《关于切实加强民族医药事业发展的指导意见》。国家民族事务委员会于2010年12月23日制定了《全国民族医药近期重点工作实施方案(2010—2012年)》，对民族医药人才建设提出了明确的要求。

(一)继续加强民族医药院校教育工作

鼓励和扶持民族地区举办高等民族医药教育，创造条件独立设置民族医药高等院校，有条件的高等院校要设立民族医药学院，或设立相应的专业、专业方向；有条件的高等医学院校要积极开展民族医药专业研究生培养；建设好国家中医药管理局民族医药重点学科建设点；加强教材建设，逐步完善民族医药教材体系。

(二)切实加强民族医药继续教育工作

各地要充分利用现有的民族医药资源，依托各民族医药医疗、教育、科研机构，建立一定数量的民族医药继续教育基地。继续做好全国名老民族医药专家学术经验继承和优秀民族医临床人才培养工作。加强农村、社区民族医药人才培养和队伍建设。鼓励在职的中医药、西医药人员积极学习民族医药知识与技能。

(三)实施民族医药人才培养专项

加强高层次民族医药人才培养，实施全国名老民族医药专家学术经验继承工作、优秀民族医药临床人才研修项目。

(四)完善民族医药人员专业技术职务评聘制度

进一步完善藏、蒙、维医等民族医药专业技术人员职称评定标准和方法，开展傣、朝、壮医专业技术人员职称评定工作，体现民族医药专业特点，注重能力和业绩，充分调动民族医药人员的积极性。

第四节　民族医药管理法律规定

一、民族医药管理概述

民族医药具有自己独立的地位。民族医药学存在于我国各少数民族之中，大多有自己独特的理论体系、历史传统和诊疗方法，如藏医药学、蒙医药学、维吾尔医药学、傣医药学等。各少数民族医药充分利用民族地区的药物资源，采取适合当地情况的行医方式，在治疗常见病、多发病、地方病等方面有独特的临床经验，受到当地人民群众的欢迎，为本民族人民的身体健康和繁衍昌盛作出了重要贡献。《中医药条例》第 38 条第 2 款规定："民族医药的管理参照本条例执行。"民族医药和中医药同属于中华医药的组成部分，国家高度重视发展民族医药。

从实践看，《中华人民共和国药典》从 1977 年版开始，在收载"中药药材"中开始包括少数民族药材，在中药成方制剂中包括少数民族成药，这是《中国药典》第一次出现民族药的概念。在 2000 年版《中国药典》中，收载民族药药材 5 种，民族药成药 30 种。1997 至 1998 年，卫生部相继公布了藏、维、蒙等民族药的部颁品种批准文号，到 2002 年 12 月，由国家药品监督管理局经专家评审共将 435 个民族药地方标准转为国家标准，使藏、维、蒙、傣、苗、彝等民族药的国家标准合计达到 922 个。民族医药的范围随着发掘、整理工作的进展而逐步扩大，随着科研、开发的深入而不断提高。

为了加强民族医药的发展，1983 年 7 月 20 日，卫生部、国家民族事务委员会发布了《关于继承、发扬民族医药学的意见》。2007 年 7 月 25 日，国家中医药管理局、国家民族事务委员会、卫生部等 11 部委颁布了《关于切实加强民族医药事业发展的指导意见》。2010 年 12 月 23 日，国家民族事务委员会制定了《全国民族医药近期重点工作实施方案(2010—2012 年)》。

二、发展民族医药事业的总体要求

发展民族医药事业，要以发掘整理总结为基础，人才培养为重点，科学研究为先导，加强民族医药机构和服务网络建设，努力提高防治能力和学术水平，进一步促进民族医药事业发展，为人民健康服务，为促进民族团结、构建社会主义和谐社会作贡献。

(一)发展民族医药事业应遵循的基本原则

1. 坚持保持和发挥民族医药特色优势，遵循民族医药自身发展规律和特点。

2. 坚持政府主导，鼓励社会参与，多渠道发展民族医药。

3. 坚持以社会需求为导向，拓宽民族医药服务领域，提高服务能力和水平。

4. 坚持民族区域自治，统筹协调发展。

5. 坚持因地制宜，分类指导，稳步发展。

（二）发展民族医药事业的工作目标

1. 到2015年，民族医医疗、教育、科研机构和民族药企业的基础设施条件得到明显改善。

2. 民族医药应对突发公共卫生事件和防治常见病、多发病及部分重大疾病能力得到增强。

3. 民族医药人才培养体系逐步完善，队伍素质明显提高。

4. 逐步建立完善符合民族医药特点的执业准入制度。

5. 民族医药继承与创新取得新进展，学术水平进一步提高。

6. 民族医药资源和知识产权得到有效保护与合理利用。

7. 初步建立民族医药标准。

8. 民族药产业进一步扩大。

9. 民族医药国际交流与合作更加广泛。

三、推进民族医药服务能力建设

加强民族医约的管理，重点在于推进民族医药服务能力建设，以充分发挥民族医药的服务功能。主要应着眼于以下四个方面：

1. 充分加强民族医医疗机构服务能力建设，满足广大人民群众对民族医药服务的需求。

2. 发挥民族医药在基层卫生工作中的优势与作用，提高民族医药业务水平和服务能力。

3. 各地要根据当地群众对民族医药服务的需求，将民族医药服务纳入本地区社区卫生服务发展规划，统一安排、统筹发展。

4. 加强民族医药服务的监督管理，加强民族医医疗机构、民族医药从业人员、民族医诊疗技术的准入和民族药使用的管理，探索建立民族医医疗机构科学管理的长效机制，规范民族医药服务市场，保证广大人民群众的医疗用药安全。

四、加强民族医药的继承发展与保护利用

在继承发展方面，应继续做好民族医药文献发掘整理工作，加强民族医药专家经验传承研究，组织开展民族医药文献整理和抢救发掘工作，加强民族医药继承创新基地建设；加强民族医学临床应用研究、民族药物研究与产业化，加强民

族医药科研管理和支撑条件建设，做好民族医药标准化建设。

在保护利用方面，应着重加强民族医药知识产权保护，明晰其权利归属，规范开发和利用行为；同时认真做好民族药资源的保护，建立规范的民族药材生产基地，对民族药材和民族成药实行原产地保护和标志保护。

五、加强民族医医院建设

在公立医院改革中合理规划发展民族医医疗机构。尚未设置民族医医疗机构的民族地区，各级卫生、民族医药行政管理部门根据《医疗机构设置规划》和当地实际情况，积极创造条件设立民族医医院或民族医门诊部。

对已经纳入国家民族医临床研究基地建设单位的民族医医院、纳入地市级以上重点中医医院建设项目的民族医医院以及纳入农村卫生服务体系县中医医院建设项目的民族医医院，按照项目建设要求完成基础设施建设；在民族医医院改扩建时，重点加强民族医药特色优势突出的临床科室基础条件建设。

加强民族医医院内涵建设。首先，力求建成一批民族医特色突出、专科优势明显、临床疗效显著、管理规范科学、具有示范带动作用的重点民族医医院；其次，继续开展民族医专科（专病）建设，梳理民族医重点专科（专病）优势病种诊疗方案并加以推广；再次，结合各民族医的特点，制定民族医医院评价标准，逐步建立鼓励保持发挥民族医药特色优势的考核评价制度。

第五节　气功医疗管理法律规定

一、气功医疗及其管理概述

气功医疗是指运用气功方法治疗疾病的医疗行为。医疗气功列入医疗机构诊疗科目的“中医科——其他”类中。

气功疗法是一种主要通过自我锻炼来疏通经络、调摄心神、平衡阴阳气血而达到祛病强身的医疗保健方法，是中医医疗保健方法的一个组成部分。近年来，由于医疗保健需求增加，气功疗法日益受到人们的重视，使这一传统的方法得到普及和推广，为增进人民群众的健康发挥了一定的积极作用。但是，由于法规不健全，管理跟不上，我国的气功医疗秩序曾经比较混乱，一些人借机夸大气功作用，甚至欺骗群众，牟利发财，在社会上一度造成很坏影响。

为了加强气功医疗管理，保障人民群众利益和气功医疗的健康发展，1989年10月19日，国家中医药管理局制定了《关于加强气功医疗管理的若干规定（试行）》；2000年7月10日，卫生部根据《执业医师法》和《医疗机构管理条例》

颁布了《医疗气功管理暂行规定》;2003 年 7 月 24 日,国家中医药管理局制定了《医疗气功知识与技能考试暂行办法》。气功医疗的管理逐步进入了科学、有序的轨道。

二、气功医疗的机构和人员

(一)开展气功医疗的机构

开展医疗气功活动必须在医疗机构内进行,通常限于县级以上中医医院、中西医结合医院、民族医医院、康复医院、疗养院和综合医院的中医科。

医疗机构申请开展医疗气功活动,应当向其登记执业的卫生行政部门或者中医药行政管理机构提出申请,并提交规定的材料。申请经初审同意后,报设区的市级以上地方人民政府中医药行政管理机构审批。对审核合格的,签发同意意见;审核不合格的,书面通知申请单位。

医疗机构凭中医药行政管理机构签发的同意意见书,向其登记执业的卫生行政部门或者中医药行政管理机构申请办理诊疗科目登记或者变更登记手续;未经审批同意,以及未向卫生行政部门或中医药行政管理机构申请办理诊疗科目登记或变更登记手续的,不得开展医疗气功活动。

(二)开展气功医疗的人员

从事医疗气功活动的人员,应当具备下列条件:

1.具有中医执业医师或中医执业助理医师资格。

2.取得《医师执业证书》。

3.经医疗气功知识与技能考试取得《医疗气功技能合格证书》。

取得中医执业医师资格或中医执业助理医师资格,具有医疗气功专业知识与技能者,均可申请参加医疗气功知识与技能考试;考试包括理论知识综合笔试和实践技能考试两个方面。两个方面考试均合格者,由省级人民政府中医药行政管理机构颁发由国家中医药管理局统一印制的《医疗气功技能合格证书》。

三、气功医疗的监督管理

(一)监督管理部门

国家中医药管理局负责全国医疗气功的监督管理。县级以上地方人民政府中医药行政管理机构负责本辖区内医疗气功的监督管理。

县级以上地方人民政府卫生行政部门或者中医药行政管理机构进行医疗机构校验时,应当将医疗气功执业情况列入校验内容,并应及时将校验结果报其上一级人民政府中医药行政管理机构备案。

对医疗气功人员执业情况的考核,由医师执业注册主管部门在开展医师执业考核时一并进行。

组织开展大型医疗气功讲座、大型现场性医疗气功活动或者国家中医药管理局规定必须严格管理的其他医疗气功活动的，应当经省级以上人民政府中医药行政管理机构审核批准。

（二）气功医疗的执业规则

医疗机构和医疗人员开展医疗气功活动，必须严格遵守《执业医师法》《医疗机构管理条例》和《医疗气功管理暂行规定》的各项规定。不得借医疗气功之名，损害公民身心健康、宣扬迷信、骗人敛财；不得使用、制作、经营或者散发宣称具有医疗气功效力的物品。

经批准开展医疗气功活动的医疗机构不得使用非医疗气功人员开展医疗气功活动。

医疗气功人员应当按照其医师执业注册的执业地点开展医疗气功活动。取得中医执业医师资格的医疗气功人员，可独立开展医疗气功活动；取得中医执业助理医师资格的医疗气功人员，必须在中医执业医师指导下开展医疗气功活动。

医疗气功人员开展医疗气功活动，应当严格执行有关操作技术规范，选择合理的医疗气功方法。在临床进行实验性医疗气功活动的，应当经所在医疗机构批准，向患者本人或其家属说明并征得患者本人或者其家属同意。

第六节　中药资源开发利用保护的法律规定

一、中药资源保护法律制度概述

中药资源是指在一定地区或范围内分布的，按照中医理论用于预防、治疗疾病或具有保健作用的各种植物、动物和矿物以及其蕴涵量的总和。据统计，我国现有中药资源 12 807 种，但是，盲目、过度开发天然药物，使野生药用植物资源急剧减少，不少药用植物资源濒于灭绝。因此，对中药资源进行立法保护，是中医药产业持续发展的关键。中药资源的保护立法主要有：1987 年国务院制定的《野生药材资源保护管理条例》、1992 年国务院制定的《中药品种保护条例》、2001 年施行的《中华人民共和国药品管理法》以及 2003 年国务院制定的《中华人民共和国中医药条例》等。

二、野生药材资源保护管理法律制度

（一）重点保护的野生中药材物种

《药品管理法》规定，国家保护野生药材资源，鼓励培育中药材。国家重点保

护的野生药材物种分为三级：

一级——濒临灭绝状态的稀有珍贵野生药材物种。

二级——分布区域缩小，资源处于衰竭状态的重要野生药材物种。

三级——资源严重减少的主要常用野生药材物种。

（二）一级野生药材资源保护规定

一级保护野生动物药材物种属于自然淘汰的，其药用部分由各级药材公司负责经营管理，但不得出口。非法猎捕、杀害珍贵、濒危野生动物或非法收购、运输、出售珍贵、濒危野生动物和珍贵、濒危野生植物制品的，依法追究刑事责任。

（三）二、三级野生药材资源保护规定

1. 实行采药证和狩猎证制度。采猎二、三级保护野生药材物种，必须持有采药证；取得采药证后，需要进行采伐或狩猎的，必须分别向有关部门申请采伐证或狩猎证；不得在禁止采猎区、禁止采猎期进行采猎，不得使用禁用工具进行采猎。

2. 建立国家或地方野生药材资源保护区。县以上地方人民政府可以建立地方野生药材资源保护区，国务院可以建立国家野生药材资源保护区。在国家或地方自然保护区内建立野生药材保护区，必须征得国家或地方自然保护区主管部门的同意。进入野生药材资源保护区从事科研、教学、旅游等活动的，必须经该保护区管理部门批准。

3. 二、三级保护野生药材的经营。二、三级保护野生药材物种属于国家计划管理的品种，由中国药材公司统一经营管理；其余品种由产地县药材公司或其委托单位按照计划收购。二、三级保护野生药材物种的药用部分，除国家另有规定外，实行限量出口。

三、中药品种保护管理法律制度

（一）中药品种的概念

根据《中药品种保护条例》规定，中国境内生产制造的中药品种，包括中成药、天然药物的提取物及其制剂和中药人工制成品。申请专利的中药品种，依照专利法的规定办理，不适用该条例。

（二）中药保护品种等级的划分和审批

1. 中药保护品种等级划分

国家鼓励研制开发临床有效的中药品种，对质量稳定、疗效确切的中药品种实行分级保护制度。受保护的中药品种分为一、二级。申请一级保护的条件是：(1)对特定疾病有特殊疗效的；(2)相当于国家一级保护野生药材物种的人工制成品；(3)用于预防和治疗特殊疾病的。申请二级保护的条件是：(1)符合一级保护的品种或者已经解除一级保护的品种;(2)对特定疾病有显著疗效的;(3)从天然药物中提取的有效物质及特殊制剂。

2.申请办理中药品种保护的程序

(1)中药生产企业对其生产的符合受保护条件的中药品种,可以向所在地省、自治区、直辖市中药生产经营主管部门提出申请,经该主管部门签署意见后转送同级卫生行政部门,由省、自治区、直辖市卫生行政部门初审签署意见后,报国务院卫生行政部门。特殊情况下,中药生产企业也可以直接向国家中药生产经营主管部门提出申请,由该主管部门签署意见后转送国务院卫生行政部门,或者直接向国务院卫生行政部门提出申请。

(2)国务院卫生行政部门委托国家中药品种保护审评委员会,负责对申请保护的中药品种进行审评。国家中药品种保护审评委员会应当自接到申请报告书之日起6个月内作出审评结论。

(3)根据国家中药品种保护审评委员会的审评结论,由国务院卫生行政部门征求国家中药生产经营主管部门的意见后决定是否给予保护。批准保护的中药品种,由国务院卫生行政部门发给《中药保护品种证书》。

(4)国务院卫生行政部门负责组织国家中药品种保护审评委员会,委员会成员由国务院卫生行政部门与国家中药生产经营主管部门协商后,聘请中医药方面的医疗、科研、检验及经营、管理专家担任。

对批准保护的中药品种以及保护期满的中药品种,由国务院卫生行政部门在指定的专业报刊上予以公告。

(三)中药保护品种的保护

1.保护期限。中药一级保护品种的保护期限,分别为30年、20年、10年。中药二级保护品种的保护期限为7年。

中药一级保护品种的处方组成、工艺制法,在保护期限内由获得《中药保护品种证书》的生产企业和有关的药品生产经营主管部门、卫生行政部门及有关单位和个人负责保密,不得公开。向国外转让中药一级保护品种的处方组成、工艺制法的,应当按照国家有关保密的规定办理。

中药一级保护品种因特殊情况需要延长保护期限的,由生产企业在该品种保护期满前6个月,依照程序申报。延长的保护期限,由国务院卫生行政部门根据国家中药品种保护审评委员会的审评结果确定;但是,每次延长的保护期限不得超过第一次批准的保护期限。中药二级保护品种在保护期满后可以延长7年。

2.生产。被批准保护的中药品种,在保护期内,限于由获得《中药保护品种证书》的企业生产;但是,对临床用药紧缺的中药保护品种,根据国家中药生产经营主管部门提出的仿制建议，经国务院卫生行政部门批准，由仿制企业所在地的省、自治区、直辖市卫生行政部门对生产同一中药保护品种的企业发放批准文号。该企业应当付给持有《中药保护品种证书》并转让该中药品种的处方组成、工艺制法的企业合理的使用费，其数额由双方商定；双方不能达成协议的，由国务院卫生行政部门裁决。

（四）法律责任

擅自仿制中药保护品种的，由县级以上卫生行政部门以生产假药依法论处。

伪造《中药品种保护证书》及有关证明文件进行生产、销售的，由县级以上卫生行政部门没收其全部有关药品及违法所得，并可以处以有关药品正品价格3倍以下罚款。上述行为构成犯罪的，由司法机关依法追究刑事责任。

第十七章　生命健康权益保护法律制度

第一节　人口与生殖健康法律制度

一、人口与生殖健康立法概况

人口是物质生产的必要条件,是全部社会生产行为的基础和主体。一国的人口政策,总是从本国的具体地理、人口、经济、文化的发展水平出发并与本国社会经济发展总目标相联系的。各国人口政策的差异,主要是在人口发展数量上采取鼓励或者限制,即人口增殖与人口控制两种类型的政策。针对我国人口存在数量太大、增长过快等突出问题,20 世纪 70 年代以来我国开始实行计划生育制度,并将之确立为一项基本国策。

《中华人民共和国宪法》第 25 条规定:"国家推行计划生育,使人口的增长同经济和社会发展计划相适应。"第 49 条规定:"夫妻双方有实行计划生育的义务。"同时《婚姻法》也规定,夫妻双方有实行计划生育的义务。到目前,我国已颁布了《计划生育技术管理工作条例(试行)》(1983)、《流动人口计划生育工作管理办法》(1991)、《计划生育技术工作管理办法》(1992)、《中国计划生育纲要》(1995)等政策法规。同时,卫生部也制定了《节育手术常规》《关于提高节育手术质量的通知》《女性节育手术并发症诊断标准(试行)》和《男性节育手术并发症诊断标准(试行)》等一系列计划生育技术规范。在总结我国计划生育立法及其实施经验的基础上,2001 年 12 月 29 日,第九届全国人大会常委会第二十五次会议通过了《中华人民共和国人口与计划生育法》,使我国计划生育工作全面走上了法治化轨道。

二、生育调节法律制度

(一)公民的生育权利和计划生育义务

生育权是公民的基本权利,其基本内涵是:

1.公民有生育的权利,也有不生育的自由。

2.公民有决定生育子女的时间、数量和间隔的权利。

3. 男女双方享有平等的生育权，生育权应由男女双方共同行使，即在双方协商一致的基础上决定是否生育。但这并不否认法律对女性的生育权给予特殊的保障。

4. 为更好地保障公民的生育权，公民有权获得科学知识、信息、采取避孕措施的知情同意权和安全保障权利以及获得医疗保障的权利。

尽管公民享有生育的基本权利和自由，但该项权利并非不受任何限制，事实上，生育权的行使依然受到法律、政策、道德、社会观念、宗教等因素的限制。例如，随着生育观的转变，人们越来越认识到生育不仅是权利，更多是责任，特别是对未来子女的责任和对家庭、社会的责任，任何人决定生育时，都应理智地认识到这一点。同时，法律对生育权的行使给予十分明确的限制，即履行计划生育的义务。《人口与计划生育法》第 17 条规定，“公民有生育的权利，也有依法实行计划生育的义务，夫妻双方在实行计划生育中负有共同的责任。”第 18 条规定：“国家稳定现行生育政策，鼓励公民晚婚晚育，提倡一对夫妻生育一个子女；符合法律、法规规定条件的，可以要求安排生育第二个子女。”同时，《婚姻法》明确规定，结婚年龄，男不得早于二十二周岁，女不得早于二十周岁，实际上也间接地限制了生育的时间。因此，我国法律对公民生育的条件（以合法婚姻为原则）、数量（一对夫妻生育一个子女）和时间（婚姻法对法定婚龄的规定，间接规定了生育的时间）等方面予以限制。

（二）计划生育保障与促进制度

为保障公民的生育权，国家建立以下保障制度：

1. 建立婚前保健、孕期保健制度，防止或者减少出生缺陷，提高出生婴儿健康水平。

2. 建立计划生育技术服务管理制度，保障公民享有计划生育技术服务，提高公民的生殖健康水平。

3. 建立奖励制度。国家对晚婚、晚育、终身不育和领取独生子女证的夫妻，给以精神鼓励、物质奖励或生活上的照顾。

4. 妇女怀孕、生育和哺乳期间，按照国家有关规定享受特殊劳动保护并可以获得帮助和补偿。

（三）生育调节制度

为减少人口出生，实行计划生育，国家采取以下调节措施：

1. 国家创造条件，保障公民知情选择安全、有效、适宜的避孕节育措施。实施避孕节育手术，应当保证受术者的安全。

2. 禁止歧视、虐待生育女婴的妇女和不育的妇女；禁止歧视、虐待、遗弃女婴。

3. 严禁利用超声技术和其他技术手段进行非医学需要的胎儿性别鉴定，严禁非医学需要的选择性别的人工终止妊娠。

三、计划生育技术服务管理制度

（一）计划生育技术服务的提供

提供计划生育技术服务是各级政府的基本职责，地方各级人民政府应当合理配置、综合利用卫生资源，建立、健全由计划生育技术服务机构和从事计划生育技术服务的医疗、保健机构组成的计划生育技术服务网络，改善服务设施和条件，提高技术服务水平。

计划生育技术服务主要由计划生育技术服务机构和从事计划生育技术服务的医疗、保健机构承担，技术服务机构应在其职责范围内，针对育龄人群开展人口与计划生育基础知识宣传教育，对已婚育龄妇女开展孕情检查、随访服务工作，承担计划生育、生殖保健的咨询、指导和技术服务。

具体包括：

1. 宣传节育、优生的科学知识。
2. 进行避孕技术指导。
3. 开展节育手术和有关业务。
4. 防止和鉴定节育手术并发症。
5. 组织业务培训考核和技术交流。
6. 进行节育方法、优生调查等临床研究工作。

（二）计划生育技术服务的管理

计划生育技术服务管理，是指对计划生育技术服务工作部门和单位及其所提供的计划生育技术服务的全部活动进行管理和监督。其目的是提高计划生育技术工作质量，保护育龄妇女的健康，维护计划生育技术工作的正常秩序。其基本要求是热情服务，严格执法，加强监督力度，使管理工作趋向公开、公正、公平。

国务院计划生育行政部门负责全国计划生育工作和与计划生育有关的人口工作。县级以上地方各级人民政府计划生育行政部门负责本行政区域内的计划生育工作和与计划生育有关的人口工作。

县及县以上各级卫生行政部门，主管辖区内的计划生育技术质量监督检查工作。其主要职责是：

1. 落实许可证、上岗证制度。凡从事计划生育手术的单位及其人员，必须经县及县以上卫生行政部门的审查、考核、批准，持证上岗，方可开展计划生育手术；施术单位及人员的资格每3年进行一次审查；计划生育手术考核不合格和未经考核审查批准的以及个体开业医生，均不得开展计划生育手术。

2.施行计划生育手术，必须严格执行计划生育技术服务的各项规章制度及《节育手术常规》，确保各项技术服务的安全、可靠。

3.加强对计划生育新技术和药品的管理，建立规范的市场秩序，以科学的态度推广计划生育新技术。

4.加强对计划生育并发症的管理。对节育手术并发症的处理应坚持严肃、认真和实事求是的原则，凡确诊为并发症的病人，应在指定医疗单位进行治疗，按规定处理医疗费等有关费用。

四、违反人口与计划生育法的法律责任

非法为他人施行计划生育手术的；利用超声技术和其他技术手段为他人进行非医学需要的胎儿性别鉴定或者选择性别的人工终止妊娠的；实施假节育手术、进行假医学鉴定、出具假计划生育证明的，由计划生育行政部门或者卫生行政部门依据职权责令其改正，给予警告，没收违法所得；违法所得 10 000 元以上的，处违法所得 2 倍以上 6 倍以下的罚款；没有违法所得或者违法所得不足10 000元的，处 10 000 元以上 30 000 元以下的罚款；情节严重的，由原发证机关吊销执业证书；构成犯罪的，依法追究刑事责任

伪造、变造、买卖计划生育证明，由计划生育行政部门没收违法所得，违法所得 5 000 元以上的，处违法所得 2 倍以上 10 倍以下的罚款；没有违法所得或者违法所得不足 5 000 元的，处 5 000 元以上 20 000 元以下的罚款；构成犯罪的，依法追究刑事责任。

以不正当手段取得计划生育证明的，由计划生育行政部门取消其计划生育证明；出具证明的单位有过错的，对直接负责的主管人员和其他直接责任人员依法给予行政处分。

国家机关工作人员在计划生育工作中，侵犯公民人身权、财产权和其他合法权益的，滥用职权、玩忽职守、徇私舞弊的，索取、收受贿赂的，截留、克扣、挪用、贪污计划生育经费或者社会抚养费的，虚报、瞒报、伪造、篡改或者拒报人口与计划生育统计数据的，构成犯罪的，依法追究刑事责任；尚不构成犯罪的，依法给予行政处分；有违法所得的，没收违法所得。

计划外生育子女的公民，应当依法缴纳社会抚养费。未在规定的期限内足额缴纳应当缴纳的社会抚养费的，自欠缴之日起，按照国家有关规定加收滞纳金；仍不缴纳的，由作出征收决定的计划生育行政部门依法向人民法院申请强制执行。

第二节　初级卫生保健法律制度

一、初级卫生保健的概念

“2000 年人人享有卫生保健”(简称 HFA/2000)是 1977 年世界卫生组织(WHO)提出的全球战略目标。为推动这一目标的实现,1978 年 9 月,WHO 和联合国儿童基金会在哈萨克斯坦的阿拉木图召开了国际初级卫生保健会议(简称阿拉木图会议),会议发表的《阿拉木图宣言》明确指出:初级卫生保健(primary health care,简称 PHC)是实现“2000 年人人享有卫生保健”的关键和基石。所以“2000 年人人享有卫生保健”和“初级卫生保健”两者之间有内在关系,前者是全球卫生战略目标,后者是实现此战略目标的基本途径和基本策略。

《阿拉木图宣言》认为,初级卫生保健是一种切实可行、学术上可靠而又为社会所接受的方法和技术为基础的基本卫生保健,通过社区中个人或家庭的充分参与得到普及,其费用是社会和国家以自力更生及自觉精神,在各个发展阶段所能承担的;它既是国家卫生体系和社会经济总体发展的一个组成部分,又是国家卫生体系接触的第一级,能使卫生保健尽可能接近人民的住所和工作场所;它是卫生保健持续不断进程中的起始环节。

我国政府于 1986 年明确表示对 WHO 倡导的全球战略目标的承诺,并将实现人人享有卫生保健作为 2000 年我国社会经济发展总体目标的组成部分。1990 年,我国卫生部、国家计划委员会、农业部、国家环境保护局、全国爱国卫生运动委员会联合颁布了《关于我国农村实现“2000 年人人享有卫生保健”的规划目标(试行)》,根据《阿拉木图宣言》所阐述的初级卫生保健的精神实质,对初级卫生保健的定义作了如下表述:“初级卫生保健是指最基本的、人人都能得到的、体现社会平等权利的人、人民群众和政府都能负担得起的卫生保健服务。”

综上所述,初级卫生保健至少包括下面四层含义。

(一)从居民的需要和利益来看

初级卫生保健是居民最基本的必不可少的;居民团体、家庭、个人均能获得的;费用低廉、群众乐于接受的卫生保健。

(二)从其在卫生工作中的地位和作用来看

初级卫生保健是应用切实可行、学术上可靠的方法和技术;是最基层的第一线卫生保健工作;是国家卫生体制的一个重要组成部分和基础;是以大卫生观念为基础,工作领域更宽,内容上更加广泛。

(三)从政府职责和任务来看

初级卫生保健是各级政府及有关部门的共同职责;是各级人民政府全心全

意为人民服务、关心群众疾苦的重要体现；是各级政府组织有关部门和社会各界参与卫生保健活动的有效形式。

（四）从社会和经济发展来看

初级卫生保健是社会经济总体布局的组成部分，必须与社会经济同步发展；是农村社会保障体系的重要组成部分。

二、初级卫生保健的要素与评价指标

（一）初级卫生保健的要素

初级卫生保健从增进健康、预防疾病、及时治疗、康复服务等四个方面解决主要的卫生保健问题。具体内容因国家或地区以及社区的不同各有所别。1978年，国际初级卫生保健会议提出了初级卫生保健应包含的八项要素：

1. 对当前主要卫生问题以及预防和控制方法，开展卫生宣传和健康教育。

2. 改进食品卫生，增进必要的营养。

3. 提供充足的安全饮用水和基本的环境卫生设施。

4. 开展妇幼卫生保健，包括计划生育工作。

5. 对主要传染病进行预防接种。

6. 预防和控制地方病。

7. 常见病和伤残的恰当处理。

8. 保证基本药物的供应。

在1981年第34届世界卫生大会上，除了上述8项内容以外，又增加了“使用一切可能的方法，通过影响生活方式的控制自然、社会心理环境来防治非传染性疾病和促进精神卫生”的要求，强调重视工业发展和生活方式改变可能带来的职业性疾病、慢性病、外伤和肿瘤的预防及精神卫生等。

（二）初级卫生保健的评价指标

在1981年5月第34届世界卫生大会上，WHO制定了对“2000年人人享有卫生保健战略”进行全球性检查与评价的12项指标。

具体包括：

1. 享有卫生保健战略已得到政府许可，作为官方一级的政策；平均分配足够的资源；社区高度参加；为国家卫生发展建立一套适宜的组织体系及管理程序。

2. 吸收人民群众及社团参加卫生战略的实施机构，广泛听取人民的需要和要求；卫生事宜的决策权充分下放到各个行政单位。

3. 至少有5%的国民生产总值用于卫生事业。

4. 一笔适当比例的卫生经费用于地方卫生保健，即用于除医院以外的第一级卫生服务，其中包括社区卫生保健、卫生中心保健、诊疗所保健等。

5. 卫生资源分配公平，即人力、经费、设施等按人口、地区、城乡公平分配。

6. 发达国家的卫生经费至少有0.7%转拨给不发达国家，以支持这些国家的人民享有卫生保健战略。

7. 全体公民享有初级卫生保健，至少达到：在家中或步行15分钟的距离之内有安全水，以及在家中或邻近地方有适当的卫生设备；实施白喉、破伤风、百日咳、麻疹、小儿麻痹和结核的免疫接种；在步行或坐车1小时行程距离内，有当地的卫生保健机构，能够得到至少20种药物；有经过培训的人员接生以及护理儿童至少到1岁的措施。

8. 儿童的营养状况应是：至少90%的新生儿的出生体重达到2500克；至少90%的儿童体重符合其相应年龄的体重标准。

9. 婴儿死亡率下降到50%以下。

10. 平均出生期望寿命在60岁以上。

11. 成年男女受教育比例超过70%。

12. 人均国民生产总值超过500美元。

以上指标是所有成员国都能够使用的最低限度的标准。从1983年起WHO即采取该指标，每两年公布一份关于HFA/2000的进展报告。

三、我国的初级卫生保健制度

（一）我国初级卫生保健工作的进展

新中国建立后，我国政府十分重视初级卫生保健工作，并以农村为重点，坚持预防为主的卫生工作方针，走中国特色的初级卫生保健发展道路。

建国初期至20世纪70年代，我国从国情出发，创造性地建立了以县、乡、村三级医疗预防保健服务网络、农村卫生队伍和合作医疗制度为支柱的农村卫生服务体系，被誉为中国农村初级卫生保健的“三大支柱”。这种中国特色的农村卫生模式与当时农村集体经济相适应，用较少的卫生投入，满足了大多数农村居民的基本卫生需求，从而基本消灭和控制了危害农民健康的常见病、传染病和地方病，有效改变了中国农村缺医少药的状况。这种低成本、广覆盖、能充分体现出卫生服务公平性和可及性的独特模式也为国际社会所公认。世界卫生组织高度评价我国的初级卫生保健体系，认为中国的初级卫生保健制度是世界上唯一的用低廉的费用解决了居民的基本卫生服务问题的制度，是发展中国家的典范。

“2000年人人享有初级卫生保健”全球战略目标提出后，中国政府分别于1988年和1991年对该目标作出庄严承诺，并采取了积极的行动来履行自己的诺言。1990年，卫生部等5部委共同制定和发布了我国第一个10年农村初级卫生保健规划——《我国农村实现"2000年人人享有卫生保健"的规划目标》(以下简称《规划目标》),并制定了《初级卫生保健工作管理程序》和《2000年人人享有卫生保健评价标准》。《规划目标》分为三个部分:一是指出了我国实现人人享有卫生保健战略目标的策略和指导原则;二是提出了我国农村实现"2000年人人享有卫生保健"目标的最低限标准;三是围绕目标与任务,提出了"两步走、三阶段"的战略部署。从此,我国初级卫生保健在广大农村地区有组织、有领导、有计划地全面组织实施。2000年底,全国有95%的农业县(市、区)已初步实现农村初级卫生保健阶段性目标,履行了中国政府对国际社会的庄严承诺。

1998年《中共中央关于农业和农村工作若干重大问题的决定》,把"发展农村卫生、体育事业,使农民享有初级卫生保健"确定为建设中国特色社会主义新农村的目标之一,持续推进初级卫生保健事业的发展成为我国全面建设小康社会的重要组成部分。

2002年6月,卫生部等7部委在总结前10年农村初级卫生保健工作的基础上,结合国家提出的全面建设小康社会的奋斗目标,联合制定并下发了我国第二个10年农村初级卫生保健规划——《中国农村初级卫生保健发展纲要(2001—2010年)》(以下简称《纲要》)。《纲要》明确指出,农村初级卫生保健是农村居民应该人人享有的、与农村经济社会发展相适应的基本卫生保健服务。并立足于社会主义初级阶段的基本国情,适应社会主义市场经济体系,满足绝大多数农民群众的基本医疗卫生保健需求,把促进基本卫生保健服务的公平性作为首选目标,确定新时期农村初级卫生保健的目标任务、实施策略和保障措施,不断提高广大农村居民的身体健康水平。同前10年的《规划目标》相比,《纲要》拓展了工作内涵,针对经济社会的发展提出了一些新任务和新要求,新增了农村医疗卫生队伍建设、基本医疗管理规范、主要慢性病管理、结核病控制、公共场所卫生、劳动卫生监督、妇幼保健管理等内容,反映了时代进步的要求。《纲要》的制定颁布,标志着我国农村新一轮初级卫生保健实施的开始。

(二)我国的初级卫生保健立法

1. 立法概况

早在1998年卫生部就将初级卫生保健法的制定工作纳入重要议事日程,组织全国有关法律、行政管理、医疗卫生等专家多次进行论证。随后,初级卫生保健法被列入全国人大常委会立法规划。2008年,国务院将《初级卫生保健法》改名为《基本医疗卫生保健法》并列入了立法计划。由于我国在卫生保健方面存在着地区间发展不平衡、国家财政和公民个人的支付能力有限等基本国情,因此如何立足国情,确定符合我国实际的法律制度和保障体制,是初级卫生保健法立法工作的关键和难点。同时,湖南、福建、重庆、江苏、山西、山东等省、直辖市人大先后制定了《农村初级卫生保健条例》或《初级卫生保健条例》等地方性法规，从而为国家制定统一的初级卫生保健法积累了较为丰富的立法经验。

2.初级卫生保健立法的主要内容

(1)明确政府责任。提供初级卫生保健服务是政府的基本职能。①各级政府应当将初级卫生保健事业纳入当地国民经济和社会发展总体规划和年度工作计划之中，纳入政府目标考核；②对当地初级卫生保健目标作出承诺，承担起全部责任；③成立初级卫生保健领导小组，负责初级卫生保健方案的实施和有关部门工作的协调；④建立初级卫生保健专项资金，保证初级卫生保健事业的投入；⑤县级以上人民政府应当加强疾病预防控制、卫生监督、妇幼保健、医疗及健康教育机构的建设，建立健全卫生服务体系，建立并完善城镇的社会统筹与个人账户相结合的医疗保险制度和其他形式的医疗保障制度，在农村建立完善农村合作医疗制度和农村医疗救助制度；⑥县级以上人民政府的卫生行政部门监督管理本行政区域的初级卫生保健工作，发改委、财政、农业、水利、劳动和社会保障、民政、文化、教育、物价、人事、药品监督、广播电视、新闻出版等有关行政部门和爱国卫生运动委员会，应当按照各自的职责，做好初级卫生保健工作。

(2)健全初级卫生服务体系。①健全城乡三级医疗预防保健网络，提供适宜的医疗预防保健服务，常见疾病能及时、就近获得治疗；②建立城镇医疗保险制度、新型农村合作医疗制度和农村医疗救助制度等多种形式的城乡社会医疗保障制度；③加强妇幼保健服务建设，落实妇幼保健和生殖健康以及计划生育技术服务及优生、优育、优教措施，开展婚前医学检查、产前诊断和遗传病诊断、新生儿疾病筛查，降低孕产妇、婴儿死亡率和出生缺陷发生率，提高农村出生人口素质；④加强疾病预防与控制体系建设，落实基本预防控制措施，降低农村传染病、地方病、寄生虫病、慢性非传染性疾病、职业病的发病率。

(3)明确公民初级卫生保健权利。获得医疗卫生保障权是公民的基本权利。①公民有权从国家和社会获得预防、保健、康复和基本医疗服务；②有权获得符合卫生的生产、生活环境；③有权获得安全食品和安全饮用水；④有权获得卫生健康知识和健康教育等。同时，公民应承担起初级卫生保健的义务，如改变不利于健康的行为和生活习惯；爱护公共卫生设施，制止损害公共卫生和健康的行为；配合卫生部门做好预防、控制和消除地方病、传染病等工作。

(4)规范初级卫生保健工作的监督与管理。各级人民政府的卫生行政等部门，应对医疗机构、卫生保健机构等部门开展初级卫生保健活动进行监督检查，对违反初级卫生保健法的行为进行行政处罚；组织对初级卫生保健实施情况进行评价，协调工作关系，规范管理制度和程序，保障基本卫生保健制度的运行，保证初级卫生保健目标的实现。

第三节 社区医疗卫生保障法律制度

一、社区卫生服务立法概况

社区卫生服务(Community health service)是以基层卫生机构为主体，全科医生为骨干，合理使用社区卫生资源和适宜技术，以人的健康为中心、家庭为单位、社区为范围、需求为导向，以妇女、儿童、老年人、慢性病人、残疾人等为重点，以解决社区主要卫生问题、满足基本卫生服务需求为目的，融预防、医疗、保健、康复、健康教育和计划生育技术指导服务等为一体(简称"六位一体")，有效、经济、方便、综合、连续的基层卫生服务。发展社区卫生服务，目的是使社区内所有人都能享受社区提供的基本的、初级的、连续性的各项卫生服务，从而有利于满足社区居民健康需求，缓解群众看病难、看病贵的问题。社区卫生服务机构开展的形式多样、生动活泼、贴近群众的健康教育和预防保健，能提高广大居民的自我保健意识和防病能力，减少疾病发生。经常性的健康管理和及时的诊疗护理，对广大患者有效控制病情、防止小病拖成大病可以发挥重要作用。

我国社区卫生服务工作起步较晚，但在各级政府的有力推动下取得较快的发展。为了促进社区卫生服务工作的稳步发展，国务院和相关部门制定了一系列政策法规。1997年，《中共中央、国务院关于卫生改革与发展的决定》明确提出："改革城市卫生服务体系，积极发展社区卫生服务，逐步形成功能合理、方便群众的卫生服务网络。"这标志着社区卫生服务工作正式被列为今后15年我国卫生改革的五项重大任务之一。1999年，卫生部等10部委联合发布《关于发展城市社区卫生服务的若干意见》，明确提出了发展社区卫生服务的总体目标和基本原则，第一次提出了社区卫生服务"六位一体"的基本内涵，并就社区卫生服务的组织领导、服务体系、管理机制以及配套政策等提出了具体要求。2000年2月，国务院体改办等8部委下发的《关于城镇医药卫生体制改革的指导意见》阐明了城市以社区卫生服务组织为基础的、两级双向的新型卫生服务格局，奠定了社区卫生服务在其中的基础性地位。2002年，卫生部等11部委又联合下发了《关于加快发展城市社区卫生服务的意见》，就医疗资源的合理配置、社区卫生服务的主体地位、政府各有关部门的职责要求以及社区卫生服务队伍建设、监督管理等问题予以进一步明确。此后，卫生部先后下发了《城市社区卫生服务机构设置原则》《城市社区卫生服务中心(站)设置指导标准》《2005年城市社区卫生服务发展目标》等一系列配套文件，社区卫生服务政策得到进一步明确和细化。2006年，国务院下发《关于开展城市社区卫生的指导意见》，更进一步明确了发展城市社区卫生服务的指导思想、基本原则和工作目标。

经过10余年的发展，我国已基本建立城市社区卫生服务的网络框架，并且各地都开展了不同形式、不同内涵的社区卫生服务项目。但社区卫生服务的发展还主要采取政策推进模式，缺乏相关法律保障。随着社区卫生服务的深入发展，以法律手段保障其持续稳定发展显得尤为紧迫。

二、发展社区卫生服务的基本原则

(一)公益性原则

社区卫生服务是关系广大人民群众卫生健康权益最广泛、最经常、最直接的国家公共服务内容，其最能体现卫生可及性和公平性。社区卫生服务机构提供公共卫生服务和基本医疗服务，具有公益性质，不以营利为目的。要以社区、家庭和居民为服务对象，以妇女、儿童、老年人、慢性病人、残疾人、贫困居民等为服务重点，以主动服务、上门服务为主，开展健康教育、预防、保健、康复、计划生育技术服务和一般常见病、多发病的诊疗服务。

(二)政府主导、社会参与原则

发展社区卫生服务是政府的基本职能和责任，各级人民政府要加大对社区卫生服务的扶持力度，加大投入，有计划、有步骤地建立健全以社区卫生服务中心和社区卫生服务站为主体，以诊所、医务所(室)、护理院等其他基层医疗机构为补充的社区卫生服务网络。按照平等、竞争、择优的原则，统筹社区卫生服务机构发展，鼓励社会力量参与发展社区卫生服务，充分发挥社会力量举办的社区卫生服务机构的作用。

(三)公共卫生和基本医疗并重、中西医并重原则

社区卫生服务应坚持预防为主、防治结合原则，将疾病预防等公共卫生服务和一般常见病、多发病的基本医疗服务作为重点，坚持公共卫生和基本医疗并重，为社区居民提供健康教育、预防、保健、康复、计划生育技术服务和一般常见病、多发病的诊疗服务为一体的卫生服务。同时，应加强社区中医药和民族医药服务能力建设，合理配备中医药或民族医药专业技术人员，积极开展对社区卫生服务从业人员的中医药基本知识和技能培训，推广和应用适宜的中医药和民族医药技术。在预防、医疗、康复、健康教育等方面，充分利用中医药和民族医药资源，充分发挥中医药和民族医药的特色和优势，为社区居民提供简、便、廉、验的医疗服务。

三、社区卫生服务的制度保障

(一)明确政府发展社区卫生服务的法定职责

发展社区卫生服务是政府履行社会管理和公共服务职能的一项重要内容。

其主要责任在地方政府,各级政府应明确各部门责任,推进社区卫生服务的发展。

1.卫生行政部门。负责制订社区卫生服务发展规划、准入标准和管理规范,制订社区公共卫生服务项目,加强行业监督管理;按照国家有关规定,组织开展社区卫生服务从业人员岗位培训和继续教育。

2.发展改革部门。负责将社区卫生服务发展纳入国民经济和社会发展规划,根据需要安排社区卫生服务机构基础设施建设投资。

3.价格部门。研究制订社区卫生服务收费标准和药品价格管理办法。

4.教育部门。负责全科医学和社区护理学科教育,将社区卫生服务技能作为医学教育的重要内容。

5.民政部门。负责将社区卫生服务纳入社区建设规划,探索建立以社区卫生服务为基础的城市医疗救助制度,做好社区卫生服务的民主监督工作。

6.财政部门。负责制订社区卫生服务的财政补助政策及财务收支管理办法。

7.人事部门。负责完善全科医师、护士等卫生技术人员的任职资格制度,制订社区全科医师、护士等卫生技术人员的聘用办法和吸引优秀卫生人才进社区的有关政策。

8.劳动保障部门。负责制订促进城镇职工基本医疗保险参保人员到社区卫生服务机构就诊的有关政策措施。

9.建设(规划)部门。负责按照国家有关标准,将社区卫生服务设施纳入城市建设规划,并依法加强监督。

10.人口和计划生育部门。负责社区计划生育技术服务的指导和管理。

11.食品药品监管部门。负责社区卫生服务所需药品和医疗器械的质量监督管理。中医药部门负责制订推动中医药和民族医药为社区居民服务的有关政策措施。

(二)建立社区卫生服务筹资保障机制

财政支持是社区卫生服务最重要的经济保障,应建立社区卫生服务稳定的筹资机制。各级政府要调整财政支出结构,建立稳定的社区卫生服务筹资和投入机制,加大对社区卫生服务的投入力度。地方政府要为社区卫生服务机构提供必要的房屋和医疗卫生设备等设施,对业务培训给予适当补助,并根据社区人口、服务项目和数量、质量及相关成本核定预防保健等社区公共卫生服务经费补助。

(三)健全社区卫生服务体系

地方政府要制订发展规划,有计划、有步骤地建立健全以社区卫生服务中心和社区卫生服务站为主体，以诊所、医务所(室)、护理院等其他基层医疗机构为补充的社区卫生服务网络；建立社区卫生服务机构与预防保健机构、医院合理的分工协作关系；调整疾病预防控制、妇幼保健等预防保健机构的职能，适宜社区开展的公共卫生服务交由社区卫生服务机构承担。

疾病预防控制、妇幼保健等预防保健机构要对社区卫生服务机构提供业务指导和技术支持。

实行社区卫生服务机构与大中型医院多种形式的联合与合作，建立分级医疗和双向转诊制度，探索开展社区首诊制试点，由社区卫生服务机构逐步承担大中型医院的一般门诊、康复和护理等服务。

(四)加强社区卫生服务的监督管理

地方政府及其卫生行政等部门应加强社区卫生服务的监督管理，其主要要求是：

1.规范社区卫生服务机构的设置条件和标准，依法严格社区卫生服务机构、从业人员和技术服务项目的准入。

2 明确社区卫生服务范围和内容，健全社区卫生服务技术操作规程和工作制度，完善社区卫生服务考核评价制度，推进社区卫生服务信息管理系统建设。

3.加强社区卫生服务的标准化建设，对不符合要求的社区卫生服务机构和工作人员，要及时调整、退出，保证服务质量。

4.加强社区卫生服务执业监管，建立社会民主监督制度，将接受服务居民的满意度作为考核社区卫生服务机构和从业人员业绩的重要标准。发挥行业自律组织提供服务、反映诉求、规范行为等作用。

5.加强药品、医疗器械管理，确保医药安全。

6.严格财务管理，加强财政、审计监督。

第四节　妇幼卫生保护法律制度

一、妇幼卫生保护立法概况

加强妇女和儿童健康权益保护是我国卫生工作的重要内容，也是卫生立法的重要领域。我国《宪法》规定："国家保护妇女的权利和利益"，"儿童受国家的保护"。为了贯彻《宪法》的规定，卫生部颁布了《妇幼卫生工作条例》(1986)，全国人大常委会制定了《中华人民共和国妇女权益保护法》(1992)、《中华人民共和国母婴保健法》(1994)。为贯彻《母婴保健法》的实施，国务院制定了《母婴保健法实施办法》。2010 年，国务院又颁发了《中国妇女发展纲要(2011—2020 年)》

（以下简称《纲要》）。《纲要》分为指导思想和基本原则、总目标、发展领域、主要目标和策略措施、组织实施、监测评估等五部分。《纲要》确定了健康、教育、经济、决策与管理、社会保障、环境、法律等七个发展领域及各领域的主要目标和策略措施，以落实男女平等基本国策，保障妇女合法权益，优化妇女发展环境，提高妇女社会地位，推动妇女平等依法行使民主权利、平等参与经济社会发展、平等享有改革发展成果，即平等享有基本医疗卫生服务，生命质量和健康水平明显提高；平等享有受教育的权利和机会，受教育程度持续提高；平等获得经济资源和参与经济发展，经济地位明显提升；平等参与国家和社会事务管理，参政水平不断提高；平等享有社会保障，社会福利水平显著提高；平等参与环境决策和管理，发展环境更为优化；保障妇女权益的法律体系更加完善，妇女的合法权益得到切实保护。

《纲要》明确提出并阐述了：

1.未来10年中国妇女的发展目标。

2.针对“妇女与健康”问题的主要目标。

3.加大妇幼卫生工作力度的主要要求。

4.“妇女与环境”领域的主要目标。

5.保障农村妇女土地权益，落实和完善保障农村妇女土地权益的相关政策，纠正与法律法规相冲突的村规民约。

6.维护婚姻家庭关系中的妇女财产权益。

7.加强对法规政策中违反男女平等原则内容的审查。

二、妇幼卫生工作的任务

妇幼卫生保健的对象是14岁以下儿童（主要是7岁以下儿童）以及从青春期到更年期的妇女，根据妇幼卫生工作条例规定，妇幼卫生工作的任务是：优生、优育工作，提高民族健康素质。进行婚前检查，围产保健，产前诊断，优生、遗传疾病咨询和出生缺陷的监测等，预防和减少先天性、遗传性疾病。

（一）开展妇幼保健和儿童保健

1.妇幼保健。主要任务是：（1）推广科学接生，实行孕产妇系统管理，做好围产期保健工作，提高住院分娩率，提高产科质量，防止妊娠并发症，降低孕妇和围产儿死亡率，在边远地区、少数民族地区普及新法接生；（2）积极防治妇女常见病、多发病，调查分析病因，制定防治措施，降低发病率，提高治愈率；做好妇女经、孕、产、哺乳、更年期的卫生保健。

2.儿童保健。主要任务是：（1）做好7岁以下儿童保健工作；（2）积极防治儿童常见病、多发病，调查分析发病因素，制定防治措施，降低发病率，提高治愈率；

(3)做好托儿所、幼儿园卫生保健的业务指导;(4)推广科学育儿,提倡母乳喂养,会同有关部门做好婴幼儿早期教学工作;(5)配合卫生防疫部门,做好预防接种及传染病管理工作。

(二)开展计划生育技术指导

推广以避孕为主的综合节育措施;对育龄夫妇指导和实施安全有效的节育方法,降低人工流产、引产率。

(三)开展妇幼保障工作的各项科研及宣传教育

采用国内外的先进技术和经验,开展有关妇女、儿童健康、计划生育技术和优生工作的各项科学研究。充分利用各种宣传教育形式,普及妇幼保健、计划生育、优生、优育等科学知识,提高人民的妇幼卫生知识水平。

国务院关于《中国儿童发展纲要(2011—2020年)》(简称《纲要》,下同)确定了儿童健康、教育、福利、社会环境、法律保护等五个发展领域及各领域的主要目标和策略措施。其具体内容包括:

1. 提出了未来10年"儿童与健康"领域的一系列目标,包括控制和降低婴儿与儿童死亡率;控制儿童常见疾病及重大传染性疾病;提高中小学生《国家学生体质健康标准》达标率以及未来10年完善出生缺陷防治体系的一系列具体策略措施。

2. 新生儿听力筛查率达到60%以上。提高确诊病例治疗率和康复率;加大出生缺陷防治知识宣传力度,提高目标人群出生缺陷防治知识知晓率;加强儿童疾病防治。扩大国家免疫规划范围,加强疫苗冷链系统建设和维护,规范预防接种行为。

3. 未来10年将采取一系列策略措施,加强儿童保健服务和管理。逐步扩展国家基本公共卫生服务项目中的儿童保健服务内容;加强妇幼卫生服务体系建设;加强儿童卫生人才队伍建设,提高儿童卫生服务能力。

4. 建立0—6岁残疾儿童登记制度,对贫困家庭残疾儿童基本康复需求按规定给予补贴。以专业康复机构为骨干、社区为基础、家庭为依托建立残疾儿童康复服务体系。提高流浪儿童救助保护工作专业化和社会化水平,鼓励并支持社会力量保护和救助流浪儿童。建立16周岁以下流动儿童登记制度,为流动儿童享有教育、医疗保健等公共服务提供基础。健全农村留守儿童服务机制,提高留守儿童家长的监护意识和责任。

5. 采取措施保障儿童食品、用品安全。加强爱婴医院建设管理,完善和落实支持母乳喂养的相关政策,积极推行母乳喂养。实施贫困地区学龄前儿童营养与健康干预项目,继续推行中小学生营养改善计划。加大碘缺乏病防治知识宣传普及力度,提高缺碘地区合格碘盐食用率。

三、妇幼(母婴)保健机构及其准入

妇幼保健机构是妇幼卫生技术服务的提供者，在妇幼卫生服务体系中处于核心地位。我国的妇幼保健专业机构包括：妇幼（婴）保健院、所（站），妇女保健所（院），儿童保健所，计划生育技术指导所，妇产（婴）医院，儿童医院及妇幼卫生专业研究机构等。根据《母婴保健法》的规定，承担母婴保健技术服务的机构是经卫生行政部门批准并登记注册的各级妇幼保健机构以及有关医疗机构。

由于母婴保健工作具有很强的专业性、技术性，且直接关系到公民的生命权、健康权和生育权，因此，《母婴保健法》对母婴保健技术服务机构和母婴保健技术人员的资格和准入设置了严格的行政许可制度。凡从事母婴保健专项技术服务的机构和人员，必须符合国务院卫生行政部门规定的条件和技术标准，并经卫生行政部门的考核批准，取得相应合格证后方可开展工作。

（一）母婴保健技术服务机构的设置审批

《母婴保健法》规定，凡开展婚前医学检查、遗传病诊断、产前诊断、施行结扎和终止妊娠手术等技术服务的医疗保健机构，必须经卫生行政部门批准，获得《母婴保健技术服务执业许可证》。凡申请《母婴保健技术服务执业许可证》的机构必须具备以下条件：

1. 符合当地医疗保健机构设置规划。
2. 具有《医疗机构执业许可证》。
3. 符合《母婴保健专项服务基本标准》。
4. 符合审批机关规定的其他条件。

同时，《母婴保健法》还规定了卫生行政部门母婴保健服务技术机构审批权限分工。即对医疗保健机构和其他开展母婴保健服务技术的机构，开展结扎手术和终止妊娠手术，必须经县以上卫生行政部门审批；开展婚前医学检查的，必须经设区的市级以上卫生行政部门审批；开展遗传病诊断和产前诊断，以及涉外婚前医学检查，必须经省级卫生行政部门审批，取得《母婴保健技术服务执业许可证》。

（二）母婴保健技术人员的资格准入

根据《母婴保健法》的规定，凡从事婚前检查、遗传病诊断、产前诊断、施行结扎和终止妊娠手术及家庭接生技术服务的人员，必须符合《母婴保健专项技术服务标准》，并经考核合格，取得《母婴保健技术考核合格证书》和《家庭接生技术合格证书》。其中，从事遗传病诊断和产前诊断的人员，由省级卫生行政部门考核，取得《母婴保健技术考核合格证书》；从事婚前医学检查的人员，由设区的市级以上卫生行政部门考核，并颁发《母婴保健技术考核合格证书》；施行结扎手术和终止妊娠手术的人员，其技术考核合格证的发放，由县级以上地方卫生行政部门负责；从事家庭接生的人员，则由县级以上卫生行政部门颁发《家庭接生技术合格证书》。

四、母婴保健技术服务机构的法定职能与服务内容

（一）婚前保健服务

《母婴保健法》及其实施办法规定，医疗保健机构应当为公民提供婚前保健服务。婚前保健服务的内容有：

1. 提供婚前卫生指导。婚前卫生指导是对准备结婚的男女双方进行关于性卫生知识、生育知识和遗传病知识的宣传教育。具体包括：(1)有关性卫生的保健和教育；(2)新婚避孕知识及计划生育指导；(3)受孕前的准备、环境和疾病对后代影响等孕前保健知识；(4)遗传病的基本知识；(5)影响婚育的有关疾病的基本知识；(6)其他生殖健康知识。

2. 提供婚前卫生咨询。即对有关婚配、生育保健等问题提供医学意见，让准备结婚的男女了解相关卫生知识。医师进行婚前卫生咨询时，应当为服务对象提供科学的信息，对可能产生的后果进行指导，并提出适当的建议。

3. 实施婚前医学检查。婚前医学检查是对准备结婚的男女双方可能会影响结婚和生育的疾病进行医学检查。《母婴保健法》第 8 条规定了婚前医学检查的疾病范围：(1)严重遗传病，主要是指由于遗传因素而先天形成的疾病，病人全部或部分丧失生活能力，而且后代再现风险高、医学上认为不宜生育的疾病；(2)指定遗传病，主要是指传染病防治法中规定的艾滋病、淋病、梅毒、麻风及医学上认为影响结婚和生育的其他传染病在传染期内的；(3)有关精神病，主要是指精神分裂症、躁狂抑郁型精神病以及其他重型精神病。

婚前医学检查合格者，担负检查的医疗保健机构应向接受检查的当事人出具《婚前医学检查证明》，并对有关人员进行医学指导。对患有指定传染病在传染期内或者有关精神病在发病期内的，医师应当提出医学意见，准备结婚的男女双方应当暂缓结婚；对诊断患医学上认为不宜生育的严重遗传疾病的，医师应当向男女双方说明情况，提出医学意见，经男女双方同意，采取长效避孕措施或者实行结扎手术后不生育的，可以结婚，但《婚姻法》规定禁止结婚的除外。

《母婴保健法》同时规定，男女双方对婚前医学检查、遗传病诊断有异议的，可以申请医学技术鉴定，取得医学鉴定证明。

（二）孕产期保健服务

孕产期保健一般是指从怀孕开始至产后 42 天内为孕产妇及胎儿、婴儿提供的医疗保健服务。《母婴保健法》把孕产期保健的对象扩大到育龄妇女，规定医

疗保健机构应当为育龄妇女和孕产妇提供孕产期保健服务。

1. 孕产期保健服务的主要内容。(1)医疗保健机构应当开展母婴保健指导，对孕育健康后代以及严重遗传性疾病和碘缺乏病的发病原因、治疗和预防方法提供医学意见；(2)开展孕妇、产妇保健服务，为孕妇、产妇提供卫生、营养、心理等方面的咨询和指导以及产前定期检查等医疗保健服务；(3)提供胎儿保健服务，为胎儿生长发育进行监护，提供咨询和医学指导；(4)开展新生儿保健服务，为新生儿的生长发育、哺乳和护理提供医疗保健服务，如为产妇提供科学育儿、合理营养和母乳喂养的指导，对婴儿进行体格检查和预防接种等。

2. 施行产前检查、诊断，并提出医学意见。《母婴保健法》规定，对患严重疾病或者接触致畸物质，妊娠可能危及孕妇生命安全或者可能影响孕妇健康和胎儿正常发育的，医疗保健机构应当予以医学指导，医师发现或者怀疑患严重遗传性疾病的育龄夫妻，应当提出医学意见，育龄夫妻应当根据医师的医学意见采取相应的措施。经产前检查，医师发现或者怀疑胎儿异常的，应当对孕妇进行产前诊断。经产前检查，有下列情形之一的，医师应当向夫妻双方说明情况，并提出终止妊娠的医学意见：(1)胎儿患严重遗传性疾病的；(2)胎儿有严重缺陷的；(3)因患严重疾病，继续妊娠可能危及孕妇生命安全或者严重危害孕妇健康的。

3. 施行终止妊娠。经产前检查和诊断，医师发现胎儿有下列严重缺陷或孕妇患有严重疾病和遗传性疾病，应当向夫妻双方说明情况，并提出终止妊娠的医学意见：(1)无脑畸形、脑积水、脊柱裂、脑脊膜膨出等；(2)内脏膨出或内脏外翻；(3)四肢短小畸形；(4)其他严重胎儿畸形。施行终止妊娠，必须经本人同意，并签署意见；本人无行为能力者应由监护人同意，并签署意见。

五、妇幼卫生工作的监督管理与法律责任

(一)妇幼卫生监督管理机构及其职责

《母婴保健法》确立了各项严格的监督管理制度，规定了各级卫生行政部门对母婴保健工作的监督管理职责。国务院卫生行政部门主管全国母婴保健工作，其他相关部门在各自职责范围内，配合卫生行政部门做好母婴保健工作。县级以上卫生行政部门负责管理本辖区内母婴保健工作，并实施监督管理，其主要职责是：

1. 按照国务院卫生行政部门规定的条件和技术标准，对申请从事婚前医学检查、遗传病诊断、产前诊断以及结扎手术和终止妊娠手术的医疗保健机构进行审批。

2. 对从事婚前医学检查、遗传病诊断、产前诊断、结扎手术和终止妊娠手术的人员以及从事家庭接生的人员进行考核，并颁发相应的证书。

3.对《母婴保健法》及其实施办法的执行情况进行监督检查。

4.对违反《母婴保健法》及其实施办法的行为实施行政处罚。

县级以上地方政府卫生行政部门可以设立母婴保健监督员。母婴保健监督员从卫生行政部门或妇幼保健院中聘任，由同级卫生行政部门审核发证，主要职责是监督检查《母婴保健法》及其实施办法的执行情况，对违反《母婴保健法》及其实施办法的单位和个人提出处罚意见，对母婴保健工作提出改进的建议，完成卫生行政部门交给的其他监督管理任务。

（二）法律责任

1.行政责任

《母婴保健法》规定，未取得国家颁发的有关合格证书，有下列行为之一的，县级以上卫生行政部门应当予以制止，并可根据情节轻重给予警告或处以罚款：(1)从事婚前医学检查、遗传病诊断或者医学技术鉴定的；(2)施行终止妊娠手术的；(3)出具法律规定的有关医学证明的。同时，违法出具的医学证明视为无效。

医疗、保健机构或者人员未取得母婴保健技术服务许可，擅自从事婚前医学检查、遗传病诊断、产前诊断、终止妊娠手术和医学技术鉴定或者出具有关医学证明的，由卫生行政部门给予警告，责令停止违法行为，没收违法所得；违法所得5 000元以上的，并处违法所得3倍以上5倍以下的罚款；没有违法所得或者违法所得不足5 000元的，并处5 000元以上2万元以下的罚款。

从事母婴保健技术服务的人员出具虚假医学证明文件的，依法给予行政处分；有下列情形之一的，由原发证部门撤销相应的母婴保健技术执业资格或者医师执业证书：(1)因延误诊治，给当事人身心健康造成严重后果的；(2)造成其他严重后果的。

违反规定进行胎儿性别鉴定的，由卫生行政部门给予警告，责令停止违法行为；对医疗、保健机构直接负责的主管人员和其他直接责任人员，依法给予行政处分。进行胎儿性别鉴定两次以上的或者以营利为目的进行胎儿性别鉴定的，并由原发证机关撤销相应的母婴保健技术执业资格或者医师执业证书。

2.民事责任

取得相应合格证书而从事母婴保健的工作人员，在诊疗护理中，违反母婴保健法律、法规和部门规章及医疗护理规范、常规，过失造成就诊人员人身损害的，应当根据《侵权责任法》、《民法通则》和《医疗事故处理条例》等规定承担民事责任。

3.刑事责任

《母婴保健法》规定，未取得国家颁发的有关合格证书，施行终止妊娠手术或者采取其他方法终止妊娠，致人死亡、残疾、丧失或者基本丧失劳动能力的，依照

《刑法》第336条规定，未取得医生执业资格擅自为他人进行节育复通手术、假节育手术、终止妊娠手术或者摘取宫内节育器，情节严重的，处3年以下有期徒刑、拘役或者管制，并处或者单处罚金；严重损害就诊人身体健康的，处3年以上10年以下有期徒刑，并处罚金；造成就诊人死亡的，处10年以上有期徒刑，并处罚金。

取得相应合格证书而从事母婴保健的工作人员，由于严重不负责任，造成就诊人死亡或者严重伤害就诊人身体健康的，依照《刑法》第335条，以医疗事故罪追究刑事责任。

第五节　特殊人群健康权益保护法律制度

一、残疾人健康权益保护法律制度

（一）残疾人健康权益保护立法概况

残疾人（Disabled person）是指心理、生理、人体结构上某些组织、功能丧失或者不正常，全部或者部分丧失以正常方式从事某种活动能力的人。残疾人包括视力残疾、言语残疾、肢体残疾、智力残疾、精神残疾、多种残疾和其他残疾的人。残疾人作为社会弱势群体，国家和社会应给予特殊的法律保护，以维护其合法权益。因此，国家应积极立法，把发展残疾人事业和保障残疾人权益纳入法制化轨道。

我国《宪法》第45条规定："中华人民共和国公民在年老、疾病或者丧失劳动能力的情况下，有从国家和社会获得物质帮助的权利。国家发展为公民享受这些权利所需要的社会保险、社会救济和医疗卫生事业。"上述规定为残疾人权益保护立法提供了宪法依据。1990年12月，第七届全国人大常委会第17次会议通过了《中华人民共和国残疾人保障法》。该法对残疾人的康复、教育、劳动就业、文化生活、福利、环境以及法律责任等作了全面规定。1991年和1996年，国务院先后批准了《中国残疾人事业"八五"计划纲要》和《中国残疾人事业"九五"计划纲要》，明确了1991年至2000年，在残疾人康复、教育、就业、文化生活等各个领域的工作计划指标、任务和措施，把残疾人事业纳入了社会发展总体规划。1997年12月20日，国务院批准了《残疾人专用品免征进口税暂行规定》，以支持残疾人康复工作，为残疾人健康权益保护和发展残疾人事业，提供了法律保障。2008年4月24日，第十一届全国人大会常委会第2次会议修订了《残疾人保护法》。

（二）残疾人健康权益的法律保护

1.残疾人健康权益的平等保护。残疾人虽然心理、生理、人体结构或某些组织、功能丧失或者不正常，但仍是享有平等人格的公民。《残疾人保障法》第3条规定："残疾人在政治、经济、文化、社会和家庭生活等方面享有同其他公民平等的权利，残疾人的公民权利和人格尊严受法律保护。禁止歧视、侮辱、侵害残疾人。"

2.残疾人健康权益的家庭保护。由于残疾人绝大多数都是生活在家庭之中，家庭保护是对残疾人合法权益保障的有效手段。《残疾人保障法》第9条规定，残疾人的法定抚养人必须对残疾人履行抚养义务；残疾人的监护人必须履行监护职责，维护被监护人的合法权益，禁止虐待和遗弃残疾人。同时，残疾人的亲属、监护人应当鼓励和帮助残疾人增强自立能力，关心和照料残疾人健康地生活。

3.残疾人健康权益的国家保护。国家和社会在保障残疾人健康权益方面应承担起主要责任，应高度重视发展残疾人事业，将残疾人事业纳入各级政府的国民经济和社会发展计划，建立财政保障机制，统筹规划，加强领导，综合协调，建立残疾人康复、医疗、社会保障制度，以维护残疾人合法权益。

4.残疾人康复的法律保护。为了鼓励和支持残疾人面对生活，走向社会，国家和社会保护显得尤为重要。残疾人康复工作是国家和社会的责任，各级政府应采取措施，帮助残疾人恢复或者补偿功能，增强其参与社会活动的能力。

(1)康复工作的指导原则。康复工作应当从实际出发，将现代康复技术与我国传统康复技术相结合，以康复机构为骨干，社区康复为基础，残疾人家庭为依托，以实用、易行、受益广的康复内容为重点，并开展康复新技术的研究、开发和应用，为残疾人提供有效的康复服务。

(2)康复机构和康复工作人员。政府和有关部门有计划地在医院设立的康复医学科(室)，设立必要的专门康复机构，开展康复医疗与训练、科学研究、人员培训和技术指导工作。各级政府和有关部门，应当组织和指导城乡社区服务网、医疗预防保健网、残疾人组织、残疾人家庭以及其他社会力量，开展社区康复工作。残疾人教育机构、福利性企事业组织和其他为残疾人服务的机构，应当创造条件，开展康复训练活动。残疾人在专业人员的指导和有关工作人员、志愿工作者及亲属的帮助下，应当努力进行功能、自理能力和劳动技能的训练。国务院和有关部门分阶段确定康复质量项目，制订计划，组织力量实施。

(3)康复培训与教育。医学院校和其他有关院校应当有计划地开设康复课程，设置康复专业，培养各类康复专业人才。国家和社会采取多种形式对从事康复工作的人员进行技术培训，向残疾人及亲属、有关工作人员和志愿工作者普及康复知识，传授康复方法。

(4)残疾人专用品服务。政府有关部门应当组织和扶持残疾人康复器械、生活自助具、特殊用品和其他辅助器具的研制、生产、供应和维修服务。为支持残疾人康复工作，有利残疾人专用品进口，1997 年 4 月，海关总署专门发布并施行了《残疾人专用品免征进口税暂行规定》。

(5)残疾人劳动就业健康的保护。残疾职工所在单位，应当为残疾职工提供适应其特点的劳动条件和劳动保护，并应对残疾职工进行岗位技术培训，提高其劳动技能和技术水平。

(6)残疾人精神健康的法律保护。为保障残疾人享有丰富多彩的精神文化生活，《残疾人保障法》规定，国家和社会应采取多种措施组织和扶持残疾人开展群众性文化、体育、娱乐活动，促进和保障残疾人的身心健康。

(三)残疾预防的法律规定

为避免由于残疾引起的对残疾人个人、家庭以及对国家和社会的严重后果，早在 1981 年，WHO 就把残疾人预防工作提上全球残疾人工作的首要战略任务议程，而且列入"人人享有保健"的战略目标中。我国自 20 世纪 80 年代初系统开展残疾人康复工作以来，一直十分重视残疾的预防工作。《残疾人保障法》把残疾预防作为残疾人事业的重要内容，强调预防是国家的重要责任，具体包括：

1. 有计划地开展残疾预防工作，加强对残疾预防工作的领导，宣传、普及优生优育和预防残疾的知识。

2. 针对遗传、疾病、药物中毒、事故、灾害、环境污染和其他致残因素，制定法律、法规，组织和动员社会力量，采取措施，预防残疾的发生和发展。

《中国残疾人事业"九五"计划纲要》，把系统开展预防、努力减少残疾发生作为工作总目标之一，并制定了残疾人预防的详细任务目标和具体措施，把减少遗传性残疾和先天性缺陷，控制传染病、严重营养不良及脑血管疾病致残，降低药物致聋发生率，减少缺碘和氟中毒致残发生率，控制和减少意外事故致残等作为重点预防工程。

二、未成年人健康权益保护法律制度

(一)未成年人健康权益保护立法概况

未成年人(Minor)是指未满 18 周岁的公民。为了加强对未成年人的保护，国家先后颁布了《托儿所、幼儿园卫生保健制度》《城乡儿童保健工作要求》《幼儿园管理条例》《学校卫生工作条例》《散居儿童卫生保健管理制度》等，这些法规从不同角度对儿童、青少年健康保护的目的、要求、标准、制度化作了规定。为了更好地保护未成年人的身心健康，保障未成年人的合法权益，促进未成年人在品德、智力、体质等方面全面发展，1991 年 9 月，第七届全国人大常委会第 21 次会议通过《中华人民共和国未成年人保护法》，其中对未成年人的健康保护作了规定。1995年劳动部颁布实施的《未成年人特殊保护规定》，专门对未成年工的劳动保护作了规定。所有这些法律、法规和制度形成了我国较为完整的未成年人健康保护法律体系。

（二）儿童保健的法律规定

儿童保健可分为集体儿童保健和散居儿童保健。

1. 集体儿童保健。是指对托儿所、幼儿园等集体儿童保育机构中的儿童所施行的保健工作。国家规定凡入托3岁以下儿童为托儿所，3—6岁为幼儿园。《幼儿园管理条例》《城市托儿所工作条例》《托儿所、幼儿园卫生保健制度》等法规规章，对集体儿童保健作了具体规定，主要包括：

（1）预防疾病制度。婴幼儿入园前必须进行全身健康检查，对有传染病接触史的婴幼儿除进行常规体检外，还必须经检疫观察，无症状者方可入园。集体儿童保健机构工作人员参加工作前也必须进行健康体检，合格者方可上岗工作。不论幼儿还是工作人员必须按照规定时间定期进行体检，建立消毒隔离制度，儿童或工作人员患传染病，应立即隔离治疗，待治愈后，经医生证明方可回原班。要坚持日常消毒制度和培养儿童卫生习惯，儿童玩具要定期消毒、清洗，保持清洁卫生，儿童活动场所要消灭蚊蝇、蟑螂等害虫，婴幼儿日常生活用品要专人专用，并做好消毒。

（2）生活管理和体格锻炼制度。托儿机构要根据儿童年龄、季节制订合理的生活管理制度，做到定时起居、生活规律，有充足的睡眠和户外活动时间，婴幼儿伙食有专人负责，制订适合婴幼儿年龄的食谱，同时要定期计算婴幼儿营养量，做好科学喂养和饮食卫生工作。要经常开展适合婴幼儿特点的游戏和体育运动，重视婴幼儿体格锻炼。

（3）安全制度。托儿所、幼儿园必须设置在安全区域内，严禁设置在污染区和危险区。注意房屋、场地、家具、用具使用的卫生安全，避免婴幼儿被砸伤、摔伤、烫伤等事故的发生，药物必须妥善保管，婴幼儿服药时必须仔细核对，建立健全儿童接送制度，不得丢失儿童。

2. 散居儿童保健。是指对不进托儿所、幼儿园等儿童保育机构而分散在家庭抚养的7岁以下儿童所进行的保健工作，其重点为新生儿和3岁以下婴幼儿。《散居儿童卫生保健管理制度》规定由各级儿童保健机构组织各级医院，成立三级儿童保健网，实行地段责任制，完成儿童预防保健各项工作；对责任地段户口中的散居儿童建立保健卡，定期进行健康检查、缺陷矫治、体弱儿管理以及疾病监测工作，并完成基础免疫工作，提高儿童健康水平，尤其是对低体重儿和早产儿，除按新生儿管理外，应列专案管理；对佝偻病活动期，中度以上缺铁性贫血、重度以上营养不良的体弱儿，要建专案病历，针对患儿的发病原因，指导喂养、护理及疾病防治。

（三）在校青少年健康保护的法律规定

我国大、中、小学在校学生共有 2 亿多人，为维护这些正处于生长发育时期的青少年的身心健康，预防和减少青少年学生在学习和生活环境中各种有害因素对身体健康的影响，加强学校卫生工作尤为重要。《学校卫生工作条例》是我国维护在校青少年学生身心健康的重要法规，为在校青少年的健康保护提供了制度保证，其主要内容已如前述。

（四）未成年人劳动健康保护的法律规定

这里的未成年人是指年满 16 周岁、未满 18 周岁的劳动者，即未成年工。由于未成年人正处于生长发育期，并有接受义务教育的需要，为维护未成年人的合法权益，保护其在劳动中的健康，国家对未成年人实行特殊保护。《未成年人保护法》第 28 条规定：任何组织和个人依照国家有关规定，招收已满 16 周岁、未满 18 周岁的未成年人，应当在工种、劳动时间、劳动强度和保护措施等方面，执行国家有关规定，不得安排其从事过重、有毒、有害的劳动或者危险作业。同时，《劳动法》和《未成年人特殊保护规定》也有相同的规定。尤其后者明确规定了不得安排未成年人从事的劳动范围和不得安排患有某种疾病或具有某些生理缺陷（非残疾性）的未成年人从事的劳动范围，并明确规定了用人单位应按要求对未成年人定期进行健康检查和开展有关职业安全卫生教育和培训的义务。

三、老年人健康权益保护法律制度

（一）老年人健康权益保护立法概况

根据《老年人权益保障法》的规定，老年人是指 60 周岁以上的公民。老年人由于肌体组织、生理功能逐步走向衰退，做好老年人保健工作，直接关系到老年人的生活质量和晚年幸福，也关系到社会的和谐稳定。我国政府历来重视老年人健康权益保障工作。《宪法》《婚姻法》《继承法》《民法通则》等法律中都规定了有关老年人权益保护的条款。1996 年 5 月 29 日，第八届全国人大常委会第 21 次会议通过的《中华人民共和国老年人权益保障法》是全面保护老人权益的专门法律，其中有关老年人健康权益保护的规定，是发展老年人保健事业的法律保障。目前，我国有关老年人健康权益保护的法律规范多散见于相关法律规范性之中，尚无专门规范老年人健康权益保护的法律法规。

（二）老年人医疗保障法律制度

老年人医疗保障是社会医疗保障事业的最重要部分之一，针对老年人体弱多病的特殊需求，对老年人预防、保健、医疗、康复等方面给予全面的社会保障，实现老年人“老有所医”，是维护老年人健康权益的内在要求。

《中华人民共和国老年人权益保障法》第25条规定：国家建立多种形式的医疗保险制度，保障老年人的基本医疗需要。有关部门制定医疗保险办法，应当对老年人予以照顾。老年人依法享有的医疗待遇必须得到保障。应设立老年医疗特别制度，制定老年医疗特别政策，保障老年人依法享有的医疗待遇，这是保障老年人生存权和健康权的基本要求。

目前，我国在城镇已经建立社会统筹与个人医疗账户相结合的医疗保险制度，这种由国家、企事业单位和个人共担风险的医疗保险制度的实行，为解决退休职工老有所医提供了制度保障。随着新型农村合作的医疗制度的稳步推进，我国在农村也建立起对包括老年人在内的农村居民的医疗保障制度，但这种低水平、广覆盖度的医疗保障制度尚不能满足老年人的医疗服务需求。

（三）老年医疗保健服务

老年人的医疗保健需求包括治疗、护理、康复、保健等一系列内容。为真正实现“老有所医”，在通过基本医疗保险为老年人提供医疗保障的同时，还必须建立老年医疗保健服务体系。

1. 建立老年医疗照顾制度。医疗机构应当为老年人就医提供方便，对70周岁以上的老年人就医，予以优先。有条件的地方，可为老年人设立家庭病床，开展巡回医疗等服务。同时，根据《中华人民共和国老年人权益保障法》第26条规定：老年人患病，本人和赡养人确实无力支付医疗费用的，当地政府根据情况，可给予适当帮助，并可提倡社会救济和为老年人进行义诊。

2. 创办老年康复设施。国家鼓励、扶持社会组织或者个人创办老年福利院、敬老院、老年公寓、老年医疗康复中心、老年大学和老年文化体育活动等设施，地方政府应根据当地经济发展水平，逐步增加对老年福利事业的投入，举办老年福利设施。

3. 加强老年疾病预防和健康教育。国家应采取措施，加强老年医学的研究和人才的培养，提高老年病的预防、治疗及科研水平；同时开展各种形式的健康教育，普及老年人保健知识，增强老年人自我保健意识。

4. 发展老年社区医疗卫生服务。在发展社区医疗卫生服务体系、建立社区医疗卫生服务制度过程中，应特别重视逐步建立适应老年人需要的社区生活服务、文化体育活动、疾病护理与康复等服务设施和网点。

第六节　病人健康权益保护法律制度

一、病人权益保护的兴起

病人权利的保护是在20世纪六七十年代西方国家风起云涌的消费者权益

保护运动、民权运动中产生和兴起的。在西方，医院协会和医疗行业组织在推动病人权利运动中起到主导作用，如美国医院协会在1972年发布了著名的《病人权利法案》，规定了病人的12项权利。随后，法国、以色列、日本、英国、西班牙等国纷纷制定了保障病人权利的法案。我国迄今尚未制定系统的保障病人权利的法律，对病人权利的保护还主要散见于相关医疗法律法规中，如《执业医师法》《母婴保健法》《医疗机构管理条例》《护士条例》《医疗事故处理条例》等，尤其是通过规定医疗机构或医师的义务，从而间接肯定病人的相关权利。可见，就权利保护的力度而言，我国还存在较大的差距。至于病人在医疗活动中享有哪些权利，理论和实务都存在不同的认识，医疗机构和医务人员尊重患者权利的意识仍有待于提升，医疗活动中忽视病人基本权利的现象还较为普遍。

二、病人的基本权利

（一）获得适当治疗的权利

获得适当治疗是病人在医疗活动中享有的最为重要的权利，其直接关系到病人的生命健康的实现。但该项权利的实现完全取决于医方全面地、适当地、审慎地履行其诊疗义务，否则病人的权利保障也就失去依托和存在基础。从这个角度而言，病人获得适当治疗权既属于实体性权利，也是一项期待权和相对权。获得适当治疗权贯穿于整个医疗过程，医师的治疗行为都应围绕如何最大限度地保障和实现病人健康权展开。该项权利具体包括：

1. 获得及时治疗的权利，尤其是危重病人能够获得不受延误的妥善医疗。

2. 获得治疗其疾病所必需的基本医疗服务的权利。

3. 在治疗过程中获得配备合格医护人员、药品和医疗设备的权利。

4. 获得持续治疗的权利，即病人有权要求医方按照治疗目的持续治疗，不得任意终止治疗行为。[①]

（二）医疗自主权

医疗自主权是源自于病人的人格权的一项基本权利，[②]是病人维护自己生命健康、保障其尊严和自主性的基本要求。在治疗过程中，病人实际上就将自己的健康利益乃至生命委托医师进行处分，尽管医师对此享有高度自由裁量权，但仍应充分尊重病人自主性——毕竟病人是作为独立人格主体参与治疗，而非仅仅是治疗的客体。医疗自主权的基本内涵包括：

1. 自主选择医疗机构和医生的权利。

2. 有权决定接受或不接受任何一项医疗服务的权利。

---

① 侯雪梅：《患者权的权利——理论探微与实务指南》，知识产权出版社2005年版，第107页。

② 何恬：《患者的自决权和医生的告知义务》，《法律与医学杂志》2002年第3期。

3.有出院或转诊的权利。

4.有权决定其遗体或器官的使用和处分。病人有权决定其死后遗体的处分,如捐献、用于科学研究和教学等,也有权决定是否捐献其器官,但不得违反法律的禁止性规定和公序良俗。

(三)知情同意权

知情同意是临床上处理医患关系的基本伦理准则之一,也是病人的基本权利之一。这一原则的基本内容是:临床医师在为病人作出诊断和治疗方案后,必须向病人提供包括诊断结论、治疗决策、病情预后以及诊治费用等方面的真实、充分的信息,尤其是诊疗方案的性质、作用、依据、损伤、风险以及不可预测的意外等情况,使病人或其家属经过深思熟虑自主地作出选择,并以相应的方式表达其接受或者拒绝此种诊疗方案的意愿和承诺;在得到患方明确承诺后,才可最终确定和实施拟定的诊治方案。① 知情同意权既是病人自主权的集中体现,也是实现医患关系实质平等的重要途径。

值得注意的是,病人知情同意权的范围应该适当,应与医师的诊疗权适当平衡,否则将严重制约医师的诊疗自主权。因此,病人同意对象应是可能带来重大侵袭后果的医疗行为,而一般在医疗过程中经常使用的没有严重侵袭后果的一些医疗行为则不作为病人同意的对象,如症状很轻的疾病的检查、注射与用药等。② 具体而言,以下医疗行为属于知情同意权的适用范围:

1.具有一定危险性,可能给病人造成不良后果和危险的检查和治疗的,如各类手术等。

2.需病人承受较大痛苦的检查项目,如骨穿、腰穿等。

3.有明显副作用或易出现意外的,如使用激素或易过敏药等。

4.经济消耗较大的。

5.需要异性病人暴露隐私部位的。

6.需要对病人实施行为限制的。

7.与病人本身医疗无直接关系的医学科研和教学的。③

(四)隐私权

隐私权是指自然人享有的,与公共利益无关的个人信息,私人活动和私有领域进行支配的一种人格权。在医疗合同中,病人首先是作为民事主体的身份出现的,其隐私权必然受法律保护。例如,《执业医师法》第22条规定:“医师应当关心、爱护、尊重病人,保护病人的隐私。”《护士条例》第18条规定:“护士应当尊

① 孙福川:《知情同意》,《医学与哲学》2001年第2期。

② 龚赛红:《医疗损害赔偿立法研究》,法律出版社2001年版。

③ 张涛:《病人知情同意权与医生的特殊干涉》,《中国医学伦理学》2001年第2期。

重、关心、爱护病人，保护病人的隐私。”

病人的隐私权包括：

1. 隐私信息保密权，即病人对自己健康及治疗有关的隐私信息，有权要求医师予以保密。

2. 有权要求医师在治疗过程中采取适当措施保护其隐私部位。

3. 有权拒绝与治疗无关的人员参与涉及自身隐私的治疗。

（五）医疗文书查阅及复制权

病人是否享有查阅诊疗记录的权利，日本的一般学说和判例持否定态度，其理论依据是：诊疗记录的所有权和管理权归属于医生和医院，在诊疗合同（准委托）中，并没有规定医生伴随着病人病情的状况应负报告义务和公开诊疗记录的义务，要求医生向病人公开诊疗记录在法律上缺乏理论依据。[①] 尽管如此，在日本国内要求公开情报的呼声也日渐强烈。德国最高法院在判决中将诊疗记录所记载的内容分为能够客观化的自然科学事实和不能客观化的医师的主观判断部分，前者病人有查阅的权利，后者则无权查阅。[②] 英、美、法国家对病人查阅复制病历资料的权利持积极肯定的态度，如英国《医疗报告知情法》（1988）规定：“为了就业和参加保险，由医生出具并交付的诊疗报告应该保障被检查者享有知情权，任何人对于自己的诊疗报告享有知情权。”

我国法律对患者查阅及复制医疗文书权持肯定态度。2002 年实施的《医疗事故处理条例》第 10 条规定：“病人有权复印或者复制其门诊病历、住院志、体温单、医嘱单、化验单（检验报告）、医学影像检查资料、特殊检查同意书、手术同意书、手术及麻醉记录单、病理资料、护理记录以及国务院卫生行政部门规定的其他病历资料。”但对于死亡病例讨论记录、疑难病例讨论记录、上级医师查房记录、会诊意见、病程记录等主观性病历资料病人无权复制，只能在医患双方在场的情况下封存。

2009 年 12 月 26 日第十一届全国人大常委会第 12 次会议通过的《中华人民共和国侵权责任法》第 61 条明确规定：“医疗机构及其医务人员应当按照规定填写并妥善保管住院志、医嘱单、检验报告、手术及麻醉记录、病理资料、护理记录、医疗费用等病历资料。患者要求查阅、复制前款规定的病历资料的，医疗机构应当提供。”

这里需要说明的是，精神疾病病人的法律保护亦属于特殊人群健康权益保护的重要部分，对此，前面已有专章论述。

---

① 植木哲：《医疗法律学》，法律出版社 2006 年版，第 151 页。

② 黄丁全：《医事法》，中国政法大学出版社 2003 年版，第 214 页。

第十八章　医疗保障法律制度

第一节　医疗保障法律制度概述

一、医疗保障制度的概念

医疗保障(Medical safeguard)是指人们在患病、负伤、年老、生育及失业情况下,需要获得医学诊断、治疗及其他健康保护时,由国家或社会为其提供必要的医疗服务与物质帮助的一种社会保障。

医疗保障制度(Medical safeguard system)则是指为保障人们能够达到预定的健康目标,由国家和政府建立的有组织地提供必要医疗卫生保健服务的基本制度。医疗保障制度是国家医疗卫生制度的一个基本内容,是社会保障体系的重要组成部分。合理的医疗保障制度对于发展医药卫生事业,保护人民生命健康权的实现具有重要意义。

医疗保障制度是社会保障体系的子系统。社会保障系统,从广义上讲,包括医疗、养老、失业等项社会保障和政府的救济、优抚及社会福利事业等;狭义的社会保障仅指社会保险部分。疾病与医疗、养老、失业、工伤及生育保险等项目共同构成基本的社会保障体系,形成一个基本的社会安全网络,起到稳定社会秩序、安定社会生活的作用。医疗保障体系作为国家和社会为社会成员提供基本医疗及服务的社会保障项目,最广泛而直接地关系着全体社会成员的健康权益,它不仅可以解决或缓和一些尖锐的社会矛盾,而且作为一种开发人力资源不可缺少的健康投资,还有利于促进本国经济的可持续发展,因而在整个社会保障体系中处于基础与核心地位,始终是世界各国政府高度关注的关系国计民生的社会重大事业。为此,许多国家根据本国经济、政治、文化和民俗等因素,相应地建立了适合本国特点的医疗保障制度,并随着经济和社会发展及人民健康需求模式的变化,不断地进行完善和改革。

二、医疗保障法的概念

医疗保障法(Medical protection law)是调整保障人体生命健康而进行的卫

生资源配置、医疗卫生经费负担分配及提供适宜的医疗卫生保健服务活动中所产生的各种社会关系的法律规范的总称。

第二节　外国医疗保障法律制度简介

一、国外几种主要的医疗保险模式简介

自1883年德国制定了世界上第一部《疾病保险法》以来，医疗保险制度发展已有上百年的历史。然而，世界各国的医疗保障制度，因基本国情的不同而呈现不同类型，甚至在同一国家的不同地区和不同历史阶段也呈现不同的医疗保障模式。总起来看，大体上可以分为四类：国民健康保障模式、商业医疗保险模式、社会医疗保险模式、储蓄医疗保险模式。

（一）国民健康保障模式

国家健康保障也被称为国家保障性医疗保险、免费医疗保险，是指医疗保险资金主要来自税收。在实行国家保障医疗保险制度的国家，医院大部分是公立医院或非营利性医院，为患者提供基本免费的医疗服务，在公立医院工作的医务人员的工资由国家分配，他们是受政府雇佣的公务人员。实行这种模式的主要国家有英国、加拿大、瑞典、爱尔兰、丹麦。

这种模式的特点是：全民性，即保险覆盖全体公民；福利性，疾病治疗主要都是免费医疗；资金来源于税收转移支付和个人补缴保费；政府责任大，政府办医院，或购买私人医生的服务，并对医疗服务过程进行监管；保障项目齐全，包括预防、医疗、分娩、护理、康复等；卫生资源配置具有较强的计划性。

（二）商业医疗保险模式

商业保险主导模式的特点是通过市场来筹集医疗保险费用和提供医疗服务。美国是这种模式的典型代表。

美国的医疗保障体系可分为两大部分，即社会医疗保险和商业医疗保险，以私人商业医疗保险为主，社会医疗保险并存。

美国商业医疗保险称双蓝计划。双蓝，指蓝十字（Blue Cross）和蓝盾（Blue Shield），是美国最大的两家非营利性的商业医疗保险公司。目前，美国在职人员的医疗保险主要由商业保险公司经办，其中一半由各州的蓝十字和蓝盾组织经办，另一半由其他私人保险公司经办，目前它们覆盖的对象超过1亿人口。

（三）社会医疗保险模式

社会医疗保险是按照大数法则分摊风险的机制和以社会互助为原则，将少

数社会成员随机产生的各种疾病风险分散到全体社会参保成员的一种医疗保险制度。社会医疗保险一般通过国家立法强制实施，其基金的筹集主要来自雇主和雇员的缴费，政府酌情补贴。世界上有100多个国家采取这种模式，是使用率最高的医疗保险制度，代表性的国家有德国、法国和日本等。

（四）储蓄医疗保险模式

储蓄医疗保险制度是国家通过立法强制雇员和雇主双方缴费，以雇员的名义建立保健储蓄账户（即个人账户），用于支付个人及家庭成员的医疗费用的医疗保险制度。这种模式以新加坡为代表，属于公积金制度的一部分。内容包括以下几种：一是强制性的、以帮助个人储蓄和支付医疗保险费用为目的的医疗储蓄计划。二是非强制性的、对大病进行保险的健保双全计划。三是政府拨款建立保健基金，以帮助贫困国民支付医疗费用的保健基金计划。

储蓄医疗保险模式的优点是，具有资金纵向积累的特点，对于合理高效地使用医疗保险资金和合理配置卫生资源有很强的推动作用。缺点是这种模式过分强调效率，而忽视了公平性，对于低收入的人或没有收入的人来说，其个人账户资金储蓄不足，患病时就可能出现没钱治病的问题。

二、国外主要医疗保险模式评析

虽然以上几种医疗保障制度的模式有很大的不同，但从总体特性上看，却存在一些共性。

（一）医疗保障制度法律化

一项制度能否得以实施和遵守，其中是否具有强制执行力是一个十分重要的因素，如果能将制度上升到法律层次，就具有了更强的执行力。许多国家，特别是市场经济发达国家，大都颁布了国民健康保障法，对卫生费用的筹措、分配和利用等都有明确的规定，使医疗保障活动主体之间的责、权、利统一且比较明确，一旦出现失衡，即可运用法律的手段予以维持，保证该项制度的顺利运转。

（二）政府积极进行干预

为了实现卫生资源合理配置，使之发挥最大效益，从而提高医疗卫生服务质量，许多国家除了充分利用价格、竞争等经济杠杆作用外，还十分注重政府的干预，通过强化组织和管理，以税收及限制投资等方式调整医疗卫生服务的结构，以减少卫生资源配置的盲目性，保证公民卫生服务的公平性，引导医疗保障的健康发展。

（三）重视福利性医疗保障服务

在许多市场经济国家，一般都同时存在国立和私立的医疗卫生服务机构，其中有相对多数属非营利性质，政府给予免税支持。同时，国家和政府还积极投入资金建立保障全体社会成员的基本医疗服务系统，享受医疗保健服务者，只要交较少的费用，便可享受较高水平的医疗保健服务。

（四）主要弊端

尽管西方国家的医疗保障制度目前已相对完善，多数国民也较为满意，但是由于社会经济的发展，社会医疗需求的变化，各国医疗保障制度均存在一些弊端，诸如医疗费用急剧上涨、卫生资源分配不合理、利用效率不高，等等。因而，各国都在探求医疗保障制度改革，以求不断完善与发展。目前，世界医疗保障制度总的发展趋势是：

1. 政府承担保障全体公民健康的责任，医疗卫生费用由个人、集体、国家共同负担。

2. 医疗保障制度由自费医疗、自愿保险向社会保险、免费医疗方向发展。

3. 与此同时，各国政府也越来越重视社会性的预防保健工作，强化医疗卫生资源配置和医疗费用调控机制，合理分配医疗卫生资源，提高医疗卫生资源的利用率，降低医疗卫生经费的总体支出。

第三节　我国医疗保障制度与医药卫生体制改革

一、市场经济建立前的医疗保障制度

（一）全民卫生保健制度

全民卫生保健制度是我国整个医疗保障制度的基础。全民卫生保健制度是以国家财政拨款为主，同时吸收企业福利基金，通过举办各级各类预防保健机构，向全体公民实行计划免疫，提供对传染病、地方病等疾病的防治服务，以提高全民健康水平的一种制度。全民卫生保健由国务院和县级以上地方人民政府卫生行政部门组织实施，重点为计划免疫、妇女儿童保健以及地方病、传染病的防治。同时广泛开展城乡爱国卫生运动，促进全民健康素质的整体发展。

（二）城镇职工医疗保障制度

1. 公费医疗制度。1952 年 6 月，政务院公布了《关于全国各级人民政府、党派、团体及所属事业单位的国家工作人员实行公费医疗预防的指示》，该指示是新中国成立后在全国范围内建立公费医疗制度的标志和起点。公费医疗制度的实施范围，主要是国家机关干部、民主党派人士、文化教育卫生事业单位工作人员、革命伤残军人、普通高等和中等专业学校学生。公费医疗的经费，由国家从国民收入的财政预算中开支，按人数定额拨款支付；超支部分，仍由国家负担。同时，国家规定公费医疗经费必须专款专用，享受公费医疗待遇的患者，必须在

指定的医疗单位就诊、住院；门诊挂号费和有关滋补营养品由个人自费，明确了公费医疗报销范围。

2.劳保医疗制度。劳保医疗制度是我国劳动保险制度的组成部分。1951年2月政务院颁布和实施了《中华人民共和国劳动保险制度》，标志着我国企业职工劳保医疗制度的诞生。劳保医疗制度与公费医疗制度在本质上是一致的，是社会主义福利事业的不同形式。劳保医疗制度的主要对象为国有企业职工，部分集体企业参照执行。劳保医疗享受者的待遇与公费医疗相似，但经费由企业承担，从企业福利费中列支。按有关规定，劳保医疗经费的直接来源是本企业的纯收入，它属于职工福利基金，按照企业职工工资总额的5.5%提取，在实际操作中其超支部分仍由企业负担。与此同时，对享受劳保医疗职工的直系亲属建立了统筹医疗，统筹医疗人员的医疗费用由企业承担50%。

（三）农村合作医疗制度

农村合作医疗是以农村居民为对象，通过不同的筹资方式和管理办法，实行集体和个人共同筹集医疗卫生专用基金，按一定比例补偿农民的医疗及保健费用支出的各种形式的农村医疗保障制度。

农村合作医疗是我国社会主义初级阶段时期，农村医疗的一种特殊形式，它的主要特点是，农民个人缴纳一定的费用与乡村补贴结合形成合作医疗基金，举办集体卫生机构，农民看病后或减免医药费或报销一部分医药费。农村合作医疗最早起源于20世纪40年代陕、甘、宁边区的医疗合作社，群众采取集股的办法来解决医疗费用，共同承担疾病风险。新中国成立后，合作医疗逐渐兴起，到1976年，全国已在近90%的生产大队办起了合作医疗，这在当时的历史条件下，为解决广大农民的医疗保障问题，发挥了重要的作用。

二、医疗保障制度的改革与发展

从20世纪80年代初开始，我国社会经济体制改革逐步展开并不断深入，随着社会主义市场经济的建立和社会经济的发展以及人们医疗保障观念的变化，原有的医疗保障制度面临许多新的情况和新问题，亟待进行改革，寻求新的发展。

（一）城镇职工医疗保障制度的改革

我国的公费医疗制度和劳保医疗制度，对于保障职工身体健康、促进经济发展、维护社会安定曾发挥过重要作用。随着市场经济的发展和改革的深入，其问题日益突出，主要是国家包揽过多，医疗卫生经费支出与财力不相适应，享受公费医疗人员没有强有力的约束措施，医药费用急剧上涨，超支浪费相对严重，等等，加之医疗卫生服务已逐步改变纯福利性而带有一定商业性，因此改革势在必行!

为了推进职工医疗保障制度改革，建立新型的职工医疗保障制度，在党的十四届三中全会决议精神指导下，1994 年 4 月，国务院职工医疗保险改革试点领导小组率先在江苏镇江和江西九江两地进行试点。国务院在总结“两江”试点的基础上，于 1996 年 4 月制定了《关于职工医疗保障制度改革试点的若干意见》，决定在全国范围内扩大医疗保障制度改革试点。在认真总结各地医疗保障制度改革试点的基础上，1998 年 12 月，国务院颁布了《关于建立城镇职工基本医疗保险制度的决定》(国发〔1998〕44 号)，决定在全国范围内进行城镇职工医疗保障制度改革。改革的目标是：适应社会主义市场经济体制，根据财政、企业和个人的承受能力，建立保障职工基本医疗需求的社会医疗保险制度，逐步形成包括基本医疗保险、商业医疗保险、社会医疗救助等多层次的医疗保障体系。

建立和实行城镇职工基本医疗保险制度是医疗保障制度改革的主要任务，加快医疗保障制度改革，保障职工基本医疗，是建立社会主义市场经济体制的客观要求和重要保障。该项改革工作从 1998 年初开始启动，1999 年底基本完成。

(二)新型农村合作医疗制度的改革与发展

我国农村合作医疗制度是在特定的历史条件下建立的，虽然起到了应有的作用，但自 20 世纪 80 年代以来，农村经济体制改革不断深入，而合作医疗制度没能及时适应改革新形势的需要，加之本身机制不完善，更没有法律法规的保障，合作医疗趋于解体。造成这种状况的原因主要有以下几个方面：

1. 合作医疗的发展主要以解决农民缺医少药为目的，重视的是单纯医疗服务的提供，未能满足预防保健等方面的需求。

2. 单纯强调合作医疗的福利性质，强调农民的受益面，在经费额度小、受益面大的情况下，疏于科学测算与管理。

3. 过分依赖集体经济的支持，淡化了个人责任，不强调农民为增进健康所必需的投入，一旦集体经济组织发生变化，不愿或不能继续承担责任，合作医疗即面临困境。

4. 受农村集体管理体制的影响，多数以村为兴办合作医疗的基本单位，参与人数少，经费基数小，社会化程度低。

5. 管理水平差，制度不完善，缺乏监督机制，导致享受不平等。伤害了农民的感情，使农民失去了对合作医疗的信心，影响了农民参与的积极性。

针对这些问题和产生的原因，党中央、国务院及时提出改革农村合作医疗制度，并制定了一系列发展和完善农村合作医疗制度的措施。1997 年 1 月，《中共中央、国务院关于卫生改革和发展的决定》指出：

1. 要积极稳妥地发展和完善合作医疗制度；要加强合作医疗的科学管理以

及民主监督，使农民真正受益。

2. 力争到 2000 年在农村多数地区建立起各种形式的合作医疗制度，并逐步提高社会化程度。

3. 有条件的地方可以逐步向社会保险医疗制度过渡。

1997 年 5 月，国务院批转卫生部、国家计委、财政部、农业部、民政部《关于发展和完善农村合作医疗的若干意见》，要求必须坚持"政府领导、集体扶持、多方筹资、因地制宜、量力而行、科学管理、民主监督"的原则。2003 年 1 月，国务院办公厅转发卫生部、财政部、农业部《关于建立新型农村合作医疗制度的意见》，确定了建立新型农村合作医疗制度的原则是：自愿参加、多方筹资，以收定资、保障适度，先行试点、逐步推广。2003 年 10 月，中共中央、国务院发布了《关于进一步加强农村卫生工作的决定》，指出到 2010 年，新型农村合作医疗制度要基本覆盖农村居民。2011 年 4 月 6 日，卫生部、民政部、财政部联合下发了《关于做好 2011 年新型农村合作医疗有关工作的通知》。这些决定和意见，也提出了改革与发展农村合作医疗的具体措施，主要包括以下几个方面：

1. 加强领导，积极稳妥地推动农村合作医疗的健康发展。各级政府要把发展和完善合作医疗作为当前农村卫生工作的首要任务来抓，通过宣传教育提高农民的自我保健和互助共济意识，积极引导农民自愿参加合作医疗；认真抓好试点工作，从点到面，逐步推开；加强三级医疗预防保健网和农村卫生队伍建设；为农民群众提高基本医疗卫生的服务组织基础和技术力量，尽可能安排必要的资金，支持贫困地区发展和完善农村合作医疗。

2. 提高筹资水平，增加财政补助。2011 年起，各级财政对新农合的补助标准从每人每年 120 元提高到每人每年 200 元。其中，原有 120 元中央财政继续按照原有补助标准给予补助，新增 80 元中央财政对西部地区补助 80%，对中部地区补助 60%，对东部地区(含京津沪)按一定比例补助。确有困难的个别地区，地方财政负担的补助增加部分可分两年到位。原则上农民个人缴费提高到每人每年 50 元，困难地区可以分两年到位。将农村重度残疾人的个人参合费用纳入农村医疗救助资助范围。做好宣传引导工作，确保财政补助和农民个人缴费提高后，参合率继续保持在 90%以上。有条件的地区应当结合当地实际，加大筹资力度，让群众更多受益。

3. 强化基金监管，确保基金平稳运行。一是严格执行新农合基金财务会计制度，加强基金监督管理，规范监管措施，健全监管机制，杜绝挪用和违规使用基金、骗取套取基金等行为。二是加强基金收支预算管理，建立基金运行分析和风险预警制度，防范基金风险，提高使用效率。既要避免部分地区统筹基金结余过多，又要防止部分地区收不抵支。三是继续加强对新农合基金的监督检查，并将新农合基金列入各地的审计计划，定期予以专项审计并公开审计结果。四是严格执行新农合三级定期公示制度，并纳入村务公开内容。进一步完善监督举报制度，建立信访内容核查、反馈机制，充分发挥社会和舆论的监督作用。五是加大对违反各项基金政策行为的查处力度。对有组织进行骗取、套取基金的行为要依法依规严厉查处，违规的医疗机构要取消定点资格，对医疗机构主要负责人要追究责任，重大案件要予以通报。

4.加强管理经办能力建设，创新经办模式。要加强新农合管理经办机构建设，完善经办机构内部各项管理制度，健全新农合基金使用内部控制机制，继续加强管理经办人员队伍建设，定期开展政策和业务培训，提高经办服务水平，为参合农民提供高效便捷的服务。鼓励各地在规范有序、强化监管的基础上采取政府购买服务的方式，委托具有资质的商业保险机构开展新农合经办服务，探索第三方经办的有效形式，但不得将基金用于支付商业保险机构的经办管理费用。有条件的地区，可依托商业保险机构的统一经办平台，积极探索建立补充性医疗保险，加强与基本医疗保障制度的衔接，完善农村医疗保障体系建设。

5.配合国家基本药物制度实施，促进农村基层医疗卫生机构运行机制改革。发挥新农合在农村居民医药费用支付中的主导作用，通过调整补偿方案和支付制度，促进国家基本药物制度的实施和完善基层医疗机构补偿机制。各地要将国家基本药物全部纳入新农合报销药物目录，报销比例明显高于非基本药物，引导基层使用基本药物。按照《国务院办公厅关于建立健全基层医疗卫生机构补偿机制的意见》(国办发〔2010〕62号)的要求，在已实施基本药物零差率销售及开展新农合门诊统筹的地区，将乡、村医疗卫生机构现有的挂号费、诊查费、注射费(含静脉输液费，不含药品费)以及药事服务成本合并为一般诊疗费，不再单设药事服务费。一般诊疗费的收费标准可在原来分项收费标准总和的基础上适当调整。各省(自治区、直辖市)要结合当地情况，合理确定新农合基金对乡、村两级医疗卫生机构一般诊疗费的支付标准，采用门诊总额预付的方式，纳入新农合门诊统筹报销范围。要根据近2—3年来乡、村医疗卫生机构的就诊人次数、次均门诊费用、诊疗和药品费用水平等数据，科学测算，综合各种因素后确定新农合支付标准，实施门诊总额预付。

6.加快推进支付制度改革，控制医药费用不合理增长。在门诊费用控制方面，各地要在开展门诊统筹的同时推行门诊总额付费制度。原则上门诊统筹基金支付范围仅限于乡、村两级医疗卫生机构。在住院费用控制方面，要积极推进按病种付费方式，扩大开展按病种付费试点县的范围，同时努力扩大按病种付费的病种数量并增加其对住院患者的覆盖面。对于未纳入按病种付费范围的病种，探索按项目付费与按床日付费相结合的混合支付方式。有条件的地区，在混合支付方式的基础上，探索建立住院费用总额控制的机制，在基金预算上对定点医疗机构实施支付总量的控制。医疗机构要配合支付方式改革，完善各项内部管理制度，建立自我约束机制。各级卫生行政部门特别是县级卫生行政部门要进一步强化对定点医疗机构服务行为的监管，特别是对乡镇卫生院和民营医疗机构的管理，要建立起有效的制约机制，使新农合的管理经办与乡镇卫生院的医疗服务相分离。要从卫生行政管理、第三方付费管控和医疗机构内部业务管理等方面，加大监管工作力度。

（三）农村医疗救助制度

为了贯彻落实《中共中央、国务院关于进一步加强农村卫生工作的决定》，2003 年 11 月 18 日，民政部、卫生部和财政部联合出台实施了《关于实施农村医疗救助的意见》（以下简称《意见》），明确规定建立和实施农村医疗救助制度；2004 年 1 月 5 日，民政部和财政部联合颁布实施了《农村医疗救助基金管理试行办法》。这些文件规定的主要内容有：

1.目标和原则。农村医疗救助制度是政府拨款和社会各界资源捐助等多渠道筹资，对患大病农村五保户和贫困户农民家庭实行医疗救助的制度。各省、自治区、直辖市可通过示范、指示推进农村医疗救助工作的开展。建立农村医疗救助制度，要从当地实际出发，医疗救助水平要与当地经济社会发展水平和财政支付能力相适应，并随着经济的发展，逐步完善，在全国基本建立起规范、完善的农村医疗救助制度。

2.救助对象。一是农村五保户、农村贫困户家庭；二是地方政府规定的其他符合条件的农村贫困农民。救助对象的具体条件由地方民政部门会同财政、卫生部门制定，报同级人民政府批准。

3.救助办法。《意见》对已开展和尚未开展新型合作医疗的地区的医疗救助办法分别作了规定。医疗救助对象全年个人累计享受医疗救助全额原则上不超过当地的医疗救助标准，对于特殊困难人员，可适当提高医疗救助水平。

4.申请、审批程序。申请人（户主）向村民委员会提出书面申请，并提供有关资料；经村民代表会议评议统一后报乡（镇）人民政府审核；经审核符合医疗救助条件的上报县级人民政府民政部门审批。

5.医疗救助服务。已开展新型农村合作医疗的地区，由农村合作医疗定点卫生医疗机构提供；未开展新型农村合作医疗的地区，由救助对象所在地乡（镇）卫生院和县级医院等提供。承担医疗救助的医疗卫生机构，要完善并落实各种诊疗规程和管理制度，保障服务质量，控制医疗费用。

6.基金筹集与管理。县级人民政府要建立独立的农村医疗救助基金。基金来源包括财政拨款、彩票公益金、社会各界自愿捐助、利息收入等。县级以上财政部门对实行农村医疗救助制度的困难地区给予资金支持。中央财政对中西部等贫困地区农村医疗救助给予适当支持，具体补助金额由财政部、民政部根据各地医疗救助人数和财政状况以及工作成效等因素确定。补助下级的预算资金全部通过国库划拨，预算外资金的划拨按相关规定办理。

（四）城镇居民医疗保险制度

随着我国城镇职工基本医疗保险制度、新型农村合作医疗制度的建立，没有医疗保障制度安排的主要是城镇非从业居民，为实现基本建立覆盖城乡全体居民的医疗保障体系的目标，2007 年 7 月 10 日，国务院颁布了《国务院关于开展城镇居民基本医疗保险试点的指导意见》（国发〔2007〕20 号），从 2007 年起开展城镇居民基本医疗保险试点，不属于城镇职工基本医疗保险制度覆盖范围的中小学阶段的学生（包括职业高中、中专、技校学生）、少年儿童和其他非从业城镇居民都可自愿参加城镇居民基本医疗保险。2008 年国务院办公厅下发了《关于将大学生纳入城镇居民基本医疗保险试点范围的指导意见》（以下简称《指导意见》），根据《指导意见》，大学生参加城镇居民基本医疗保险的个人缴费标准和政府补助标准，按照当地中小学生参加城镇居民基本医疗保险的相应标准执行。2010 年城镇居民医疗保险在全国全面铺开。

三、中国特殊医疗保障制度

（一）国家免费医疗制度

其实施范围主要是离休人员、老红军、二等乙级以上革命伤残军人。国家以法律制度保障向这些公民提供免费医疗服务，经费从国民收入的财政预算中按人数定额拨款支付，超支部分仍由国家负担。

（二）国家公务员医疗补贴制度

在城镇职工基本医疗保险制度基础上，对国家公务员实行补充医疗保障，以保证国家公务员队伍稳定、廉洁，保证政府高效运行。按照财政管理体制，医疗补助经费由国家财政列入一年财政预算，实行专款专用，单独进账，单独管理，与基本医疗保险基金分开核算。

（三）企业补充医疗保险制度

这是一项在参加基本医疗保险基础上的过渡措施，目的是不降低一些特定行业职工现有的医疗消费水平。企业补充医疗保险费在工资总额 4%以内的部分从职工福利费中列支，福利费不足列支的部分经国家财政部门核准后列入成本。

（四）妇幼保健制度

这是属于保健领域的保障制度，其目的是保障妇女儿童的身心健康。主要有计划免疫保健制度、妇女围产期保健制度。

第十九章　健康相关产品法律制度

第一节　健康相关产品法律制度概述

一、健康相关产品的概念

人的世俗生活离不开吃喝拉撒，生病则要入院诊治。为了调剂生活质量，还要使用化妆品和保健品以及烟酒等。为了满足人的需求，社会生产大量的产品，而有些产品质量直接关系到人的健康和生命，有鉴于此，国家通过法律来规范健康相关产品诸环节所形成的社会关系。

健康相关产品(Health related product)是一个外延很广的概念，有广义与狭义之分。狭义的健康相关产品仅指药品及医疗器械；广义的健康相关产品指一切与人体生命健康相关的产品。我们这里对健康相关产品所涉及的范围采取广义的理解。健康相关产品涉及范围极广，几乎涉及了人们日常生活、医疗保健等各个方面。从行政管理角度，健康相关产品包括了卫生行政部门监督管理的食品、涉及饮用水卫生安全产品、消毒药剂和消毒器械、卫生用品等，以及食品药品监督管理部门监督管理的药品、保健食品、医疗器械、化妆品等。随着人们对健康产品的需求提高和科技进步、法制完善，健康相关产品的范围还将进一步扩大。本章主要介绍食品、药品的有关法律制度，其他健康相关产品作概要性介绍。

二、健康相关产品法的概念

健康相关产品法(Health related product law)是调整保证健康相关产品安全，防止有害因素对人体的危害，保障人体健康活动中产生的各种社会关系的法律规范的总和。

健康相关产品法的主要内容是，有关健康相关产品卫生和安全的标准、健康相关产品卫生和安全的监督管理制度及违反健康相关产品法律规定应承担的法律责任。

从整体上讲，由于健康相关产品所表现出来的功能差异决定了其各自的法律制度之间必定存在或多或少的不同，这突出表现为两种不同的行政监督管理制度：卫生监督管理制度和特定健康相关产品的监督管理制度。

我国对食品、化妆品、保健用品、饮用水、消毒产品等健康相关产品实行卫生监督管理制度。各级人民政府的卫生行政部门是实施卫生监督管理工作的主管行政机构，其管理职能主要围绕对此类健康相关产品的卫生监督工作而展开。

而对于药品及医疗器械，我国实行的是特定健康相关产品的监督管理制度。其特点是行政监督管理工作围绕此类产品展开，从而形成了相对严格的、体系化的监督管理制度，负责该领域工作的行政部门是各级药品监督管理部门。药品及医疗器械功能的特性决定了国家药品监督管理部门的行政职能并不仅仅停留在卫生监督管理的层面上，还包括对这类产品的行业性管理。以药品为例，除了对其生产、经营、使用、药品质量、违法行为的行政处罚等各个方面工作进行监督和管理外，国务院药品监督管理部门还具有药品标准制定、新药审批，以及配合国务院经济综合主管部门执行国家制定的药品行业发展规划和产业政策等职能。

相比而言，上述两种行政监督管理制度中，药品和医疗器械的行政监督管理制度的严格性、体系性更为明显。而对保健食品的监督管理力度正处于药品和食品监督管理之间。

涉及健康相关产品的主要法律、法规有：《食品安全法》《药品管理法》《献血法》《化妆品卫生监督条例》《医疗器械管理条例》，卫生部或者国家食品药品监督管理局颁布的规章有《保健食品管理办法》《生活饮用水卫生监督管理办法》《消毒管理办法》《药品生产质量管理规范》《药品经营质量管理规范》等。

第二节　食品安全法律制度

一、食品和食品安全法的概念

食品（food）是指各种供人食用或者饮用的成品和原料以及按照传统既是食品又是药品的物品，但是不包括以治疗为目的的物品。《食品安全法》上的“食品”是具有严格含义的专门用语，系指各种供人们食用或者饮用的成品、原料、食品添加剂。

食品安全（Food security），是指控制食品生产、加工、储藏、运输等食品生产经营过程中可能存在的有害因素，从而保障食品对食用者无害的一切措施。

食品安全法律体系是以《食品安全法》（Food security method）为中心，包括与食品安全有关的行政法规、地方性法规、行政规章和规范性文件，以及其他法律中有关食品安全的规定。

二、食品安全立法

食品是人类生存和发展的最重要的物质基础，为了保障人民的生命与健康，防止食品污染和有害因素对人体的危害，我国非常重视食品安全的法制管理。新中国成立初期，为了贯彻"预防为主"的方针，对食品卫生进行监督管理，卫生部发布了《清凉饮料食物管理办法》《食用合成染料管理办法》等单项规章、标准。1964 年国务院颁布了《食品卫生管理办法试行条例》，加强了政府对食品卫生法制化管理的力度，食品卫生管理由单项规章过渡到全面管理，开始步入法制管理的轨道。但是，由于 10 年内乱等原因，刚刚建立的食品卫生法制工作处于停滞状态。直至 1979 年，国务院颁布了《中华人民共和国食品卫生管理条例》，食品卫生管理的重点从预防肠道传染病发展到防止一切食源性疾患的阶段，推动了全国食品卫生工作的开展。但是，该条例侧重道德规范的要求，卫生监督部门职责不明确，对违法者如何处罚和追究刑事责任也无明确规定，因而造成受害者无处申诉、违法者无法处罚、执法者无法可循的局面。1982 年 11 月第五届全国人大常委会第 25 次会议审议通过并颁布了《中华人民共和国食品卫生法(试行)》，明确了国家实行食品卫生监督制度，在一定程度上弥补了《食品卫生管理条例》的不足。随后的 10 多年中，我国加快了食品卫生标准和管理办法的法制建设，颁布了与《食品卫生法(试行)》配套的规章、标准及技术规范等，从而加速了食品卫生法律体系的建设。为了适应时代的变迁，解决食品卫生领域的新问题，1995 年 10 月 30 日第八届全国人大常委会第 16 次会议审议通过了修订的《中华人民共和国食品卫生法》(简称《食品卫生法》，下同)，并在同日公布和施行，《中华人民共和国食品卫生法(试行)》同时废止。修订后的《食品卫生法》进一步明确了国家监督是法律授权的国家机关依法实施的具有法律强制力的监督，强化行政机关的执法力度，严明了执法主体的法律责任，规范了食品生产经营活动。目前，随着市场经济的纵深发展，修订后的《食品卫生法》，与新的情况有所不适应，尤其是近年来食品安全重大事故不断发生，引起全社会广泛关注，党和政府高度重视。2007 年 7 月 26 日，国务院发布了《关于加强食品等产品安全监督管理的特别规定》。2009 年 2 月 28 日，第十一届全国人大会常委会第 7 次会议通过《食品安全法》(Food security method)，同时《食品卫生法》废止。2009 年 7 月 20 日，国务院发布《食品安全法实施条例》。

三、食品安全相关法律规定

(一)食品安全监督管理机构

为切实加强对食品安全工作的领导，2010 年 2 月 6 日，设立了国务院食品安全委员会，作为全国食品安全工作的高层次议事协调机构。国务院食品安全委员会的主要职责是分析食品安全形势，研究部署、统筹指导食品安全工作；提出食品安全监管的重大政策措施；督促落实食品安全监管责任。

国务院食品安全委员会下设食品安全委员会办公室，承担委员会的日常工作。卫生部承担食品安全综合协调职责，负责食品安全风险评估、食品安全标准制定、食品安全信息公布、食品检验机构的资质认定条件和检验规范的制定，组织查处食品安全重大事故。国家质量监督检验检疫局、国家工商行政管理局和国家食品药品监督管理局依照《食品安全法》和国务院规定的职责，分别对食品生产、食品流通、餐饮服务活动实施监督管理。

(二)食品安全风险监测和评估制度

1.国家建立食品安全风险监测制度，对食源性疾病、食品污染以及食品中的有害因素进行监测。食品安全风险监测工作由省级以上卫生厅(局)会同同级质量监督、工商行政管理、食品药品监督管理等部门确定的技术机构承担。卫生部会同国务院有关部门制定、实施国家食品安全风险监测计划。省、自治区、直辖市卫生厅(局)根据国家食品安全风险监测计划，组织同级质量监督、工商行政管理、食品药品监督管理、商务、工业和信息化等部门，依照《食品安全法》规定，制定本行政区域的食品安全风险监测方案。农业部、国家质量监督检验检疫局、工商行政管理局和国家食品药品监督管理局等有关部门获知有关食品安全风险信息后，应当立即向卫生部通报。卫生部会同有关部门对信息核实后，应当及时调整食品安全风险监测计划。

2.国家建立食品安全风险评估制度，对食品、食品添加剂中生物性、化学性和物理性危害进行风险评估。卫生部负责组织食品安全风险评估工作，成立由医学、农业、食品、营养等方面的专家组成的食品安全风险评估专家委员会进行食品安全风险评估。对农药、肥料、生长调节剂、兽药、饲料和饲料添加剂等的安全性评估，应当有食品安全风险评估专家委员会的专家参加。运用科学方法，根据食品安全风险监测信息、科学数据以及其他有关信息对食品安全风险进行评估。

3.有关部门的工作职责。卫生部通过食品安全风险监测或者接到举报发现食品可能存在安全隐患的，应当立即组织进行检验和食品安全风险评估。农业部、国家质量监督检验检疫局、国家工商行政管理局和国家食品药品监督管理局等有关部门应当向卫生部提出食品安全风险评估的建议，并提供有关信息和资料。

卫生部应当及时向有关部门通报食品安全风险评估的结果。食品安全风险评估结果是制定、修订食品安全标准和对食品安全实施监督管理的科学依据。

食品安全风险评估结果得出食品不安全结论的，国家质量监督检验检疫局、国家工商行政管理局和国家食品药品监督管理局应当依据各自职责立即采取相应措施，确保该食品停止生产经营，并告知消费者停止食用；需要制定、修订相关食品安全国家标准的，卫生部应当立即制定、修订。

卫生部会同国务院有关部门，根据食品安全风险评估结果、食品安全监督管理信息，对食品安全状况进行综合分析。对经综合分析表明可能具有较高程度安全风险的食品，卫生部应当及时提出食品安全风险警示，并予以公布。

（三）食品生产经营的安全规定

食品生产经营应当符合食品安全标准，并符合下列要求：

1. 具有与生产经营的食品品种、数量相适应的食品原料处理和食品加工、包装、贮存等场所，保持该场所环境整洁，并与有毒、有害场所以及其他污染源保持规定的距离。

2. 具有与生产经营的食品品种、数量相适应的生产经营设备或者设施，有相应的消毒、更衣、盥洗、采光、照明、通风、防腐、防尘、防蝇、防鼠、防虫、洗涤以及处理废水、存放垃圾和废弃物的设备或者设施。

3. 有食品安全专业技术人员、管理人员和保证食品安全的规章制度。

4. 具有合理的设备布局和工艺流程，防止待加工食品与直接入口食品、原料与成品交叉污染，避免食品接触有毒物、不洁物。

5. 餐具、饮具和盛放直接入口食品的容器，使用前应当洗净、消毒，炊具、用具用后应当洗净，保持清洁。

6. 贮存、运输和装卸食品的容器、工具和设备应当安全、无害，保持清洁，防止食品污染，并符合保证食品安全所需的温度等特殊要求，不得将食品与有毒、有害物品一同运输。

7. 直接入口的食品应当有小包装或者使用无毒、清洁的包装材料、餐具。

8. 食品生产经营人员应当保持个人卫生，生产经营食品时，应当将手洗净，穿戴清洁的工作衣、帽；销售无包装的直接入口食品时，应当使用无毒、清洁的售货工具。

9. 用水应当符合国家规定的生活饮用水卫生标准。

10. 使用的洗涤剂、消毒剂应当对人体安全、无害。

11. 法律、法规规定的其他要求。

禁止生产经营下列食品：

1. 用非食品原料生产的食品或者添加食品添加剂以外的化学物质和其他可能危害人体健康物质的食品，或者用回收食品作为原料生产的食品。

2. 致病性微生物、农药残留、兽药残留、重金属、污染物质以及其他危害人体健康的物质含量超过食品安全标准限量的食品。

3.营养成分不符合食品安全标准的专供婴幼儿和其他特定人群的主辅食品。

4.腐败变质、油脂酸败、霉变生虫、污秽不洁、混有异物、掺假掺杂或者感官性状异常的食品。

5.病死、毒死或者死因不明的禽、畜、兽、水产动物肉类及其制品。

6.未经动物卫生监督机构检疫或者检疫不合格的肉类,或者未经检验或者检验不合格的肉类制品。

7.被包装材料、容器、运输工具等污染的食品。

8.超过保质期的食品。

9.无标签的预包装食品。

10.国家为防病等特殊需要明令禁止生产经营的食品。

11.其他不符合食品安全标准或者要求的食品。

(四)食品添加剂的安全规定

食品添加剂(Food additive),指为改善食品品质和色、香、味以及为防腐、保鲜和加工工艺的需要而加入食品中的人工合成或者天然物质。包括酸度调节剂、抗结剂、消泡剂、抗氧化剂、漂白剂、膨松剂、着色剂、护色剂、酶制剂、增味剂、营养强化剂、防腐剂、甜味剂、增稠剂、香料等。

国家对食品添加剂的生产实行许可制度。申请食品添加剂生产许可的条件、程序,按照国家有关工业产品生产许可证管理的规定执行。食品添加剂应当在技术上确有必要且经过风险评估证明安全可靠,方可列入允许使用的范围。

食品生产者应当依照食品安全标准关于食品添加剂的品种、使用范围、用量的规定使用食品添加剂,不得在食品生产中使用食品添加剂以外的化学物质和其他可能危害人体健康的物质。卫生部根据技术必要性和食品安全风险评估结果,及时对食品添加剂的品种、使用范围、用量的标准进行修订。申请利用新的食品原料从事食品生产或者从事食品添加剂新品种、食品相关产品新品种生产活动时,申请单位或者个人应当向卫生部提交相关产品的安全性评估材料,由卫生部对相关产品的安全性评估材料进行审查,符合食品安全要求的准予许可并予以公布。

(五)食品安全标准

卫生部对现行的食用农产品质量安全标准、食品卫生标准、食品质量标准和有关食品的行业标准中强制执行的标准予以整合,统一公布为食品安全国家标准。

食品安全标准体系是由国家标准、地方标准和企业标准构成的。其中食品安全国家标准应当经食品安全国家标准审评委员会审查通过。食品安全国家标准审评委员会由医学、农业、食品、营养等方面的专家以及国务院有关部门的代表组成。没有食品安全国家标准的，省、自治区、直辖市卫生厅(局)可参照有关食品安全国家标准制定的规定组织制定食品安全地方标准，并上报卫生部备案。企业生产的食品没有食品安全国家标准或者地方标准的，国家鼓励食品生产企业制定严于食品安全国家标准或者地方标准的企业标准。企业标准应当报省、自治区、直辖市卫生厅(局)备案。

四、食品安全许可的法律规定

(一)食品生产经营许可

国家建立食品生产经营许可制度。从事食品生产、食品流通、餐饮服务，应当依法取得食品生产许可、食品流通许可、餐饮服务许可。农民个人销售其自产的食用农产品，不需要取得食品流通的许可。食品生产加工小作坊和食品摊贩从事食品生产经营活动，应当符合《食品安全法》规定的与其生产经营规模、条件相适应的食品安全要求，保证所生产经营的食品卫生、无毒、无害，有关部门应当对其加强监督管理。

(二)食品生产经营从业人员健康要求

食品生产经营者应当依照《食品安全法》的规定建立并执行从业人员健康检查制度和健康档案制度。从事接触直接入口食品工作的人员患有痢疾、伤寒、甲型病毒性肝炎、戊型病毒性肝炎等消化道传染病，以及患有活动性肺结核、化脓性或者渗出性皮肤病等有碍食品安全的疾病的，食品生产经营者应当将其调整到其他不影响食品安全的工作岗位。

(三)食品进口管理

进口的食品、食品添加剂以及食品相关产品应当符合我国食品安全国家标准。进口的食品应当经出入境检验检疫机构检验合格后方可进口，海关凭出入境检验检疫机构签发的通关证明放行。进口尚无食品安全国家标准的食品，或者首次进口食品添加剂新品种、食品相关产品新品种，进口商应当向卫生部提出申请并提交相关的安全性评估材料，卫生部应依《食品安全法》作出是否准予许可，并及时制定相应的食品安全国家标准。进口的预包装食品中必须有中文标签、中文说明书，并且应当符合我国的相关法律规定和要求。境外发生的食品安全事件可能对我国境内造成影响，或者在进口食品中发现严重食品安全问题的，国家出入境检验检疫部门应当及时采取风险预警或者控制措施。

(四)食品广告管理

食品广告的内容应当真实合法，不得含有虚假、夸大的内容，不得涉及疾病预防、治疗功能。食品安全监督管理部门或者承担食品检验职责的机构、食品行业协会、消费者协会不得以广告或者其他形式向消费者推荐食品。社会团体或者其他组织、个人在虚假广告中向消费者推荐食品，使消费者的合法权益受到损害的，与食品生产经营者承担连带责任。

五、食品安全监督管理

（一）食品安全监管与监督机构

食品安全监管是政府职能部门对食品生产、流通企业的食品安全行使监督管理的职能。食品安全管理权限分属多个部门，形成了多部门管理格局，不同部门负责食品链的不同环节，采取以政府多部门实行分段共管的模式。卫生部门负责对食品安全的综合监督，组织协调和依法组织查处重大事故；农业部门负责初级农产品生产环节的监管；食品药品监督管理部门负责餐饮业和食堂等消费环节的监管；工商行政管理部门负责食品流通环节的监管；质量监督检验检疫部门负责食品生产加工环节的监管。

（二）食品安全检验

食品安全检验机构资质由卫生部认定。食品检验由食品检验机构指定的检验人独立进行，实行食品检验机构与检验人负责制。食品安全监督管理部门对食品不得实施免检。

（三）食品安全事故处置

食品安全事故是指食物中毒、食源性疾病、食品污染等源于食品，对人体健康有危害或者可能有危害的事故。

国务院组织制定国家食品安全事故应急预案，主要包括：

1. 报告制度。监管部门在日常监督管理中发现食品安全事故，或者接到有关食品安全事故的举报，应当立即向卫生行政部门通报。发生重大食品安全事故的，接到报告的县级卫生行政部门应当按照规定向本级人民政府和上级人民政府卫生行政部门报告。任何单位或者个人不得对食品安全事故隐瞒、谎报、缓报，不得毁灭有关证据。

2. 事故处置。卫生行政部门接到食品安全事故的报告后，应当立即会同有关部门进行调查处理，并采取开展应急救援，封存可能导致食品安全事故的食品及其原料和食品用工具等并进行检验，对有问题的食品予以召回且停止经营并销毁，做好信息发布工作，依法对食品安全事故及其处理情况进行发布，并对可能产生的危害加以解释和说明等措施。发生重大食品安全事故的，县级以上人民政府应当立即成立食品安全事故处置指挥机构，启动应急预案进行处置。

3. 责任追究。发生重大食品安全事故，设区的市级以上人民政府卫生行政部门应当立即会同有关部门进行事故责任调查，督促有关部门履行职责，向本级人民政府提出事故责任调查处理报告。重大食品安全事故涉及两个以上省、自治区、直辖市的，由卫生部组织事故责任调查。

4.食品召回制度。食品生产者发现其生产的食品不符合食品安全标准，应当立即停止生产，召回已经上市销售的食品，通知相关生产经营者和消费者，并记录召回和通知情况。食品经营者发现其经营的食品不符合食品安全标准，应当立即停止经营，通知相关生产经营者和消费者，并记录停止经营和通知情况。食品生产者认为应当召回的，应当立即召回。食品生产者应当对召回的食品采取补救、无害化处理、销毁等措施，并将食品召回和处理情况向县级以上质量监督部门报告。食品生产经营者未依照规定召回或者停止经营不符合食品安全标准的食品的，县级以上质量监督、工商行政管理、食品药品监督管理部门可以责令其召回或者停止经营。

六、法律责任

（一）行政责任

违反《食品安全法》规定，可能受到责令改正，警告，没收违法所得，违法生产经营的食品、食品添加剂和用于违法生产经营的工具、设备、原料等物品，罚款，责令停产停业，吊销许可证等处罚。

违反《食品安全法》规定，被吊销食品生产、流通或者餐饮服务许可证的单位，其直接负责的主管人员自处罚决定作出之日起五年内不得从事食品生产经营管理工作。食品生产经营者聘用不得从事食品生产经营管理工作的人员从事管理工作的，由原发证部门吊销许可证。

（二）民事责任

食品生产经营者违反《食品安全法》的规定，造成他人人身、财产或者其他损害的，依照《侵权责任法》《产品质量法》等承担民事赔偿责任。生产不符合食品安全标准的食品或者销售明知是不符合食品安全标准的食品，消费者除要求赔偿损失外，还可以向生产者或者销售者要求支付价款10倍的赔偿金。

（三）刑事责任

有关涉及食品安全的犯罪可以分为三类，即危害社会主义市场经济秩序罪、危害公共安全罪、渎职罪。可以判处拘役、有期徒刑、无期徒刑、死刑，并处罚金或者没收财产等刑法。

第三节　药品管理法律制度

一、概述

(一)药品及其特殊性

药品(Drugs)不仅是一个医学概念,也是一个法学概念。按照《中华人民共和国药品管理法》(以下简称《药品管理法》)的规定,所谓“药品”,是指用于预防、治疗、诊断人的疾病,有目的地调节人的生理机能,并规定有适用症或者功能主治、用法、用量的物质,包括中药材、中成药、中药饮片、化学原料药及其制剂、抗生素、生化药品、放射性药品、血清、疫苗、血液制品和诊断药品等。

在我国,药品与其他商品一样,通过交换渠道进入消费领域,因而具有商品的一般属性。但是,由于药品直接关系到人体健康与生命安全,并可影响下一代的生长发育,关系到千家万户的幸福与安宁,所以又是特殊商品,具有与其他商品不同的特殊性。药品的主要特点表现在:

1.药品作用的两重性。药品既能防病治病、康复保健,而多数药品同时又有不同程度的毒副作用。所以对于药品,如果用之得当,可以治病救人保护健康;失于管理,用之不当,则可能影响健康,甚至危及生命。

2.药品质量的重要性。符合质量标准的药品,才能保证疗效,否则可能影响疗效,甚至不仅疾病得不到治愈,还可能产生副作用。因此,进入流通和消费领域的药品,必须保证质量,只允许是合格产品,绝对不允许有不合格产品。

3.药品鉴定的专业性。对药品质量的优劣、真伪,一般消费者难以从直觉去识别,必须由具备专业知识的技术人员借助科学的检测仪器,依照法定的程序和标准,运用科学的方法,才能作出科学的鉴定和评价。

4.药品的专用性。大多数药品需要医生通过诊断疾病并在医生的指导下,有针对性地用药,有的甚至还要在医护人员的监督下,才能合理用药,方能达到防病治病和保护健康的目的。如仅凭感觉用药就可能引起中毒,产生药源性疾病或其他不利影响。

(二)我国药品管理立法

20世纪50年代,中央人民政府政务院发布了《关于严禁鸦片烟毒的通令》,卫生部发布了《麻醉药品管理暂行条例》,制定了药品标准并出版了《中华人民共和国药典》。20世纪70年代,国务院发布了《麻醉药品管理条例》并批转了《药政管理条例(试行)》。1981年,国务院发布了《国务院关于加强医药管理的决定》。1984年9月20日,第六届全国人大常委会第7次会议通过并公布了我国

第一部药品管理的专门法律《中华人民共和国药品管理法》，于1985年7月1日起施行，1989年经国务院批准，卫生部发布了《中华人民共和国药品管理法实施办法》。迄今为止，国务院、卫生部先后发布了《麻醉药品管理办法》《精神药品管理办法》《放射性药品管理办法》《医疗用毒性药品管理办法》《戒毒药品管理办法》《药品卫生检验方法》《新药审批办法》《进口药品管理办法》《血液制品管理条例》《新生物制品审批办法》《药品生产质量管理规范》《药品广告管理办法》等100多部药品管理行政法规和规范性文件，初步形成了一套比较完整的药品管理的法律、法规体系。2001年2月28日第九届全国人大常委会第20次会议审议通过了修订的《药品管理法》，并自2001年12月1日起施行。

《药品管理法》把党和国家有关药品监督管理的方针政策和原则用法律的形式固定下来，把药品质量置于国家和广大人民严格监督之下，以保证人民用药安全、有效。《药品管理法》的颁布和实施，标志着我国药政管理工作已从过去的行政管理向法制管理转变，从事后管理向事前管理转变，标志着我国药品管理工作进入了法治化的新阶段。对加强药品监督，保证药品质量，提高药品疗效，保护社会生产力，促进药品生产和医疗卫生事业的发展，具有现实和深远的意义。

二、药品生产管理法律制度

(一)药品生产企业管理

《药品管理法》规定，开办药品生产企业必须具备以下条件：

1.具有依法经过资格认定的药学技术人员、工程技术人员及相应的技术工人。

2.具有与其药品生产相适应的厂房、设施和卫生环境。

3.具有能对所生产药品进行质量管理和质量检验的机构、人员以及必要的仪器设备。

4.具有保证药品质量的规章制度。

开办药品生产企业，须经企业所在地省、自治区、直辖市食品药品监督管理局批准并发给《药品生产许可证》，凭《药品生产许可证》到工商行政管理部门办理登记注册。药品生产企业必须按照《药品生产质量管理规范》(GMP)组织生产。

(二)药品标签、包装管理

药品的标签是指药品包装上印有或者贴有的内容，分为内标签和外标签。药品内标签指直接接触药品的包装的标签，外标签指内标签以外的其他包装的标签。《药品说明书和标签管理规定》明确规定了药品内标签与外标签的注明内容，对于药品规格和包装规格相同或不同的、处方药与非处方药、原料药、特殊储藏药品、特殊管理的药品的标签标志和内容作了规定。

为加强直接接触药品的包装材料和容器的监督管理,保证药品包装材料的质量,《药品管理法》规定,生产、进口和使用药品包装材料,必须符合药品包装材料国家标准并经过国家食品药品监督管理局批准。

三、药品经营管理法律制度

(一)药品经营企业管理

开办药品经营(批发)企业,须经企业所在地省、自治区、直辖市食品药品监督管理局批准并发给《药品经营许可证》,凭《药品经营许可证》到工商行政管理部门办理登记注册。开办药品经营(零售)企业,须经企业所在设区的市食品药品监督管理局批准并发给《药品经营许可证》,凭《药品经营许可证》到工商行政管理部门办理登记注册。

《药品管理法》规定,开办药品经营企业必须具备以下条件:

1.具有依法经过资格认定的药学技术人员。

2.具有与所经营药品相适应的营业场所、设备、仓储设施、卫生环境。

3.具有与所经营药品相适应的质量管理机构或者人员。

4.具有保证所经营药品质量的规章制度。药品经营企业必须按照《药品经营质量管理规范》(GSP)经营药品。

城乡集市贸易市场可以出售中药材,国务院另有规定的除外。城乡集市贸易市场不得出售中药材以外的药品,但持有《药品经营许可证》的药品零售企业在规定的范围内,可以在城乡集市贸易市场设点出售中药材以外的药品。

(二)药品流通管理

《药品流通监督管理办法》对药品生产、经营企业购销药品的监督管理,医疗机构购进、储存药品监督管理和法律责任作出了规定。

省、自治区、直辖市食品药品监督管理局对本辖区内申请提供互联网药品信息服务的互联网站进行审核,符合条件的核发《互联网药品信息服务资格证书》。国家食品药品监督管理局对全国提供互联网药品信息服务活动的网站实施监督管理。

四、医疗机构药品管理法律制度

(一)医疗机构配制制剂管理

医疗机构制剂是指医疗机构根据本单位临床需要而常规配制、自用的固定处方制剂。医疗机构制剂作为医药市场的补充,利于降低医疗费用和成本,有助于研发新制剂。医疗机构配制制剂应取得省、自治区、直辖市食品药品监督管理局颁发的《医疗机构制剂许可证》。医疗机构必须按照《医疗机构制剂配制质量管理规范》(GPP)进行配制和质量管理。

(二) 医疗机构药品管理

1. 药品的采购管理。医疗机构购进药品,必须建立并执行进货检查验收制度,验明药品合格证明和其他标识,对不符合规定要求的药品,不得购进和使用。

2. 药品的仓储管理。医疗机构必须制定和执行药品保管制度,采取必需的冷藏、防冻、防潮、防虫、防鼠等措施,保证药品质量。

五、药品管理法律规定

(一) 国家药品标准

国家实行药品标准(Drugs standard)制度。生产药品必须符合国家药品标准。药品标准是指国家食品药品监督管理局颁布的《中华人民共和国药典》、药品注册标准和其他药品标准,其内容包括药品质量指标、检验方法以及生产工艺等技术要求。药品注册标准,是指国家食品药品监督管理局批准给申请人特定药品的标准,生产该药品的药品生产企业必须执行该注册标准。

(二) 药品注册管理

药品注册是指申请人依照法定程序向国家食品药品监督管理局提出注册申请,对拟上市销售的药品的安全性、有效性、质量可控性等进行系统评价,并作出是否同意进行药物临床研究、生产药品或者进口药品决定的审批过程,包括对申请变更药品批准证明文件及其附件中载明内容的审批。

《药品注册管理办法》将药品申请分为:新药申请、仿制药申请、进口药品申请、补充申请、再注册申请。

1. 新药申请,是指未曾在中国境内上市销售的药品的注册申请。对已上市药品改变剂型、改变给药途径、增加新适应症的药品注册按照新药申请的程序申报。

2. 仿制药申请,是指生产国家食品药品监督管理局已批准上市的已有国家标准的药品的注册申请;但是生物制品按照新药申请的程序申报。

3. 进口药品申请,是指境外生产的药品在中国境内上市销售的注册申请。

4. 补充申请,是指新药申请、仿制药申请或者进口药品申请经批准后,改变、增加或者取消原批准事项或者内容的注册申请。

5. 再注册申请,是指药品批准证明文件有效期满后申请人拟继续生产或者进口该药品的注册申请。

(三) 特殊药品管理

国家对麻醉药品(Narcotic)、精神药品(Energetic drugs)、医疗用毒性药品

(The medical service uses the toxic drugs)、放射性药品(Radiopharma-ceuticals),实行特殊管理。现行的主要法规有《麻醉药品和精神药品管理条例》《医疗用毒性药品管理办法》《放射性药品管理办法》等。

国家对麻醉药品、精神药品的实验研究、种植、生产实行严格管理,定点经营。医疗机构必须凭《麻醉药品购用印鉴卡》《第一类精神药品购用印鉴卡》进行采购。

国家对医疗用毒性药品实行指定经营制度,并对医疗机构使用、科研和教学单位使用毒性中药实行特殊管理制度。

国家对放射性药品实行合理布局、定点生产,严格加强放射性药品的使用管理、放射性药品标准与检验的管理及放射性药品包装运输管理。

(四)处方药与非处方药分类管理

处方药(Prescription Drug),是指凭执业医师和执业助理医师处方方可购买、调配和使用的药品。非处方药(Over-the-counter Drugs. OTC),是指国家食品药品监管部门公布的,不需要凭执业医师和执业助理医师处方,消费者可以自行判断、购买和使用的药品。根据药品的安全性又将非处方药分为甲、乙两类,乙类非处方药更安全。消费者可以在药师指导下自主选择非处方药,但应当按照非处方药的标签和说明书合理用药。

(五)基本药物制度

国家实行基本药物制度。基本药物(Basic Drugs)是适应基本医疗卫生需求,剂型适宜,价格合理,能够保障供应,公众可公平获得的药品。政府举办的基层医疗卫生机构全部配备和使用基本药物,其他各类医疗机构也都必须按规定使用基本药物。

(六)假药与劣药处罚

国家禁止生产、销售和使用假药(Counterfeit Drugs)与劣药(Inferior Drugs);对违反药品管理法律法规生产、销售和使用假药与劣药者予以处罚。

1.禁止假药的规定。有下列情形之一的,为假药:

(1)药品所含成分与国家药品标准规定的成分不符的;

(2)以非药品冒充药品或者以他种药品冒充此种药品的。

有下列情形之一的药品,按假药论处:

(1)国务院药品监督管理部门规定禁止使用的;

(2)依照本法必须批准而未经批准生产、进口,或者依照本法必须检验而未经检验即销售的;

(3)变质的;

(4)被污染的;

(5)使用依照本法必须取得批准文号而未取得批准文号的原料药生产的；

(6)所标明的适应症或者功能主治超出规定范围的。

2.禁止劣药的规定。药品成分的含量不符合国家药品标准的，为劣药。有下列情形之一的药品，按劣药论处：

(1)未标明有效期或者更改有效期的；

(2)不注明或者更改生产批号的；

(3)超过有效期的；

(4)直接接触药品的包装材料和容器未经批准的；

(5)擅自添加着色剂、防腐剂、香料、矫味剂及辅料的；

(6)其他不符合药品标准规定的。

(七)药品不良反应报告制度

1.药品不良反应的概念。按照 WHO 国际药物监测合作中心的规定，药物不良反应(adverse drug reactions，简称 ADR)定义为："为了预防、诊断或治疗，给人使用一定的药物剂量后发生任何有害的非预期的效应。"我国规定，药品不良反应是指合格药品在正常用法用量下出现的与用药目的无关的或意外的有害反应。

我国药品不良反应的报告范围是：(1)新药监测期内或上市 5 年以内的进口药品和列为国家重点监测的药品的不良反应；(2)新药监测期已满或上市 5 年以上的进口药品，主要报告引起的严重、罕见和新的不良反应。

2.药品不良反应监测主管部门。国家食品药品监督管理局主管全国药品不良反应监测工作，国家药品不良反应监测中心承办全国药品不良反应监测技术工作。省、自治区、直辖市食品药品监督管理局主管本行政区域内的药品不良反应监测工作，省、自治区、直辖市药品不良反应监测中心承办本行政区域内药品不良反应报告资料的收集、核实、评价、反馈、上报及其他有关工作。从 2010 年起我国开始在设区的市建设药品不良反应监测中心。

3.药品不良反应监测报告制度。国家实行药品不良反应报告制度。药品不良反应报告制度的法定报告主体是药品生产企业、经营企业和医疗机构。

药品不良反应实行逐级、定期报告制度，必要时可以越级报告。药品生产、经营企业和医疗卫生机构负责本单位生产、经营、使用药品的不良反应报告和监测工作，发现可能与用药有关的不良反应应详细记录、调查、分析、评价、处理，并填写《药品不良反应/事件报告表》，每季度集中向省、自治区、直辖市药品不良反应监测中心报告。个人发现药品引起的新的或严重的不良反应，可直接向所在地的省、自治区、直辖市药品不良反应监测中心或食品药品监督管理局报告。

(八)药品召回制度

1.药品召回的概念。药品召回(Drug Recall)，是指药品生产企业按照规定的程序收回已上市销售的存在安全隐患的药品;其主体为药品生产企业,对象是存在安全隐患的药品。安全隐患,是指由于研发、生产等原因可能使药品具有的危及人体健康和生命安全的不合理危险。

药品经营企业、医疗机构应当配合药品生产企业或者食品药品监督管理局开展有关药品安全隐患的调查,提供有关资料,建立以辅助药品召回为目标的传达、反馈药品召回的信息制度。

2. 召回的分类与分级。药品召回的实施分为主动召回和责令召回。根据药品安全隐患的严重程度,药品召回分为:(1)一级召回,使用该药品可能引起严重健康危害的;(2)二级召回,使用该药品可能引起暂时的或者可逆的健康危害的;(3)三级召回,使用该药品一般不会引起健康危害,但由于其他原因需要收回的。

3. 召回时限。药品生产企业应当根据召回分级与药品销售和使用情况,科学设计药品召回计划并组织实施。一级召回应在 24 小时内,二级召回应在 48 小时内,三级召回应在 72 小时内,通知有关经营企业、使用单位停止销售和使用,同时向所在地省、自治区、直辖市药品监督管理局报告。药品生产企业启动召回后,一级召回在 1 日内,二级召回在 3 日内,三级召回在 7 日内,将调查评估报告和召回计划提交给所在地省、自治区、直辖市药品监督管理部门备案,由省、自治区、直辖市药品监督管理部门向国家食品药品监督管理局报告。

六、药品价格管理法律规定

我国药品价格管理实行政府定价、政府指导价和市场调节价三种形式。政府定价及政府指导价指政府价格主管部门依照《价格法》规定的定价原则,依据社会平均成本、市场供求状况和社会承受能力合理制定和调整价格,做到质价相符,消除虚高价格,保护用药者的正当利益。药品的生产企业、经营企业和医疗机构必须执行政府定价、政府指导价,不得以任何形式擅自提高价格。药品生产企业应当依法向政府价格主管部门如实提供药品的生产经营成本,不得拒报、虚报、瞒报。

依法实行市场调节价的药品,药品的生产企业、经营企业和医疗机构应当按照公平、合理和诚实信用、质价相符的原则制定价格,为用药者提供价格合理的药品,禁止其暴利和损害用药者利益的价格欺诈行为。

七、药品广告管理法律规定

发布药品广告须经药品生产企业所在省、自治区、直辖市食品药品监督管理局批准,并发给药品广告批准文号;未取得药品广告批准文号的,不得发布。处方药可以在卫生部和国家食品药品监督管理部门共同指定的医学、药学专业刊物上介绍，但不得在大众传播媒介发布广告或者以其他方式进行以公众为对象的广告宣传。药品广告的内容必须真实、合法，不得含有虚假的内容，不得含有不科学的表示功效的断言或者保证。非药品广告不得有涉及药品的宣传。

省、自治区、直辖市食品药品监督管理局应当对其批准的药品广告进行检查，对于违反《药品管理法》和《广告法》的药品广告，应当向工商行政管理局通报并提出处理建议，工商行政管理局应当依法作出处理。

八、其他相关监管制度

（一）药品抽验管理

药品抽样应当按照国家食品药品监督管理局制定的《药品抽样指导原则》进行，保证抽样的代表性。在开展药品抽样工作时，应当由食品药品监督管理局派出 2 名以上药品抽样人员完成。评价抽验的抽样工作可由药品检验机构承担；监督抽验的抽样工作由食品药品监督管理局承担。抽样人员完成药品抽样后，应当及时将所抽取的样品移交承担检验任务的药品检验机构。

国家食品药品监督管理局和省、自治区、直辖市食品药品监督管理局根据药品质量状况及时或定期发布药品质量公告。对由于药品质量严重影响用药安全、有效的，应当及时发布；对药品的评价抽验，应给出药品质量分析报告，定期在药品质量公告上予以发布。

（二）电子监管

国家食品药品监督管理局分类分批实施对药品电子的监管，并已在血液制品、中药注射液、疫苗、第二类精神药品、基本药物目录收载并参加药品招标的药品中实施。纳入电子监管的药品在上市前必须在产品最小销售包装上印制或加贴统一标志的药品监管码，未使用药品电子监管码统一标志的，一律不得销售。

九、法律责任

（一）行政责任

违反《药品管理法》规定，受到的行政处罚有：警告，责令改正，没收违法所得，没收违法生产、销售的药品和专门用于生产假药、劣药的原辅材料、包装材料、生产设备，撤销药品批准证明文件，责令停产、停业整顿，吊销《药品生产许可证》《药品经营许可证》《医疗机构制剂许可证》和有关资格，从事生产、销售假药及生产、销售劣药情节严重的企业或者其他单位，其直接负责的主管人员和其他直接责任人员 10 年内不得从事药品生产、经营活动。

（二）民事责任

因药品缺陷造成人身损害或者财产损失的，应承担赔偿责任。

(三)刑事责任

违反药品管理的有关法律规定,触犯《刑法》规定,判处有期徒刑或者拘役,并处或者单处罚金,最高可判处10年以上有期徒刑、无期徒刑或者死刑,并处没收财产。

第四节　献血和血液管理法律制度

一、《献血法》

(一)《献血法》和国际献血立法

《献血法》是调整保证临床用血需要和安全,保证献血者和用血者身体健康活动中产生的各种社会关系的法律规范的总和。

血液是生命之源,自人类发现血型以来,输血就成了临床医学重要的治疗手段,是医疗抢救中不可缺少的,其功能和作用是药物所不能替代的特殊物质。自19世纪20年代英国妇产科医生布伦德采用人血注入法开始,输血已救治了无数人的生命,无偿献血事业也在持续发展。

国际红十字会(The International Committee of the Red Cross)、WHO、国际献血协会(The International Association of Blood Donation)及世界各国历来都十分关注临床用血的来源和方式。为了解决血液的来源问题,各国纷纷探求合乎社会公德、符合医学发展需要的供血方式及政策,并力求从法律角度加以认定。1946年,国际红十字会与红新月会首先倡导无偿献血。1948年召开的第17次红十字会国际委员会会议确定各国采取无偿献血制,明确提出医疗用血应该来自无偿献血者,而患者也应该无偿地使用血液,即供者和受者均应贯彻无偿原则,并敦促成员国制定法律。1975年第28届WHO决定敦促成员国加速志愿献血的发展。1981年马尼拉第24届红十字国际会议通过了《献血与输血的道德规范》。经过几十年的努力,如今美国、日本、法国、印度尼西亚、马来西亚等国都已实现了献血立法。随着血液需求量的增长,各国各地区献血人数占总人口的比例也在逐年提高。志愿献血已在许多国家和地区成为风尚,做到了临床用血全部来自无偿捐献。

各国在组织无偿献血工作中有如下明显特征:一是政府对献血工作高度重视;二是高级官员身体力行,以身作则,带头献血;三是名人效应在献血组织宣传工作中起到重要作用;四是采血车上街采血,成为临床用血的主要来源;五是各种群众团体的参与是无偿献血事业发展的重要推动力。

(二)我国献血立法

我国过去基本依靠个体卖血,血源和血液质量难以得到保证。因此,必须用立法方式才能保障公民献血事业的健康进行。1964 年卫生部颁布了《关于加强输血管理的通知》，要求发展血源，扩大志愿献血者队伍。1979 年 12 月，卫生部又发布了《全国血站工作条例》（试行），推动我国公民无偿献血活动于 20 世纪 70 年代后期开始起步。1984 年开始倡导无偿献血。1987 年 6 月 8 日，卫生部和中国红十字会总会联合发布了《无偿志愿献血奖励办法（试行稿）》。但由于诸多历史原因，我国无偿献血发展缓慢。为了保证临床用血的需要和安全，保障献血者和用血者的身体健康，1997 年 12 月第八届全国人大第 29 次会议通过了《中华人民共和国献血法》（简称《献血法》，下同），并于 1998 年 10 月 1 日起施行。

《献血法》对我国献血的目的和血液事业的基本制度，诸如血液供者、采集、包装、储存、运输都作了严格规定，并制定了相应的惩罚措施；卫生部制订和发布了配套文件，要求各地制定献血制度，动员更多群众加入无偿献血行列，各地医疗机构要制定临床用血规范，从而使我国血液管理工作逐步走上法治化轨道。

（三）《中华人民共和国献血法》

1.《献血法》立法的目的。根据《献血法》第 1 条规定，我国《献血法》立法的目的主要有三个方面：(1)保证医疗临床用血需要和安全；(2)保障献血者和用血者的身体健康；(3)促进社会主义物质文明和精神文明建设。

2. 无偿献血制度和无偿献血主体。多年来，我国存在着三种献血形式：个体供血、义务献血、无偿献血。《献血法》明确规定："国家实行无偿献血制度。"

关于无偿献血的主体，世界各国规定不一致。我国各省、自治区、直辖市的规定也有一些差别。《献血法》规定："国家提倡 18 周岁至 55 周岁的健康公民自愿献血。"这是根据我国公民的身体素质和满足用血的需要等因素来确立的。

3. 无偿献血工作的组织与管理。《献血法》规定："地方各级人民政府领导本行政区域内的献血工作，统一规划并负责组织、协调有关部门共同做好献血工作"；"县级以上各级人民政府卫生行政部门监督管理献血工作"；"各级红十字会依法参与、推动献血工作"。政府要加强领导，各部门要积极参与，通力协作，各尽其责，密切配合，共同做好无偿献血工作。

《献血法》规定了国务院卫生行政部门的主要职责是，制定献血者的身体健康检查标准，制定血站技术操作规程、血液质量标准，制定血站的设立条件和管理办法等。

《中华人民共和国红十字会法》规定红十字会参与输血献血工作，配合政府和卫生行政部门进行无偿献血的宣传、动员和组织工作。

4. 无偿献血的使用。《献血法》规定：无偿献血者的血液必须用于临床，不得买卖。

国家提倡患者自身储血，动员家庭、亲友所在单位和社会互助献血。公民临床用血时，须交付用于血液采集、储存、分离、检验等费用，无偿献血者临床需要血时可免交上述费用。无偿献血者配偶和直系亲属临床需血，可免交或减少前述费用。

二、血站管理的法律规定

(一)血站的概念

血站是指不以营利为目的的采集、制备、储存血液并向临床提供用血的公益卫生机构。血液是指用于临床的全血、成分血。

《血站管理办法(暂行)》规定，血站分为血液中心、中心血站(血站)、中心血库等，负责指定区域的采血供血工作。

(二)血站的设置、审批和执业许可

《血站管理办法(暂行)》规定，血液中心的设置必须经国务院卫生行政部门批准，中心血站、基层血站或中心血库的设置，必须经省、自治区、直辖市人民政府卫生行政部门批准。

根据《血站基本标准》，设立血站一般应具备下列条件：

1.应满足建筑功能和卫生学的要求。

2.应配备与其功能相适应的人员、技术力量。

3.应有健全的管理体系和相应的组织机构、人员、制度、信息、财物、安全措施及其考核办法。

4.必须依照《采供血机构执业许可证》中规定的许可项目开展采供血业务。

5.必须具备一整套质量管理体系。

6.所采集、供应的血液必须满足一定的质量指标。

血站执业以及中心血库开展采供血业务，必须经执业验收和注册登记，并分别领取《血站执业许可证》或《中心血库采供血许可证》后方可进行。

(三)采、供血管理

1.执业规定。按《血站管理办法》规定，血站必须按注册登记的项目、内容、范围开展采供血业务，为献血者提供各种安全、卫生、便利的条件。血站采供血必须严格各项技术操作规程和制度。血站技术人员必须经输血业务知识技术考试，取得考试合格证后方可上岗。

2.采血管理。血站采血前，必须按《献血者健康检查标准》对献血者进行健康检查，不合格者，血站应向其说明情况，不得采集其血液。献血者的身体健康条件由国务院卫生行政部门规定。血站采集血液必须严格遵守有关操作规程和制度，采血必须由具有采血资格的医务人员进行。血站对献血者每次采集血液

量一般为200毫升，最高不得超过400毫升，两次采集间隔期间不少于6个月。严格禁止血站违反规定超量、频繁采集血液。

3. 供血管理。血站应当保证发出的血液质量、品种、规格、数量无差错。未经检验或检验不合格的血液不得向医疗机构提供。血站发出血液的包装、储存、运输都必须符合血站基本标准的要求。血液包装袋上必须标明：(1) 血站的名称及其许可证号；(2)献血者的姓名(或条形码)、血型；(3)血液品种；(4)采血日期及时间；(5)有效期及时间；(6)血袋编号(或条形码)；(7)储存条件。

血站必须按照规定认真填写采供血工作统计报告，及时准确上报。

(四)监督管理

《血站管理办法》规定，我国血站以省、自治区、直辖市为区域，实行统一规划设置、统一采供血和统一管理临床用血的三统一原则。

县级以上政府卫生行政部门负责辖区内血站的监督管理工作。省级以上人民政府卫生行政部门委托输血协会成立由卫生行政管理、血液管理、公共卫生等有关专家组成的"血液质量管理委员会"，在同级人民政府卫生行政部门领导下，对血站质量进行检查、技术指导和管理。

设区的市级卫生行政部门聘任血液管理监督员，执行同级人民政府卫生行政部门交付的监督管理任务。

三、临床用血管理的法律规定

(一)临床用血的概念及立法

临床用血包括使用全血和成分血。

医疗机构不得使用原料血浆，除批准的科研项目外，不得直接使用脐带血。

临床用血是医疗工作中一个极为重要的部分，为了加强临床用血的管理，在《献血法》制定实施后，卫生部根据《献血法》的有关规定，先后制定发布了《医疗机构临床用血管理办法(试行)》(以下简称《管理办法》)(1999年1月5日)、《临床输血技术规范》(2000年6月1日)，使临床用血管理规范化、法治化。

(二)临床用血管理的法律规定

1. 临床用血的组织管理。《管理办法》规定：县级以上人民政府卫生行政部门负责对所辖医疗机构临床用血的监督管理。医疗机构应当设立由医院领导、业务主管部门及相关科室负责人组成的临床输血管理委员会，负责临床用血的规范管理和技术指导，开展临床合理用血、科学用血的教育和培训。

二级以上医疗机构设立输血科(血库)，在本院临床输血委员会领导下，负责本单位临床用血的计划申报、储存血液、对临床用血制度执行情况进行检查等工作；医疗机构要指定医务人员负责血液的收领、发放工作。医疗机构临床用血应当遵照合理、科学的原则,制定用血计划,不得浪费和滥用血液。

2.临床用血来源(供给)的规定。《管理办法》规定,医疗机构临床用血,由县级以上人民政府卫生行政部门指定的血站供给;医疗机构开展的患者自身储血、自体输血除外。

《献血法》规定,为保证应急用血,医疗机构可以临时采集血液,但应当依照本法规定,确保采血、用血安全。医疗机构因应急用血需要临时采集血液的,必须符合以下情况:(1)边远地区的医疗机构和所在地无血站(或中心血库);(2)危及病人生命,急需输血,而其他医疗措施所不能替代;(3)具备交叉配血及快速诊断方法检验乙型肝炎病毒表面抗原、丙型肝炎病毒抗体、艾滋病病毒抗体的条件。

医疗机构应当在临时采集血液后10日内将情况报告当地县级以上人民政府卫生行政主管部门。医疗机构要指定医务人员负责血液的收领、发放工作,要认真核查血液包装(规定了必须检查的7项内容)。血袋包装不符合国家规定的卫生标准和要求的,应拒领拒收。

医疗机构对验收合格的血液,应当认真做好入库登记,禁止接受不合格血液入库。

3.临床用血费用的规定。《献血法》规定,公民临床用血时,须交付(只交付)用于血液的采集、储存、分离、检验等费用;无偿献血者临床需要用血时,免交前款规定的费用;其配偶和直系亲属临床需要用血时,可以免交或者减交前款规定的费用。

4.输血治疗的规定。医疗机构及医务人员,应当严格执行《临床输血技术规范》,临床医生应严格掌握输血适应症,正确应用成熟的临床输血技术和血液保存技术,患者病情需要输血治疗时,应按以下规定办理:(1)输血申请;(2)告知与同意;(3)输血治疗的实施和监护;(4)严密观察有无输血不良反应,及时处理异常情况。输血完毕后,医护人员对有输血反应的,应逐项填写患者反应回报单,并返还输血科(血库)保存。输血科每月统计上报医务处。

四、血液制品管理的法律法规

(一)血液制品的概念

血液制品是指各种人血浆蛋白制品,是血液分离加工、提炼的产物,它直接用于人体,所以对其质量的要求与血液一样严格。

为了加强血液制品管理,预防和控制经血液途径传播的疾病,保证血液制品的质量,国务院发布了《血液制品管理条例》(简称《条例》,下同)。《条例》规定,国务院卫生行政部门对全国的原料血浆的采集、供应和血液制品生产、经营活动实施监督管理。县级以上地方人民政府卫生行政部门，对本行政区域内的原料血浆的采集、供应和血液制品的生产、经营活动实施监督管理。

（二）原料血浆的管理

1.原料血浆采集机构。原料血浆是指由单采血浆站采集的专用于血液制品生产的原料血浆，国家实行单采血浆站统一规划、设置的制度。

国务院卫生行政部门根据核准的全国生产用原料血的需求，对单采血浆站的布局、数量和规模制定总体规划。省、自治区、直辖市人民政府卫生行政部门根据总体规划制定本行政区域内单采血浆站设置规划和采集血浆的区域规划，并报国务院卫生行政部门备案。单采血浆站由血液制品生产单位设置或者由县级人民政府卫生行政部门设置，专门从事单采血浆活动，具有独立法人资格。其他任何单位和个人不得从事单采血浆活动。

申请设置单采血浆站，必须报经省、自治区、直辖市人民政府卫生行政部门审批，经审查符合设置条件的，核发《单采血浆许可证》，并报国务院卫生行政部门备案。

血站不得进行单采血浆活动。在一个采血浆区域内，只能设置一个单采血浆站。

2.原料血浆采集管理。单采血浆站在采集血浆前，必须对供血浆者进行身份识别并核实其《供血浆证》确认无误，方可按照规定程序进行健康检查和血液化验；对检查、化验合格的，按照有关技术操作标准及程序采集血浆，并建立供血浆者健康检查及供血浆记录档案。严禁采集无《供血浆证》者的血浆。血浆采集技术操作标准及程序，由国务院卫生行政部门制定。

严禁单采血浆站采集血液或者将所采集的原料血浆用于临床。单采血浆站只能向与其签订质量责任书的血液制品生产单位供应原料血浆，严禁向其他任何单位供原料血浆。

（三）血液制品生产和经营单位的管理

血液制品生产单位必须达到《药品生产质量管理规范》规定的标准，经国家食品药品监督管理局审查合格，并依法向工商行政管理部门申请并取得营业执照后，方可从事血液制品的生产活动。血液制品生产单位生产国内已经生产的品种时，必须依法向国家食品药品监督管理局申请产品批准文号；生产国内尚未生产的品种时，必须按照国家有关新药审批的程序和要求申报。

血液制品生产单位，应按规定向取得《采血浆许可证》并与其签订质量责任书的单采血浆站收集原料血浆，不得私自采集血浆；不得出租、出让、出借以及与他人共用《药品企业生产许可证》和产品批准文号。

血液制品的生产单位在原料血浆投入生产前，必须使用有产品批准文号、并经国家药品生物制品检定合格的体外诊断试剂，对每人一份血浆进行全面复检；复检不合格的，不得投入生产；血液制品出厂前，必须经有关部门检验合格后方能生产或出厂。

开办血液制品的经营单位，由省级人民政府食品药品监督管理部门审核批准，经营血液制品应当符合国家规定的卫生标准和要求。

五、法律责任

(一)行政责任

《献血法》规定，非法采集血液、出售无偿献血的血液、非法组织他人出卖血液的；血站违反有关操作规程和制度采集血液的；临床用血的包装、储存、运输不符合国家规定的卫生标准和要求的；血站违反规定向医疗机构提供不符合国家规定标准的血液的；医疗机构的医务人员将不符合国家规定标准的血液用于患者的，依法给予警告、责令改正、罚款、限期整顿，对直接负责的主管人员和其他直接责任人员给予行政处分等。

违反《传染病防治法》规定，采供血机构未执行国家有关规定，导致因输入血液引起经血液传播疾病发生的，由县级以上政府卫生行政部门责令改正，通报批评，给予警告；造成传染病传播、流行或者其他严重后果的，对负有责任的主管人员和其他直接责任人员，依法给予降级、撤职、开除的处分，并可以依法吊销采供血机构的执业许可证。

(二)民事责任

血站、医疗机构的医务人员违反《献血法》等法律的相关规定，给献血者或患者的健康造成损害的，应当依法赔偿。

(三)刑事责任

违反《献血法》《传染病防治法》《血液制品管理条例》相关规定，可能触犯《刑法》的罪名是：非法组织卖血罪；强迫卖血罪；故意伤害罪；非法采集、供应、制作、供应血液制品罪；采集、供应血液，制作、供应血液制品事故罪；医疗事故罪等。其将判处拘役、有期徒刑、无期徒刑、死刑，并处罚金或者没收财产。

第五节　其他健康相关产品管理法律制度

一、其他健康相关产品的概念

其他健康产品，是指法律法规和规章规定的、由卫生部管理的涉及饮用水卫生安全产品、消毒药剂，国家食品药品监督管理局管理审批的保健食品、化妆品、医疗器械等产品。

国务院颁布的相关法律法规有《医疗器械监督管理条例》，经国务院批准卫生部颁布的《化妆品卫生监督条例》，卫生部颁布的规章有《消毒管理办法》《生活饮用水卫生监督管理办法》《保健食品管理办法》等，黑龙江、陕西、贵州、山西等省通过地方立法制定了保健用品管理条例或规定。

二、其他健康相关产品管理制度

（一）医疗器械管理

1.医疗器械(Medical equipment)的定义

医疗器械，是指单独或者组合使用于人体的仪器、设备、器具、材料或者其他物品，包括所需要的软件；其用于人体体表及体内的作用不是用药理学、免疫学或者代谢的手段获得，但是可能有这些手段参与并起一定的辅助作用。

其使用旨在达到下列预期目的：(1)对疾病的预防、诊断、治疗、监护、缓解；(2)对损伤或者残疾的诊断、治疗、监护、缓解、补偿；(3)对解剖或者生理过程的研究、替代、调节；(4)妊娠控制。

2.医疗器械的管理

(1)管理机构。国家食品药品监督管理局负责全国的医疗器械监督管理工作。县级以上地方食品药品监督管理局负责本行政区域内的医疗器械监督管理工作。

(2)医疗器械生产、经营和使用的管理。国家对医疗器械实行产品生产注册制度。医疗器械生产企业在取得医疗器械产品生产注册证书后，方可生产医疗器械。生产医疗器械，应当符合医疗器械国家标准；没有国家标准的，应当符合医疗器械行业标准。

开办第一类医疗器械生产、经营企业，应当向省、自治区、直辖市食品药品监督管理局备案。

开办第二类、第三类医疗器械生产、经营企业，必须取得省、自治区、直辖市食品药品监督管理局审查批准，并发给《医疗器械生产企业许可证》和《医疗器械经营企业许可证》。

(3)医疗器械的监督。经国家食品药品监督管理局会同国家质量监督检验检疫局认可的检测机构，可对医疗器械实施检测。

(4) 医疗器械广告管理。医疗器械广告应当经省、自治区、直辖市食品药品监督管理局审查批准，未经批准的，不得刊登、播放、散发和张贴。

3.法律责任

(1)行政责任。违反《医疗器械管理条例》规定，受到的行政处罚有警告、责令改正、罚款、没收违法所得、吊销许可证等。

(2)民事责任。《侵权责任法》规定，因医疗器械的缺陷造成患者损害的，承担赔偿责任。

(3)刑事责任。违反《医疗器械监督管理条例》有关规定，构成犯罪的，将处以有期徒刑、无期徒刑，并处罚金、没收财产等刑罚。

(二)化妆品管理

1.化妆品(cosmetics)的定义

化妆品是指以涂擦、喷洒或者其他类似的方法，散布于人体表面任何部位(皮肤、毛发、指甲、口唇等)，以达到清洁、消除不良气味、护肤、美容和修饰目的的日用化学工业产品。化妆品一般要求为：在正常以及合理的、可预见的使用条件下，化妆品不得对人体健康产生危害。

特殊用途化妆品是指用于育发、染发、烫发、脱毛、美乳、健美、除臭、祛斑、防晒的化妆品。

2.化妆品的管理

(1)化妆品的管理。国家食品药品监督管理局负责化妆品行政许可审批管理工作。生产特殊用途的化妆品，必须经国家食品药品监督管理局批准，取得批准文号后方可生产。

(2)化妆品生产、经营、使用的卫生管理。未取得省、自治区、直辖市食品药品监督管理局颁发的《化妆品生产企业卫生许可证》的单位，不得从事化妆品生产。化妆品经营单位和个人不得销售下列化妆品：未取得《化妆品生产企业卫生许可证》的企业所生产的；无质量合格标记的；标签、小包装或者说明书不符合《化妆品卫生监督条例》规定的；未取得批准文号的特殊用途的；超过使用期限的化妆品。

(3)化妆品的监督。国家食品药品监督管理局负责化妆品检验机构资格认定及其监督管理工作。省、自治区、直辖市食品药品监督管理局负责向国家食品药品监督管理局推荐辖区内符合基本条件的检验机构，并负责许可检验机构变更申请的资料审查。

化妆品的广告宣传不得有下列内容：化妆品名称、制法、效用或者性能有虚假夸大的；使用他人名义保证或以暗示方法使人误解其效用的；宣传医疗作用的。

3.法律责任

(1)行政责任。违反《化妆品卫生监督条例》的，将受到的行政处罚有警告、责令限期改正、没收违法所得、罚款、责令该企业停产或者吊销《化妆品生产企业卫生许可证》等。

（2）民事责任。根据《民法通则》《产品质量法》《侵权责任法》的规定，因所生产、经营的化妆品造成人体损害的，应该承担赔偿责任。

（3）刑事责任。违反化妆品相关规定，构成犯罪的，可能受到3年以下有期徒刑或者拘役，并处或者单处罚金的刑事处罚。

（三）消毒产品管理

1. 消毒产品（Disinfection products）的定义

根据《消毒管理办法》规定，消毒产品包括消毒剂、消毒器械、卫生用品、医疗用品。

2. 消毒产品的管理

（1）管理机构。省级卫生行政部门负责本行政区域内的消毒产品生产企业卫生许可和监督管理工作。县级以上地方卫生行政部门负责辖区内消毒产品生产企业日常监督管理工作。

（2）消毒产品生产、经营、使用的卫生管理。生产、经营消毒药剂、消毒器械和一次性使用的医疗、卫生用品的单位必须按《消毒药械和医疗卫生用品审批程序》的规定，申请并获得卫生许可证后，方可向当地工商行政管理部门申请登记办理生产营业执照，并接受当地政府卫生行政部门的监督和卫生防疫机构的监测管理。

（3）消毒产品的监督。各级卫生行政部门行使消毒产品卫生监督管理职权。消毒产品检验机构应当经省级以上卫生行政部门认定。

3. 法律责任

（1）行政责任。违反消毒药剂管理的有关规定，将受到责令限期改正、罚款等行政处罚。

（2）民事责任。根据《民法通则》《产品质量法》《侵权责任法》的规定，消毒产品造成人体伤害后果的，相关主体应该承担相应的民事赔偿责任。

（3）刑事责任。违反消毒产品相关规定，构成犯罪的，司法机关可依法以生产、销售伪劣商品和危害公共安全等罪追究刑事责任。

（四）生活饮用水、涉水产品管理

1. 生活饮用水（Living and drinking water）、涉水产品（Wading products）的概念

生活饮用水系指供人生活的饮水和生活用水；涉及生活饮用水卫生安全的产品称为涉水产品，系指在生活饮用水生产和供水过程中与之接触的连接材料、构件、管材、涂料、水处理剂、除垢剂、水质处理器等。卫生部和原建设部（机构改革后为住房和城乡建设部）发布的《生活饮用水卫生监督管理办法》为生活饮用水、涉水产品的主要行政规章。

2.饮用水的管理

(1)监督管理。卫生部主管全国饮用水卫生监督工作,县级以上地方人民政府卫生行政部门主管本行政区域内饮用水卫生监督工作。住房和城乡建设部指导全国城市饮用水工作。城市人民政府建设主管部门主管本行政区域内饮用水卫生管理工作。

(2)饮用水生产、经营、使用的卫生管理。国家对供水单位和涉及饮用水卫生安全的产品实行卫生许可制度。供水单位供应的饮用水必须符合国家生活饮用水卫生标准。集中式供水单位必须取得县级以上地方人民政府卫生行政部门签发的卫生许可证。生产涉及饮用水卫生安全的产品的单位和个人,必须按规定向政府卫生行政部门申请办理产品卫生许可批准文件,取得批准文件后,方可生产和销售。

(3)饮用水的监督。县级以上人民政府卫生行政部门负责本行政区域内饮用水卫生监督监测工作。铁道、交通、民航行政主管部门设立的卫生监督机构,行使饮用水卫生监督职责。

3.法律责任

(1)行政责任。违反《生活饮用水卫生监督管理办法》规定,将受到限期改正、罚款等行政处罚。

(2)民事责任。由于饮用水及涉水产品不符合国家标准等原因,造成人身伤害或者财产损失的,依法承担民事赔偿责任。

(3)刑事责任。违反《生活饮用水卫生监督管理办法》规定,触犯妨碍传染病防治法罪,将受到拘役、有期徒刑,单位犯罪的对单位判处罚金等刑罚。

(五)保健用品

1.保健用品(Health supplies)的定义

少数省级地方法规对保健用品管理作出规定,一般定义为直接或者间接作用于人体皮肤表面,不以预防和治疗疾病为目的,具有调节人体机能、增进健康和有益养生保健等特定保健功效的外用产品。但法律、法规对药品、医疗器械、特殊用途化妆品、消毒产品、体育器械等另有规定的除外。

保健用品的特点是:(1)具有一定的卫生指标和卫生保健作用;(2)安全卫生,无毒无害,消费者不需要在医生指导下,单凭使用说明自行选用,就可以达到自我保健作用;(3)不以治疗疾病为目的,不具有特定治疗疾病的病种及疗效;(4)外用产品。

2.保健用品相关立法

贵州、陕西、黑龙江、山西4个省对保健用品进行了地方立法,或者政府制定规章对保健用品管理作出规定,分别由食品药品监管部门或者卫生行政部门审批和管理。

3.保健用品的管理

由于只有少数省对保健用品作出规定，而保健用品的流通市场是全国性的，因此，在保健用品生产省以外并不适用保健用品生产省的法规或者规章；其保健用品一般由产品质量管理部门或工商行政管理部门进行管理。

4.法律责任

因违反相关规定，在保健品生产地可以按照所在省有关条例或者规章的规定承担行政责任；在保健品生产地以外的省、自治区、直辖市可以按照《产品质量法》《侵权责任法》等承担行政责任或者民事责任。

第二十章　医药卫生事业发展保障法律制度

第一节　医学资源管理规划法律制度

一、医学资源及其配置

(一)医学资源的概念

医学资源(Medical resources)是指医事活动过程中人、财、物及科技、信息等资源的全部要素,包括医药卫生人力资源、医药自然资源、医药卫生经费、医药卫生设施、医药卫生装备与药品、医药卫生信息,也包括医药卫生科学技术、医药卫生服务能力、医药卫生管理等。我国常用的医学资源指标有,每万人口医生(师)数、每万人口护士数、每万人口药剂师数、每万人口病床数及医疗卫生经费占国民生产总值的比例(%)。上述指标是医药卫生事业管理的常用指标,若对医政、卫生防疫与疾病控制或妇幼保健的具体管理而言,还应分别有更多、更细致的指标体系。

(二)医学资源配置的要求

医学资源配置主要解决三个问题,即:应该生产什么类别和组合的卫生服务产品;在生产卫生服务产品时,需要哪些类别的医学资源;谁该得到这些卫生服务产品。医学资源配置主要有两个环节:

1.卫生资源的增量配置,或称初配置,是指当年计划投入的卫生经费,计划购置的设备及新建医疗卫生业务用房,计划引进的技术人才等。

2.卫生资源的存量再分配或转移,也称再配置,其目的是改变不合理的医学资源配置现状,以达到优化配置的状态。

2009年中共中央、国务院《关于深化医药卫生体制改革的意见》(简称《意见》,下同)指出,目前我国卫生资源配置的现状是“城乡和区域医疗卫生事业发展不平衡,资源配置不合理,公共卫生和农村、社区医疗卫生工作比较薄弱”。因此,《意见》提出未来解决医学资源配置问题的思路是:“强化区域卫生规划。省级人民政府制定卫生资源配置标准,组织编制区域卫生规划和医疗机构设置规划，明确医疗机构的数量、规模、布局和功能。科学制定乡镇卫生院（村卫生室）、社区卫生服务中心（站）等基层医疗卫生机构和各级医院建设与设备配置标准。充分利用和优化配置现有医疗卫生资源，对不符合规划要求的医疗机构要逐步进行整合，严格控制大型医疗设备配置，鼓励共建共享，提高医疗卫生资源利用效率。新增卫生资源必须符合区域卫生规划，重点投向农村和社区卫生等薄弱环节。加强区域卫生规划与城乡规划、土地利用总体规划等的衔接。建立区域卫生规划和资源配置监督评价机制。”

二、区域卫生规划管理法律制度

（一）区域卫生规划管理概念及其立法

区域卫生规划管理，是指在一定区域范围内，根据自然环境、社会经济、人口状况和人群健康状况、主要卫生问题以及医药卫生需求等因素，确定服务区域内医药卫生发展目标、模式、规模和速度，统筹安排和合理配置卫生资源，以改善和提高区域内医疗卫生服务能力，向全体公民提供公平、经济、方便、有效的医疗卫生服务，保护和促进公民健康的医疗卫生管理模式。

我国对医学卫生资源进行宏观调控的立法主要有：1994 年，国务院发布了《医疗机构管理条例》，规定了全国实行医疗机构规划管理制度；同年，卫生部发布了《医疗机构规划设置指导原则》，作为医疗机构规划管理制度的配套法规，2009 年卫生部开始对该指导原则进行修订，向社会公布了《医疗机构规划设置指导原则（2009 版）》（征求意见初稿）；1999 年，国家计委、卫生部、财政部联合发布了《关于开展区域卫生规划工作的意见》，以保障和完善区域卫生规划管理这一制度。

（二）区域卫生规划管理的内容、原则、步骤

区域卫生规划管理，以满足区域内的全体居民基本医疗卫生服务需求、保持与增进健康为目的，对医疗卫生机构、床位、人员、设备、用药、经费等医学资源进行统筹规划，合理配置，构建与国民经济和社会发展相适应的，科学、有效、经济、公平的医疗卫生服务体系和管理体制，改善、提高医疗卫生综合服务能力和医学资源利用效率，以利政府实施宏观调控和社区的综合管理。

1. 区域卫生规划的基本原则是：（1）要从国情与区域实际出发，与区域内国民经济与社会发展水平相适应，与人民群众的实际健康要求相协调。（2）要优先发展和保证基本医疗卫生服务，大力推进社区医疗卫生服务。重点加强农村医疗卫生和预防保健，重视和发挥传统医药在医疗卫生服务中的作用。（3）要符合成本效益，提倡资源共享，提高服务质量和效率。通过改革，认真解决医学资源浪费与不足并存的矛盾。（4）要加快医疗卫生管理体制和运行机制改革，对区域

内所有医学资源实行全行业管理，打破条块界限，统一规划医学资源，避免重复配置和资源的浪费。(5)要解放思想，实事求是，因地制宜，敢于冲破现有条条框框的束缚，边规划，边调整，保证区域内全体居民公平享有基本医疗卫生服务。

2.区域卫生规划的步骤是：(1)分析现状。通过对区域内社会、经济环境、人口增长、居民健康水平与疾病状况等医疗卫生服务需求的科学分析，对医学资源配置和利用效率等因素的综合分析和基本预测，客观公正地作出形势或现状的判断。(2)确立区域卫生规划的目标和指标。区域卫生计划一般周期为5年，在规划中要规定未来的目标和各项指标。(3)制定策略和政策措施。选择有针对性的医疗卫生发展策略，制定出实现目标的政策和措施。(4)编制规划预算。编制详尽可靠的规划预算和筹划资金来源。(5)规划的评价与运行。规划编制完成后，进行可行性、科学性论证，做进一步的修改。(6)上报审批。上报区域政府或人大常委会审核，经批准后纳入区域社会经济发展计划，统一组织管理。

（三）医疗机构设置规划的内容、原则、服务体系

医疗机构设置规划是区域卫生规划的重要组成部分，是卫生行政部门审批医疗机构设置的依据。

1.医疗机构设置规划的内容。医疗机构设置规划以设区的市为基本卫生区域进行规划，包括省、市两级卫生行政部门分别制定的本省和本市行政区域内的医疗机构设置规划。规划应当以该区域内居民的实际医疗服务需求为依据，以合理配置利用医疗卫生资源、公平地向全体居民提供高质量的基本医疗服务为目的；通过实施属地化和全行业管理，将各种所有制、投资主体、隶属关系和经营性质的医疗机构均纳入所在地卫生行政部门的统一规划、设置和布局，实行统一准入、统一监管。各级卫生行政部门要通过规划，引导医疗资源合理配置，避免医疗卫生资源配置重复、盲目扩大规模，逐步缩小城乡差别、地区差别，充分合理利用医疗资源，满足区域内居民日益增长的医疗服务需求。

医疗机构设置规划包括：(1)现状分析；(2)主要卫生问题及影响因素；(3)确定医疗机构的设置；(4)确定医疗技术的配置；(5)确定医疗设备的配置；(6)确定承担储血点任务的县级医院；(7)设计制作医疗机构现状图和设置规划图。

2.医疗机构设置的原则，主要有：(1)公平性原则；(2)整体效益原则；(3)可及性原则；(4)分级医疗原则；(5)公有制主导原则；(6)西医并重原则。

3.服务体系。医疗服务体系中各级各类医疗机构的设置应当层次清楚、结构合理、功能到位，以利于发挥整体功能。在农村建立以县级医院为龙头、乡镇卫生院为骨干、村卫生室为基础的服务网络；在城市建立以社区卫生服务机构、大型综合医院（区域医疗中心）和专科医院为基础，门诊部、诊所等为补充的新型城市医疗卫生服务体系。

三、大型医用设备配置管理法律制度

(一)大型医用设备的概念及其立法

1. 大型医用设备(Medical resources large medical equipment)的概念。大型医用设备是指列入国务院卫生行政部门管理品目的医用设备,以及尚未列入管理品目、省级区域内首次配置的整套单价在500万元人民币以上的医用设备。大型医用设备管理品目分为甲、乙两类。资金投入量大、运行成本高、使用技术复杂、对卫生费用增长影响大的为甲类大型医用设备,由国务院卫生行政部门管理。管理品目中的其他大型医用设备为乙类大型医用设备,由省级卫生行政部门管理。

2. 大型医用设备管理品目。目前卫生部公布的第一批大型医用设备管理品目甲类:(1)X线-正电子发射计算机断层扫描仪(PET-CT,包括正电子发射型断层仪即PET);(2)伽马射线立体定位治疗系统(γ刀);(3)医用电子回旋加速治疗系统(MM50);(4)质子治疗系统;(5)其他未列入管理品目、区域内首次配置的单价在500万元以上的医用设备。乙类:(1)X线电子计算机断层扫描装置(CT);(2)医用磁共振成像设备(MRI);(3)800毫安以上数字减影血管造影X线机(DSA);(4)单光子发射型电子计算机断层扫描仪(SPECT);(5)医用电子直线加速器(LA)。

为合理配置和有效使用大型医用设备,控制卫生费用过快增长,维护患者权益,促进卫生事业的健康发展,2005年卫生部、国家发展和改革委员会(简称发改委,下同)、财政部共同制定了《大型医用设备配置与使用管理办法》。

(二)大型医用设备配置规划、配置审批、使用管理

1. 大型医用设备的管理实行配置规划和配置证制度。甲类的配置许可证,由国务院卫生行政部门颁发;乙类的配置许可证,由省级卫生行政部门颁发。

国务院卫生行政部门会同国家发改委,编制甲类的配置规划和提出乙类配置规划指导意见。省级卫生行政部门会同省级有关部门根据国务院卫生行政部门下发的乙类配置规划指导意见,结合本地区卫生资源配置标准制定乙类配置规划,报国务院卫生行政部门核准后实施。

2. 配置大型医用设备的程序。(1)甲类大型医用设备的配置,由医疗机构按属地化原则向所在地卫生行政部门提出申请,逐级上报,经省级卫生行政部门审核后报国务院卫生行政部门审批;(2)乙类大型医用设备的配置,由医疗机构按属地化原则向所在地卫生行政部门提出申请,逐级上报至省级卫生行政部门审批;(3)医疗机构获得《大型医用设备配置许可证》后,方可购置大型医用设备。

3. 使用管理。大型医用设备上岗人员(包括医生、操作人员、工程技术人员

等）要接受岗位培训，取得相应的上岗资质。严禁医疗机构购置进口二手大型医用设备。购置其他医疗机构更新替换下来的大型医用设备，必须办理配置审批。严禁使用国家已公布的淘汰机型。

甲、乙类大型医用设备检查治疗收费项目，由国务院价格主管部门会同卫生行政部门制定，并列入《全国医疗服务价格项目规范》，指导地方的作价行为。营利性医疗机构的收费实行市场调节。

违反规定，擅自购置大型医用设备的医疗机构，卫生行政部门要责令其停止使用、封存设备。处理情况应通过媒体公布。所在地价格主管部门有权没收其所获取的相应检查治疗收入，并处以相应收入5倍以下的罚款。

四、医药卫生信息化管理法律制度

（一）医药卫生信息化管理的概念及其立法

医药卫生信息化（Medical and health information）管理，是指用计算机及其网络系统接收、登记、存储、传递、处理和使用各种信息资料，包括医学资源管理，药品和健康相关产品生产、经营、使用管理，临床数据管理，医疗器械管理，医疗卫生事务管理等诸多方面。

我国医药卫生信息化管理立法和政策性文件主要有：1992年，卫生部制定了《卫生系统计算机应用发展规划纲要（1991—2000）》；1995年，卫生部提出了《关于建设"金卫"工程的几点意见》；1996年，制定了《卫生系统计算机软件评审办法》；1997年，卫生部制定了《医院信息系统评审管理办法（试行）》；2002年，卫生部制定了《全国卫生信息化发展规划纲要（2003—2010）》；同年，卫生部与总后卫生部、中医药管理局信息主管部门共同组成卫生信息标准化委员会，制定了《卫生信息标准化体系表》和卫生信息化标准的编制原则和方法，出台了《互联网医疗卫生信息服务管理办法》《医院信息系统功能规范》和《医院信息系统评审管理办法》等标准和规范。

2009年，中共中央、国务院《关于深化医药卫生体制改革的意见》提出："建立实用共享的医药卫生信息系统。大力推进医药卫生信息化建设。以推进公共卫生、医疗、医保、药品、财务监管信息化建设为着力点，整合资源，加强信息标准化和公共服务信息平台建设，逐步实现统一高效、互联互通。加快医疗卫生信息系统建设。完善以疾病控制网络为主体的公共卫生信息系统，提高预测预警和分析报告能力；以建立居民健康档案为重点，构建乡村和社区卫生信息网络平台；以医院管理和电子病历为重点，推进医院信息化建设；利用网络信息技术，促进城市医院与社区卫生服务机构的合作。积极发展面向农村及边远地区的远程医疗。建立和完善医疗保障信息系统。加快基金管理、费用结算与控制、医疗行为管理与监督、参保单位和个人管理服务等具有复合功能的医疗保障信息系统建设。加强城镇职工基本医疗保险、城镇居民基本医疗保险、新型农村合作医疗和医疗救助信息系统建设，实现与医疗机构信息系统的对接，积极推广'一卡通'等办法，方便参保(合)人员就医，增加医疗服务的透明度。建立和完善国家、省、市三级药品监管、药品检验检测、药品不良反应监测信息网络。建立基本药物供求信息系统。"

(二)医学信息化建设的措施

1.国家"金卫"工程建设。1995年开始的国家"金卫"工程建设是医疗卫生系统的重要基础建设，也是国家信息化建设的重要组成部分。其主要内容是，建立医疗卫生信息网络(MIN)；实现医疗机构间计算机网络化；建立医院内部信息管理系统(HIS)；统一发行中华人民共和国金卫卡(GHC)。

通过"金卫"工程可以达到：(1)建立医疗卫生电话专网，从而大幅度降低医院的通讯费用；(2)实现医学影像资料的信息化传输；(3)实现远程医疗专家会诊，造福病人；(4)为实现"金卫"卡打下基础；(5)促进国际间的医学交流；(6)加强医院内部的信息管理；(7)促进医学广告、医学教育培训、电视会议、医疗保险、健康咨询等。

2.中国医院信息网和中国医学信息网的建立。"中国医院信息网"(CHIN)是中国医院信息收集、存储、分析、交换的综合信息计算机管理系统，是"金卫"工程的组成部分。该网可以及时发布全球医疗卫生领域最新新闻；提供医疗机构设置、特色门诊、医师情况、仪器设备、药品消耗等方面的信息查询；就医疗卫生及相关领域新技术、新产品、管理方法等开展讨论；进行文献检索等项管理事务。

"中国医学信息网"以中国医学科学院信息研究所为中心，以卫生部下属11所高等医学院校为二级网站，内接各高等医学院校图书馆及医学信息部门，外联因特网和CERNET，是我国生物医学文献信息资源体系建设的技术基础，也是"金卫"工程的组成部分。

3.建设《医药卫生科学数据管理和共享服务系统》项目。该项目于2004年启动，其总体目标是建立物理上分布、逻辑上统一的国家级医药卫生科学数据管理与共享服务系统，将通过建设数据资源、科学数据中心和科学数据网，整合现有医学科学数据资源，建立起若干个主体数据库、疾病数据库和医学网络协同研究环境，提供方便、丰富的科学数据共享服务，开放于全社会，提高疾病预防、诊断、治疗的整体水平，为政府决策提供依据，提高国家应对公共卫生突发事件能力，促进国民经济和医疗卫生事业的发展。

第二节 医学科学技术管理法律制度

一、医学科学技术管理立法概述

在现代社会中，医学科学技术的发展已成为医学事业发展的最重要因素之一。但是，医学科学技术的发展涉及经济、政治、文化和社会以及国际国内各方面的复杂关系，而且在某些情况下，医学科学技术也能引起社会问题，威胁人类自身的健康和安全。因此，医学科学技术的发展，需要法律制度的调整。建立医学科学技术管理法律制度，运用科技法律和政策手段推动、引导、保障和规范医学科学技术发展，是我国医学事业发展的基本保证。

医学科技法（Medical KeJiFa）是旨在调整医疗技术实验、临床应用和医学科学研究活动中产生的各种社会关系的法律规范的总和，是医学科技活动的行为准则。

我国医学科学技术管理法律制度主要包含以下内容：

1. 医疗实验动物管理和人体实验管理法律制度。
2. 医疗技术临床应用管理法律制度。
3. 尸体解剖管理法律制度。
4. 医学科学研究管理法律制度。

二、医学实验动物管理与人体实验管理法律制度

（一）医学实验动物管理法律制度

医学实验动物是指来源清楚（遗传背景及微生物控制），用于科学研究、教学、医疗、生产、鉴定及其他科学实验的动物。根据卫生部医学实验动物质量标准，医学实验动物和实验动物设施分为四级：一级为普通级；二级为清洁级；三级为无特定病原体（SPF）级；四级为无菌级。

1. 医学实验动物管理立法。医学实验动物的质量与医学实验的质量有密切关系，因此，国家加强了对医学实验动物管理的立法。1988 年经国务院批准国家科委发布了《实验动物管理条例》；1992 年卫生部颁发了《医学实验动物管理实施细则》《卫生部实验动物管理委员会工作条例》和《卫生部实验动物管理委员会合格证管理办法》；1998 年卫生部又颁发了新的《医学实验动物管理实施细则》；2001 年科学技术部、卫生部、教育部等联合颁布了《实验动物许可证管理办法（试行）》代替了 1998 年卫生部的《医学实验动物管理实施细则》。

2. 医学实验动物管理法律制度主要包括：（1）实验动物许可证制度：实验动

物生产许可证和实验动物使用许可证；(2)实验动物的检疫和传染病控制；(3)实验动物的应用；(4)实验动物的进口与出口管理；(5)医学实验动物工作管理的规定；(6)医学实验动物监督管理和质量检测的规定。

(二)医学人体实验管理法律制度

医学人体实验，又称为“涉及人的生物医学研究”或者“涉及人类受试者的生物医学研究”，是以人体为实验对象，通过干预人体获取医学研究所需物质、资料、信息或以其他方式从人体获取供医学研究的物质、资料、信息的行为。医学人体实验是一种科学研究活动，它不同于以治疗为目的的常规医疗活动。

1.人体实验的国际规范

(1)《纽伦堡法典》的基本准则。1946 年在纽伦堡审判中，国际军事法庭规定了人体实验的基本准则。基本内容如下：①进行人体实验必须得到受试者知情和同意；②必须保证实验是对社会有益，又是非做不可；③人体实验前必须经过动物实验；④要避免给受试者造成精神或肉体上的痛苦及创伤；⑤实验的危险性不得高于人道主义的重要性；⑥不准进行有可能造成受试者死亡或残废的实验；⑦精心安排，采取一切必要的措施杜绝发生受试者伤残；⑧实验必须由受过科学训练的人来进行；⑨实验期间受试者有权停止实验；⑩实验过程中，发现有可能造成受试者伤残或死亡时，应立即停止实验。

(2)《赫尔辛基宣言》的基本原则。1964 年第 19 届世界医学大会上通过、并于 1975 年修订的《赫尔辛基宣言》具体规定了人体实验的原则和限制条件，主要有以下基本内容：①包括以人作为受试者的生物医学研究目的，必须旨在维护人体健康，用以增进诊断、治疗和预防等方面的措施以及为了针对疾病病因学和发病机理的了解。②实验必须符合普遍认可的原理，应该建立在足以胜任地履行实验室任务和动物实验法的基础之上。实验程序的设计和行动，应该做系统科学的说明，并得到有关专门委员会的评议和指导。③实验研究工作只有通过曾受过严格训练的有资格的人们和在临床上一个被认可的医生监督下，才可进行。④实验前应细致比较可以预见到的利益。对于受试者利害关系的重要性，一定要始终压倒对科学研究和人类社会方面的影响。⑤实验室工作正义性要始终服从于保护受试者身体与精神上的完整。在实验研究中应该特别注意受试者的外界环境和生活福利不受到影响。同时要采取一切预防措施，使实验对受试者的影响和冲击减少到最低程度。⑥实验过程中如果确已查明或者发觉有可能出现危险，该项实验就应停止进行。⑦医药卫生工作者对于保证研究成果的准确性负有极大的责任。违背宣言基本原则的实验报道，将不被接受发表。⑧无论哪项科学研究，对于每个可能的受试者，这项研究的目标、方法、预期好处、潜在危险以及可能承担的不舒适与困难等，都必须足够充分地被告知，必须得到受试者自愿参加该项实验的承诺。受试者应该了解他们有权不参加这个研究，而且任何时候都可以撤销他们的承诺。

2. 人体实验的国内规范

为规范涉及人的生物医学研究和相关技术的应用，保护人的生命和健康，维护人的尊严，尊重和保护人类受试者的合法权益，卫生部于2007年制定了《涉及人的生物医学研究伦理审查办法(试行)》。

(1)涉及人的生物医学研究和相关技术应用包括以下活动：①采用现代物理学、化学和生物学方法在人体上对人的生理、病理现象以及疾病的诊断、治疗和预防方法进行研究的活动；②通过生物医学研究形成的医疗卫生技术或者产品在人体上进行试验性应用的活动。

在该办法施行前已在临床实践中应用超过两年的，或者在该办法施行前已经获得卫生行政部门批准临床应用的技术，不属于该办法规定的审查范围。

(2)实行医学伦理专家委员会审查制度。其主要职责是：①审查研究方案，维护和保护受试者的尊严和权益；②确保研究不会将受试者暴露于不合理的危险之中；③同时对已批准的研究进行监督和检查，及时处理受试者的投诉和不良事件。

(3)涉及人的生物医学研究伦理审查原则是：①尊重和保障受试者自主决定同意或者不同意受试的权利，严格履行知情同意程序，不得使用欺骗、利诱、胁迫等不正当手段使受试者同意受试，允许受试者在任何阶段退出受试；②对受试者的安全、健康和权益的考虑必须高于对科学和社会利益的考虑，力求使受试者最大程度受益和尽可能避免伤害；③减轻或者免除受试者在受试过程中因受益而承担的经济负担；④尊重和保护受试者的隐私，如实将涉及受试者隐私的资料储存和使用情况及保密措施告知受试者，不得将涉及受试者隐私的资料和情况向无关的第三者或者传播媒体透露；⑤确保受试者因受试受到损伤时得到及时免费治疗并得到相应的赔偿；⑥对于丧失或者缺乏能力维护自身权利和利益的受试者(脆弱人群)，包括儿童、孕妇、智力低下者、精神病人、囚犯以及经济条件差和文化程度很低者，应当予以特别保护。

对涉及人的生物医学研究项目进行结题验收时，应当要求项目负责人出具经过相应的伦理委员会审查的证明。在学术期刊发表涉及人的生物医学研究成果时，研究人员应出具该项目经过伦理委员会审查同意的证明。

三、医疗技术临床应用管理法律制度

医疗技术，是指医疗机构及其医务人员以诊断和治疗疾病为目的，对疾病作出判断和消除疾病、缓解病情、减轻痛苦、改善功能、延长生命、帮助患者恢复健康而采取的诊断、治疗措施。

为加强医疗技术临床应用管理，建立医疗技术准入和管理制度，促进医学科学发展和医疗技术进步，提高医疗质量，保障医疗安全，卫生部于2009年制定了《医疗技术临床应用管理办法》，主要内容包括：

（一）医疗技术临床应用的原则

医疗技术临床应用应当遵循科学、安全、规范、有效、经济、符合伦理的原则。医疗机构应当依法准予医务人员实施与其专业能力相适应的医疗技术。医疗机构开展的临床检验项目必须是卫生部公布的准予开展的临床检验项目。医疗机构不得在临床应用卫生部废除或者禁止使用的医疗技术。异种干细胞治疗技术、异种基因治疗技术、人类体细胞克隆技术等医疗技术暂不得应用于临床。

（二）医疗技术分类分级管理

国家建立医疗技术临床应用准入和管理制度，对医疗技术实行分类、分级管理。

1.医疗技术分为三类

第一类医疗技术是指安全性、有效性确切，医疗机构通过常规管理在临床应用中能确保其安全性、有效性的技术。

第二类医疗技术是指安全性、有效性确切，涉及一定伦理问题或者风险较高，卫生行政部门应当加以控制管理的医疗技术。

第三类医疗技术是指具有下列情形之一，需要卫生行政部门加以严格控制管理的医疗技术：(1)涉及重大伦理问题；(2)高风险；(3)安全性、有效性尚需经规范的临床试验研究进一步验证；(4)需要使用稀缺资源；(5)卫生部规定的其他需要特殊管理的医疗技术。

2.卫生部公布的第三类医疗技术目录

(1)涉及重大伦理问题，安全性、有效性尚需经规范的临床试验研究进一步验证的医疗技术：克隆治疗技术、自体干细胞和免疫细胞治疗技术、基因治疗技术、中枢神经系统手术戒毒、立体定向手术治疗精神病技术、异基因干细胞移植技术、瘤苗治疗技术。

(2)涉及重大伦理问题，安全性、有效性确切的医疗技术：同种器官移植技术、变性手术等。

(3)风险性高，安全性、有效性尚需验证或者安全性、有效性确切的医疗技术：利用粒子发生装置等大型仪器设备实施毁损式治疗技术，放射性粒子植入治疗技术，肿瘤热疗治疗技术，肿瘤冷冻治疗技术，组织、细胞移植技术，人工心脏植入技术，人工智能辅助诊断治疗技术等。

(4)其他需要特殊管理的医疗技术：基因芯片诊断和治疗技术，断骨增高手术治疗技术，异种器官移植技术等。

3. 医疗机构手术分级管理制度

医疗机构应当建立手术分级管理制度，根据风险性和难易程度不同，手术分为四级：一级手术是指风险较低、过程简单、技术难度低的普通手术；二级手术是指有一定风险、过程复杂程度一般、有一定技术难度的手术；三级手术是指风险较高、过程较复杂、难度较大的手术；四级手术是指风险高、过程复杂、难度大的重大手术。

医疗机构应当对具有不同专业技术职务任职资格的医师开展不同级别的手术进行限定，并对其专业能力进行审核后授予相应的手术权限。

（三）医疗技术临床应用管理

1. 医疗技术临床应用能力评价。属于第三类的医疗技术首次应用于临床前，必须经过卫生部组织的安全性、有效性临床试验研究、论证及伦理审查。

2. 医疗技术临床应用管理。医疗机构开展通过临床应用能力技术审核的医疗技术，应当经相应的卫生行政部门批准，并到准予其执业注册的卫生行政部门办理诊疗科目项下的医疗技术登记。经登记后医疗机构方可在临床应用相应的医疗技术。

医疗机构在医疗技术临床应用过程中出现下列情形之一的，应当立即停止该项医疗技术的临床应用，并向核发其《医疗机构执业许可证》的卫生行政部门报告：(1)该项医疗技术被卫生部废除或者禁止使用；(2)从事该项医疗技术主要专业技术人员或者关键设备、设施及其他辅助条件发生变化，不能正常临床应用；(3)发生与该项医疗技术直接相关的严重不良后果；(4)该项医疗技术存在医疗质量和医疗安全隐患；(5)该项医疗技术存在伦理缺陷；(6)该项医疗技术临床应用效果不确切；(7)省级以上卫生行政部门规定的其他情形。

四、尸体解剖管理法律制度

（一）尸体解剖的概念及其立法

尸体解剖是指通过对病死患者或者死因不明的尸体进行病理解剖和检验，以明确死亡原因，观察致病因素的作用，确定各种疾病发生的顺序，以便了解疾病的机制及其规律的一种方法。

1979年卫生部制定颁发了《尸体解剖规则》；1993年卫生部对如何处理尸体解剖脏器标本问题作出了批示；2002年卫生部和国家中医药管理局又颁发了《医疗事故争议中尸解机构及专业技术人员资格认定办法》，为尸体解剖提供了法律依据。

（二）尸体解剖种类及适用条件的规定

尸体解剖可以分为以下三种：

1.普通解剖。普通解剖限于医学院校和其他药学、科研单位的人体学科在教学和科学研究时施行。凡死者生前有遗嘱或家属自愿提供的解剖者、无人认领的尸体可收集做普通解剖之用。

2.法医解剖。法医解剖限于各级人民法院、检察院、公安机关以及医学院校附设的法医科(室)施行。凡符合下列条件之一者,应进行法医解剖:(1)涉及刑事案件,必须经过尸体解剖始能判明死因的尸体和无名尸体需要查明死因及性质的;(2)急死或突然死亡,有自杀或他杀嫌疑的;(3)因工农业中毒或烈性传染性死亡涉及法律问题的尸体。

3.病理解剖。病理解剖限于教学、医疗、医学科研和医疗预防机构的病理科(室)施行。凡符合下列条件之一者,应进行病理解剖:(1)死因不清楚者;(2)有科学研究价值者;(3)死者生前有遗嘱或家属自愿提供解剖者;(4)疑似职业中毒、烈性传染病或集体中毒死亡者。

(三)尸体解剖管理的法律规定

解剖尸体必须经医生进行死亡鉴定,签署死亡证明后方可进行。供普通解剖使用的无主尸体,应保存1个月后方可使用。在1个月内,如发现死者姓名及通讯地址时,应即时通知家属,在限期内前来认领。逾期不认领者,在呈报主管机关或公安部门批准后,即可解剖。

在施行病理解剖时,如发现有他杀或自杀嫌疑时,病理解剖单位应报请公安部门派法医进行解剖或由法医与病理医生共同解剖。病理解剖科室只接受医疗、预防、科研、卫生行政机构和其他国家机关的委托进行尸体解剖。

凡病理解剖的或法医解剖的尸体,可以留取部分组织、器官作为诊断及研究之用。但应以尽量保持外形完整为原则,如有损坏外形的必要时,应征得家属或死者生前所在单位同意。

病理解剖或法医解剖,一般应在1个月内向委托单位发出诊断报告,如发现其死因为烈性传染病者,应予确定诊断后12小时内报告当地卫生行政主管部门。

《医疗事故争议中尸检机构及专业技术人员资格认定办法》规定,患者死亡,医患双方当事人不能确定死因或者对死因有异议的,应当由具有本办法规定资格的尸检机构和专业技术人员进行尸检。

五、医学科学研究管理法律制度

医学科学研究管理是对医学科学技术创新活动系统进行的现代科学化管理,主要包括科研计划、科研经费、科研机构、科研成果、科技开发与科技市场、科技合作与交流、科技情报、科技档案以及科技统计的管理。

1979年以来，国家陆续颁布了《医学科学研究计划管理试行办法》《医学科学研究机构管理试行办法》《附属性医学科学研究机构管理暂行办法》《医学科研基金制试行条例》《医学科学研究招标指南》《卫生系统保护涉外知识产权暂行规定试行》《中国与世界卫生组织合作中心管理办法》《卫生部所属国家重点实验室管理细则》《关于医学科学技术体制改革的意见》等规章和规范性文件，使我国医学科学研究管理走上了法治化轨道。

(一)医学科学研究管理机构和科研机构

卫生部负责管理全国医学科学研究工作。卫生部内设科技教育司。各省、自治区、直辖市卫生厅(局)设相应的职能机构，负责本地区医药卫生科研的管理工作，安排落实卫生部下达的科研任务。

另外，从中央到地方建立了一批医学科学研究机构、医学科学咨询机构，成立了各种医学学会、研究会，初步形成了具有中国特色的医学科学研究机构体系。

卫生部医学科学委员会是全国医学科学研究工作的咨询机构，其主要任务与科技部专业组的任务相类似。还有全国卫生技术标准委员会，其主要任务是制定各种卫生标准。

(二)医学科研计划管理的法律规定

医学科研计划管理是指组织制定和实施国家、卫生部、科研单位的科研计划的活动，主要包括：

1. 科研任务的安排审批。医学科研一般分为医学基础理论研究、应用研究和开发研究三类。又可分为国家计划、部级计划、省级计划三级。

2. 医学科研计划的编制和审批。全国医学科学技术发展规划由国务院卫生行政部门组织制订和实施。根据全国规划和省、自治区、直辖市的具体情况制订本地区、本单位的长远规划与年度计划，同时报卫生部备案。科技部、卫生部门、省级医药卫生单位管理的部分重点研究项目，试行“专项管理、分级负责、同行评议、签订合同”的管理体制。

3. 计划的组织实施。对科研计划和科研合同的执行情况，要定期检查，半年小结，年终总结，按规定上报。根据检查结果实施奖惩。

4. 医学科研计划管理机构。主要是全国研究院、所的职能机构；各省、自治区、直辖市卫生厅(局)；各高等医学院校的科研机构(处、室、办)。

(三)医学科研成果管理的法律规定

1. 医学科研成果的分类

其类别主要分为：(1)医学基础理论研究成果。以认识生命现象和探索疾病的发生和发展规律为主要目的的新发现、新发展、新认识等。(2)应用研究成果。

以解决当前医学提出的实际问题为目的的新方法、新技术、新药械等。(3)技术研究成果。以提高预防、诊断、医疗效果和科学研究水平为目的的新产品、新工艺、新材料等。(4)重大科学技术研究的阶段性成果。探索性的理论课题和重大的应用课题,在研究工作尚未全部结束前取得的经过鉴定具有一定学术意义或可以独立应用的结果。

2.医学科研成果鉴定的规定

(1)医学科研成果鉴定的概念。医学科研成果鉴定是指有关医学科研行政管理机关组织同行专家,按照规定的形式和程序对在医学实验或理论上有创造性的具有一定科学水平和实用价值的新技术、新方法、新器材、新药物、新发现、新认识等进行审查和评价,并作出相应的结论。医学科研成果的表现形式主要有研究报告、学术论文及专著、样品及其制备生产方法、样机及其生产制造方法、医用计算机软件等。

(2)医学科研成果鉴定级别,分为国家鉴定、部级鉴定、地方鉴定和基层审查或鉴定四级。

(3)医学科研成果鉴定的程序与形式。医学科研成果鉴定一般须经过申请鉴定、受理鉴定申请、组织鉴定等法定程序。鉴定形式主要有会议鉴定、检测鉴定、函审鉴定等。会议鉴定简捷高效,是比较普遍采用的形式。

(4)医学科研成果鉴定的要求。其鉴定的内容要求主要是:研究实验设计、技术方法的合理性;测试数据处理、结论推断的严密性;科学技术资料的完整性;对实际应用价值和科学水平的评价;存在问题和改进的建议;对成果的处理意见。

(5)医学科研成果鉴定的特别规定。①就医学科研成果来说,属于纯基础理论研究成果,不组织鉴定,但可以通过学术刊物或会议公开发表获得认可;②医学应用性理论研究成果可以申请鉴定;③医学软科学研究成果,也不组织鉴定,但可以采取会议或信函方式进行评审或合同约定的验收方式进行验收;④由于专利本身就是一种审查制度,因此,已申请专利的医学应用性技术成果可以视同鉴定,不再组织鉴定;⑤已转让实施的医学应用技术成果可以根据合约,由受让方验收并作出评价,一般也不再组织鉴定。

为确保药品医疗器械科研成果的科学性和可靠性,国家科委于1990年1月9日特别发布了对药品、医疗器械等科研成果鉴定的补充规定。其规定是,凡药品(中药、西药、生物制品、放射性药品)科研成果,还必须符合《药品管理法》的有关规定,并取得卫生行政管理部门药政管理机构的批准文件(以中医临床研究为主而最终不形成新药的项目除外);医疗器械科研成果,必须符合国家医药管理部门的有关医疗器械管理的规定。

(6)不予鉴定的规定。凡违反国家法律、法规规定,对社会公共利益或环境资源造成危害的项目,其鉴定申请将不被受理;正在进行鉴定的,应停止鉴定;已经通过鉴定的应予撤销。

完成科研成果的单位必须及时按级别逐级上报。各省、自治区、直辖市卫生行政部门和部直属单位应指定专门机构负责管理科研成果。

(四)医学科研奖励制度

卫生部规定,对具有较高水平、在学术上有重要意义或在防病治病以及在科学研究上有明显贡献的科研成果,符合国家奖励条例的,按条例要求上报及奖励。卫生部、国家医药管理局、国家中医药管理局等部门还设立了部、局级医药卫生科学研究成果奖。各省、自治区、直辖市也设立了相应的奖项。

目前,国家级科研成果奖主要有国家自然科学奖、国家技术发明奖和国家科技进步奖三大奖项。国家自然科学奖主要奖励在基础研究和应用基础研究中阐明自然现象规律、特征和有重大科学发现的科研成果;国家技术发明奖主要奖励重大的科学技术新成就;国家科技进步奖的范围包括:应用于社会主义现代化建设的新的科技成果,推广、采用已有的先进科技成果,科技管理以及标准、计量、科技情报工作等。该奖项分为国家级和省部级两种。

(五)医学科研成果的知识产权保护

医学科研成果的知识产权,是指权利人对其在医学科研领域创造的智力劳动成果,依法享有的专有权利。结合我国知识产权法律规定,医学科研成果的知识产权保护内容主要有:

1. 医学科研论文、著作的知识产权保护。
2. 诊断治疗和预防等新技术、新方法的知识产权保护。
3. 新药品、生物制品、医疗器械产品的知识产权保护。
4. 医用计算机软件的知识产权保护。

第三节　医学教育与人才培养管理法律制度

一、医学教育管理法概述

人才是医学资源的核心,医学人才培养靠医学教育。医学教育管理法(Medical education administration),是调整在医学教育及医学人才培养管理活动中所产生的各种社会关系的法律规范的总和。它调整国家与各级医学教育机构的关系、医学教育机构与医疗机构及社会有关部门的关系、医学教育机构内部管理过程中的关系,是依法管理医学教育活动的法律依据,是国家医药卫生立法不可缺少的组成部分。医学教育管理法规的建立健全不仅对医学教育事业，而且对整个医药卫生事业的改革发展都有着重大而深远的影响。

我国医学教育立法和政策性文件主要有：1999 年卫生部制定了《全科医师规范化培训试行办法》；2000 年卫生部制定了《关于发展全科医学教育的意见》《社区护士岗位培训大纲（试行）》；同年卫生部还制定了《远程医学教育教学站和网站管理暂行规定》《远程继续医学教育教学管理暂行规定》；2001 年卫生部、教育部发布《中国医学教育改革和发展纲要》；2006 年卫生部发布《卫生部继续医学教育"十一五"规划》；2007 年教育部制定《来华留学生医学本科教育（英语授课）质量控制标准暂行规定》；2008 年卫生部、教育部联合制定了《医学教育临床实践管理暂行规定》；2008 年教育部、卫生部制定《本科医学教育标准——临床医学专业（试行）》；2009 年卫生部制定《中华人民共和国卫生部继续医学教育规定（试行）》。2009 年中共中央、国务院《关于深化医药卫生体制改革的意见》提出："要建立可持续发展的医药卫生科技创新机制和人才保障机制。加强医药卫生人才队伍建设。制定和实施人才队伍建设规划，重点加强公共卫生、农村卫生、城市社区卫生专业技术人员和护理人员的培养培训。调整高等医学教育结构和规模。加强全科医学教育，完善标准化、规范化的临床医学教育，提高医学教育质量。加大医学教育投入，大力发展面向农村、社区的高等医学本专科教育，采取定向免费培养等多种方式，为贫困地区农村培养实用的医疗卫生人才，造就大批扎根农村、服务农民的合格医生。"

二、医学教育管理法律制度

我国医学教育由教育部和卫生部共同管理，教育部负责方针政策、规划、规章制度的制定和统一安排。卫生部负责管理医学教育的具体业务，卫生部内设科技教育司，其管理医学教育的职责是：拟定医学教育发展规划和成人医学教育管理办法；指导医学专业学位建设和高中等医学教育教学工作，指导部属院校的教学工作。各级卫生行政管理部门设有相应的专门管理机构，负责本地区的医学教育管理工作。

我国医学教育体系是由基本医学教育、进修医学教育、成人医学教育三大部分构成。医学教育管理的法律规定，主要包括招生对象与招生计划、专业设置、学制、培养目标、教学计划、教学课程、教学经费、领导与管理等。

（一）基本医学教育

1. 中等医学教育。它是培养中级医药卫生技术人员的职业教育。我国关于中等医学教育的规定主要有：1979 年卫生部和国家教委制定的《全国中等卫生学校工作条例》，1999 年卫生部、教育部印发的《中等医学教育主要专业设置标准》的通知,2001 年卫生部、教育部印发的《中等医学教育结构调整指导意见》。

2.高等医学教育。它是医学教育体系中培养高级医药卫生技术人才的专门层次。高等医学院校集教学、医疗和科研三方面任务为一体,既是培养高级医学技术人才的教育中心,又是科学研究的基地,其附属医院则是具有较高水平的医疗保健中心。高等医学教育又分为本科和研究生教育及相应的学位制度。我国关于高等医学教育的规定主要有:2001 年卫生部、教育部发布的《中国医学教育改革和发展纲要》;2008 年教育部、卫生部制定的《本科医学教育标准——临床医学专业(试行)》;2008 年卫生部、教育部联合制定的《医学教育临床实践管理暂行规定》等。

(二)进修医学教育

进修医学教育是毕业后医学教育,是我国医学教育的重要组成部分,是培养提高在职医药卫生技术人员业务和管理水平的一个重要途径。1979 年卫生部制定颁布的《卫生技术人员进修工作条例(试行草案)》是进修医学教育工作的主要依据。

(三)成人医学教育

成人医学教育是传统学校教育向终身教育发展的一种新型医学教育制度。成人医学教育利用多种医学教育资源,对在职医药卫生技术人员进行补课教育、继续医学教育、岗位培训等多种形式的教育,不断提高专业医药卫生技术人员的整体素质。2009 年卫生部制定的《中华人民共和国卫生部继续医学教育规定(试行)》是成人医学教育工作的主要依据。

三、医学教育临床实践管理法律制度

为规范医学教育临床实践活动的管理,保护临床实践过程中患者、教师和学生的合法权益,保证医学教育教学质量,2008 年卫生部、教育部联合制定了《医学教育临床实践管理暂行规定》。该规定适用于经教育行政主管部门批准设置的各级各类院校的医学生和《执业医师法》规定的试用期医学毕业生的临床见习、临床实习、毕业实习、试用期临床实践等医学教育临床实践活动。

临床教学基地及相关医疗机构,应采取有效措施保护医学教育临床教学实践活动中患者的知情同意权、隐私权和其他相关权益。临床教学基地和相关医疗机构有责任保证医学教育临床实践过程中患者的医疗安全及医疗质量,并通过多种形式告知相关患者以配合临床实践活动。

医学生在临床带教教师的监督、指导下,在征得患者理解、同意下可以接触观察患者、询问患者病史、检查患者体征、查阅患者有关资料、参与分析讨论患者病情、书写病历及住院患者病程记录、填写各类检查和处置单、医嘱和处方,对患者实施有关诊疗操作、参加有关的手术。试用期医学毕业生在指导医师的监督、指导下，可以为患者提供相应的临床诊疗服务。医学生和试用期医学毕业生参与医学教育临床诊疗活动，必须由临床带教教师或指导医师监督、指导，不得独自为患者提供临床诊疗服务。临床实践过程中产生的有关诊疗的文字材料，必须经临床带教教师或指导医师审核签名后才能作为正式医疗文件。

在医学教育临床实践过程中发生的医疗事故或医疗纠纷，经鉴定，属于医方原因造成的，由临床教学基地和相关医疗机构承担责任。因临床带教教师和指导医师指导不当而导致的医疗事故或医疗纠纷，临床带教教师或指导医师承担相应责任。医学生和试用期医学毕业生，在临床带教教师和指导医师指导下参与医学教育临床实践活动，不承担医疗事故或医疗纠纷责任。

第二十一章　红十字会法与国际卫生公约

第一节　红十字会法

一、红十字事业

(一)国际红十字运动

1.发展简史。国际红十字运动是人类文明进步的产物和象征。它起源于19世纪中叶欧洲的战争救护。瑞士人亨利·杜南开创了以人道、博爱、和平、进步为宗旨的红十字事业。1863年10月由瑞士发起,在日内瓦召开了有欧洲16个国家代表参加的首次外交会议,并一致通过了《红十字决议》,决定在各国建立救护团体。为表示对瑞士的敬意,会议将标志定为"白底红十字"。1864年,又签订了《改善战地伤员境遇之日内瓦公约》(简称《公约》,下同)。《公约》规定,战场上进行救护的医院及人员处于中立地位,应受保护,并有使用红十字标志的特权;应对伤病员不分敌友均给予救护。《公约》使红十字运动在国际上得到了法律依据。《公约》规定用白底红十字标志,它意味着战时要保护从事战地救护和战俘救济工作的组织机构及其医护人员,以及在敌对双方之间的中立性。同时,《公约》对各种已采用白底红新月或白底红狮与太阳以代替红十字标志的,亦同样予以承认。该《公约》在1906年、1929年分别进行了修订。1949年8月,各国又重新缔结了日内瓦四项公约,即《改善战地武装部队伤者病者境遇的日内瓦公约》《改善海上武装部队伤者病者及遇难船员境遇的日内瓦公约》《关于战俘待遇的日内瓦公约》《关于战时保护平民的日内瓦公约》。1977年6月,日内瓦公约又添加了一些协议书,如《1949年8月12日日内瓦公约关于保护国际性武装冲突受难者的附加议定书》。1986年10月,在日内瓦召开的第25届红十字国际会议上通过了《国际红十字会和红新月运动章程》,将国际红十字运动改称为国际红十字和红新月运动。2005年12月8日,红十字会与红新月会国际联合会取得了第三个没有任何宗教意义的标志——红水晶,并于2007年1月14日正式启用,力争尽快代替红十字和红新月两个标志。为了表彰红十字运动的创始人亨利·杜南的功绩,红十字会与红新月会国际联合会于1948年决定,将他的生日——5 月 8 日命名为"世界红十字日"。由于国际红十字会在战争时期及和平时期对人类社会都有卓著的贡献，所以共获得过 3 次诺贝尔和平奖，加上其创始人亨利·杜南于 1901 年获得的诺贝尔和平奖，国际红十字会共获得过 4 次诺贝尔和平奖。

国际红十字和红新月运动，由红十字国际委员会、红十字会与红新月会国际联合会及各国红十字会与红新月会三个部分共同构成。在追求其使命的时候，确立了人道、公正、中立、独立、统一、普遍和志愿服务七项基本原则为其行为准则。

2. 红十字国际委员会(ICRC)。红十字国际委员会的前身是 1836 年 2 月 9 日成立的"伤兵救护国际委员会"，是一个瑞士民间团体，由瑞士公民组成，总部设在日内瓦。由于它是世界红十字与红新月运动的创建者，历次日内瓦公约指定它在发生武装冲突时，以中立者身份从事保护和救济战争受难者的活动。从宣告成立时起，它的活动就具有国际性质，其主要任务是：(1)承认新成立的红十字会或红新月会；(2)提议修正日内瓦公约；(3)在武装冲突中监督日内瓦公约执行情况，对受害者进行保护；(4)帮助离散家人建立通信联系和团聚。

3. 红十字会与红新月会国际联合会(IFRC)。红十字会与红新月会国际联合会是各国红十字会、红新月会的国际联合体，总部设在日内瓦，是一个独立的、非政府的、非政治性的、非种族的、非宗派的国际性组织。其主要职责是：(1)促进和协调各国红十字会开展自然灾害的救济和其他红十字人道主义服务活动；(2)协助救助武装冲突地区以外的难民的工作；(3)预防和减轻人类的痛苦并努力改善最易受损害人群的境遇。红十字会与红新月会国际联合会的最高权力机构是联合会大会，由各国红十字会或红新月会派代表参加，每两年召开一次，常设机构是执行理事会。一个国家的红十字会或红新月会申请加入国际联合会必须具备：(1)该国政府已承认日内瓦公约；(2)该国只有一个红十字会或红新月会，并且已获得该国政府和红十字国际委员会的承认等条件。

4. 各国红十字会与红新月会。各国红十字会，是国际红十字与红新月运动的主体。截至目前，世界上共有 186 个被红十字国际委员会正式承认的国家红十字会。各国红十字会作为本国政府人道事务的助手，依据红十字和红新月运动的基本原则和自身的章程，在本国境内开展红十字人道工作，并在国际范围内相互支持和协作，以共同推动和维护世界和平。

(二)中国红十字事业

1. 中国红十字事业的历史发展。中国红十字会是国际红十字会组织的重要成员，成立于 1904 年，时称上海万国红十字会；1907 年改称大清红十字会；1912 年改称中国红十字会，并得到红十字国际委员会的承认；1919 年红十字会国际协会成立后，中国红十字会于当年7月8日正式加入红十字会国际协会；1933年改称为中华民国红十字会。

新中国成立后，于1950年对中华民国红十字会进行了改组，改称为中国红十字会；1952年7月第18届国际红十字大会承认中国红十字会是中国唯一合法的全国性红十字会，成为新中国在国际组织中第一个恢复合法席位的团体；1978年，中国红十字会经国务院批准恢复国内工作以来，中国红十字事业不断发展，目前全国各个省、自治区、直辖市都建立了红十字会，有基层组织15万个，2280多万会员。

2.中国红十字事业的卓著成绩。长期以来，中国红十字会坚持不懈地为减轻各种灾害给群众造成的苦难而努力工作，特别是改革开放以来，中国红十字事业不断发展，取得了很大成绩：(1)加强了备灾救灾工作，已建成并投入使用6个中国红十字会备灾救灾中心和5个省级红十字会备灾救灾中心，帮助灾区人民解决衣食住等急需物品，救治伤病员，防病防疫，重建家园，救灾成绩世人瞩目；(2)积极推行无偿献血，开展非血缘关系骨髓移植供者登记工作，建立了中华骨髓库；(3)不仅成功地开展了战时、灾时、突发事件中的卫生救护工作，而且在平时的群众性卫生救护方面也日趋活跃，红十字青少年活动和群众性社会服务不断发展；(4)红十字会以其特殊身份首先发端与我国台湾地区的联系，帮助两岸离散亲人团聚，处理两岸交流的衍生问题，对实现双向交流起了特殊作用；(5)参与国际间的灾害救济、对外捐助和接受外来捐助；(6)中国红十字会还本着独立、平等、互相尊重的原则，发展同各国红十字会和红新月会的友好合作关系，与150多个国家红十字会保持经常性的友好往来，开展交流；(7)还承担了国际间查人转信、遣返战俘、医疗救护和社会服务等其他政府委托的事宜，为增进世界各国人民友谊发挥了积极作用。

1993年10月31日，第八届全国人大常委会第4次会议通过了《中华人民共和国红十字会法》(简称《红十字会法》，下同)，并自公布之日起施行。《红十字会法》对红十字会的性质、宗旨、组织、职责、地位和作用、标志、经费与财产等作了规定，为中国红十字事业提供了法律保障，是中国红十字会事业发展历史上的一个里程碑。各省、自治区、直辖市人大常委会结合本地区实际，制定了《红十字会法》实施办法或地方性红十字条例。1994年4月25日，中国红十字会第六次全国会员代表会依照《红十字会法》制定了《中国红十字会章程》；中国红十字会还根据《红十字会法》和《红十字与红新月灾害救济原则与条例》制定了《中国红十字灾害救济原则与条例》，发布了《中国红十字会募捐和接受捐赠工作条例》。1996年1月29日国务院、中央军委发布了《中华人民共和国红十字标志使用办法》。中国《红十字会法》及其他相关法规的颁布实施，使我国红十字事业走上了法治轨道，必将为促进世界和平进步事业作出更大的贡献。

二、红十字会的法律规定

（一）红十字会的性质和宗旨

中国红十字会是中华人民共和国统一的红十字组织，是从事人道主义工作的社会救助团体。中国红十字会的宗旨是：保护人的生命和健康，发扬人道主义精神，促进和平进步事业。

中国红十字会本着以下原则开展工作：

1. 入会自愿原则。《红十字会法》明确规定，中华人民共和国公民不分民族、种族、性别、职业、宗教信仰、教育程度，承认中国红十字章程并缴纳会费的，可以自愿参加红十字会，成为红十字会的成员。

2. 独立自主原则。中国红十字会遵守宪法和法律，遵循国际红十字和红新月运动确立的七项基本原则，依照中国参加的日内瓦公约及其附加议定书和中国红十字会章程，独立自主地开展工作。

3. 政府支持、资助、监督原则。中华人民共和国政府对红十字会给予支持和资助，保障红十字会依法履行职责，并对红十字会开展活动进行监督，同时红十字会也有义务协助政府开展与其职责有关的活动。

4. 国际友好合作原则。中国红十字会根据独立、平等、互相尊重原则，发展与各国红十字会和红新月会的友好合作关系。

（二）红十字会组织

全国建立中国红十字总会，具有社会团体法人资格。县级以上按行政区域建立地方各级红十字会，根据实际工作需要配备专职工作人员。全国性行业根据需要可以建立行业红十字会，地方各级红十字会、行业红十字会依法取得社会团体法人资格。

各级红十字会理事会由会员代表大会民主选举产生。理事会民主选举产生会长和副会长。中国红十字总会设名誉会长和名誉副会长。名誉会长和名誉副会长由中国红十字总会理事会聘请。

各级红十字会会员代表大会闭会期间，由理事会执行会员代表大会的决议。理事会向会员代表大会负责并报告工作，接受监督。上级红十字会指导下级红十字会的工作。

（三）红十字会员与红十字志愿者

1. 红十字会员。红十字会员分团体会员和个人会员两种。机关、企业、事业单位及有关团体集体加入红十字会，须由单位提出书面申请，报县级以上红十字会批准，发给证书和标牌，成为红十字会团体会员。个人会员入会由本人申请，基层红十字会批准，报县级以上红十字会备案，发给会员证，方可确认其会员资格，成为个人会员；个人户籍所在地或工作单位未建立基层红十字会组织的，可以直接到单位或户籍所在地的县级红十字会申请入会。

红十字会员应履行如下义务：(1)学习、宣传和贯彻《中华人民共和国红十字会法》《中华人民共和国红十字标志使用办法》；(2)传播国际人道法和红十字运动的基本知识；(3)遵守《中国红十字会章程》；(4)按期缴纳会费；(5)完成红十字会交办的任务，维护红十字会的合法权益。

2.红十字志愿者。中华人民共和国公民，遵守《中华人民共和国红十字会法》和《中国红十字会章程》，愿意协助红十字会工作，可自愿申请成为志愿工作者。要求加入志愿工作者组织的人士，需本人自愿向红十字提出书面申请，填写志愿服务申请表；经红十字会同意并登记备案后成为志愿工作者，在红十字会统一领导下开展活动。志愿者协助红十字会工作和参与社会公益活动，原则上利用自己的业余时间。遇紧急或特殊情况需占用工作时间，红十字会出具证明，请单位给予支持和鼓励。对每一名红十字会志愿工作者，只有一个基本要求，即每年参加红十字会志愿工作服务的时间不少于48小时。

(四)红十字会的权利与职责

1.红十字会的权利：(1)物质处分权。红十字会有权处分其接受的救助物资；在处分捐赠款物时，应当尊重捐赠者的意愿。(2)优先通行权。在自然灾害和突发事件中，执行救助任务并标有红十字标志的人员、物资和交通工具有优先通行的权利。(3)任何组织和个人，不得拒绝、阻碍红十字会工作人员依法履行职责。

2.红十字会的职责。作为国际性的人道主义组织，中国红十字会主要从事的工作有：

(1)开展救灾的准备工作。每当大的自然灾害发生，中国红十字会即开展社会募捐活动，为灾区筹集赈济款物，中国红十字会建有区域性的和省级的备灾救灾中心，储备救灾物资，培训救灾人员；在自然灾害和突发事件中，对伤病员和其他受害者进行救助。

(2)普及卫生救护和防病知识，进行初级卫生救护训练，培训初级卫生救护人员，组织群众参加现场救护；参与输血献血工作，推动无偿献血；经政府批准负责中国造血干细胞捐赠者资料库(中华骨髓库)的建设、管理。开展其他人道主义服务活动，诸如对散居在社会上的孤老病残者开展社会救助和社会服务。兴办社会福利事业，参与国家社会保障体系，服务于社会上最易受损害的群体。

(3)开展红十字会青少年活动。在全国各级各类学校中建立红十字组织，发展会员，开展红十字青少年活动，进行精神文明教育及青少年的卫生健康教育，促进学生的德育发展；开展国际红十字青少年的友好交往。

(4)参加国际人道主义救援工作。

(5)宣传国际红十字和红新月运动的基本原则和日内瓦公约及其附加议定书。宣传《中华人民共和国红十字会法》及《中华人民共和国红十字标志使用办法》，传播日内瓦公约及其附加议定书，宣传红十字会的宗旨、任务。

(6)依照国际红十字和红新月运动的基本原则，完成人民政府委托事宜。

(7)依照日内瓦公约及其附加议定书的有关规定开展工作。

(五)红十字会的经费来源和使用监督

1.红十字会的经费来源主要是：红十字会员缴纳的会费；接受国内外组织和个人捐赠的款物；动产和不动产收入；人民政府的拨款。

2.经费使用监督。为了保证红十字的经费使用符合红十字会的宗旨和国家相关的法律法规，人民政府对红十字会的经费使用有权进行检查监督。

红十字会也自行建立经费审查监督制度。主要有以下四个方面：(1)红十字会的经费使用应与其宗旨相一致；(2)红十字会对接受的境外捐赠款物，应建立专项审查监督制度；(3)红十字会经费来源及使用情况，每年向红十字会理事会报告；(4)任何组织和个人不得侵占和挪用红十字会的经费和财产。

三、红十字标志使用的法律规定

(一)红十字标志使用的监督管理

为了维护红十字标志的严肃性，必须正确使用红十字标志，并加强监督管理。《红十字标志使用办法》(简称《办法》，下同)规定，红十字标志是白底红十字，它是国际人道主义保护标志，是武装力量医疗机构的特定标志，是红十字会的专用标志。除《办法》规定的使用范围外，禁止任何其他组织或个人使用红十字标志。地方各级人民政府依法对红十字标志的使用实施监督管理，地方各级红十字会应当协助本级人民政府对红十字标志的使用实施监督管理。

(二)红十字标志的保护性使用

红十字会标志的保护性使用，是指在武装冲突中，冲突各方对依照红十字标志使用办法的规定佩戴红十字标志的人员和标有红十字标志的处所及其物品、医务运输工具，必须予以保护和尊重。

1.使用红十字标志应注意的事项。(1)红十字作为保护性标志使用时，不得在标志上添加任何内容；(2)使用在旗帜上的，红十字不得触及旗帜的边缘；(3)用在臂章上的，红十字应当置于臂章的中间部位；(4)用在建筑物上的，红十字应当置于建筑物顶部的明显部位；(5)红十字作为保护性标志使用时，应当在尽可能远的地方或者不同的方向得以辨认；在夜间或者能见度低时，应当以灯光照明或者用发光物装饰。

2.有权使用红十字标志的人员。在武装冲突中，下列人员可以使用保护性红十字标志：(1)武装力量医疗机构的医务人员和工作人员；(2)红十字会的工作人员和医务人员；(3)经国务院或者中央军事委员会批准的国际红十字组织和外国红十字组织的工作人员和医务人员；(4)军用的和民用的医务运输工具上的医务人员和工作人员；(5)经国务院或者中央军事委员会批准的国内外的志愿救助团体人员和民用医疗机构的医务人员。使用保护性红十字标志的人员必须随身携带由国务院或者中央军事委员会授权的部门签发的身份证明。

3.有权使用红十字标志的组织和机构。在武装冲突中，下列机构或者组织及其处所、物品、医务运输工具可以使用保护性红十字标志：(1)武装力量的医疗机构；(2)参加救助活动的红十字会；(3)经国务院或者中央军事委员会批准的国内外的志愿救助团体和医疗机构；(4)经国务院或者中央军事委员会批准的国际组织。

此外，武装力量医疗机构的人员、处所及其物品、医务运输工具，在和平时期可以使用保护性红十字标志作为标记。

(三)红十字标志的标明性使用

红十字标志的标明性使用，是指对与红十字活动有关的人或者物的标示。红十字作为标明性标志使用时，在红十字下方必须伴以红十字会的名称或者名称缩写，并不得将红十字置于建筑物顶部。红十字会的工作人员、会员和其他有关人员履行职责时，应当佩戴标有红十字的小尺寸臂章；不履行职责时，可以佩戴标有红十字的小尺寸胸针或者胸章。

1.有权使用标明性红十字标志的人员：红十字会工作人员；红十字会会员；红十字青少年会员。

2.有权使用标明性红十字标志的场所：红十字会使用的建筑物；红十字会所属的医疗机构；红十字会开展符合其宗旨的活动场所。

3.有权使用标明性红十字标志的物品：红十字会的徽章、奖章、证章；红十字会的印刷品、宣传品；红十字会的救灾、救护物资及运输工具。

在上述规定的人员、场所、物品、运输工具范围以外需要使用标明性红十字标志的，由红十字总会批准。

(四)红十字标志的禁止使用

为了合法地使用红十字标志，维护红十字标志的尊严，有效地防止滥用，规定下列几种情况不得使用红十字标志：一是商标或者商业性广告；二是非红十字会或者非武装力量的医疗机构；三是药店、兽医站；四是商品的包装；五是公司的标志；六是工程设计、产品设计；七是红十字标志使用办法规定可以使用红十字标志以外的其他情形。

四、违反红十字会法的法律责任

（一）阻碍红十字会工作人员依法履行职责的法律责任

《红十字会法》规定，任何组织和个人不得拒绝、阻碍红十字会工作人员依法履行职责。在自然灾害和突发事件中，以暴力、威胁方法阻碍红十字会工作人员依法履行职责的，依照《刑法》有关规定追究刑事责任；阻碍红十字会工作人员依法履行职责未使用暴力、威胁方法的，依照《治安管理处罚条例》的有关规定处罚。

《刑法》第 277 条规定，在自然灾害和突发事件中，以暴力、威胁方法阻碍红十字会工作人员依法履行职责的，构成妨碍公务罪，处 3 年以下有期徒刑、拘役、管制或者罚金。

（二）违反红十字标志使用办法的法律责任

对违反《红十字标志使用办法》的规定，有下列情形之一的，红十字会有权予以劝阻，并要求其停止使用；拒绝停止使用的，红十字会可以提请人民政府责令停止使用：

1. 红十字会的工作人员、会员、红十字青少年会员以外的人员使用标明性红十字标志的。
2. 非红十字会使用的建筑物及其他场所使用标明性红十字标志的。
3. 非红十字会的医疗机构使用标明性红十字标志的。
4. 不属于红十字会的物品、运输工具等使用标明性红十字标志的。
5. 有违反红十字标志使用办法规定使用红十字标志的其他情形。

违反《红十字标志使用办法》关于红十字标志的禁止使用规定，擅自使用红十字标志的，由县级以上人民政府责令停止使用，没收非法所得，并处 1 万元以下的罚款。

武装力量中的组织和人员有违反红十字标志使用办法规定行为的，由军队有关部门处理。

第二节　国际卫生公约

一、概述

（一）国际卫生公约的界定

国际卫生公约主要包括国际卫生条约、协定和有关国际组织的宣言和协议等。国际卫生条约或协定是指两个或两个以上国家，为确定它们之间维护人体健康关系的权利和义务而达成的协议。其中两个国家签订的国际卫生条约称为双边条约；两个以上国家共同缔结或参加的国际卫生条约，称为多边条约或国际公约。如：《国际卫生条例》《1961年麻醉品单一公约》《1974年职业性肿瘤公约》等。国际组织的有关协议是指政府间国际组织在其职权范围内作出的涉及国际卫生关系的决议或决定。非政府间国际组织的决议虽然对于国际卫生关系有影响，但在法律上对于国家没有任何拘束的效力，在诸多的国际组织中，最主要的是联合国，联合国主要机关的决议在国际上不仅有政治意义，还有法律意义。例如：联合国大会通过的《儿童生存、保护和发展世界宣言》《保护神经病患者和改善神经卫生保健决议》，世界卫生大会通过的《阿拉木图宣言》等。

（二）《国际卫生公约》的产生和发展

人类赖以生存的地球是一个整体生态系统，全球卫生状况和生态环境状况关系到各国人民的根本利益，人体健康不只是取决于个人的卫生行为，也不是孤立的个体事件，而是一项越来越具有广泛联系和影响的全球活动和社会性事业。人类物质生产力的巨大提高，一方面极大地改善了人类的生活条件，使人类卫生事业处于一个十分重要的地位；另一方面又给人类健康带来种种不利影响，使全球各个国家和地区共同面临越来越多的卫生问题。健康问题已成为全人类的共同问题。不同国家的人民迫切地感到需要国际合作，来解决人类面临的种种卫生问题，这就导致了国际卫生公约的出现。

14世纪，欧亚两洲发生鼠疫大流行，南亚死亡1300余万人，欧洲死亡2500余万人，有鉴于此，1374年在意大利的威尼斯建立了世界第一个检疫站，颁布了第一部检疫规章——《海员管理规定》，该规定很大程度上限制了疾病的传播。19世纪以来，西方商品贸易迅速发展，国际交通往来迅猛增加；同时，鼠疫、霍乱、天花、黄热病等烈性传染病广泛流行。既往的检疫规章已经不能适应现有的情况，许多国家为防御瘟疫的传播蔓延，相继采取检疫措施，制定检疫法规，并从地区性的协调，逐渐发展到国际间的合作；在此背景下，第一次国际卫生会议于1851年在巴黎召开，制定了世界第一个地区性《国际卫生公约》。

随着社会及疾病的发展，《国际卫生公约》也逐渐发展。1866年土耳其君士坦丁堡会议和1874年维也纳会议，针对当时霍乱历经四次世界性大流行的情况，重点提出防止霍乱国际间传播的措施，同时将鼠疫、黄热病并列为国际检疫传染病，建立了国际流行病委员会；1892年在意大利召开的国际卫生会议，制定了船只通过苏伊士运河检疫办法；1893年德里斯顿（德国）国际卫生会议，专门研究了防止东方（印度等国）鼠疫传入欧洲的检疫措施；1897年维也纳会议强制要求各国电报报告鼠疫首发病例；1903年巴黎第11次国际卫生会议，修订国际卫生检疫城市184条，强调船舶除鼠；1912年巴黎第12次国际卫生会议中形成的《国际卫生公约》文本，将霍乱、鼠疫、黄热病定为国际检疫传染病；1924 年布鲁塞尔 24 国会议，提出设立海港性病防治机构；1926 年巴黎第 13 次国际卫生会议，37 个国家参加，正式通过《国际卫生公约》，共 172 条，增加天花、斑疹伤寒为国际检疫传染病，中国出席了这次会议，并签订了该公约；1933 年荷兰海牙 22 国会议制定国际航空卫生公约，提出卫生机场航空卫生文件，加强机场的卫生管理。

第二次世界大战后，《国际卫生公约》发展的步伐加快。特别是 1948 年 WHO（World Health Organization，简称 WHO）成立后，为了实现其"使全世界人民获得可能的最高水平的健康"的宗旨，把提出国际卫生公约、规则和协定以及制定食品、药品、生物制品的国际标准和诊断方法等国际规则作为自己的任务之一，并编辑出版了《国际卫生立法汇编》（*International Digest Of Health Legislation*），积极推动国家之间卫生立法的交流合作。联合国及其有关机构也制定了多项与保护人体健康有关的国际卫生条约或形成了有关决议和宣言，《国际卫生公约》有了明显的加强和扩展。目前，《国际卫生公约》的内容涉及公共卫生与疾病控制、临床医疗、职业卫生、人口和生殖健康、特殊人群健康保护、精神卫生、卫生资源、药物管理、食品卫生、传统医学等诸多方面。

（三）《国际卫生公约》的原则

1. 全人类达到尽可能高的健康水平的总体利益原则。根据 WHO 在《2000 年人人健康全球策略》中提出的观点，健康是一项基本人权，是全世界的一项目标，也是全人类总体利益的重要体现。而人类生存环境、生活环境的卫生状况直接关系着人体健康，劳动者的健康状况又直接制约着生产力的提高和社会经济的发展。因此，使全世界人民获得可能的最高水平的健康，以保障全球经济的持续发展和促进人类社会进步，是《国际卫生公约》的基本原则。

2. 人体健康保护的合作原则。人类生活的相互依存，环境卫生与人类健康的相互联系和影响，随着人类社会的进步愈趋明显。人类健康受到了来自生存环境的政治、经济、文化、技术、自然诸因素的全方位威胁。而这些因素是由许多国家、民族共同造成的。所以，维护和增进人类健康，需要整个国际社会的合作和共同努力，在国际合作中共同发展，创造一个有利于人类健康的公共生存环境。这就要求国际社会制定一些保护人类健康的国家行为规范，通过国际卫生立法协调人类健康和生存环境的关系。

3. 公平分配卫生资源的原则。支撑人类健康和开展人人享有健康活动不可缺少的是卫生人力、卫生经费、卫生设施等卫生资源。当今由于人口的迅速增长，人类卫生资源的有限，以及其他社会和经济的原因，在不同地区和国家之间，在同一国家的城乡之间、不同阶层之间，在卫生资源分配和享有健康保健方面存在着很大差别。因此，除了需要各个国家以自给的原则来满足卫生方面的需求外，同时所有的国家和人民都必须承担寻求社会和经济平衡发展的责任，建立新的国际卫生秩序，能较公平地分配卫生资源。所以《阿拉木图宣言》提出，要采取迅速有效的国家和国际行动，在全世界范围内，特别是在发展中国家，以技术合作和符合国际新经济秩序的精神，开展和贯彻执行初级卫生保健，使人人享有卫生保健。

二、《国际卫生条例》

（一）《国际卫生条例》的制定

1948 年第 1 届世界卫生大会起草了《国际公共卫生条例》；1951 年第 4 届世界卫生大会通过了《国际公共卫生条例》。确立《国际公共卫生条例》的目的是以最大限度防止疾病在国际间的传播，同时又尽可能小地干扰世界交通运输。1969 年第 22 届世界卫生大会对《国际公共卫生条例》进行了修改、充实，并改称为《国际卫生条例》(International Health Regulation，IHR)，自 1971 年 1 月 1 日起生效。1973 年第 26 届世界卫生大会修改了 1969 年的《国际卫生条例》，特别修改了关于霍乱的条款。1981 年第 34 届世界卫生大会通过了《国际卫生条例》补充条款，规定检疫传染病为鼠疫、霍乱和黄热病，监测传染病为流行性感冒、疟疾、脊髓灰质炎、斑疹伤寒和回归热。大会鉴于全球消灭了天花，再次对《国际卫生条例》进行了修改，删除了有关天花的条款。为了加强各国之间的传染病监测，大会决定将"国际检疫委员会"改名为"国际传染病监测委员会"。为了应对新发传染病的出现及在国际间传播，1995 年召开的(WHO)第 48 届世界卫生大会，通过了关于对《国际卫生条例》进行实质性修订的决议。而 2003 年以来 SARS 和人禽流感疫情的暴发流行增加了修订《国际卫生条例》的紧迫性，国际社会也因此呼吁扩大《国际卫生条例》的使用范围。2003 年召开的第 56 届世界卫生大会作为紧急事项讨论了《国际卫生条例》的修订问题，并要求 WHO 秘书处加快修订工作的进程。2004 年 1 月和 9 月，WHO 先后两次提出 IHR 修订草稿，广泛征求各成员国意见；2004 年 3 月至 2005 年 5 月，WHO 先后召开各区域会议和两次政府间工作组会议，磋商修订 IHR。2005 年 5 月，第 58 届世界卫生大会通过了 IHR 的修订，新的 IHR 于 2007 年 6 月 15 日生效。

《国际卫生条例》赋予 WHO 交换流行病性质和解决检疫争端的重要职能，规定各国卫生检疫部门在传染病监测、预防接种、卫生处理等方面的权利、义务及工作程序等。《国际卫生条例》的制定，体现了国际卫生检疫从单纯的隔离留验到疾病监测、卫生监督和旅行者的卫生保健，经历了多个发展阶段，检疫内容不断延伸，国际检疫法规条款不断修改补充的过程，开辟了人类通过国际卫生立法形式开展国际合作与疾病进行斗争的新纪元，对于控制传染病蔓延，统一国际卫生检疫业务标准、范围,减少国家间因各自不同的卫生检疫规定的争执,促进世界贸易发展,增进国际间的友好往来,保障全球范围内人民的身体健康起到了积极作用。

(二)《国际卫生条例》的主要内容

《国际卫生条例》(简称《条例》,下同)共分10编66条,即:(1)前言、定义、目的和范围、原则及负责当局;(2)信息和公共卫生应对;(3)建议;(4)入境口岸;(5)公共卫生措施;(6)卫生文件;(7)收费;(8)一般条款;(9)MR专家名册、突发事件委员会和审查委员会;(10)最终条款。

《条例》的宗旨是:以最大的限度防止疾病在国际间传播,保障安全,同时又尽可能最小地干扰世界交通运输;加强流行病学原则在国际间的应用,以期发现、减少或扑灭传染源;改善港口、机场及其周围的卫生;防止媒介传播;鼓励国家一级的流行病学活动,以减少外来传染病介入的危险。主要内容包括:

1.对《条例》中的有关名词进行定义和统一解释,以防止使用过程中因解释不一、认识分歧而出现混乱。

2.适用范围从鼠疫、霍乱、黄热病三种检疫传染病的国境卫生检疫扩大为全球协调应对构成国际关注的突发公共卫生事件(包括各种起源和来源,实际上是指生物、化学和核辐射等各种因素所致突发公共卫生事件)。

3.加强WHO与成员国的联系。各成员国指定一个国家归口单位,负责与WHO联络点保持工作中的联系。设定各卫生行政机关疫情通报的义务;规定WHO应尽快将收到的疫情和其他情报发送各卫生行政机关,并编写《条例》执行情况和对国际交通影响的年度报告、世界疫情流行趋势以及疫区的范围的资料等。

4.对各成员国国家级、地方各级包括基层的突发公共卫生事件监测和应对能力,以及机场、港口和陆路口岸的相关能力的建设都提出明确要求,以确保条例的实施。

5.《条例》规定了可能构成国际关注的突发公共卫生事件的评估和通报程序,要求各成员国及时评估突发公共卫生事件,并按规定向WHO通报。同时,要求成员国根据WHO要求及时核实其他来源的突发公共卫生事件信息。

6.以针对公共卫生风险,又避免对国际交通和贸易造成不必要的干扰的适当方式,采取公共卫生措施,预防、抵御和控制疾病的国际传播。WHO按照《条例》规定的程序确认是否发生可能构成国际关注的突发公共卫生事件,并提出采取公共卫生应对措施的临时建议和长期建议,并成立突发事件专家委员会和专家审查委员会,为WHO相关决策提供技术咨询和支持。

7.各成员国可以根据本国立法和应对突发公共卫生事件的需要,采取《条例》规定之外的其他各项卫生措施,但应根据WHO要求,提供相关信息,并根据

WHO要求考虑终止这些措施的执行。

8.明确指出卫生措施是应用于国际交通运输方面最大限度的措施，也是防止检疫传染病传播的要求。《条例》从卫生措施的一般规定，离境时的卫生措施，应用于港口、机场到达或离去之间的卫生措施，到达时的卫生措施，以及关于国际运输货物、物品、行李和邮件的卫生措施等方面，对实施卫生措施的要求及程序等方面作了详细的规定。

9.明确规定《航海健康申报书》《飞机总申报单》的卫生部分、《除鼠证书》《免于除鼠证书》《黄热病预防接种证书》或复印证书等国际统一适用的检疫单证的样式及文字。同时还规定现役军人的《预防接种证书》与《国际预防接种证书》的样式应一致；《预防接种证书》是个人证件，不能集体使用，儿童也应有自己的《国际预防接种证书》。

10.规定卫生当局的收费。医学检查、鉴定健康状况的细菌学检查以及对到达人员的预防接种不得收费；其他收费应与各领域的收费标准一致，价格适当，不超过成本；本国籍与外国籍的人员、交通工具、集装箱的收费不应有区别。

11.关于除虫、大批量人员的卫生措施和国家间条约等三个方面的专门规定。《条例》规定，移民、游牧民、季节工或参加定期群众集会的人员以及运载他们的交通工具，应当符合各有关国家的法律、条例、相互间的协定中的附加性卫生措施，交通工具的标准不低于WHO的推荐标准。《条例》还规定，由于在卫生、地理、社会和经济方面的共同利益，两国或多国可以在下列领域内缔结特殊条约或作出安排：交换疫情、国际交通运输的卫生措施，共同边界上的卫生措施，运载染疫人特殊设施的运输安排，但这些条约或安排不得与《条例》抵触，并应通知WHO，WHO再立即把这些条约或安排发递各国。

12.规定《条例》的效力、修改、加入、保留程序等。

此外，《国际卫生条例》还包括9个附件：(1)监测和应对、出入境口岸的核心能力要求；(2)评估和通报可能构成国际关注的突发公共卫生事件的决策文件；(3)船舶免予卫生控制措施证书/船舶卫生控制措施证书示范格式；(4)对交通工具和交通工具运营者的技术要求；(5)针对媒介传播疾病的具体措施；(6)疫苗接种、预防措施和相关证书；(7)对于特殊疾病的疫苗接种或预防措施要求；(8)航海健康申报单示范格式；(9)航空器总申报单的卫生部分。

三、《阿拉木图宣言》

(一)《阿拉木图宣言》的制定

1977年，第30届世界卫生大会提出了“2000年人人享有卫生保健”(Health For All The Year 2000，HFA)这一以全球人类卫生保健为宗旨的全球性卫生战略目标。此后，WHO、联合国儿童基金会（UNICEF）多次召开会议，寻求发展国际卫生保健的途径。1978年9月，来自134个国家的代表，同WHO、UNICEF建立正式联系的专门机构及非政府组织的67名代表，来到苏联萨哈克斯坦共和国首都阿拉木图，参加国际初级卫生保健会议，一致认为初级卫生保健（primary health care，PHC）是实现"2000年人人享有卫生保健"目标的关键和基础途径，并通过了标志国际卫生发展史里程碑的文件《阿拉木图宣言》。

1979年11月，联合国大会在"关于卫生是社会发展的一个组成部分决议"中，表示赞同《阿拉木图宣言》。1980年，联合国特别会议在审议国际社会经济发展新策略时，特别提到"2000年人人享有卫生保健"的全球卫生战略，并承认初级卫生保健，使其成为到20世纪末全球经济发展新策略的组成部分。在WHO成员中，几乎所有国家的元首或政府首脑对"2000年人人享有卫生保健"目标的实现作出承诺，中国政府总理和国家主席分别于1988年和1991年对该目标作出了庄严承诺，中国各级政府对此采取了积极的行动来履行自己的诺言。

（二）《阿拉木图宣言》的主要内容

《阿拉木图宣言》共有10项，主要内容有：

1. 坚定重申健康不仅是疾病与体弱的匿迹，而且是身心健康与社会幸福的总体状态，是基本人权，达到尽可能高的健康水平是世界范围的一项最重要的社会目标，而其实现则要求卫生部门及其他社会及经济部门的行动。

2. 明确初级卫生保健的概念是指技术上适宜、学术上可靠而又为社会所接受的，通过个人、家庭及社会的参与，按自力更生精神，国家及群众能够负担费用的基本卫生保健。它既是国家卫生体制的一个重要组成部分，一个功能的中心和活动的焦点，也是群众社会及经济总体发展的一个组成部分。它是个人、家庭、群众与国家保健系统接触的第一环，能够使卫生保健尽可能接近人民居住及工作场所；它还是卫生保健持续进展的起始级。

3. 指出初级卫生保健是在社会公正精神下实现作为发展的一个部分的目标，即"2000年人人享有卫生保健"的重要渠道。

4. 初级卫生保健的内容包括：(1)开展针对主要卫生问题的预防控制方法的宣传教育；(2)改善食品供应及适当的营养；(3)提供安全饮用水及基本的卫生环境设施；(4)开展妇幼保健及计划生育；对主要传染病进行免疫接种；预防及控制地方病；(5)妥善处理常见病；供应基本药物等。

5. 促请所有各国政府制定开展初级卫生保健的国家政策、策略和行动计划，将它们作为整个国家卫生系统的一部分并同其他部门搞好协调；要求采取迅速有效的国家和国际行动，在全世界范围内，特别是发展中国家，以技术合作和符合国际经济新秩序的精神开展和贯彻执行初级卫生保健。

四、《儿童生存、保护和发展世界宣言》

(一)《儿童生存、保护和发展世界宣言》的制定

1989年11月20日,第44届联合国大会通过《儿童权利公约》后,1990年9月,在联合国总部纽约举行了"世界儿童问题首脑会议",有71个国家的首脑和81个国家的部长参加了会议。会议通过了《儿童生存、保护和发展世界宣言》(简称《宣言》,下同)以及《执行90年代儿童生存、保护和发展世界宣言行动计划》。目的在于促使最高决策机构承担一项义务——让每个孩子有更好的未来。中国政府外长代表中国政府总理出席了首脑会议,1991年3月18日,中国政府总理在世界宣言和行动计划上签字承诺。

1992年2月16日,中国政府正式颁布了《九十年代中国儿童发展规划纲要》(简称《纲要》,下同)。《纲要》根据中国国民经济和社会发展十年规划,依据世界儿童首脑会议通过的两个文件精神,结合中国儿童工作的实际情况,以面向世界、面向未来、面向现代化的姿态,提出了到2000年的主要奋斗目标和实现目标的策略与措施,充分显示了中国政府重视和关心儿童事业的严肃、负责的态度。1994年,我国制定了《中华人民共和国母婴保健法》,进而使儿童权益的保护法治化、规范化。

(二)《儿童生存、保护和发展世界宣言》的主要内容

《儿童生存、保护和发展世界宣言》分为5部分,共25条。

《宣言》指出,世界上的儿童是纯洁、脆弱、需要依靠的。他们还充满好奇、充满生气、充满希望。儿童时代应该是欢乐、和平、游戏、学习和生长的时代。他们的未来应该在和谐合作之中形成。他们应该在开阔视野、增长新的经验的过程中长大成人。但是,对许多儿童来说,童年的现实却与此完全不同。

1.挑战。作为政治领袖必须面对如下挑战:每一天,世界上有无数的儿童面临危险,他们的生长和发展受到阻碍;千百万儿童因贫困和经济危机而遭受苦难;千万名儿童死于营养不良和疾病。

2.机会。各国在一起,拥有手段和知识,能够保护儿童的生命和极大地减轻他们的苦难,促进充分发展他们的人的潜力,并使他们认识到自己的需要、权利和机会;在重新分配资源时,提高儿童福利必须放在高度优先的位置。

3.任务。通过国家行动和国际合作,完成以下任务:(1)改善儿童健康状况和营养;(2)给予残疾儿童和处境非常困难的儿童更多的关心、照顾和支持;(3)普遍加强妇女的作用,确保她们的平等权利,有利于全世界的儿童;(4)为所有的儿童提供基本教育和识字;(5)必须用一切可能的方法来促进母亲的安全,对作为儿童成长的基本群体和自然环境的家庭,给予必要的保护和帮助;(6)使儿童

在一个安全的、保护性的环境中能够发现自己的特性，认识到自己的价值，参与他们社会的文化生活；(7)保证或者恢复所有国家的持久和持续的经济增长和发展，以有利于儿童的未来。

4. 承诺。儿童幸福需要最高一级的政治行动。在国际合作和各自国家中，共同采取行动，对儿童的权利、对他们的生存及对他们的保护和发展给予高度优先，并作出如下几项承诺：(1)努力推动并尽早批准和执行《儿童权利公约》；(2)增进儿童健康，提高产前保健，并降低所有国家所有民族的婴儿和儿童死亡率；(3)通过消除饥饿、营养不良和饥荒的措施，使儿童获得最大程度的成长和发展；(4)加强妇女的地位和作用，促进负责任的生育数量、生育间隔、母乳喂养和母亲安全计划；(5)尊重家庭在抚养儿童方面的作用，并支持父母、其他保育人员和社区，对儿童从早期童年至青春期的营养供给和照料；(6)减少文盲，并为所有儿童，无论其背景和性别，提供教育机会；(7)努力改善千百万生活在特殊困难环境中的儿童的命运；(8)保护儿童免遭战争之灾祸；(9)在所有层次保护环境，从而使所有儿童享有一个更为安全健康的未来；(10)向贫穷发起全球性进攻，促进儿童的福利。

5. 以后的步骤。在促进儿童福利的世界性努力中，寻求联合国系统和其他国际及区域组织的支持；要求非政府组织更多地参与，以补充这方面的国家努力和国际联合行动。通过并实施一项《行动计划》，以此作为更加具体的国家和国际行动的纲要。

《儿童生存、保护和发展世界宣言》最后指出，我们做此努力不仅是为了现在这一世代，也是为了今后所有世世代代。让每个儿童享有更美好的未来，这是一项最为崇高的使命。

五、《1961 年麻醉药品单一公约》和《精神药物公约》

(一)《1961 年麻醉药品单一公约》和《精神药物公约》的制定

在医疗中合理应用麻醉药品和精神药品以及防止滥用这些药物，是国际社会早就关注的问题，也是国际社会为提高人类生命素质所做的努力之一，并为此缔结了控制麻醉药品和精神药品的公约。

从 1912 年起到 20 世纪 50 年代末，国际社会先后签订了 9 个有关国际麻醉药品管理的公约、协定和议定书。在这些条约的基础上，为了简化国际管理体制，联合国于 1961 年 3 月 30 日在纽约通过了《1961 年麻醉药品单一公约》(简称《单一公约》，下同)，并于 1964 年生效。1972 年，联合国大会又通过了《修正 1961 年麻醉药品单一公约的议定书》，对《1961 年麻醉药品单一公约》进行了补充和修正，于 1975 年生效。截至 1996 年 11 月，全世界已有 158 个国家加入《单一公约》。后来发现苯丙胺等兴奋剂和安眠酮等催眠药使用后亦能产生严重依赖性和滥用倾向，因而也要加强管理，于是联合国于1971年2月21日通过了《精神药物公约》。针对麻醉药品和精神药物的非法生产、需求及贩运的上升趋势，联合国在《单一公约》和《精神药物公约》的基础上，于1988年12月19日在维也纳召开的禁止非法贩运麻醉品和精神药物公约会议的第6次会议上，通过了《禁止非法贩运麻醉品和精神药物公约》，于1990年11月11日生效。截至1996年11月，共有137个国家和欧共体加入了《禁止非法贩运麻醉品和精神药物公约》。

中国政府于1985年加入《1961年麻醉药品单一公约》和《精神药物公约》；积极参与了《禁止非法贩运麻醉品和精神药物公约》的起草工作，是最早签署国之一。《中华人民共和国药品管理法》对麻醉药品、精神药品等特殊药品作了专门规定。

（二）《1961年麻醉药品单一公约》的主要内容

《单一公约》分为前言、正文和附表三部分。

《单一公约》的宗旨是防止滥用麻醉品危害人类健康，主张麻醉品仅供医疗和科研使用。正文共51条，主要内容是：

1.限定麻醉药品的范围。

2.规定各缔约国的一般义务。

3.规定联合国经济及社会理事会麻醉品委员会、国际麻醉品管制局执行公约的职权、职能及有关的组织结构。

4.规定对各类麻醉品的限制、管制、监察和检查的措施。

5.规定违反公约的处罚，即规定对违反公约规定的麻醉品的种植、生产、制造、提制、调制、持有、供给、兜售、分配、购买、贩卖和以任何名义交割、经纪、发送、过境寄发、运输、输入或输出以及任何其他行为均为犯罪，并应予以严惩。

6.规定毒品犯罪的刑事管辖权。

（三）《精神药物公约》的主要内容

《精神药物公约》分为序文、正文和附表三部分，对此前各公约所未包括的精神药物的生产、贸易和使用等进行国际控制和管理。正文共有33条，主要内容是：

1.规定精神药物的范围。

2.精神药物的管理措施。

3.规定各缔约国的定期报告制度。

4.规定防止滥用精神药物的措施及取缔精神药物非法产销的行动。

5.规定违反公约的罚则。

(四)《禁止非法贩运麻醉品和精神药物公约》的主要内容

《禁止非法贩运麻醉品和精神药物公约》共有 34 条，主要内容是：

1. 规定非法贩运的定义，各缔约国有义务将这些故意行为确定为其国内法中的刑事犯罪，并根据其严重性质给予适当的制裁。

2. 缔约国应在一定情况下确立其对贩毒罪的管辖权。

3. 缔约国应制定可能必要的措施，能够没收从贩毒罪中得来的收益或价值相当的财产，以及用于此类犯罪的麻醉药物和精神药物材料和设备或其他工具。

4. 缔约国对贩毒犯罪有引渡和起诉的义务。

5. 缔约国应在对上述犯罪的调查、起诉和司法程序中相互提供最广泛的法律协助，并相互合作，以增强为制止上述犯罪而采取的执法行动的有效性。

6. 缔约国应采取措施，防止一些特定的化学品、材料或设备挪用于非法制造麻醉品和精神药物，并为此目的而合作。

7. 缔约国应采取措施，禁止非法种植含麻醉品成分的植物并消除对麻醉品和精神药物的非法需求。

8. 缔约国应向麻醉品管制委员会提供在其境内执行《禁止贩运麻醉品和精神药物公约》的情报。

六、《烟草控制框架公约》

(一)《烟草控制框架公约》的制定

20 世纪，随着科学的发展，越来越多的证据表明吸烟可能导致某些人类疾病，人们对“吸烟与健康”问题的认识也逐步加强。WHO 从开始的广泛宣传“吸烟有害健康”，逐步发展到集中专门力量，开展全球范围的控烟工作。《烟草控制框架公约》(简称《框架公约》，下同)就是这种控烟工作的产物。

WHO 从 1969 年开始致力于推动全球范围的控烟工作。当时，其下属的泛美卫生组织指导委员会/美洲区域委员会及欧洲区域委员会通过了关于控制吸烟的决议。1970 年 5 月，第 23 届世界卫生大会通过了 WHA23.32 号决议，首次较为全面地提出了控烟的一些具体措施，如要求所有大会及委员会会议的参与者不得在会议室内吸烟；所有成员国注意关于限制吸烟的报告；探讨劝阻青年人吸烟的教育方法；联合国世界粮农组织着手研究烟草种植国家中的作物替代等问题。之后，世界卫生大会陆续就烟草控制问题通过了多项决议。自 20 世纪 80 年代末以来，几乎每年的世界卫生大会都有关于控烟工作的决议，反映出 WHO 对烟草控制的高度重视。有关烟草控制的决议的内容也从开始时的鼓励和支持有关烟草问题的研究，宣传吸烟危害健康的知识，逐步演变到建议各成员国政府通过卫生、教育、宣传以及与其他有关机构密切协作，采取综合手段，包括采取教育、限制和立法方面的措施，辅之以有关的税收和价格政策，限制烟草的使用等。

1980 年，WHO 在“世界卫生日”发起了戒烟运动，提出“要吸烟还是要健康，由你选择!”的口号，并把 1980 年定为国际反吸烟运动年。1988 年 4 月 7 日是 WHO 成立 40 周年纪念日，这一天成为第一个“世界无烟日”。从 1989 年起，“世界无烟日”改为 5 月 31 日。

1995 年 5 月第 48 届世界卫生大会首次提出了制定《框架公约》的设想。1996 年 5 月，第 49 届世界卫生大会通过了 WHA49.17 号决议，正式决定制定《框架公约》。1999 年 10 月 25 日至 29 日，109 个国家的代表在日内瓦召开了《框架公约》工作组第一次会议，会议确定了制定《框架公约》的具体工作计划和时间表，并通过了向 WHO 执行委员会提交的报告草案。2000 年 5 月，第 53 届世界卫生大会通过了 WHA53.16 号决议，支持公约的制定，决定开始政府间谈判。2002 年 7 月，第一份较为完整的公约文本出台并在网上公开。2003 年 3 月 1 日，历时 4 年共 6 轮的政府间谈判结束，《框架公约》的制定工作宣告完成。2003 年 5 月，第 56 届世界卫生大会通过了 WHA56.1 号决议，《烟草控制框架公约》获得通过。2003 年 6 月，《框架公约》于 6 月 16 日至 22 日在日内瓦 WHO 总部开放供签署，其后自 2003 年 6 月 30 日至 2004 年 6 月 29 日在纽约联合国总部开放供签署。2003 年 11 月，中国常驻联合国代表王光亚在纽约联合国总部代表中国政府签署《框架公约》，并表示中国政府十分重视控烟工作，积极支持 WHO 在控烟领域采取的行动。2005 年 2 月 27 日，《烟草控制框架公约》正式生效。2005 年 8 月，全国人大常委会表决批准了该公约，10 月正式向联合国递交了批准书。

(二)《烟草控制框架公约》的主要内容

《框架公约》共分 11 部分 38 条。文本对烟草及其制品的成分、包装、广告、促销、赞助、价格和税收等问题均作出明确规定。主要内容有：

1. 缔约方会议应与有关国际机构协商，提出检测和测量烟草制品成分与燃烧释放物的指南以及对这些成分和释放物的管制指南。经有关国家当局批准，每一缔约方应对此类检测和测量以及此类管制，采取和实行有效的立法实施和行政或其他措施，并公开披露烟草制品有毒成分和它们可能产生的释放物的信息。

2. 烟草制品包装和标签不得以任何虚假、误导、欺骗或可能对其特性、健康影响、危害或释放物产生错误印象的手段推销一种烟草制品，包括直接或间接产生某一烟草制品比其他烟草制品危害小的虚假印象的任何词语、描述、商标、图形或任何其他标志。其可包括“低焦油”、“淡味”、“超淡味”或“柔和”等词语；在烟草制品的每盒和单位包装及这类制品的任何外部包装和标签上带有说明烟草使用有害后果的健康警语，并可包括其他适宜信息。

3.各缔约方认识到广泛禁止广告、促销和赞助，将减少烟草制品的消费。每一缔约方应根据其《宪法》或《宪法》原则，广泛禁止所有的烟草广告、促销和赞助。根据该缔约方现有的法律环境和技术手段，其中应包括广泛禁止源自本国领土的跨国广告、促销和赞助。对于尚未采取广泛禁止措施的缔约方，要求烟草业向有关政府当局披露用于尚未被禁止的广告、促销和赞助的开支。限制采用鼓励公众购买烟草制品的直接或间接奖励手段。

4.为烟草控制的目的，必要时，各缔约方应考虑采取立法行动或促进其现有法律，以处理刑事和民事责任，适当时包括赔偿。各缔约方在适当时并经相互同意，在其国家立法、政策、法律惯例和可适用的现有条约安排的限度内，就本公约涉及的民事和刑事责任的诉讼相互提供协助。如可能，缔约方会议可在初期阶段，结合有关国际论坛正在开展的工作，审议与责任有关的事项，包括适宜的关于这些事项的国际方式和适宜的手段，以便应缔约方的要求支持其根据本条进行立法和其他活动。

5.各国的烟草税收和价格政策应该以减少烟草消费为目标，禁止或限制销售免税烟草；室内工作场所、公共场所和公共交通中应该采取措施，以免人们被动吸烟等。

七、职业安全卫生国际公约简介

创建于1919年的国际劳工组织，其创始的主要目的就是制定并采用国际标准来应对包括不公正、艰难、困苦的劳工条件问题。国际劳工公约和建议书是国际劳工标准的基本表现形式。自1919年至2002年，国际劳工大会已通过185个公约和194个建议书，其中绝大多数是涉及职业安全卫生方面的内容。

职业安全卫生方面的国际公约按照其内容，可划分为以下三类：

（一）第一类公约

该类公约主要用来指导成员国，为了达到安全健康的工作环境、保证工人的福利与尊严而制定相应的方针和措施，包括对危险机械设备安全使用程序的正确监督。主要包括：

1.职业安全卫生公约。该公约要求批准本公约的成员国制定、实施并定期评审国家职业安全卫生和工作环境方针，实现在合理可行的范围内，把工作环境中存在的危险因素减少到最低限度，预防源于工作、与工作相关或在工作过程中可能发生的事故和对健康的危害。该方针必须考虑工作环境中各种要素的协调管理，要素之间的关系，培训、交流与合作，以及工人及其代表遵照方针，按照规定的措施要求，采取恰当的行动获取保护。

2.职业卫生设施公约。主要内容是关于使用具有必要的预防功能的设施和负责向雇主、工人和员工代表就履行工作中的安全与健康和使工作适合于人员的能力方面提供咨询服务。该公约要求批准该公约的成员国，制定、实施并定期评审国家职业卫生设施的方针，该方针要着眼于为所有经济活动部门的工人不断地改进和完善这样的设施。

3.重大工业事故预防公约。主要目的是预防包括危险物质在内的重大工业事故和限制该类事故后果。批准该公约的成员国有责任制定、实施并定期评审国家控制重大事故风险，保护工人、公众和环境的方针。实施该方针的国家标准的细则必须符合本公约条款的要求。

（二）第二类公约

该类公约针对特殊试剂（白铅、辐射、苯、石棉和化学品）、职业癌症、机械搬运、工作环境中的特殊危险要求提供保护。主要包括：

1.石棉公约。应用于在工作过程中接触石棉的所有活动。批准该公约的成员国有责任为预防、控制和保护工人免受由于接触石棉所导致的健康危害而规定必须采取的措施。

2.苯公约。要求批准该公约的成员国采取措施，取代、禁止或控制苯在工作场所中的使用。

3.职业癌症公约。责成批准该公约的成员国定期地确定致癌物并对其暴露浓度加以限制。对这些致癌物，批准该公约的成员国必须规定为保护暴露于这些物质中的工人应采取的措施，保存适宜的记录，为工人提供医疗检查并进行必要的评估，掌握工人的暴露程度和健康状态。

4.辐射保护公约。要求批准该公约的成员国采取一切适宜的措施有效地防止离子辐射对工人构成的安全和健康威胁。此类措施必须包括将工人的暴露限定在最低水平，收集必要的数据，确定最大容许辐射暴露剂量，告知工人所面临的辐射危险，提供适宜的医疗监测。

5.化学品公约。要求批准该公约的成员国，按照本国的条件和惯例并在协商最具代表性的雇主组织和工人组织的基础上制定、实施和定期评审一个工作中安全使用化学品的方针。该方针应明确诸如标签和标志，供应商和雇主的责任，化学品的转移，暴露、操作控制，废弃，信息和培训，工人的职责，工人及其代表的权利以及出口国的责任。

6.机械防护公约。建立了保护工人免受工作场所机械运行所带来的伤害风险的标准。该标准涉及了机械销售、租用、运输等环节及在这些环节中的风险。

7.（航运包装）标志重量公约。要求准备航运的任何大于等于一吨的包装或物体必须标明其毛重。

8.最大重量公约。责成批准该公约的成员国对单人一次人工搬运的重量作出上限规定。任何工人都不能被强求或容许从事人工搬运这样的重物,即由于其重量的原因,可能危及该搬运工人的安全与健康。

9.工作环境(空气污染、噪声、振动)公约。要求批准该公约的成员国规定应采取的措施,预防、控制和保护工作环境中空气污染、噪声和振动所带来的职业危害,措施的开发必须考虑本公约的要求。

(三)第三类公约

本类公约是针对某些经济活动部门,如建筑工业、商业和办公室及码头等要求提供保护。主要包括:

1.卫生(商业和办公室)公约。要求批准该公约的成员国采用并保持法律法规的强制性,按照本公约的要求,确保在商业和办公室工作人员的安全与健康。

2.职业安全卫生(码头工作)公约。覆盖了所有的船舶装卸工作及相关工作。

3.建筑安全卫生公约。要求批准该公约的成员国采用并保持法律法规的强制手段,按照本公约的要求,确保建筑行业工作的工人的安全与健康。

4.矿山安全卫生公约。要求批准该公约的成员国按照本公约的要求,制定、履行并定期评审一个矿山安全卫生公约。

此外,国际劳工理事会还通过了20余个实施规程(Code of Practice),覆盖了不同的活动领域的职业安全卫生问题,对相关领域的职业安全卫生工作给予了更详细的指导。这些领域包括林业、公共工作和造船业以及特殊的风险,如离子辐射、空气污染物等。

第二十二章　医疗损害争议处理法律制度

第一节　医疗损害争议处理概述

一、医疗损害争议的概念及特征

(一)医疗损害争议的概念

医疗损害争议(Medical damage dispute)是指医患双方对诊疗活动是否有过错、患者损害后果及其产生原因和如何处理等问题认识不一致,引起的医患争执。

(二)特征

医疗损害争议具有以下几个明显的特征:

1. 医疗损害争议发生在医疗过程中,或者由医疗行为导致。医疗损害争议只能发生在医疗活动中。医疗活动包括临床性医疗行为、实验性医疗行为、治疗目的性医疗行为、非诊疗目的性医疗行为以及医方管理服务行为。[①] 例如,在医院进行的身体检查,在医院进行的医疗器械的植入,对患者的观察、诊断、治疗、护理、康复等,都是医疗活动。医疗活动具有时间性,有的医疗活动可能已经结束,但是损害后果尚未有明显发生,需要等待一定的时间,损害才能为人所察觉。

2. 医疗损害争议主体的法律地位平等。医疗损害争议的主体是平等的医事民事法律关系主体,医患双方当事人的地位平等,平等协商相互间的权利义务,合法权益平等地受法律保护,平等地负担义务和承担责任;不存在管理与被管理、服从与被服从的关系。

3. 医疗损害争议所引发的法律责任主要是民事责任。医疗损害是指因医疗行为而对患者所产生的人身不利益的事实。由医疗行为导致了医疗损害,就应承担相应的医疗损害责任。医疗损害责任有刑事责任、行政责任和民事责任。刑事责任主要是指构成医疗事故罪的情形,由《刑法》规范和追究;行政责任由《医疗事故处理条例》来加以调整;民事责任则根据性质的不同,适用不同的法律

---

① 赵敏、邓虹:《医疗事故争议与法律处理》,武汉大学出版社 2007 年版,第 62 页。

来加以调整，主要由《侵权责任法》来调整规范。由于医疗法律关系从本质上是一种特殊的民事法律关系，所以医疗损害争议所引发的法律责任主要是民事责任，但不排除可能引发行政责任、刑事责任。

4. 医疗损害争议处理的专业性强，难度大。医疗纠纷处理不仅涉及法律问题，而且常常涉及复杂的医学专业性问题，纠纷的解决依赖于医学专家所进行的医疗技术鉴定，普通人很难对医疗损害争议的性质、事实的因果关系作出判断，这增加了医疗损害争议案件处理的难度。而且，在医学领域至今仍存在不少未被认知的疑难问题，对疾病病理的认识也不总是正确的，加之医疗过程中常出现的患者个人特异体质问题，这些因素都给解决医疗纠纷增加了不少困难。

二、医疗损害争议处理的法律规定

（一）医疗损害争议处理法的概念

医疗损害争议处理法（Medical damage dispute processing method）是调整解决医事纠纷、正确认定和处理医疗损害责任、保障医疗活动中医患双方合法权益、维护医疗单位正常秩序所产生的各种社会关系的法律规范的总和。

（二）我国医疗损害争议处理立法

目前，我国医疗损害争议处理的法律法规，主要有 2002 年的《医疗事故处理条例》和 2010 年 7 月 1 日生效的《侵权责任法》，以及《执业医师法》《医院管理条例》中的相关规定；在我国《宪法》《刑法》《民法》《刑事诉讼法》《民事诉讼法》《合同法》等基本法中，也有涉及医患纠纷处理的规定。

（三）《侵权责任法》关于医疗损害责任规定的特点

与《医疗事故处理条例》等法律规定相比，《侵权责任法》（Tort liability law）对医疗损害责任的规定有以下特点：

1. 使用“医疗损害”这个概念，即切割了“医疗损害责任”与“医疗事故责任”的关系，使存在较多争议的《医疗事故处理条例》不再与《侵权责任法》、尤其是医疗损害责任发生关系，不再将其作为《侵权责任法》的特别法对待。

2. 强调了医务人员的诊疗水平和义务，医疗过错的判定标准以医疗水平论。

3. 确定了医疗损害的过错、推定过错、无过错责任原则。

4. 强化了患者的一些权利，如明确了患者的知情同意权、患者隐私权，等等。

5. 明确了医方病历书写和管理的义务，强调患者病历的获得权利。统一了赔偿标准，界定了赔偿的主体，明确了死亡赔偿金。

6. 回归了谁主张谁举证的一般民事举证规则。

第二节　医疗事故处理的法律规定

《医疗事故处理条例》(简称《条例》,下同)对医疗事故概念的界定,实质上是对医疗事故行政责任与民事责任构成要件进行了“混同”界定;由于《侵权责任法》明确规定了医疗损害责任,根据上位法优于下位法的原则,《条例》中涉及有关民事规范的规定应统一于《侵权责任法》的相关规定;但是《条例》中有关医疗事故的预防与处置、医疗事故的行政处理与监督以及法律责任等有关行政法规范仍然有效。

一、医疗事故概述

(一)医疗事故的概念

医疗事故(Medical accident),是指医疗机构及其医务人员在医疗活动中,违反医疗卫生管理法律、行政法规、部门规章和诊疗护理规范、常规,过失造成患者人身损害的事故。

1.医疗事故的责任主体是医疗机构及其医务人员。医疗活动的主体是医疗机构和医务人员。国家对有权开展医疗活动的医疗机构和有权从事医疗活动的医务人员规定了严格的许可制度,凡未经卫生行政部门批准而开展医疗活动的,都是非法行医;非法行医造成患者身体健康损害的,不属于医疗事故。

2.医疗事故发生在医疗活动中。医疗活动的主要内容和形式是诊疗护理,没有诊疗护理内容和形式的事故,不能称为医疗事故。

3.医疗事故是违反医疗卫生管理法律、行政法规、部门规章和诊疗护理规范、常规的过失行为造成的。医疗机构及医务人员主观上具有过失,这种过失可能是过于自信的过失,也可能是疏忽大意的过失。

4.医疗事故给患者造成了人身损害。为了保护患者利益,《条例》将违反医疗卫生管理法律、行政法规、部门规章和诊疗护理规范、常规的行为造成的患者死亡、残疾、组织器官损伤导致功能障碍以及明显人身损害后果的,定为医疗事故,并对造成医疗事故的责任人规定了明确的处罚。

(二)医疗事故的处理原则和基本要求

《条例》规定,处理医疗事故,应当遵循公开、公平、公正、及时、便民的原则;其基本要求是坚持实事求是的科学态度,做到事实清楚、定性准确、责任明确、处理得当。

医疗事故争议是由医疗行为而产生的。但是,医疗行为是否有过失、患者的人身损害后果是否由医疗过失行为所引起、医疗过失行为在患者的人身损害后果中的责任程度等，需要实事求是、科学分析。只有将医疗事故争议的事实搞清楚，才能准确定性、厘清责任，保护医患双方的合法权益，杜绝或减少医疗事故的发生。

（三）医疗事故的分级

为了切实保护患者的合法权益，促进医疗机构提高医疗质量和服务水平，同时也为了妥善解决医疗事故争议，与其他法律相衔接，《条例》根据给患者人身造成的损害程度，将医疗事故分为四级：

一级医疗事故：造成患者死亡、重度残疾的。

二级医疗事故：造成患者中度残疾、器官组织损伤导致严重功能障碍的。

三级医疗事故：造成患者轻度残疾、器官组织损伤导致一般功能障碍的。

四级医疗事故：造成患者明显人身损害的其他后果的。

二、医疗事故的预防与处置

（一）医疗事故的预防

医疗事故应防患于未然。因此，医疗机构及其医务人员应把工作的重点放在预防医疗事故的发生上，为此医疗机构及其医务人员应做到：

1.遵守法律和诊疗规范及常规。医疗机构及其医务人员在医疗活动中，必须严格遵守医疗卫生管理法律、行政法规、部门规章和诊疗护理规范、常规，恪守医疗服务职业道德，这是提高医疗质量、保障医疗安全的重要措施。

2.加强法律和道德教育。医疗机构应当对其医务人员进行医疗卫生管理法律、行政法规、部门规章和诊疗护理规范、常规的培训和医疗服务职业道德教育。

3.设置质控机构。医疗机构应当设置医疗服务质量监控部门或者配备专（兼）职人员，具体负责监督本机构医务人员的医疗服务工作，检查医务人员执业情况，接受患者对医疗服务的投诉，向其提供咨询服务，预防医疗事故的发生。

4.制定预案。医疗机构应当制定防范、处理医疗事故的预案，预防医疗事故的发生，减轻医疗事故的损害。

5.完善病历等档案的管理。《条例》规定，医疗机构应当按照国务院卫生行政部门规定的要求，书写并妥善保管病历资料。因抢救急危患者，未能及时书写病历的，有关医务人员应当在抢救结束后6个小时内据实补记，并加以注明。严禁涂改、伪造、隐匿、销毁或者抢夺病历资料。

6.保障患者知情同意权利。医疗机构及其医务人员应尊重患者权利，向患者履行如实告知的义务。

（二）医疗事故处置

1.医疗事故报告制度

（1）内部报告制度。医务人员在医疗活动中发生或者发现医疗事故、可能引起医疗事故的医疗过失行为或者发生医疗事故争议的，应当立即向所在科室负责人报告，科室负责人应当及时向其医疗机构负责医疗服务质量监控的部门或者专（兼）职人员报告；负责医疗服务质量监控的部门或者专（兼）职人员接到报告后，应当立即进行调查、核实，将有关情况如实向其医疗机构的负责人报告，并向患者通报、解释。

（2）向卫生行政部门报告。发生医疗事故的医疗机构，应当按照规定向所在地卫生行政部门报告。发生下列重大医疗过失行为的，医疗机构应当在 12 小时内向所在地卫生行政部门报告：①导致患者死亡或者可能为二级以上的医疗事故；②导致 3 人以上人身损害后果；③国务院卫生行政部门和省、自治区、直辖市人民政府卫生行政部门规定的其他情形。

（3）防止损害结果的扩大。发生或者发现医疗过失行为，医疗机构及其医务人员应当立即采取有效措施，避免或者减轻对患者身体健康的损害，防止损害扩大。

2. 病历资料和现场实物的处理

（1）病历资料的处理。发生医疗事故争议时，死亡病例讨论记录、疑难病例讨论记录、上级医师查房记录、会诊意见、病程记录应当在医患双方在场的情况下封存和启封。封存的病历资料可以是复印件，由医疗机构保管。

（2）现场实物处理。疑似输液、输血、注射、药物等引起不良后果的，医患双方应当共同对现场实物进行封存和启封，封存的现场实物由医疗机构保管；需要检验的，应当由双方共同指定的、依法具有检验资格的检验机构进行检验；双方无法共同指定时，由卫生行政部门指定。疑似输血引起不良后果，需要对血液进行封存保留的，医疗机构应当通知提供该血液的采供血机构派员到场。

（3）尸体检验。患者死亡，医患双方当事人不能确定死因或者对死因有异议的，应当进行尸检。尸检必须在患者死亡后 48 小时内进行，但具备尸体冻存条件的可以延长至 7 日。尸检应当经死者近亲属同意并签字，由按照国家有关规定取得相应资格的机构和病理解剖专业技术人员进行。承担尸检任务的机构和病理解剖专业技术人员有进行尸检的义务。医疗事故争议双方当事人可以请法医病理学人员参加尸检，也可以委派代表观察尸检过程。拒绝或者拖延尸检，超过规定时间，影响对死因判定的，由拒绝或者拖延的一方承担责任。

三、医疗事故的行政处理与监督

（一）医疗事故的行政处理

1. 卫生行政部门对重大医疗过失行为报告的处理。《条例》规定，卫生行政部门接到医疗机构关于重大医疗过失行为的报告后，除责令医疗机构及时采取必要的医疗救治措施，防止损害后果扩大外，应当组织调查，判定是否属于医疗事故；对不能判定是否属于医疗事故的，应当依照《条例》的有关规定交由负责医疗事故技术鉴定工作的医学会组织鉴定。

2.医疗事故争议的行政解决。发生医疗事故争议，当事人申请卫生行政部门处理的，应当提出书面申请。申请书应当载明申请人的基本情况、有关事实、具体请求及理由等。当事人应当自知道或者应当知道其身体健康受到损害之日起1年内向卫生行政部门提出医疗事故争议处理申请。

当事人申请卫生行政部门处理的，由医疗机构所在地的县级人民政府卫生行政部门受理。医疗机构所在地是直辖市的，由医疗机构所在地的区、县人民政府卫生行政部门受理。有下列情形之一的，县级人民政府卫生行政部门应当自接到医疗机构的报告或者当事人提出医疗事故争议处理申请之日起7日内移送上一级人民政府卫生行政部门处理：①患者死亡；②可能为二级以上的医疗事故；③国务院卫生行政部门和省、自治区、直辖市人民政府卫生行政部门规定的其他情形。

卫生行政部门应当自收到医疗事故争议处理申请之日起10日内进行审查，作出是否受理的决定。对符合《条例》规定的，予以受理，需要进行医疗事故技术鉴定的，应当自作出受理决定之日起5日内将有关材料交由负责医疗事故技术鉴定工作的医学会组织鉴定并书面通知申请人；对不符合规定，不予受理的，应当书面通知申请人并说明理由。当事人对首次医疗事故技术鉴定结论有异议，申请再次鉴定的，卫生行政部门应当自收到申请之日起7日内交由省、自治区、直辖市地方医学会组织再次鉴定。

医疗事故技术鉴定专家鉴定组应当认真审查双方当事人提交的材料，听取双方当事人的陈述及答辩并进行核实。专家鉴定组应当在事实清楚、证据确凿的基础上，综合分析患者的病情和个体差异，作出鉴定结论，并制作医疗事故技术鉴定书，对医疗行为是否违反法律法规、医疗过失行为与人身损害后果之间是否存在因果关系、医疗过失行为在医疗事故损害后果中的责任程度以及医疗事故等级等内容，给出结论。

（二）医疗事故处理监督

卫生行政部门收到医学会出具的医疗事故技术鉴定书后，应当对参加鉴定的人员资格和专业类别、鉴定程序进行审核；必要时，可以组织调查，听取医疗事故争议双方当事人的意见。卫生行政部门经审核，对符合规定的医疗事故技术鉴定结论，应当作为对发生医疗事故的医疗机构和医务人员作出行政处理以及进行医疗事故赔偿调解的依据；经审核，发现医疗事故技术鉴定不符合规定的，应当要求重新鉴定。

卫生行政部门应当依照《条例》和有关法律、行政法规、部门规章的规定，对发生医疗事故的医疗机构和医务人员作出行政处理。县级以上地方人民政府卫生行政部门，应当按照规定逐级将当地发生的医疗事故以及依法对发生医疗事故的医疗机构和医务人员作出行政处理的情况，上报国务院卫生行政部门。

第三节 医疗损害责任的法律规定

一、医疗损害民事责任的概念

在《民法》领域中，与医疗事故界定的对象更为贴近的词应是“医疗损害”(Medical injury)或“医疗侵权”(Medical infringement)。因为在《民法》、尤其是《侵权责任法》领域中，法律关注的不是对行为人施加的行政管理，而是要求行为人应当尽到相应义务以免给他人造成损害，如果行为人违反义务的行为造成了对他人的损害，则应当承担赔偿责任。《侵权责任法》明确作出“医疗损害责任”(Medical liability)的规定，可以说终止了我国长期以来对“医疗损害”与“医疗事故”概念的争议和分歧。

医疗损害是指因医疗行为而对患者产生的人身上不利益的事实。由医疗行为导致了医疗损害，那么，就应承担相应的医疗损害责任。民事责任是指根据《民法》规定，民事主体侵犯他人的民事权利或违反自己所负有的民事义务时所应承担的法律后果。医疗损害民事责任，即指因医方不履行所承担的义务或者侵害患方的权利而给患方带来不利益的事实时，依法应该承担的民事责任。

二、医疗损害民事责任的性质

民事责任主要分为违约责任和侵权责任。因此，人们对于医疗损害责任的性质也存在违约责任说和侵权责任说；同时，由于违约责任和侵权责任常常发生竞合，又产生责任竞合说。根据我国《合同法》第 122 条规定：“因当事人一方的违约行为，侵害对方人身、财产权益的，受损害方有权选择依照本法要求其承担违约责任或者依照其他法律要求承担侵权责任。”医疗损害赔偿责任应是违约责任和侵权责任的竞合，是违约请求权和侵权请求权的竞合。

在医疗损害赔偿纠纷案件司法实践活动中，绝大多数受害人都是以医疗机构过失侵权作为诉由而请求医疗机构承担侵权赔偿责任。因为选择侵权之诉有利于受害者，具体表现在三个方面：其一，由于医师债务一般是手段债务，因此，债务内容无法确定，诊疗行为因过失而造成损害时，只能认为成立侵权行为，而不能评价为契约的违反。其二，在诉讼时效和损害赔偿范围上，有利于受害人。其三，侵权责任可以排除契约上的免责条款，较好地保护受害人的利益。

三、医疗损害侵权责任的归责与构成

《侵权责任法》第 54 条规定了医疗损害的归责原则和医疗损害责任的构成要件。这两个问题是医疗纠纷民事处理的基本问题，对于这两个问题的不同回答，将会导致医疗侵权处理机制的不同。分析如下：

（一）医疗损害侵权责任的归责原则

医疗损害责任的归责原则，是指确定医疗机构承担医疗损害责任的一般准则，是在受害患者的人身损害事实已经发生的情况下，为确定医疗机构对自己的医疗行为所造成的损害是否需要承担赔偿责任的准则。根据《侵权责任法》第七章及总则部分的相关规定，医疗损害责任的认定采用的是区别不同情况下的多元归责原则体系。

1. 一般情况下适用过错责任原则

过错责任原则，是指以过错判断行为人对其造成的损害应否承担侵权责任的归责原则，即行为人有过错才承担民事责任。《侵权责任法》第 54 条规定："患者在诊疗活动中受到损害，医疗机构及其医务人员有过错的，由医疗机构承担赔偿责任。"该条规定确定了医疗损害侵权民事责任的基本归责原则为过错责任原则。所以在判断医疗损害侵权赔偿责任时，医疗机构及其医务人员有过错的才需要承担赔偿责任，无过错就无需承担赔偿责任。

2. 特殊情况下适用过错推定原则

过错推定原则，是指在法律有特别规定的场合，从损害事实的本身推定加害人有过错，并据此确定造成他人损害的行为人赔偿责任的归责原则。[①]《侵权责任法》第 58 条规定了医疗机构过错推定的情形："患者有损害，因下列情形之一的，推定医疗机构有过错：（一）违反法律、行政法规、规章以及其他有关诊疗规范的规定；（二）隐匿或者拒绝提供与纠纷有关的病历资料；（三）伪造、篡改或者销毁病历资料。"该条款确立了我国关于医疗损害责任的过错推定原则，在一定情形下要求医疗机构承担过错推定责任。实践中医疗机构出现违法违规操作或妨碍证明的严重不当行为时，其行为本身便直接可以说明其违反了医方的诊疗义务；因此，只要存在这些行为，就可以直接推定医疗机构存在过错，医疗机构只有举出反证才能免除自己的责任。

---

① 杨立新：《侵权法论》，人民法院出版社 2005 年版，第 134 页。

3.特别案件适用无过错责任原则

所谓无过错责任原则，是指无论行为人有无过错，但法律规定应承担民事责任的，也应当承担民事责任。无过错责任是一种严格责任，因此，只有在法律有明文规定的情况下，才能适用。《侵权责任法》第59条规定："因药品、消毒药剂、医疗器械的缺陷，或者输入不合格的血液造成患者损害的，患者可以向生产者或者血液提供机构请求赔偿，也可以向医疗机构请求赔偿。患者向医疗机构请求赔偿的，医疗机构赔偿后，有权向负有责任的生产者或者血液提供机构追偿。"这是我国现有法律中唯一的关于医疗损害责任认定适用无过错责任原则的法律规定。

（二）医疗损害侵权责任构成

《侵权责任法》第54条还规定了医疗侵权责任的构成。侵权责任的构成要件，是指侵权行为人承担侵权行为责任的必要条件。在侵权责任法理论界，存在着侵权责任构成要件的"四要件说"和"三要件说"之争。通说主张四要件说，认为侵权责任构成要件是：违法行为、损害事实、因果关系和主观过错；本书采用"四要件说"。由于一般医疗损害侵权责任适用过错责任的归责原则，因此，此处着重讨论过错侵权责任的构成要件。关于医疗侵权责任的构成要件，我国通说将其概括为侵权行为的违法性（侵权行为）、损害事实、违法行为与损害事实之间的因果关系、行为人的过错等四个要件。只有在这四个要件同时具备的时候，医疗损害侵权责任才能成立，才需医疗机构承担赔偿责任。

1.医方存在违法行为

构成医疗损害侵权责任必须是医疗机构及其医务人员在诊疗活动中存在违法行为。"侵权行为的中心问题，为行为之违法性。"①所谓违法性，指行为违反法律，即行为为法律所不允许。具体而言，侵权行为的违法性表现为违反法定义务、违反保护他人的法律和故意违背善良风俗而损害他人。

医疗损害侵权行为的违法性是指广义的违法，包括三层含义：(1)是指医疗行为违反了国家关于保护民事主体合法权益不受侵害的法律规定。如违反《民法通则》第98条和第119条的规定，侵害患者生命健康权利。(2)是指医疗行为违反了医疗卫生管理法律和行政法规。如违反《中华人民共和国献血法》《执业医师法》《母婴保健法》《计划生育法》等。(3)是指医疗行为违反医疗部门规章、诊疗护理规范、技术操作规程等，这些技术操作规程可以是成文的，也可以是约定俗成在实践中普遍遵循的。只要其中包含有确认与保护患者权益的内容或者包含有医务人员义务的内容，医务人员如果没有遵守，便可视为违法。医务人员

---

① 史尚宽：《债法总论》，中国政法大学出版社2000年版，第106页。

具有上述违法性的医疗侵权行为，通常具体体现为以下情况：误诊、贻误治疗、不当手术和处置、治疗中使用不合格的材料，等等。上述医疗侵权行为既可表现为积极的作为，也表现为消极的不作为，前者指的是不当治疗行为，后者指的是拖延治疗或拒绝治疗。

2.必须对患者造成了损害后果

损害后果必须是法律明确规定的后果，是侵犯了患者受法律保护的合法权利。医疗损害后果常常表现为因医疗行为造成患者的死亡、残疾、组织器官的损伤及健康状况相对于诊疗前有所恶化的情形。在医疗损害侵权责任构成要件中的"损害"，主要是医源性损害。所谓医源性损害，系指因治疗而对患者已经造成损害或无法排除的损害风险。医源性损害的具体表现形式主要体现为：

(1)人身伤亡。我国《民法通则》第 98 条规定，公民享有生命健康权，作为患者的公民生命健康权是理应受到法律保护的。医疗损害中对患者生命健康权的侵害表现为由于医疗机构的过失行为导致患者死亡，明显的器官、组织损伤或功能障碍或其他明显的人身损害后果，对于这些行为，医疗机构在承担相应的法律责任的同时，还要对患者家属承担民事损害赔偿责任。

(2)患者及其近亲属的财产损害。财产损害是指行为人的不法行为侵害了受害人的财产权、人身权及其他权利，从而导致了受害人所拥有的财产价值的减少和可得利益的丧失。医疗过错行为使患者近亲属所遭受的财产损害，主要表现为：不必要的医疗费用、丧葬费、误工损失、收入的减少或丧失、可得利益的丧失以及住院、转院治疗的差旅费、护理费、营养费等。

(3)患者及其近亲属的精神损害。精神损害是指受害人在受到侵害后精神上的痛苦和肉体上的疼痛等方面的损害。[①] 患者的健康权、身体权受到侵害，必然会导致其肉体的痛苦和心灵的创伤，患者的死亡或严重的残疾也将使其近亲属遭受精神的痛苦。另外，患者及其近亲属的精神伤害还包括身份利益的丧失。

(4)名誉权、隐私权以及知情同意权遭受侵害。我国《民法通则》第 101 条规定，公民享有名誉权，公民的人格尊严不受侵犯。医疗行为对患者名誉权的侵害主要表现为，在诊断过程中对一些社会舆论认为有伤风化的疾病的误诊，并未履行保守秘密的义务而致使受害人所处的群体对其社会评价的减损。在医患关系中，患者享有知情权和同意权，医务人员负有相应的说明义务。因此，《侵权责任法》第 55 条规定："医务人员在诊疗活动中应当向患者说明病情和医疗措施。需要手术、特殊检查、特殊治疗的，医务人员应当及时向患者说明医疗风险、替代医疗方案等情况，并取得其书面同意；不宜向患者说明的，应当向患者的近亲属说

① 张新宝：《中国侵权行为法》，中国社会科学出版社 1998 年版，第 103 页。

明，并取得其书面同意。”“医务人员未尽到前款义务，造成患者损害的，医疗机构应当承担赔偿责任。”

3. 医方违法行为与患者的损害后果之间存在因果关系

我国民法中现阶段对因果关系理论的研究，主要有必然因果关系说和二分法的因果关系说。二分法将因果关系分为事实上的因果关系和法律上的因果关系。事实上的因果关系是指仅从事实角度来考察加害人的加害行为与受害人的损害结果之间的客观联系。法律上的因果关系是指在界定事实上的因果关系的前提下，确定加害人是否应当承担法律责任的问题。二分法的因果关系说是我国目前的通说。

医疗损害民事责任因果关系的确定包括事实因果关系的判定和法律因果关系的判定。在医疗损害民事责任事实因果关系的判定上，可采用认定或推定的方法。事实因果关系的认定是指直接确认因果关系事实的存在。法律因果关系的判定方法，是用什么样的法律价值判定标准来分析、评价被告的加害行为和原告的损害后果的事实因果关系问题，民法理论的通说为用相当因果关系说来评价法律因果关系。

总之，考察医疗损害民事责任法律上的因果关系的目的是，在所有造成损害的原因事实中，找出与医疗机构具有法律上联系的事实。医疗机构只对自己违反义务的行为承担民事责任，考察医疗损害民事责任中的法律因果关系，就是考察在造成患者损害的所有原因事实中，是否存在医疗机构违反义务的原因行为。

4. 医方主观上存在过错

过错是医方承担民事责任的构成要件，确定医方的民事责任，不仅应考察医方的医疗行为与损害结果之间有无因果关系，更重要的是看医方主观上是否具有过错，即对患方所受损害是否具有故意或过失。

医方的过错包括故意和过失。故意很好界定，但如何界定医方存在过失？《侵权责任法》不仅吸收了《医疗事故处理条例》的违法判断过失的标准，还增加了“医疗水平”(Medical level)这个标准。《侵权责任法》第58条(一)规定：“违反法律、行政法规、规章以及其他有关诊疗规范的规定”，推定医疗机构有过错，这与《条例》第2条规定基本一致；而第57条则明确了判断医方过失的标准为“当时的医疗水平”。医疗水平与医学科学水平是两个不同的概念，医学科学水平反映医学科学发展的最高水平，医疗水平则是损害发生时临床所能够达到的医疗技术水平。确定医疗机构及医务人员在诊疗活动中应当尽到与医疗时的医疗水平相应的技术注意义务，即“合理的专家标准”或者“合理医师”标准。[①] 凡是医

① 张新宝：《大陆医疗损害赔偿案件的过失认定》，载《医疗过失举证责任之比较》，中国台湾元照图书出版公司2008年版，第93页。

疗机构或者医护人员从事病情的检验、诊断、治疗方法的选择，治疗措施的执行以及病情发展过程的追踪或术后照护等医疗行为中，不符合当时的临床医疗专业知识或技术水准的懈怠或疏忽就是医疗技术过失。

四、医疗损害侵权责任类型

为了更好地适用侵权责任法，划分责任归属，有必要将医疗损害责任类型化，以损害发生的不同原因为分类标准，将医疗损害侵权责任分为医疗技术损害责任、医疗伦理损害责任以及医疗产品责任三种类型。

（一）医疗技术损害责任

医疗技术损害责任，是指医疗机构及医务人员从事病情检验、诊断、治疗方法的选择，治疗措施的执行，病情发展过程的追踪，以及术后照护等医疗行为中，存在不符合当时医疗水平的过失行为，医疗机构所应当承担的侵权赔偿责任。《侵权责任法》第 54 条和第 57 条规定了医疗技术损害责任。对医疗技术规定的违反本身即是一种过错，因而第 54 条规定："患者在诊疗活动中受到损害，医疗机构及其医务人员有过错的，由医疗机构承担赔偿责任。"可以说这是医疗损害最为基本、常见的类型。

（二）医疗伦理损害责任

医疗伦理损害责任，指医务机构和医务人员违背医疗良知和医疗伦理的要求，违背医疗机构和医务人员的告知或保密义务，具有医疗伦理过失，造成患者人身损害以及其他合法权益损害的医疗损害责任。医疗伦理损害责任的核心，是具有医疗伦理过失。

《侵权责任法》第 55 条规定的违反告知义务的损害责任，是医疗伦理损害责任的基本类型；第 62 条规定的违反保密义务的损害责任也是医疗伦理损害责任的类型。第 55 条第 2 款规定违反告知义务造成患者损害的，就构成违反告知义务的医疗伦理损害责任。其中对于损害的界定，应当包括造成患者人身实质性损害和造成患者精神性权利即自我决定权的损害；对于前者，应当适用《侵权责任法》第 16 条赔偿医疗费、护理费、交通费、误工费，造成残疾的赔偿残疾生活辅助具费和残疾赔偿金，造成死亡的赔偿丧葬费和死亡赔偿金；对于后者，应当适用第 22 条确定精神损害赔偿责任。

（三）医疗产品损害责任

《侵权责任法》第 59 条规定的是医疗产品损害责任。该条明确规定，医疗机构在医疗过程中使用有缺陷的药品、消毒药剂、医疗器械以及不合格的血液等医疗产品，因此造成患者人身损害的，医疗机构或者医疗产品生产者应当承担不真正连带责任。应当明确，医疗产品损害责任也是产品责任，是特殊的产品责任，其中最为特殊之处，就是医疗机构参加了这种侵权损害赔偿责任法律关系，成为一方责任人，而与缺陷医疗产品的生产者承担不真正连带责任。

五、医疗损害责任的豁免

责任豁免(Duty exemption)，在侵权行为法中一般称之为抗辩事由或免责事由，指的是行为人对其行为所导致的损害基于某种法定理由而不承担责任的情形。《侵权责任法》第60条规定了医疗机构不承担责任的三种特殊免责事由，即患方的过错、紧急医疗救治和医疗水平限制。同时，医疗损害责任作为一种侵权责任，同样适用该法规定的其他免责事由，即为一般免责事由。

(一)特殊免责事由

医疗损害责任的特殊免责事由，是指仅用于医疗机构对抗患者或家属提出的医疗损害责任的抗辩事由，具体包括患方过错、紧急医疗救治、医疗水平限制。

1.患方过错。患方过错，是受害人过错的一种特殊形式。受害人过错，是指损害的发生或扩大不是由于行为人的过错，而是由于受害人的过错而发生。《侵权责任法》第26条规定："被侵权人对损害的发生也有过错的，可以减轻侵权人的责任。"第60条第1款明确规定患者或者其近亲属不配合医疗机构进行符合诊疗规范的诊疗，造成患者人身损害后果的，医疗机构不承担赔偿责任。但医疗机构及其医务人员也有过错的，应当承担相应的赔偿责任。

2.紧急医疗救治。紧急医疗救治，是紧急避险抗辩事由在医疗损害责任界定中的适用。《侵权责任法》第60条第2款明确规定，医务人员在抢救生命垂危患者等紧急情况下已经尽到合理诊疗义务的，对于患者的损害，医疗机构不承担赔偿责任。

3.医疗水平限制。《侵权责任法》一方面将当时的医疗水平作为确定医疗技术过失的标准，另一方面又将限于当时的医疗水平难以诊疗的情形作为免责事由，对这个问题的两端作出了合理的规定。亦即医方尽到了与当时的医疗水平相应的诊疗义务，但限于当时的医疗水平，对患者采取的医疗措施不仅未取得治愈效果，反而带来新的损害，或该疾病限于当时的医疗水平难以诊疗的，对此，医疗机构不承担赔偿责任。

(二)一般免责事由

根据《侵权责任法》的有关规定，医疗损害责任的一般免责事由，是一般侵权行为法上的免责事由在医疗损害赔偿中的具体运用，包括患者故意、第三人过错、不可抗力等。

1.患者故意。患者故意系受害人故意表现形式之一。受害人故意，是指受害人明知自己的行为会造成其自身的损害结果，却希望或放任这种结果的发生。

《侵权责任法》第27条规定:“损害是因受害人故意造成的,行为人不承担责任。”临床工作中,受害人故意最典型的表现形式是患者在医疗机构内自杀。如果医疗机构对患者的自杀不存在医疗过错,完全是患者自己选择的结果,那么医疗机构不承担责任。然而,如果医疗机构对患者的自杀具有过错,则医疗机构就应承当相应的民事责任。例如,抑郁症精神病患者在住院期间上吊自杀,事后查明医院护士没有按时巡视病房,则医院应承担过错赔偿责任。

2.第三人过错。第三人过错是指除原告和被告之外的第三人,对原告损害的发生或扩大具有过错,包括第三人的故意和过失。第三人过错可以作为行为人减轻或免除民事责任的抗辩事由。《侵权责任法》第28条规定:“损害是因第三人造成的,第三人应当承担侵权责任。”第37条规定:“宾馆、商场、银行、车站、娱乐场所等公共场所的管理人或者群众性活动的组织者,未尽到安全保障义务,造成他人损害的,应当承担侵权责任。因第三人的行为造成他人损害的,由第三人承担侵权责任;管理人或者组织者未尽到安全保障义务的,承担相应的补充责任。”医疗机构的就诊区域、住院病房等场所,应属法律规定的公众场所。因此,医疗机构的管理者负有相应的安全保障义务,应对在其处就医的患者承担相应的安全保障义务。但是,医院对其承担的安全保障义务应当是在“合理限度范围内”,其对第三人造成的损害赔偿责任以“能够防止或制止损害的范围内”为限。

3.不可抗力。所谓不可抗力,是指人力所不可抗拒的力量,包括自然原因如地震、台风、海啸和社会原因如武装冲突、战争等。不可抗力造成不良后果,是《医疗事故处理条例》规定的免责事由,《侵权责任法》并没有规定。我们认为《侵权责任法》第29条规定的不可抗力的一般规则,是普遍适用的免责事由,具有普遍适用的效力。在医疗损害责任中,尽管医疗损害责任的免责事由的规定没有不可抗力,但也没有明确规定禁止适用不可抗力规则。因此,在医疗损害责任中,如果因不可抗力造成不良后果的,应当依据该法第29条的规定免除责任或减轻责任。

第四节 医疗损害争议的法律处理

依据《医疗事故处理条例》以及有关法律法规的规定,我国医疗损害责任争议的解决方式主要有以下四种。

一、医疗损害争议的协商解决

(一)医疗损害争议的协商解决

医疗损害争议的协商解决,是指发生医疗损害的赔偿等民事责任争议,医患双方在没有第三方介入的情况下，就医疗损害争议进行协商、谈判，从而消除争议，达成共识。

（二）医疗损害争议协商解决的基本原则

1.主体适格。(1)患方要具备主体资格。具有完全民事行为能力人的患者依法有权亲自或者委托他人，决定是否和解和参与和解谈判；限制民事行为能力和无民事行为能力的患者，参与和解谈判的只能是患者的监护人或者法定代理人；如果患者死亡的，可以按照《继承法》规定的继承人顺序确定与医疗机构协商的主体。(2)参加和解的医方应是医疗机构的法定代表人或其委托人。

2.遵循合法、自愿、诚信原则。协商谈判的内容、范围、程序和方式都必须遵循《民法通则》《合同法》《侵权责任法》以及《条例》的原则及规定，不得违反强制性、禁止性规范；要尊重当事人的意思自治；民事主体在从事民事活动时应诚实守信，应当以善意的方式真诚协商解决医疗损害赔偿争议。

3.不得规避行政责任和刑事责任。由于医疗损害争议往往存在着民事责任、行政责任和刑事责任的竞合，在发生竞合情况下，当事人之间的和解（私了）有可能排斥了卫生行政部门和检察机关对相关主体的责任追究，从而使责任人逃避法律制裁。实践中，限制这种消极影响的办法是，为通过和解解决医疗纠纷划定恰当的适用范围，规定属于行政机关和检察机关职权范围内的事项不适用和解。

（三）医疗损害争议和解协议的签订

1.和解协议的形式。《条例》第46条、第47条规定：当事人对医疗事故的赔偿等民事责任发生争议的，可以协商解决；双方当事人协商达成一致意见的，应当制作协议书。依法成立的医疗损害处理协议，对当事人双方具有法律效力。

2.和解协议的内容。(1)当事人基本情况，包括医疗机构的名称、类别、地址、法定代表人或者主要负责人等要素和患者的姓名、年龄、性别、民族、住所地、职业以及医疗事由等；(2)医疗损害基本情况；(3)双方当事人协商确定的赔偿金额及其他处理事项。

3.保证协议生效执行的措施。由于和解所达成的协议本质上属于契约，效力较弱，因此，在通过和解解决医疗损害争议的时候，一方面应鼓励医疗纠纷当事人采用要式和解协议，并通过公证或担保等形式以加强和解协议的法律效力；同时，立法上应进一步明确医疗损害争议协商解决的范围，行政上应加强对医疗机构医疗损害协商解决的监督，司法上应持认可医疗损害争议协议书具有一定法律效力的态度。

4.和解协议无效。患方签约的主体不合法，如患者本人为18周岁以上的成人，但协议由其父母签署，且患者不予认可的，则协议无效；医方签约的主体不合法，如协议为医师个人签署；有胁迫、欺诈行为，协议内容违背法律，如为获得保险赔偿而虚构医疗纠纷赔偿，则协议无效。

二、医疗损害争议的行政调解

（一）医疗损害争议的行政调解

调解是指纠纷双方当事人，在第三方的协调、帮助和促进下，进行谈判、商量取得一致意见，消除争议，建立新的权利义务关系的活动。发生医疗损害争议后，医患双方可以申请卫生行政部门处理；也可以就医疗损害赔偿问题，请卫生行政部门进行调解。

（二）医疗损害争议行政调解的提出

1.医疗损害的行政处理

(1)当事人申请卫生行政部门处理的提出。其法定程序与要求已如前述。

(2) 行政处理与诉讼的关系。当事人既向卫生行政部门提出医疗事故争议处理申请，又向人民法院提起诉讼的，卫生行政部门不予受理；卫生行政部门已经受理的，应当终止处理。

2.医疗损害赔偿争议的行政调解

(1)行政调解的条件。已经确定为医疗事故双方当事人无异议的和卫生行政部门判定为医疗事故的；双方当事人自愿共同提出赔偿行政调解申请。

(2)行政调解的程序。双方当事人申请调解；受理并审查调解申请；接受调解申请进行调解；制作调解书。经调解，双方当事人就赔偿数额达成协议的，制作调解书，双方当事人应当履行；调解不成或者经调解达成协议后一方反悔的，卫生行政部门不再调解。

三、医疗损害争议的第三方调解途径

如何公平、公正并尽可能及时、有效地解决医疗纠纷，全国各地近年来进行了建立第三方医疗纠纷调解机制的探索。2010 年 1 月，司法部、卫生部、保监会三部门联合发布了《司法部、卫生部、保监会关于加强医疗纠纷人民调解工作的意见》(司发通〔2010〕5 号)。意见提出，各地可以根据需要设立医疗纠纷人民调解委员会，人民调解委员会由有志于构建医患和谐并具有卫生管理、医学、法律、保险理赔等方面专业知识和良好沟通能力的人员构成，专业从事医疗纠纷调查处理和医疗过失防范。它是独立于卫生行政部门之外、受司法行政机关领导的专业性人民调解组织，是解决医疗纠纷调解机制的有效尝试。

四、医疗损害争议的民事诉讼

医疗损害争议民事诉讼，是指医疗损害争议的当事人在人民法院的主持下和其他诉讼参与人的配合下，为解决医疗损害争议，依照民事诉讼程序所进行的全部活动。其包括民事诉讼的管辖、民事诉讼的时效、民事诉讼的程序等内容，将在下一章予以阐释。

五、医疗损害的民事赔偿

（一）医疗损害民事赔偿的概念

医疗损害民事赔偿（Medical injury civil compensation），是指医疗机构和医务人员在诊疗过程中，因过错造成患者人身权益伤害的，依法承担的民事赔偿责任。合理确定医疗损害赔偿，有利于维护医患双方的合法权益。

（二）医疗损害民事赔偿的范围

《侵权责任法》第16条规定："侵害他人造成人身损害的，应当赔偿医疗费、护理费、交通费等为治疗和康复支出的合理费用，以及因误工减少的收入。造成残疾的，还应当赔偿残疾生活辅助具费和残疾赔偿金。造成死亡的，还应当赔偿丧葬费和死亡赔偿金。"该法第22条还规定了精神损害赔偿项目，即"侵害他人人身权益，造成他人严重精神损害的，被侵权人可以请求精神损害赔偿"。

根据上述法律规定，医疗损害赔偿范围或项目可以分为三个层面：

第一个层面是一般赔偿范围。即无论患者损害后果是否构成残疾或死亡，医疗机构均应赔偿的项目，包括医疗费、护理费、交通费等为治疗和康复支出的合理费用以及因误工减少的收入。

第二个层面是残疾赔偿范围。即在患者构成残疾的情况下，医疗机构应当额外支付的赔偿残疾生活辅助具费和残疾赔偿金。

第三个层面是死亡赔偿范围。即在患者死亡的情况下，医疗机构应当额外付出的丧葬费和死亡赔偿金。

同时，如果医疗机构的侵权行为造成了患者严重精神损害，则无论患者是否构成残疾，医疗机构均应支付精神损害抚慰金。

这是《侵权责任法》关于人身损害赔偿范围的原则性规定，但并未对具体的计算标准作出相应的规定。这意味着有关费用的计算标准和方式将沿用此前《最高人民法院关于审理人身损害赔偿案件适用法律若干问题的解释》（以下简称《解释》）的相关规定。但《侵权责任法》的规定，与司法解释的规定也略有不同，《侵权责任法》中没有规定被扶养人的生活费。2010年7月1日《最高人民法院关于适用〈中华人民共和国侵权责任法〉若干问题的通知》的第4条规定：人民法院适用《侵权责任法》审理民事纠纷案件，如受害人有被扶养人的，应当依据《解释》第28条的规定，将被扶养人生活费计入残疾赔偿金或死亡赔偿金。

（三）赔偿项目和计算方式

根据《民法通则》《侵权责任法》及《解释》可以确定医疗损害民事赔偿的赔偿

项目和计算方式,包括以下内容：

1. 医疗费。根据医疗机构出具的医药费、住院费等收款凭证,结合病历和诊断证明等相关证据确定。医疗费的赔偿数额,按照一审法庭辩论终结前实际发生的数额确定。器官功能恢复训练所必要的康复费、适当的整容费以及其他后续治疗费,赔偿权利人可以待实际发生后另行起诉。但根据医疗证明或者鉴定结论确定必然发生的费用,可以与已经发生的医疗费一并予以赔偿。

2. 误工费。根据受害人的误工时间和收入状况确定。误工时间根据受害人接受治疗的医疗机构出具的证明确定。受害人因伤致残持续误工的,误工时间可以计算至定残日前一天。受害人有固定收入的,误工费按照实际减少的收入计算。受害人无固定收入的,按照其最近三年的平均收入计算;受害人不能举证证明其最近三年的平均收入状况的,可以参照受诉法院所在地相同或者相近行业上一年度职工的平均工资计算。

3. 护理费。护理费根据承担护理人员的收入状况和护理人数、护理期限确定。(1)护理人数及护理费的计算。护理人员有收入的,参照误工费的规定计算;护理人员没有收入或者雇用护工的,参照当地护工从事同等级别护理的劳务报酬标准计算。护理人员原则上为一人,但医疗机构或者鉴定机构有明确意见的,可以参照确定护理人员人数。(2)护理期限的计算。护理期限应计算至受害人恢复生活自理能力时止。受害人因残疾不能恢复生活自理能力的,可以根据其年龄、健康状况等因素确定合理的护理期限,但最长不超过20年。超过确定的护理期限,赔偿权利人向人民法院起诉请求继续给付护理费的,人民法院应予受理。赔偿权利人确需继续护理,人民法院应当判令赔偿义务人继续给付相关费用5至10年。受害人定残后的护理,应当根据其护理依赖程度并结合配制残疾辅助器具的情况确定护理级别。

4. 交通费。根据受害人及其必要的陪护人员因就医或者转院治疗实际发生的费用计算。交通费应当以正式票据为凭;有关凭据应当与就医地点、时间、人数、次数相符合。

5. 住院伙食补助费。可以参照当地国家机关一般工作人员的出差伙食补助标准予以确定。受害人确有必要到外地治疗,因客观原因不能住院,受害人本人及其陪护人员实际发生的伙食费,其合理部分应予赔偿。

6. 住宿费。对住宿费,法律没有专门规定,只是在规定住院伙食补助费时顺便提及。根据司法解释的规定,受害人确有必要到外地治疗,因客观原因不能住院,受害人本人及其陪护人员实际发生的住宿费,其合理部分可以参照事故发生地国家机关一般工作人员的出差住宿费用予以赔偿。

7. 营养费。根据受害人伤残情况参照医疗机构的意见确定。

8.残疾赔偿金。根据受害人丧失劳动能力程度或者伤残等级，按照受诉法院所在地上一年度城镇居民人均可支配收入或者农村居民人均纯收入标准，自定残之日起按20年计算。但60周岁以上的，年龄每增加一岁减少一年；75周岁以上的，按5年计算。超过确定的残疾赔偿金给付年限，赔偿权利人向人民法院起诉请求继续给残疾赔偿金的，人民法院应予受理。赔偿权利人确实没有劳动能力和生活来源的，人民法院应当判令赔偿义务人继续给付相关费用5至10年。受害人因伤致残但实际收入没有减少，或者伤残等级较轻但造成职业妨害严重影响其劳动就业的，可以对残疾赔偿金作相应调整。

9.残疾辅助器具费。按照普通适用器具的合理费用标准计算。伤情有特殊需要的，可以参照辅助器具配制机构的意见确定相应的合理费用标准。超过确定的辅助器具费给付年限，赔偿权利人向人民法院起诉请求继续给付辅助器具费的，人民法院应予受理。赔偿权利人确需配制辅助器具，人民法院应当判令赔偿义务人继续给付相关费用5至10年。辅助器具的更换周期和赔偿期限参照配制机构的意见确定。

10.丧葬费。按照受诉法院所在地上一年度职工月平均工资标准，以6个月总额计算。

11.被扶养人生活费。根据扶养人丧失劳动能力程度，按照受诉法院所在地上一年度城镇居民人均消费性支出和农村居民人均年生活消费支出标准计算。被扶养人为未成年人的，计算至18周岁；被扶养人无劳动能力又无其他生活来源的，计算20年。但60周岁以上的，年龄每增加一岁减少一年；75周岁以上的，按5年计算。被扶养人是指受害人依法应当承担扶养义务的未成年人或者丧失劳动能力又无其他生活来源的成年近亲属。被扶养人还有其他扶养人的，赔偿义务人只赔偿受害人依法应当负担的部分。被扶养人有数人的，年赔偿总额累计不超过上一年度城镇居民人均消费性支出额或者农村居民人均年生活消费支出额。

12.死亡赔偿金。按照受诉法院所在地上一年度城镇居民人均可支配收入或者农村居民人均纯收入标准，按20年计算。但60周岁以上的，年龄每增加一岁减少一年；75周岁以上的，按5年计算。另外，赔偿权利人举证证明其住所地或者经常居住地城镇居民人均可支配收入或者农村居民人均纯收入高于受诉法院所在地标准的，残疾赔偿金或者死亡赔偿金可以按照其住所地或者经常居住地的相关标准计算。

13.精神损害赔偿。受害人或者死者近亲属遭受精神损害，向人民法院请求赔偿精神损害抚慰金的，适用《最高人民法院关于确定民事侵权精神损害赔偿责任若干问题的解释》予以确定。具体包括：(1)生命权、健康权和身体权即物质性人格权遭受侵害，不包括精神性人格权遭受侵害。(2)有权提起精神损害赔偿的，为受害人本人；受害人死亡的，为死者的配偶、父母或子女有权提出；没有配偶、父母和子女的，死者的其他近亲属也可以提起。(3)精神后果必须严重，才能得到精神损害赔偿。

在上述规定中所称的“城镇居民人均可支配收入”、“农村居民人均纯收入”、“城镇居民人均消费性支出”、“农村居民人均年生活消费支出”、“职工平均工资”，按照政府统计部门公布的各省、自治区、直辖市以及经济特区和计划单列市上一年度相关统计数据确定，且系一审法院辩论终结时的上一统计年度。

第五节　医疗损害的行政责任及刑事责任

一、医疗损害的相关行政法律责任

(一)卫生行政部门的法律责任

卫生行政部门违反《条例》的规定，有下列情形之一的，由上级卫生行政部门给予警告并责令限期改正；情节严重的，对负有责任的主管人员和其他直接责任人员依法给予行政处分：

1.接到医疗机构关于重大医疗过失行为的报告后，未及时组织调查的。

2.接到医疗事故争议处理申请后，未在规定时间内审查或者移送上一级人民政府卫生行政部门处理的。

3.未将应当进行医疗事故技术鉴定的重大医疗过失行为或者医疗事故争议移交医学会组织鉴定的。

4.未按照规定逐级将当地发生的医疗事故以及依法对发生医疗事故的医疗机构和医务人员的处理情况上报的。

5.未按照规定审核医疗事故技术鉴定书的。

(二)医疗机构的法律责任

医疗机构发生医疗事故的，由卫生行政部门根据医疗事故等级和情节，给予警告；情节严重的，责令限期整顿直至由原发证部门吊销执业许可证。

医疗机构违反《条例》规定，有下列情形之一的，由卫生行政部门责令改正；情节严重的，对负有责任的主管人员和其他直接责任人员依法给予行政处分或者纪律处分：

1.未如实告知患者病情、医疗措施和医疗风险的。

2.没有正当理由，拒绝为患者提供复印或者复制病历资料服务的。

3.未按照国务院卫生行政部门规定的要求书写和妥善保管病历资料服

务的。

4.未在规定时间内补记抢救工作病历内容的。

5.未按照规定封存、保管和启封病历资料和实物的。

6.未设置医疗服务质量监控部门或者配备专(兼)职人员的。

7.未制定有关医疗事故防范和处理预案的。

8.未在规定时间内向卫生行政部门报告重大医疗过失行为的。

9.未按照规定向卫生行政部门报告医疗事故的。

10.未按照规定进行尸检和保存、处理尸体的。

医疗机构违反《条例》规定,有下列情形之一的,由卫生行政部门责令改正,给予警告;对负有责任的主管人员和其他直接责任人员依法给予行政处分或者纪律处分;情节严重的,由原发证部门吊销其执业证书或者资格证书:

1.承当尸检任务的机构没有正当理由,拒绝进行尸检的。

2.涂改、伪造、隐匿、销毁病历资料的。

(三)医务人员的法律责任

医疗机构发生医疗事故,对负有责任的医务人员尚不够刑事处罚的,依法给予行政处分或者纪律处分,除上述处罚外,卫生行政部门视情节并可以责令暂停6个月以上1年以下执业活动;情节严重的,吊销其执业许可证;造成严重损害后果、触犯《刑法》的,依照《刑法》关于医疗事故罪的规定,追究刑事责任。

二、医疗损害相关刑事责任

在前述第九章,对医疗损害刑事犯罪及其刑罚已论及,此不重述。

第二十三章　卫生诉讼法律制度

第一节　卫生行政复议

一、卫生行政复议的概念

卫生行政复议(Health administrative reconsideration)是指公民、法人或其他组织不服卫生行政主体的具体行政行为,依法向卫生行政复议机关提出申请,受理机关依法定程序对有争议的具体行政行为进行审查,并作出裁决的一种法律制度。卫生行政复议的目的是为了防止和纠正违法的或者不当的具体行政行为,保护公民、法人和其他组织的合法权益,保障和监督行政机关依法行使职权。行政复议是行政机关解决行政争议的一种方式,也是行政机关自我纠正错误的一种监督制度。

二、卫生行政复议的范围和管辖

(一)卫生行政复议范围

卫生行政机关的具体行政行为不论是作为还是不作为,只要公民、法人或其他组织认为这些行为违法或者不当,侵犯了自己的合法权益,都可以依法申请复议。《行政复议法》用列举的方式对复议范围作了具体规定:

1. 对卫生行政机关作出的行政处罚决定(如警告、罚款、没收违法所得、没收非法财物、责令停产停业、暂扣或者吊销许可证、暂扣或者吊销执照等)不服的。

2. 对卫生行政机关作出的行政强制措施决定不服的(卫生行政强制措施是指卫生行政主体为了预防和控制疾病,或者预防或制止正在发生或可能发生的违法行为,或者为了保全证据,确保案件查处工作顺利进行,而对相对人的人身自由、财产予以强行限制的一种具体行政行为,诸如按照《国境卫生检验法》《传染病防治法》《食品安全法》等卫生法律的规定,可依法对卫生行政管理相对人采取强制隔离治疗、强制留验、强制戒毒等限制人身自由或者查封、扣押、冻结财产等措施)。

3. 认为卫生行政机关侵犯其合法经营自主权的。

4.认为符合条件申请有关卫生许可证(照),卫生行政机关拒绝颁发或不予答复的。

5.对卫生行政机关作出的有关许可证、执照、资质证、资格证等证书变更、中止、撤销的决定不服的。

6.要求卫生行政机关履行其保护人身权利、财产权利等法定职责而拒不答复或没有依法履行的。

7.认为卫生行政机关违法要求履行义务的(如违法集资、征收财物、乱摊派等)。

8.认为卫生行政机关侵害其合法权益的。

9.法律、法规规定可以申请复议的其他具体行政行为。

《行政复议法》对行政复议的范围作了排除性规定:不服卫生行政机关作出的行政处分或者其他人事处理决定的;不服卫生行政机关对民事纠纷作出的调解或其他处理的,均不能申请行政复议。

(二)卫生行政复议的管辖

行政复议管辖是指不同层级的行政机关之间在受理卫生行政争议案件方面的分工与权限。复议管辖的确定,使行政机关内部的行政监督逐渐走上了法治化的轨道。

卫生行政复议的管辖有以下几种规定:

1.对县以上卫生行政机关的具体行政行为不服申请复议,由当事人选择上一级卫生行政机关或同级人民政府管辖。但对卫生检疫机关的具体行政行为不服,只能由其上级主管部门管辖,需要注意的是,现行的《食品安全法》《传染病防治法》规定,对卫生行政处罚不服只能向上一级卫生行政部门申请复议,这与《行政复议条例》规定相衔接。按新的《行政复议法》规定,对食品卫生、传染病防治方面的行政处罚不服的,应由相对人自由选择向上级部门或本级人民政府申请复议。

2.对国务院卫生行政部门的具体行政行为不服申请复议,应由国务院卫生行政部门管辖;对省、自治区、直辖市人民政府所作出的具体卫生行政行为不服,申请复议应由省、自治区、直辖市人民政府管辖。

3.对法律法规授权组织的具体行政行为不服申请复议,由主管该组织的卫生行政机关管辖。

4.对受委托组织的具体行政行为不服申请复议,由委托的卫生行政机关的上一级行政机关管辖。

5.对两个卫生行政机关或卫生行政机关与其他行政机关共同作出的具体行政行为不服申请复议,由其共同上一级行政机关管辖。

6. 对被撤销的卫生行政机关在撤销前作出的具体行政行为不服申请复议，由继续行使其职权的行政机关的上一级行政机关管辖。

三、卫生行政复议程序

公民、法人或其他组织提起卫生行政复议，复议机关处理卫生行政争议都必须按照法律规定的方法、步骤、形式和时限进行。卫生行政复议的程序如下：

(一)卫生行政复议申请

卫生行政复议是经过当事人申请而进行的行政行为。公民、法人或其他组织提出复议申请必须符合法律规定，卫生行政复议机关审查合格方能受理。

1. 申请期限。申请人必须在知道该具体行政行为之日起60日内提出行政复议申请。但是，法律规定的申请期限超过60日的除外。申请卫生行政复议的期限是，从确知行政机关作出具体行政行为的次日起计算，期限届满的最后一日是法定节假日的，以节假日后的第一日为期限届满的日期；期限不包括在途时间，申请书在期限届满前交邮的，以邮戳盖明的时间为准。

2. 申请方式。申请人申请卫生行政复议，可以书面申请，也可以口头申请；口头申请的，卫生行政复议机关应当场记录申请人的基本情况，行政复议请求，申请行政复议的主要事实、理由和时间。

3. 申请卫生行政复议必须满足以下条件：(1)申请人只能是认为具体行政行为直接侵犯其合法权益的公民、法人或其他组织；(2)有明确的被申请人；(3)有具体的复议请求和事实依据；(4)属于复议的范围和复议机关管辖。

(二)卫生行政复议受理

卫生行政复议的受理，是指复议申请人在法定期限内提出复议申请后，卫生行政复议机关通过对复议申请进行审查，对符合法定条件的复议申请予以立案的活动。根据《行政复议法》的规定，卫生行政复议机关应当在收到行政复议申请后5日内进行审查，并作出是否受理的决定。对不符合规定的复议申请，决定不予受理，并书面告知申请人；对符合规定、但不属于本机关受理的行政复议申请，应告知申请人向有关行政复议机关提出；符合规定的复议申请，行政复议机关负责法制工作的机构收到之日即为受理之日。

法律、法规规定应当先向卫生行政复议机关申请行政复议，对复议决定不服再向人民法院提起行政诉讼的，卫生行政复议机关不予受理或者受理后超过行政复议期不作答复的，公民、法人或其他组织可以自收到不予受理决定书之日起或者行政复议期届满之日起15日内，依法向人民法院提起行政诉讼。卫生行政复议机关对公民、法人或其他组织依法提出的行政复议申请无正当理由不予受理的，上级卫生行政机关应当责令其受理；必要时，上级卫生行政机关也可以直接受理。

(三)卫生行政复议的决定

1.作出决定的期限。卫生行政复议机关,应当自受理申请之日起60日内作出行政复议决定。但是,法律规定的行政复议期限少于60天的除外。情况复杂,不能在规定期限作出复议决定的,经批准可延长期限,但是延长期限最多不得超过30日。

2.复议决定。卫生行政复议机关,经审理提出意见,并经复议机关负责人同意或集体讨论通过后,按下列不同情况依法作出以下三种不同的决定:

(1)维持决定。具体行政行为认定事实清楚,证据确凿、充分,适用依据正确,程序合法,内容适当的,应作出维持具体行政行为的复议决定。

(2)履行决定。被申请人不履行法定职责的,复议机关应作出复议决定令其在一定期限内履行。

(3)撤销、变更或者确认违法和重作决定。具体行政行为有下列情形之一的,复议机关应作出复议决定,撤销、变更或者确认该具体行政行为违法;决定撤销、变更或确认具体行政行为违法的,可以责令被申请人在一定期限内作出具体行政行为:①主要事实不清,证据不足的;②适用依据错误的;③违反法定程序的;④超越或者滥用职权的;⑤具体行政行为明显不当的。

被申请人不按规定提出书面答复、提交当初决定作出具体行政行为的证据、依据和其他有关材料的,复议机关可视为该具体行政行为没有证据、依据,决定撤销该具体行政行为。

卫生行政复议机关责令被申请人重新作出具体行政行为的,被申请人不得以同一事实和理由作出与原具体行政行为相同或者基本相同的具体行政行为。但复议机关以违反法定程序为由,决定撤销被申请人的具体行政行为、令其重新决定的,被申请人重新作出具体行政行为时,不应受此规则限制。

(四)复议决定的履行

卫生行政复议决定应当制作行政复议决定书。决定书一经送达,即发生法律效力。

当事人对行政复议决定不服,可以在接到复议决定书15日内向人民法院提起行政诉讼。当事人因不服国务院卫生行政、药品监督、计划生育、中医药管理等部门和省级政府的具体卫生行政行为,提起行政复议,对复议决定仍不服的,也可以向国务院申请最终裁决。

被申请人应当履行复议机关作出的卫生行政复议决定,不履行或者无正当理由拖延履行行政复议决定的,行政复议机关或者有关上级卫生行政机关应当责令其限期履行。

申请人逾期不起诉又不履行卫生行政复议决定的，或者不履行最终裁决的行政复议决定的，对于维持决定的，由作出具体行政行为的卫生行政机关依法强制执行，或者申请人民法院强制执行；对于变更决定的，由卫生行政复议机关或者申请人民法院强制执行。卫生行政主体自行对相对人强制执行的，须有法律予以授权；但卫生法律均未授予各级卫生行政机关强制执行权，因此，对卫生行政复议决定的执行，均适用申请人民法院强制执行。

第二节　卫生行政诉讼

一、卫生行政诉讼的概念

卫生行政诉讼(Health administrative litigation)是指公民、法人或其他组织认为卫生行政部门及其工作人员，包括授权与委托的卫生执法组织的具体行政行为侵犯其合法权益时，依法向人民法院提起诉讼，由人民法院依据事实与法律进行审理并作出裁决，解决卫生行政争议的活动。

二、卫生行政诉讼范围和管辖

(一)卫生行政诉讼范围

卫生行政诉讼范围即卫生行政受案范围，是指人民法院对卫生行政部门的哪些具体卫生行政行为拥有审判权，或者说公民、法人或其他组织对卫生行政部门的哪些具体卫生行政行为可以向人民法院提起卫生行政诉讼。根据《行政诉讼法》的规定，结合我国现行卫生法律、法规和规章的有关规定，可以提起卫生行政诉讼的案件范围有以下几类：

1.不服卫生行政主体(含法律、法规授权组织，下同)行政处罚的案件。主要是指对罚款、吊销卫生许可证、责令停产停业、没收财物等行政处罚不服的，可以依法提起卫生行政诉讼。

2.不服卫生行政部门采取的行政强制措施的案件。如在卫生行政执法中，相对人对查封、扣押、冻结财产、强制隔离、强制留验、强制治疗等卫生强制措施不服的，可以依法提起卫生行政诉讼。

3.不服卫生行政机关对医疗事故处理决定的案件。

4.认为卫生行政机关不履行法定职责，如认为符合条件，而卫生行政机关拒绝向申请人颁发有关卫生许可证、执照或者不予答复，或公民申请卫生行政机关履行保护人身权、财产权的法定职责，卫生行政机关拒绝履行等，均属卫生行政机关的“不作为”，即不履行法定职责，管理相对人有权依法提起卫生行政诉讼。

5.认为卫生行政机关利用职权非法侵害其法定的经营自主权，或违法要求履行义务等，可以提起卫生行政诉讼。

6.法律法规规定可以起诉的其他卫生行政争议案件。

按照《行政诉讼法》的规定，卫生行政机关的下列行为不属于行政诉讼受案范围：

1.制定卫生行政规章，或卫生行政机关制定、发布具有普遍约束力的决定、命令以及卫生标准的抽象行政行为。

2.卫生行政机关对其工作人员的奖惩、任免决定等内部行政行为。

3.法律规定由卫生行政机关最终裁决的具体行政行为。

4.卫生行政机关对公民、法人或者其他组织之间以及它们相互之间的民事权益作调解或者根据法律、法规的规定作仲裁处理，当事人对调解、仲裁不服的。

(二)卫生行政诉讼管辖

卫生行政诉讼管辖是指人民法院之间受理第一审卫生行政案件的权限和分工。按照《行政诉讼法》的规定，卫生行政诉讼管辖主要有：

1.级别管辖。是指上下级人民法院之间受理第一审卫生行政案件的分工。根据我国法律规定，基层人民法院管辖第一审卫生行政案件；中级人民法院管辖本辖区内重大、复杂的第一审卫生行政案件，以及对国务院各部门和省级人民政府所作的具体行政行为提起诉讼的第一审卫生行政案件；高级人民法院管辖本辖区内重大、复杂的第一审卫生行政案件；最高人民法院管辖国内重大、复杂的第一审卫生行政案件。

2.地域管辖。地域管辖又称区域或土地管辖，是指同级人民法院之间在各自辖区内受理第一审卫生行政案件权限的划分。级别管辖只确定了卫生行政案件由哪一级人民法院受理，而地域管辖则是在确定了级别管辖之后，确定由哪个地方的人民法院管辖。因此，只有根据地域管辖的规定，才能最后确定某一具体卫生行政案件由哪一个人民法院受理。

地域管辖又可分为一般地域管辖和特殊地域管辖。一般地域管辖是卫生行政案件由最初作出具体卫生行政行为的卫生行政机关所在地人民法院管辖。特殊地域管辖有三种情况：一是经复议的案件，复议机关改变了原具体行政行为的，可由最初作出具体行政行为的行政机关所在地或复议机关所在地人民法院管辖；二是对限制人身自由的行政强制措施不服的卫生行政案件，由被告所在地或原告所在地(包括原告的住所地、经常居住地和被限制人身自由的所在地)人民法院管辖；三是因不动产引起的行政诉讼由不动产所在地人民法院管辖。

对同一案件，两个以上人民法院都有管辖权的，当事人可以向其中任何一个法院提起诉讼；原告向两个以上有管辖权的人民法院提起诉讼的，由最先收到起诉状的人民法院管辖。

3. 指定管辖和移送管辖。《行政诉讼法》规定,有管辖权的人民法院由于特殊原因不能行使管辖权或对管辖权发生争议,经双方协商解决不成的,由上级人民法院指定下一级人民法院管辖。当人民法院发现已受理案件不属于自己管辖时,应移送给有管辖权的人民法院。

三、卫生行政诉讼程序

卫生行政诉讼程序,包括第一审程序、第二审程序、审判监督程序。

(一)第一审程序

卫生行政诉讼第一审程序是卫生行政诉讼的基本程序。其内容主要包括:

1. 起诉

(1)根据《行政诉讼法》规定,起诉必须符合一定的条件:①原告必须是认为卫生行政机关的具体行政行为侵犯了其合法权益的公民、法人或其他组织;②要有明确的被告,即要指明对哪一个卫生行政机关提起诉讼;③要有具体的诉讼请求和事实依据;④诉讼请求属于人民法院受案范围并由受诉人民法院管辖;⑤符合法定起诉程序和期限。

(2)起诉的法定程序。卫生行政诉讼的起诉程序有两种情况:①直接起诉。即当事人对具体行政行为不服,可以不经行政复议,直接向人民法院起诉。②复议前置。即对卫生行政机关的具体行政行为不服,只能先向卫生行政复议机关申请行政复议,对复议决定不服才能再向人民法院起诉。如《化妆品卫生监督条例》等规定,对具体行政行为不服可申请复议,对复议决定不服可起诉,属于复议前置。

(3)起诉的期限。卫生行政诉讼期限一般有15日和3个月两种。①期限为15日。经过卫生行政复议的案件,申请人不服复议决定的,可以在收到复议决定书之日起15日内向人民法院提起诉讼;如果当事人申请卫生行政复议后复议机关久拖不决,复议申请人可在复议期满之日起15日内向人民法院提起诉讼。②期限为3个月。卫生法律没有明确规定期限,当事人直接向人民法院提起诉讼的,应当在知道作出具体行政行为之日起3个月内提出。

另按《最高人民法院关于执行〈中华人民共和国行政诉讼法〉若干问题的解释》的规定,行政机关作出具体行政行为时,未告知公民、法人或者其他组织诉权或者起诉期限的,或者复议决定未告知公民、法人或者其他组织诉权或者法定起诉期限的,起诉期限从公民、法人或者其他组织知道或者应当知道诉权或者起诉期限之日起计算,但从知道或者应当知道具体行政行为内容或者复议决定内容之日起最长不得超过2年。

(4)起诉的方式。起诉应当向人民法院递交起诉状，书写起诉状确有困难的，可以口述，由人民法院记入笔录，并告知被诉的卫生行政机关。起诉状应具备以下内容：原告、被告的基本情况；诉讼请求和所依据的事实与理由；受诉法院的名称及提起诉讼的时间，并有起诉人签名盖章。

2.受理

受理是指人民法院对公民、法人或者其他组织提起的卫生行政诉讼请求，进行审查，认为符合条件，决定立案审理的诉讼行为。原告起诉与法院受理必须相结合，才能启动卫生行政诉讼，两者缺一不可。

人民法院经过审查后应在接到起诉书7日内作出是否受理的决定。7日内不能决定是否受理的，应当先予受理；受理后经审查不符合起诉条件的，裁定驳回起诉。当事人对法院驳回起诉裁定不服时，应当在接到裁定书之日起10日内向原审人民法院递交上诉状，由原审法院连同诉讼材料转交上一级人民法院；也可以直接向上一级人民法院提起上诉，由二审法院作出终审裁定。

3.审理

我国《行政诉讼法》实行两审终审制。在卫生行政诉讼程序中，第一审程序是最基础的程序，包括审理前准备、开庭审理、公开宣判等步骤。

(1)审理前准备。主要包括组成合议庭，送达起诉状(法院应在立案之日起5日内，将起诉状副本发送被告。被告应在收到起诉状副本之日起10日内向法院提交作出具体行政行为的材料，并提出答辩状)、答辩状(法院应在收到答辩状之日起5日内将答辩状副本发送原告)等文书，合议庭阅卷，补充调查取证，审阅调整诉讼参加人，决定被诉具体行政行为是否停止执行，通知开庭时间等内容。

(2)庭审程序。被告接到应诉通知后答辩期为10日，不提出答辩，不影响人民法院审理。

卫生行政案件，除涉及国家秘密和个人隐私外，一般实行公开审理。完整的庭审程序是：①开庭准备；②宣布开庭，告知诉讼权利义务；③介绍案情；④法庭调查；⑤法庭辩论；⑥最后陈述；⑦合议庭评议；⑧宣布判决。

法庭调查，是对卫生行政诉讼案件进行实体审理的主要阶段之一。法庭调查主要以质证方式进行。其任务是查清争议事实，核对审查证据，全面揭示案情，为法庭辩论和裁判奠定基础。

参照《民事诉讼法》的规定，卫生行政诉讼法庭调查按下列顺序进行：①询问当事人和当事人陈述。先询问原告的诉讼请求及其所依据的事实理由，以及原告所提出的证据和证据来源。原告系统陈述后，接着询问被告，让被告对原告的陈述进行答辩。②证人出庭作证。告知证人的权利义务，询问证人，宣读未到庭证人的证言。③询问鉴定人，宣读鉴定结论。④出示书证、物证和视听资料。

⑤宣读勘验笔录。

在调查阶段当事人可以提出新的证据，也可以要求重新进行鉴定和调查勘验，但是否批准由法院决定。如法庭认为全部案件事实已经查清，审判长可以宣布法庭调查结束，进入辩论阶段。

法庭辩论，就是在审判人员主持下，双方当事人根据法庭已经查明的事实和依据，用口头辩论方式陈述自己对诉讼争议和事实的看法、理由和依据，以明确是非和责任。在辩论中，如果提出与案件有关的新的事实、新的证据，应停止辩论，重新进入法庭调查阶段。

法庭辩论的一般顺序是：①原告及其诉讼代理人发言。②被告及其诉讼代理人发言。第三人参加诉讼的，一般应在原、被告发言后再行发言。③双方相互辩论。当事人与其他诉讼参加人要求发言，必须经审判长同意。审判长应引导双方围绕案件事实进行辩论，制止带有人身攻击性的语言。当事人辩论终结后，审判长应向原、被告依次征询最后意见。

4. 评议与裁判

法庭辩论结束后，合议庭成员退庭进行评议。评议时首先要研究认定案件事实，然后对适用法律作出裁判。评议由审判长主持，实行少数服从多数原则，但对合议庭成员的不同意见，要如实记入笔录，评议笔录由审判人员、书记员签章。

卫生行政诉讼中的裁判，包括裁定和判决。裁定，是人民法院在审理行政案件过程中，针对本案的诉讼程序问题以及个别实体问题所作出的裁判。如对不予受理的裁定，停止执行和中止、终止审理的裁定等。判决，是人民法院对审理终结的案件的实体性问题所作出的裁判。卫生行政诉讼的判决，简称行政判决。根据《行政诉讼法》规定，卫生行政判决根据不同情况主要有以下四种形式：

(1)具体行政行为证据确凿，适用法律、法规正确，符合法定程序的，判决维持卫生行政机关的具体行政行为。

(2)具体行政行为有下列情形之一的，判决撤销或者部分撤销：①主要证据不足的；②适用法律、法规错误的；③违反法定程序的；④超越职权的；⑤滥用职权的。

此外，还可以判决被告重新作出一个具体行政行为。判决被告重新作出具体行政行为的，被告不得以同一事实和理由作出与原具体行政行为基本相同的具体行政行为。

(3)卫生行政机关不履行或者拖延履行法定职责的，判决其在一定期限内履行法定职责。

(4)卫生行政机关的具体行政行为显失公正的，判决变更卫生行政机关的具体行政行为。显失公正的最根本特征是行政处罚主体运用自由裁量权不当，造成行政处罚的明显不合理。

人民法院宣布判决，应一律公开进行。当庭宣判的，应在一定期限内发送判决书。定期宣判的，宣判后应立即发给当事人判决书。

（二）第二审程序

卫生行政诉讼在第一审判决后，原告、被告、第三人任何一方不服判决，均可以在接到判决后15日内依法向上一级人民法院提出上诉；对第一审裁定不服，有权在裁定书送达之日起10日内依法向上一级人民法院上诉。由此启动第二审程序，亦称上诉程序。

无论上诉提出的理由是什么，第二审人民法院均应对一审判决进行全面审查。审理上诉案件通常适用第一审程序的规定，主要不同之处是：二审法院可以视案情需要，决定书面审理或开庭审理。法院审理上诉卫生行政案件，一般采用开庭审理为主、书面审理为补充的原则。法院审理上诉案件的期限为两个月，即从收到上诉状之日起两个月内作出终审判决。有特殊情况需要延长的，由高级法院批准；高级法院审理的上诉案件需要延长的，由最高人民法院批准。二审判决是终审判决，一经送达，必须执行，不能再提起上诉，若当事人不服，只能向原审法院或上一级法院提出申诉，但不能停止判决、裁定的执行。二审裁判分为维持原判驳回上诉、依法改判或发回重审。其中当事人对发回重审的卫生行政案件的裁判，可以重新上诉。

（三）审判监督程序

审判监督程序又称再审程序，是指人民法院依其法定职权对业已生效的卫生行政判决或裁定的监督，如果发现在认定事实上有错误，或者违反法律、法规的规定，可能影响案件的正确审理，依法进行重新审理的诉讼活动。

再审程序不是每个卫生行政诉讼案件的必经程序，也不是一个独立的审级。其特点是没有时效限制，针对的是已生效、但确有错误的判决或裁定。再审程序必须由有审判监督权的组织或者公职人员提出，如人民检察院、上一级人民法院或原审法院的院长。需要指出的是，当事人的申诉不一定导致再审程序的启动。是否提起再审，则由各级人民法院、人民检察院审查后决定。

再审案件的程序根据原判决或裁定的审级以及再审方式分别适用第一审或第二审程序，无论是适用第一审程序还是二审程序，都必须另行组织合议庭，原审合议庭成员不得参加新组成的合议庭。而且都必须中止原判决的执行。对再审案件的裁判与第二审程序相似。

第三节　卫生民事诉讼

一、卫生民事诉讼概念及管辖

(一)卫生民事诉讼的概念

卫生民事诉讼(Health civil lawsuit),是指平等卫生民事法律关系主体之间,发生了卫生活动及与卫生法调整范围相关的民事纠纷,向有管辖权的人民法院提起诉讼,由人民法院按民事诉讼程序进行审理和解决卫生争议案件的各种诉讼活动,以及由此产生的各种诉讼法律关系的总和。

(二)卫生民事诉讼的管辖

卫生民事诉讼的管辖,是指各级人民法院之间以及同级人民法院受理第一审卫生民事案件的权限和分工。根据《民事诉讼法》的规定,主要分为级别管辖、地域管辖、移送管辖和指定管辖。这里介绍级别管辖和地域管辖。

1.级别管辖。级别管辖是指上下级法院受理第一审民事案件的分工和权限。除法律有特别规定外,基层人民法院(区、县级法院)管辖一审卫生民事案件;中级人民法院管辖重大涉外案件和本辖区内有重大影响的案件;高级人民法院管辖本辖区内有重大影响的案件,并可对本辖区的管辖分工作出具体规定;最高人民法院管辖在全国范围内有重大影响的案件和认为应由本院审理的其他案件。

2.地域管辖。地域管辖是指同级人民法院之间受理一审卫生民事案件的分工和权限。民事案件一般由被告所在地人民法院管辖;但是,被告不在我国领域内居住或正在劳教或监禁的,由原告所在地人民法院管辖。合同纠纷可以由合同履行地或者合同中约定的法院管辖;侵权案件可以由侵权行为发生地法院管辖;因不动产的诉讼,由不动产所在地法院管辖。

二、卫生民事诉讼的审判程序和种类

(一)卫生民事诉讼的审判程序

卫生民事诉讼的审判程序与其他民事诉讼的审判程序是一致的。《民事诉讼法》规定,人民法院审理民事案件的程序大致分为:审判程序、执行程序和涉外民事诉讼程序。在审判程序中又分为第一审程序、第二审程序、审判监督程序等。

1.第一审程序。第一审程序有普通程序和简易程序之分。普通程序,是各级人民法院审判第一审民事权益争议案件通常适用的程序。它包括起诉和受理、审理前的准备和开庭审理等法定诉讼阶段;简易程序,是在普通程序基础上的简化,具有简便易行的特点。

进入民事诉讼程序,首先必须经过当事人起诉,并经过人民法院审查后受理(审判实践中多称受理为立案)。民事起诉有两种形式:一是向人民法院递交起诉书;二是书写诉状确有困难的也可以口头起诉。起诉必备的实质要件:原告是与案件有直接利害关系的民事主体、有明确的被告、有具体的请求和事实理由、属于人民法院受案范围和受诉法院管辖;起诉尚须形式要件,即应向人民法院递交起诉状,并按被告人数提交副本。

法院审查期限为7日,认为符合起诉条件的,7日内应予立案,并通知有关当事人。此时诉讼程序开始,人民法院受理后,随即进行审理前的准备,即进入开庭审理前所进行的一系列诉讼活动。根据案件情况可采取普通程序或简易程序,并将诉状副本送被告答辩,答辩期一般是15天。审理前准备工作的质量高低直接关系到开庭审理的成败。它是第一审普通程序的一个重要阶段。在开庭审理过程中,人民法院可以通过调解方式解决卫生民事诉讼案件,调解解决制作的调解书与判决书具有同等的效力,一经送达即生效,不能提起上诉。调解不成的,人民法院予以判决,制作民事判决书。

2.第二审程序。对一审判决不服,可以在15日内提起上诉,进入第二审程序。第二审程序因当事人提起上诉而开始,故第二审程序又称为上诉审程序。

第二审程序主要包括上诉和对上诉的审查处理、上诉案件的审理和二审裁判。二审判决是终审判决,一经送达便发生法律效力,当事人可以提出申诉(即当事人如不服二审裁判,只能在法定期间内依审判监督程序的规定向人民法院申请再审),不得再行上诉,也不能停止执行。

3.审判监督程序。审判监督程序是对已经发生法律效力的判决、裁定发现确有错误的,各级人民法院审判委员会及其上级人民法院有权决定再审;上级人民检察院对已生效的法院判决、裁定认为确有错误应提出抗诉,法院对抗诉案件应当再审;当事人对已生效的判决、裁定、调解协议认为有错,在裁判生效的两年内可申请再审,经法院审查属实的,应当再审。再审的程序:裁定中止原判决的执行,另行组织合议庭,分别适用第一、第二审程序审理。

4.执行程序。执行是人民法院依照法律规定的程序,运用国家的强制力量,实现各种民事生效法律文书所确定内容的一种诉讼活动。

发生法律效力的民事判决、裁定以及刑事判决、裁定中的财产部分,由第一审人民法院执行,法律规定由人民法院执行的其他法律文书,由被执行人住所或者被执行的财产所在地人民法院执行。执行开始的方式包括申请执行和移送执行。执行开始后,采取措施前,法院应审查执行根据,进行必要的调查和了解,发出执行通知并指定履行期；被执行人未按执行通知履行法律文书确定的义务的，法院有权采取执行措施进行执行。我国《民事诉讼法》第22章规定了几种与卫生有关的强制措施。

（二）卫生民事诉讼的种类

卫生民事诉讼，根据卫生民事责任的特点，可概括为以下几类：一是特殊职业行为中产生纠纷引发的民事诉讼；二是违反卫生法产生的民事诉讼；三是与医学科学活动相关纠纷引发的民事诉讼；四是与卫生活动相关的纠纷引发的民事诉讼。

在民事诉讼的分类上，卫生民事诉讼大多为侵权赔偿之诉、债务纠纷和合同纠纷之诉或知识产权之诉。

1. 医疗纠纷的民事诉讼。医疗纠纷是医患双方对诊疗结果及其原因产生争议的纠纷。医疗纠纷的民事诉讼是患者一方认为医疗机构诊疗活动存在失误，侵害了其健康权和财产权，向人民法院起诉而引起的民事诉讼活动。医疗纠纷民事诉讼与其他民事诉讼相比较具有明显的特殊性。

（1）当事人身份特定。原告一般为三种情况：一是患者；二是死亡患者家属；三是未成年患者的法定监护人。被告是医疗机构或个体从业医师。原、被告之间在诉讼前存在着接受医疗服务和提供医疗服务的关系，即医患关系。没有这种关系就不会发生医疗纠纷的诉讼。

（2）具有特定的诉讼请求和理由。诉讼请求一般是要求被告承担赔偿或其他相关的民事责任。其理由是医疗机构因医疗过错，直接造成患者人身损害和经济损失。若基于其他理由则不构成此类诉讼。诉讼时效适用人身伤害赔偿的短期时效。

（3）案情较复杂。医疗纠纷案件不仅涉及法律问题，而且涉及更多的医学科学、医疗管理和职业道德问题等，诉讼程序对审判人员及其他诉讼参加人的要求较高，不仅需要法律知识，还应当具备一定的医学专业知识，因此在许多国家都设有专门的医事法庭，负责审理此类案件。但在我国设立医事法庭的地区还为数甚少。

（4）诉讼证据应具排他性。在医疗纠纷案件中，用以认定事实的证据必须是原始的、直接的、特定的，并具有排他性。①认定患者诊疗事实经过，原始病案资料是具有排他性的证据，其他形式的证据都不能代替原始病案资料的真实记录；②认定医疗单位有无医疗过错，法定的医疗事故技术鉴定机构的鉴定结论是法定的具有排他性的证据，其他单位或个人的意见或其他文献资料，都不能否定鉴定机构的鉴定结论。

（5）举证责任可以转换或倒置。在医疗纠纷中，举证责任在某些方面不同于一般的民事诉讼，特别是对医疗事实的认定上，其举证责任往往转换到被告一方，甚至是一种举证责任倒置。由医疗活动的特殊性所决定，在医患关系确定后，医者在遵循医疗原则基础上，具有独立的医学诊查和医学处理权。所采取的具体医疗措施，具有一定的单方行为性，多数病案资料也由医方保存，患者往往不能掌握；因此，在医疗纠纷的民事诉讼中，不能简单地采取“谁主张谁举证”的原则和方式，医疗单位有责任对自己所采取的医疗措施和病人的诊疗过程向人民法院提供证据。如果医疗单位不能提供与此相关的某些特定证据，就有可能承担相应的法律后果。这种现象应该说是举证责任的一种倒置。但这种倒置，绝不是行政诉讼意义上的举证责任倒置。原告对自己提出的其他主张仍然要负举证责任。

2.医疗欠费的民事诉讼。此类卫生民事诉讼，是患者在医疗机构住院接受抢救治疗以后，拖欠或拒付医疗费用，由医疗机构提起的民事诉讼。其被告是患者及其家属或患者所在单位。此类民事诉讼，在一定条件下，也有可能引发医疗纠纷的民事诉讼。但由于欠费问题属于契约关系或债权债务关系，人民法院一般列为债务纠纷案件进行处理，适用普通的民事诉讼程序。

3.食品中毒和食源性疾患引发的卫生民事诉讼。此类案件多数属于经营者与消费者之间发生的诉讼案件。可以适用《消费者权益保护法》的有关规定，按一般民事案件的诉讼程序审理。但此类案件必须由卫生行政部门按照《食品卫生法》的有关规定，对食物中毒和食源性疾患作出确认，需要通过专家鉴定后才能定论。只有在确认的前提下，人民法院才有可能顺利解决案件。另外，此类案件有时可能引起集团诉讼。

4.违反《药品管理法》的行为造成公民权益损害的卫生民事诉讼。主要有：

(1)生产、销售、使用假药、劣药损害公民健康权，甚至造成死亡或残疾的卫生民事诉讼；

(2)生产、销售、使用假药、劣药影响治疗效果或造成公民财产损失的卫生民事诉讼；

(3)私自进行新药临床试验和验证引发的卫生民事诉讼；

(4)其他违反《药品管理法》行为引起的卫生民事诉讼。

此类卫生民事诉讼的原告一般是受害者，被告情况比较复杂，有可能是医疗机构、个体开业医师、药品生产或经营企业，也可能是医务人员个人或其他违法人员。医务人员个人成为被告主要是未经所在单位同意，利用职务之便，私自违反《药品管理法》行为引发的诉讼。此类诉讼，一般是在卫生行政部门执法活动中，确定了某一违法案件后引发的，也有在医疗纠纷的诉讼中转化成此类诉讼的。

5.违反疾病控制法律法规的民事诉讼。如违反传染病防治法，造成传染病流行或其他传染病感染，损害公民健康权的民事诉讼；违反职业卫生法律法规，造成职业中毒事故引发的民事诉讼。此类诉讼一般是职工与其所在单位发生的民事诉讼。

6.违反医疗管理和其他卫生法律、法规的民事诉讼。(1)非法行医行为引发的卫生民事诉讼；(2)未经批准擅自从事医疗活动，或医疗机构未经批准擅自扩大诊疗业务范围，擅自设点而造成就诊人身体损害或延误治疗或造成其他经济损失引起的民事诉讼；(3)生产经营其他不符合卫生要求的与健康有关的产品，造成公民、法人和其他组织人身和财产损失而引起的卫生民事诉讼；(4)违反《献血法》和其他有关血液管理法律规定，采、供不合格血液，擅自采、供血等造成公民身体伤害，或输血意外反应、输血性疾病等引起的卫生民事诉讼；(5)违反其他公共卫生法律法规，造成公民、法人或其他组织健康权和财产损失引起的诉讼；(6)计划生育技术问题或计划生育并发症等问题引发的民事诉讼；(7)违反《母婴保健法》，违反女职工保护规定，违反妇幼保健法规等引起的民事诉讼；(8)免疫接种反应或事故，违法实施免疫或其他预防措施等发生纠纷引起的民事诉讼等。

7.其他卫生民事诉讼。(1)卫生科技合作或技术引进、转让等的技术合同方面的纠纷；(2)在医学科学研究过程中发生的技术成果所有权问题等知识产权纠纷引起的民事诉讼；(3)卫生改革、卫生产业等工作运转过程中，发生的与卫生资源等有关的经济纠纷引起的民事诉讼等。

第四节　卫生刑事诉讼

一、卫生刑事诉讼概述

(一)卫生刑事诉讼的概念

卫生刑事诉讼(Health criminal proceedings)，是指公安机关、人民检察院、人民法院，在当事人和其他诉讼参与人的参加下，依照法定的程序，查明案件事实，解决被告人是否有卫生犯罪行为和是否应受刑事处罚所进行的侦查、起诉和审判活动。它具有如下特征：

1.卫生刑事诉讼是公安机关和司法机关代表国家进行的行使国家刑罚权的活动，这一点使它区别于卫生民事诉讼和卫生行政诉讼。

2.卫生刑事诉讼是在当事人和其他诉讼参与人的参加下进行的活动，任何卫生刑事诉讼都必须有犯罪嫌疑人、被告人参加。

(二)卫生刑事诉讼的原则

刑事诉讼的原则主要有：刑事司法权专有原则；审判权、检察权独立行使的原则；依靠群众的原则；公、检、法三机关分工负责、互相配合、互相制约的原则；无罪推定原则；保障诉讼参与人诉讼权利的原则；有法定情节不追究刑事责任的原则。

（三）卫生刑事诉讼的主体

卫生刑事诉讼的主体，是指在卫生刑事诉讼中依法享有司法职权的机关和依法享有诉讼权利并承担诉讼义务的当事人和其他诉讼参与人。主要有：

1.公安机关。是法定侦查机关，负责立案、侦查、收集调取证据，对现行或重大嫌疑分子，依法刑事拘捕，依法执行逮捕。

2.人民检察院。是法定监督机关，在刑事诉讼的侦查阶段，依法对其管辖的案件进行侦查、起诉；对公安机关主管的侦查案件进行审查，决定起诉。在审判阶段是公诉案件的公诉人，同时行使审判监督权。

3.人民法院。是国家审判机关，在卫生刑事诉讼中行使审判权，确定被告人是否有罪，以及是否应受和应受何种刑事处罚。

4.被害人。是其人身权和其他合法权益直接受卫生犯罪侵害的人。在自诉案件中被害人是自诉人，在公诉案件中是控诉一方的诉讼参与人，在附带民事诉讼中是原告人。

5.被告人。即被控实施了卫生犯罪行为、并正在被追究刑事责任的人，在提起公诉前称犯罪嫌疑人。

6.其他诉讼参与人。包括代理人、证人、辩护人、鉴定人等都是卫生刑事诉讼法律关系的重要主体，享有相应的诉讼权并应履行相应的义务。

（四）卫生刑事诉讼的管辖

人民法院、人民检察院和公安机关立案受理的卫生刑事案件，以及人民法院审判第一审卫生刑事案件的分工是：

1.立案管辖

(1)人民法院直接受理的卫生刑事案件，主要有：①除严重危害社会秩序和国家利益以外的生产、销售假药或劣药案；②生产、销售不符合卫生标准的食品或有毒、有害食品案；③生产、销售不符合标准的医用器材案；④生产、销售不符合卫生标准的化妆品案。对此类案件，受害人如有证据证明，可以直接向人民法院提起刑事诉讼。

(2)人民检察院直接立案侦查的卫生刑事案件有：①传染病防治失职案；②放纵制售假劣药和放纵制售有毒有害或不符合卫生标准的食品、化妆品、医用器材犯罪行为案。

(3)公安机关立案侦查的卫生刑事案件，除人民法院和人民检察院负责立案的卫生刑事案件外的其他卫生刑事案件，包括妨害传染病防治、非法组织卖血、医疗事故、非法行医等案件。

2. 审判管辖

(1)级别管辖。①普通的卫生刑事案件,由基层人民法院管辖;②可能判无期徒刑、死刑的卫生刑事案件,如已致人死亡或造成严重人身伤害的制售假劣药品或有毒、有害食品罪行等,由中级人民法院管辖;③全省(直辖市、自治区)性的重大卫生刑事案件,由高级人民法院管辖;④全国性的重大卫生刑事案件,由最高人民法院管辖。

(2)地域管辖。卫生刑事案件,由卫生犯罪所在地的人民法院管辖。犯罪所在地,一般是指犯罪预备地、犯罪实施地、犯罪结果地等。

(五)卫生刑事诉讼的辩护和代理

刑事诉讼的辩护,是指被告人及辩护人针对控诉提出的有利于被告人的材料和意见,证明被告人无罪、罪轻或者应当减轻、免除其刑事责任的诉讼活动。

在刑事诉讼中,被告人可以自己辩护,还可以委托1—2名辩护人为其辩护。自诉案件被告人可以随时委托辩护人;但是,公诉案件只能在案件移送人民检察院审查起诉后,犯罪嫌疑人才能委托辩护人。

自诉案件和附带民事诉讼的当事人,可以委托诉讼代理人,在委托权限内参加诉讼,维护被害人、自诉人、附带民事诉讼当事人的合法权益。

在刑事诉讼的侦查阶段,犯罪嫌疑人可以在被侦查机关第一次讯问后,或采取强制措施之前,聘请律师提供法律咨询、代理申诉、控告等法律帮助。但在此阶段,被聘请律师还不是辩护人身份。

二、卫生刑事诉讼的程序和种类

(一)卫生刑事诉讼程序

根据我国《刑事诉讼法》规定,普通刑事案件的诉讼,一般需要经过立案、侦查、公诉、审判和执行等五个既紧密联系又相对独立的阶段。

1. 立案阶段。立案是刑事诉讼的开始,是进行侦查活动和审判活动的法律依据;立案程序是:人民法院、人民检察院和公安机关对于控告、检举和犯罪人自首的材料予以接受,进行审查后,认为有犯罪事实,需要追究刑事责任时,依法作出立案的决定,开始侦查或审判的诉讼活动程序。

2. 侦查阶段。主要是依法搜集证据。侦查机关可以询问犯罪嫌疑人,询问证人,勘验、检查、搜查,扣押物证、书证,进行鉴定等。一般案件应当在两个月内侦查完。

3. 起诉阶段。由人民检察院对侦查终结的案件进行审查,认为事实清楚、证据确实充分,依法应当追究刑事责任的,作出起诉决定,向人民法院提起公诉。

依法可以不起诉、不追究刑事责任的，决定不起诉；或自诉人就被告人的犯罪行为向人民法院提起自诉。

4. 审判阶段。审判是刑事诉讼中的主要阶段和中心环节。人民法院受理公诉案件，在开庭审判之前，首先必经一个专门的审查程序，即对案件进行全面审查。经审查后决定开庭审判的案件，在开庭前应做好有关准备工作，主要有五项：(1)确定合议庭的组成人员，组成合议庭。(2)将人民检察院的起诉副本至迟在开庭7日以前送达被告人，并且告知被告人可以委托辩护人，或者在必要时为被告人指定辩护人。(3)将开庭时间、地点在开庭3日以前通知人民检察院，以便按时派员支持公诉。(4)传唤当事人，通知辩护人、被害人及其代理人、证人、鉴定人和翻译人员。传票和通知书至迟在开庭3日以前送达。(5)公开审判的案件，先期公布案由、被告人姓名、开庭时间和地点。

人民法院进行审判，应经过开庭，法庭调查(起诉、询问被告人、质证，这是法庭审判的核心环节)，法庭辩论，被告人最后陈述等过程。最后经合议庭作出判决。如对判决不服，在10日内人民检察院可以提出抗诉，当事人可以提起上诉，进入二审程序。

(二)卫生刑事诉讼的案件种类

卫生刑事诉讼案件的种类主要有：

1. 与公民生命健康权益相关的刑事诉讼。

2. 与药品和健康相关产品有关的刑事诉讼。

3. 与公共卫生监督有关的刑事诉讼。

4. 与医疗机构和医务人员管理有关的刑事诉讼。

5. 与卫生行政执法和卫生管理相关的刑事诉讼。

6. 与卫生资源管理有关的刑事诉讼。

7. 与医学科学教育与研究及医学科学技术相关的刑事诉讼。

(三)卫生刑事诉讼主体在刑事诉讼中的地位及作用

1. 卫生执法主体的地位、作用

(1)卫生执法主体往往是最先发现可能是相关卫生犯罪活动的法定组织。许多卫生刑事诉讼是经过卫生行政执法活动中的行政案件转化的，如卫生行政执法中查处的违反《药品管理法》《食品安全法》《传染病防治法》《献血法》《执业医师法》的行为，当违法行为或后果达到一定程度，就可能构成如前所述的相关卫生犯罪案件。根据《行政处罚法》规定，执法机关对可能构成犯罪的案件，应当移送给有管辖权的司法机关，依法追究刑事责任。

(2)在卫生刑事诉讼形成后，卫生行政机关可以是诉讼中的证人和鉴定人，有权利也有义务向司法机关提供有关的证据。在审判与药品和健康相关产品有关的卫生犯罪时，卫生行政执法机构可能是唯一合法的对药品、食品安全、医用器材等提供鉴定结论的机构。

(3)卫生执法人员如不履行职责，放纵卫生违法行为，或不将构成犯罪的违法案件移送司法机关，有可能成为卫生刑事诉讼的犯罪嫌疑人或被告人，被追究刑事责任。

2.卫生防疫机构、采供血机构及其工作人员在卫生刑事诉讼中的地位

(1)在多数卫生刑事诉讼中，可以作为证人或利用技术手段提供有关鉴定结论的鉴定人。

(2)在某些特定的案件中，如伪劣商品犯罪中，也可能成为一些卫生刑事诉讼中的被害单位或个人。

(3)违反有关卫生法律、法规时，可能成为卫生刑事诉讼的被告人，如传染病防治失职，传染病菌苗、毒种扩散，采供血事故等，通过刑事诉讼可能被追究刑事责任。

3.医疗机构和医务人员在卫生刑事诉讼中的地位、作用

在很多卫生刑事诉讼或其他刑事诉讼中，可以成为刑事诉讼的参与人或者当事人，当他们参与到卫生刑事诉讼中时，其地位主要有四种情况：

(1)根据《刑事诉讼法》第120条规定，经省人民政府指定的医疗机构，是人身伤害案件的法定鉴定机构，对伤害案件提供鉴定结论。

(2)在与药品和健康相关产品的刑事诉讼案件中，可以作为受害人或证人参与刑事诉讼。

(3)在特定情况下，也可能成为上述案件的犯罪嫌疑人或被告人。

(4)在医疗事故和非法提供麻醉药品、精神药品案件的卫生刑事诉讼中，有关医务人员可能是犯罪嫌疑人或被告人。

第四编

现代医学科学与法律

第二十四章　医学科学技术发展中的法律问题

第一节　现代医学科学发展对法律的挑战

20世纪50年代中期始于欧美的世界新技术革命，于80年代席卷全球，人类社会的科学化、技术化和科学技术的社会化，已成为当今世界的一大特点。随着微电子技术、生物工程、光导纤维、激光新型材料、新的能源等新技术的广泛应用，日新月异的科学技术成果，正以前所未有的规模和速度渗透到人类生活的各个领域，促进了人类的文明和社会的进步。

一、现代医学科学发展对传统医学的挑战

随着理论科学的发展，医学科学技术也有了惊人的突破，这些新科学技术的应用是人类历史开启新阶段的标志，也正在悄然地但却激烈地冲撞着这个以科学和文化变革为显著特征的时代。现代高新医学科学技术，诸如人工生殖技术、器官移植、人工脏器应用、脑立体定向及功能性神经外科技术、复苏和生命支撑装置、冰冻技术，胚胎移植、克隆技术、基因诊断与治疗、脑死亡标准等在临床上的应用，首先使传统的医学科学理论受到挑战，医学除传统意义的防治疾病，逐渐开始兼容了人类享受、完善和发展自我，以及以追求美为主体的文化需求，从而刺激了医学技术的潜能，医学逐渐向纷繁复杂的社会生活和生存嗜好延伸，如美容、变性、长寿与生命质量的高标准追求等与其他高新医学技术构成了内涵丰富、外延广阔的后现代医学图景。

二、现代医学科学发展对法律的冲击与启迪

现代生命科学和生物技术的发展，使得科学技术和社会、伦理、法律等问题交织在一起。如何在国际社会公认的准则框架下，深入探讨我国生命科学研究与现代医学科学发展中的伦理和法律问题，以完善国家法律体系，促进我国生命科学健康发展，是政府、生命科学家、社会科学家乃至普通大众所共同关心的问题。其中，法律上的问题尤其突出，它使传统的法律思想和相关法律制度受到冲

击，同时启迪着新的法律理念，提出了许多新问题，引发了许多新的社会关系。比如新的生育技术的产生使得原有的家庭形式受到挑战，进而对亲子关系、法律父母的定义以及《继承法》的实施等提出了新的难题；人类基因组研究的成功，对预防及控制疾病以及人类对自身的了解作出巨大贡献，同时也对人类隐私权及人生道德观提出了严峻挑战；新的急救及生命维持技术的发展，在挽救及延长生命的同时也引发了对晚期病人及植物人生活价值的争论，继而提出了建立新的法律的要求，以规范医疗决定权、医疗责任等。

三、顺应医学科学发展构建新的医药卫生法律体系

现代医学科学的发展还要求我们，积极适应医学科学发展的新情况，不断充实和完善医药卫生法律制度，充分认识构建新的医药卫生法律体系的重要性和紧迫性，突出表现在：

第一，科学技术永远是双刃剑。高新医学科学技术的发展和应用，一方面是学术繁荣和医学科学进入新时期的象征；另一方面又预示着可能出现的混乱和无序，新兴技术可能被滥用，隐藏了制造灾难、伤害人类的危险，这显然必须由法律来规范和调控，以保证其正常发展。

第二，高新医学和生命科学技术日益迎合人类享乐、长寿、心理偏好等文化欲求，这种生活化的功能，显然使科技决策必须在大众媚俗和健康文化之间进行选择，同时又要与伪科学和科学骗子作坚决斗争，这就必须有针对性地制定新法。

第三，高新医学科学技术与现行法律发生了许多冲突与脱节，立法上已出现了亟待填补的真空，如变性、生殖工程、动物权利保护、安乐死与脑死亡、克隆技术、卫生资源配置等。

历史和现实都提示我们，不能无视医学发展中出现的法律、道德、经济等问题，只有顺应医学科学技术的发展，及时制定新的法律予以规范和调整，才能协调人和医学科学技术的关系，进而通过调整社会关系协调人同自然的关系，协调医学科学技术和社会经济发展的关系，从而实现既尊重科学进步和人类的现实需求，又能有效处理医学科学技术发展引起的各种社会问题，从而保障医学科学技术健康有序地发展，造福人类，促进社会进步。

第二节　生殖技术与法律

一、生殖技术概述

(一)生殖技术的概念及意义

1. 生殖技术(Reproductive technology)的概念

生殖是地球上一切生物延续、繁衍和进化的生物现象,也是其进化的先决条件。所有生物的生殖方式不外乎两种:无性生殖和有性生殖,前者由母体直接产生后代,后者则由两性细胞(精子和卵子)结合而成。人类的生殖方式属于有性繁殖,这种生殖方式是由男女性交,卵子与精子结合形成受精卵,受精卵植入子宫,宫内妊娠,最后分娩等步骤组成的一个复杂过程。人类一直是按照这种传统的自然生殖方式进行自身繁殖的。并且围绕这种自然生殖方式形成了一系列社会伦理观念和法律制度。

生殖技术,是指用现代医学科学技术和方法改变或代替人类自然生殖过程中某一环节或全部过程的人工技术方法,又叫人工生殖技术。现代医学技术还不能做到在完全实验室条件下生育儿女,但目前生殖技术主要所指的人工授精、体外授精、胚胎移植等技术已成功地应用于实践之中,同时,无性生殖、基因工程造人等技术也正在研究之中,这些也属于生殖技术的范畴。

2. 生殖技术的意义

生殖技术的应用有两个明显的益处:

首先,据 WHO 报道,全世界育龄夫妇中有 5%—15%是不育症患者。20 世纪 80 年代我国只有 0.3%的夫妇不能生育,据最近报道,适龄夫妇中不育患者达到 10%。他(她)们不仅无法实现自己生儿育女的愿望,而且承受着来自社会、家庭等方面的压力。治疗不育症成了医学发展新追求的目标,而生殖技术的出现和应用给不育夫妇带来了福音,对于解决不育症和由此而引起的生理、心理、家庭和社会问题提供了必要的医学手段,为计划生育和优生提供了技术保障。其次,人类存在许多遗传性疾病,如强直性肌营养不良、结节性硬化、血友病、躁狂抑郁型精神病,等等。如果夫妇一方或双方具有某种遗传性疾病,那么在他们的后代中再现这种遗传性疾病的风险就非常高。因此,患有遗传性疾病或属于遗传性疾病高发家系的夫妇,除了自己要承受这些疾病带来的痛苦之外,他们还担心自己所生的子女也会患这种疾病,在医学还不能够彻底治愈遗传性疾病之前,生殖技术的出现,无疑给他们带来了养育健康后代的希望,为优生提供了技术保障,对提高人口素质具有重大的现实意义。

（二）生殖技术的种类

1. 人工授精

（1）人工授精的概念。人工授精（artificial insemination，AI）是指用人工方法收集精子并直接注入女性生殖道内，以期受孕成功的一种技术。人工授精的先决条件是女方的生育力正常，主要用来解决男性不育问题。由此又发展出冷冻精子库（将优质精子在液氮罐内贮存，备用）。人工授精按精液来源不同分为两种，一是夫精人工授精，又叫同源人工授精（Artificial Insemination by Husband，AIH），二是供者人工授精，又叫异源人工授精（Artificial Insemination by Donor，AID）。

（2）人工授精的历史和现状。人类有文字记载的第一例人工授精于1770年发生在英国。1890年，美国的杜莱姆逊（R. L. Dulemson）首次将人工授精试用于临床。1953年，美国阿肯色大学医学中心的谢尔曼（J. K Sherman）和伯奇（R. H Burge）利用干冰冻精子复温后用于人工授精并获得成功，发表了《人类冷冻精子的生育能力》的著名论文。20世纪60年代以来，美国、德国、英国、意大利等国纷纷建立了人类冷冻精子库，人工授精作为治疗男性不育的技术被广泛应用，商业性精子库的生意也十分兴隆，由人工授精而生育的婴儿大量增加。仅美国每年就约有1万名人工授精婴儿诞生。现在，全世界人工授精婴儿已超过30万。美国加利福尼亚州还建立了“诺贝尔奖金获得者精子库”，专门收集诺贝尔奖金获得者的精子，并产生了诺贝尔婴儿（由智商180以上妇女所生）。

2. 体外授精

体外授精（In Vitro Fertilization，IVF）是指用人工方法从妇女卵巢中取出卵子，并使卵子和精子在试管内结合形成胚胎，然后再植入子宫继续妊娠的一种生育技术，也叫胚胎移植（in vitro fertilization-embryo transfer）。用这种技术生育的婴儿称为“试管婴儿”。1978年7月25日，美国罗伯特·爱德华兹（Robert Edwardz）首先用这种技术成功地诞生了世界上第一个试管婴儿路易斯·布朗。进入20世纪80年代，IVF技术得到广泛推广应用。体外授精技术主要适用于女性不育问题，同时对于开展人类胚胎学和遗传工程学的研究具有重要意义。我国首例试管婴儿于1988年3月10日诞生；全球目前健康存活的试管婴儿已逾10万。从技术上看，人工授精只需简易的技术，但体外授精却比人工授精更多地替代了自然生殖的过程，是一种复杂的医学技术。

3. 代理母亲

代理母亲（Surrogate Mother）是指代人妊娠的妇女，其方法和形式有以下两种：一是用自己的卵子人工授精后妊娠，分娩后交委托人抚养；将他人的受精卵植入自己的子宫妊娠，分娩后将孩子交委托人抚养，收养人支付一定报酬。这种代理生育(也叫代孕)的契约20世纪70年代末最早出现于美国,现在西方已成为一种职业,即“代理母亲”(或代孕母亲)。

4.无性生殖(克隆技术)

无性生殖(Cloning),即无性繁殖,也称之为克隆(Clone),是指生物体并不通过性细胞的受精,而是从一个共同的细胞、组织或器官繁殖而得到一群遗传结构完全相同的细胞或生物。“克隆”是英文Clone的音译,把“无性生殖”这一繁殖方式统一称为“克隆”,是采纳遗传学家吴旻教授的建议。高等生物繁衍生命的自然规律本是有性繁殖,克隆技术却改变了这种自然规律,以无性繁殖代替有性繁殖。

1972年2月22日英国爱丁堡罗斯林研究所52岁的胚胎学家伊恩·维尔穆林(Ian Wilmut)博士及其研究小组宣布首次培育成功世界上第一只克隆羊“多利”的消息后,震撼了世界。“多利”的问世,标志着20世纪又出现一项重大科技成果。克隆技术作为生物工程的关键性手段,在科技和社会发展中,具有不可忽视的重要作用,为解决当前世界因人口问题而越显严峻的粮食和资源缺乏矛盾提供了崭新的途径和方法。它在基础生命科学、医学、农业科学研究与生产中,具有重大的理论价值和广阔的应用前景。

二、现代生殖技术产生的法律问题

现代生殖技术的问世和应用,既是对人类自然生殖方式的革命,同时又是对社会传统生育观念的冲击和对现有法律制度的挑战,引发了许多社会伦理和法律问题。新生殖技术的发展,使得本来纯属人的自然行为——性行为的作用变得含糊不清,人类还要不要通过性行为生孩子?如果人类自身的生产不是通过男女两性的性交—受孕—分娩的途径来完成,而是通过实验室进行生产,那么两性的存在和差异还有没有必要?那些在试管中受孕的孩子同夫妻通过性生活生育出来的孩子有什么不同?供精的男子对于生育出来的后代应不应该负有义务或权利?是否所有婚姻关系的夫妇都有权利通过无论什么方式来生育后代?对于这些新的生殖技术,法律是否应当加以适当限制?如果应当,法律又应如何规定?这一系列的问题随着新生殖技术的问世而相继发生。归纳而言,主要有如下问题:

(一)人工授精产生的法律问题

1.同源人工授精(AIH)的法律问题。同源人工授精所生子女与生母之夫存在着自然血亲关系,被视为婚生子女,一般没有争议。其法律问题主要是在丈夫已经由法律宣布死亡之后,利用亡夫生前存于“精子银行”的冷冻精液怀孕的新生子女是否具有与婚生子女同等的权利?英国著名漫画家吉姆·卡莎丽1971

年结婚时便同丈夫商定要4个孩子,婚后生育两个孩子,1975年其夫患癌症后,把精液存入了"精子银行"。卡莎丽在丈夫死后17个月,用夫精成功地怀了第三个孩子,第4个孩子的出生也为期不会太远。问题在于,后两个孩子与前两个孩子是否享有同等的权利?精子冷冻术的使用使本来较为明确的AIH子女的法律地位复杂化了。

现行《继承法》中有两项原则:第一,继承人与被继承人存在配偶、子女、父母关系的,享有同等的继承权。第二,"继承的时间从被继承人死亡时开始",继承人"必须是在继承开始时生存之人";如果遗产分割时被继承人的遗腹子尚未出生的,当保留胎儿的份额。按照《继承法》的第一项原则,用亡夫精子怀孕分娩的子女应具有同样的继承权,因为他们属于其父的亲生子无疑;而按照第二项原则,因AIH出生的婴儿其父死亡时根本不存在,不可能有继承权。同为被继承人的孩子,有的可以享有继承权,有的却无权继承其父母的财产,这样处理显然是不合理的。对此,传统的继承法已无法判定。

2.异源人工授精(AID)的法律问题。AID所生子女由于与生母之夫不存在自然血亲关系,因而引出了一系列法律问题。20世纪50年代,当AID技术首次应用时,美国法院判定该妇女犯有通奸罪(即使经丈夫同意),该婴儿是非法的。有关AID问题曾围绕是否构成通奸罪进行过法律争论。国外有些学者称为"无性交通奸"。假如未经丈夫同意的AID是对丈夫配偶权利的一种侵犯,那么侵犯人就应得到某种形式的法律制裁。在过错离婚制度的国家,可以比照性交通奸认定法定离婚的理由存在。各国判例、法律对此问题反应不一,英、美等国昔日的判例认为在AID的情形下会构成通奸罪,而将出生子女视为非婚生子女,甚至有的法院认定其为"奸生子女"。我国香港现代法律规定,AID出生婴儿在父母向高等法院申请领养手续前属于私生子。随着AID的广泛使用,判例、法律也发生了相应的变化,这里涉及如下法律问题:

(1)AID子女的法律地位判定。1967年美国克拉马州(俄克拉荷马州)首次就AID出生婴儿的法律地位作了以下法律规定:凡由指定的开业医师进行的AID,并附有夫妻双方同意书的,因AID出生的婴儿对其生母的丈夫具有婚生子女身份。1968年,加利福尼亚州最高法院通过一项决议:在受精者及其丈夫双方同意下经过AID怀孕及所生的孩子都是他们结合的合法后代。在丹麦制定的人工授精法案规定,在丈夫同意下出生的AID子女,具有婚生子女的身份。在法国,根据所制定的亲子关系修正案的规定,也视经丈夫同意的AID子女为丈夫之合法子女。英国、瑞典、澳大利亚、以色列也都有类似的规定。以上列举可以看出,这些法律规定的基本前提是"夫妻双方共同同意"。如果在婚姻关系存续期间,妻子未经丈夫同意而进行AID的,丈夫对所生婴儿有否决权。从多数国家的发展趋势看，都主张经过夫妻合意后出生的AID子女，应推定为婚生子女，其与母之夫的关系视为亲生父子、父女关系。

(2)谁是AID子女法律上的父亲的判定。对于AID出生的子女，客观上存在着一个生物学(遗传学意义上的)父亲(供精者)，一个社会学父亲(养育人)，即生母之夫。谁是AID子女法律上的父亲？从世界上大多数法学界人士的意见和许多国家的有关立法来看，大都认定后者为合法父亲，承担相应的权利和义务，供精者不是该AID子女的合法父亲，不享有对该子女的权利和义务。1972年《美国统一亲子法》规定：在AID情形下，丈夫必须书面承诺要求经夫妻双方签字，法律将丈夫和胎儿的自然父亲同样对待，AID的供精人不视为胎儿的自然父亲。有的法律还规定：同意进行AID的夫妇离婚后，养育父亲不能拒绝对AID出生子女提供经济上支持的义务，也不能拒绝其会见子女和受赡养的权利。

(3)AID的匿名及供精人与AID子女的关系问题。随着AID的广泛应用，已经发生多起AID子女寻找生父和供精人认领AID子女的案例。特别是这些子女一旦知道现在的父亲不是亲生父亲，他们就千方百计地要解开生父之谜，这种心理如同收养关系中养子女的心理。从尊重和保护AID子女知情权角度来看，AID子女应有权利知道其生物学父亲是谁，有权知道自己的出生背景。但是这些问题涉及AID夫妇要求供精人匿名(保密)的权利，而匿名为子女与捐精者之间的了解和交往设置了一个不可逾越的障碍，由此产生了保护供精人匿名权和AID子女"寻根"愿望(利益)的冲突，法律当何以面对？从AID的夫妻来说，要求捐精者匿名是合理的。不然AID失去其存在的意义，必将造成亲子关系的紊乱和父亲竞合的结果，不利于家庭和社会秩序的安定。正因为捐精者匿名在AID中具有决定性的重要地位，各国现行法律倾向于匿名权利的正当性应予保护，所以近年来各国制定的AID法案都严格要求供精者匿名。

但是，面对实施AID技术中产生的现实冲突，即意味着接受AID的夫妇无权了解捐精者是谁，同时也意味着AID子女无权了解生父是谁。近年来一些国家立法客观上为解决这一冲突作过一些尝试，如美国关于"凡年满18岁以上者在对其提出适当忠告之后，可以有限获得匿名的供精人的部分情况"。这一议案基于遗传学因素对医疗和防治疾病的影响而提出。瑞典和澳大利亚等在制定AID法时就明确提出成人后的AID子女有权查阅关于供精人的特别记录。至于供精者本人，当代法律倾向已很明确，供精者(Donor)与AID子女之间无任何法律联系，供精人无权去了解AID子女的任何情况，也无权了解接受精子的AID夫妻的情况，法律必须严禁其进行任何亲子测试活动，也必须禁止AID子女和供精人相认。但法律上也有例外，如依据我国台湾地区有关规定，供精人可以认领该子女。丹麦AID法第6条规定："在夫与AID子女父子/女关系被解除时,供精人可以认领子女。”

(4)AID的生育权问题。AID已扩展到非不育领域,这就势必出现一种文化上的意外,即单身妇女,包括未婚女子、寡妇、女同性恋者及其他女独身主义者,是否享有AID生育权?对此,法律和伦理学界都引起了激烈的争论,各国法学界始终意见不一。“每位妇女都享有生育权利”只是一个学理性结论,它必须受制于法律传统和维护子女具体利益的目的。作为医疗手段的人工授精术是因不育症存在而产生的,因此从医学上讲,这种新生殖技术主要用于治愈不育之症。如果允许这类妇女通过新生殖技术生育子女,社会就会产生一个难题,没有父亲的孩子、孤儿、私生子和养子一直存在,但从未有过没有父亲的孩子。有人认为,人类可能产生没有父子关系或容许没有父子关系的社会,因此,无须妇女一定要同一个男子结合才能生育子女。这个问题不仅涉及伦理道德,也是一个法律和社会问题。尽管AID已使生育与婚姻发生分离,并在自由主义思潮和个性运动的影响下,许多人已经选择和意欲一种新的生活方式,如独身、同性恋家庭等,法律要保护基本的、不伤害他人和有利于良好社会秩序和风尚的原则;文化上的争论如果不能证明对这一原则的违背,那就没有充分的令人信服的理由去干预如此一些个人选择。西方许多国家,如法国、瑞典、德国等都只允许在婚姻关系内进行;但在英国,1991年3月颁布的“人生育和胚胎管理局”的法规,却允许单身妇女接受人工授精,并且只要不育治疗中心同意,单身妇女也有接受AID的权利,当然她也必须充分考虑孩子未来的命运及是否承认父亲的问题;美国也有一些由最高法院通过的判例,明确“未婚女子同样享有《宪法》所规定的生育权”,无性交并非是生育权的法律保障。至于其他围绕孩子利益和家庭伦理模式的争论比较复杂和繁琐,一般是基于法律文化背景决定。

3. 人工授精技术及其卫生要求如何标准化问题。从目前各国情况看,缺乏统一的供精(供卵)人工授精标准。对供精(供卵)者进行遗传学普查的很少,同一供精者的精子被多次重复使用的情况很普遍。由于操作者的工作失误或玩忽职守,造成事故的也时有发生。为保证采用人工授精所生婴儿的遗传学上的健康,避免由于供精人工授精产生的近亲婚配的可能和危险,应该通过立法对人工授精规定一个统一的技术和卫生标准,包括对供精(供卵)者的健康要求,人工授精操作者(医生及其他有关医务人员)的责任等。

(二)体外授精产生的法律问题

与人工授精相比,体外授精替代了更多的自然生殖过程,对人类传统生育观念的冲击更大,因而所引起的法律问题也更复杂。

1. 关于父母的确定。如果说AID提出了谁是法律上的父亲的问题,IVF则扩大为“谁是父母”。根据配子来源可分为以下几种情况:

(1)在夫妻双方同意下,进行同源 IVF(用妻子的卵子和丈夫的精子)后,将胚胎植入妻子子宫妊娠生育,这种 IVF 所生育的婴儿遗传学的父母即法律上的父母,能够被唯一地确定下来,不存在法律上的问题。

(2)在夫妻双方同意下,使用妻卵和供精在体外受精后将胚胎移植入妻子子宫妊娠生育,这种情形与 AID 相似,这类试管婴儿法律地位的确认原则类同于 AID 子女。

(3)在夫妻双方同意下,使用供卵与夫精进行 IVF,然后将胚胎植入妻子子宫妊娠生育,这类试管婴儿涉及两个母亲:遗传学母亲(供卵者)和生身母亲。在自然生殖方式下,母亲的概念是统一的,集生物(遗传学)母亲、生身母亲、养育母亲为一体,但在 IVF 中,母亲角色发生了裂变。对这类试管婴儿,与在 AID 中的情形一样,而将同样的原则应用到卵子供者身上,则应认定生下婴儿的妇女为合法母亲。

(4)在夫妻双方同意下,使用供卵和供精进行 IVF 后再将胚胎植入妻子子宫妊娠生育,所生子女有两个父亲(生母之夫与供精者)、两个母亲(生母和供卵者)。世界各国的法律观念一般都认为,生下婴儿的妇女应当是孩子的合法母亲。英国在 1990 年的《人工授精和胚胎学》法案中规定:"一个由植入体内的胚胎或精子和卵子而孕育孩子的妇女应被视为该孩子的母亲,而非其他妇女。"所以,即使采用 IVF 技术出生的孩子与准备充当孩子养育父母的夫妇双方毫无遗传和血缘关系,仍应确定这对夫妇为孩子的合法父母,通过 IVF 所生子女应视为婚生子女,享有婚生子女的一切权利与义务。而该孩子的遗传学父母仅仅是分别提供精子与卵子而已。

2.关于体外授精的适用范围问题。体外授精的适应症主要是女性不育。但这项生殖技术若被滥用,则一方面会对所生子女带来不幸,另一方面将对社会、家庭的稳定造成冲击,对 IVF 技术在法律上给予一定限制是必要的。

(1)单身妇女能否有权要求使用?若从 IVF 婴儿的角度讲,单亲家庭毕竟不是婴儿健康成长的有利环境。

(2)婚姻中的老年妇女能否要求使用?赞成者认为,老年男子与其年轻妻子生儿育女的大有人在,老年妇女借助 IVF 技术生育也不应禁止,只要其身体健康,并有条件抚养孩子,老年妇女也能够成为母亲。反对者认为,已进入绝经年龄的老年妇女,已不能自然受孕生育子女,借助 IVF 技术生育则违背了自然法则,其身体状况已不能满足胎儿的生理需求,而且怀孕对老年妇女自身健康不利,甚至是危险的,孩子出生后有一个祖母年龄的妈妈,对孩子融入社会或与同伴相处将产生不利影响,将有损孩子心理健康。从教育子女和子女身心健康教育需要来分析,IVF 技术不应无限制地拉开,法律应谨慎地面对普遍的社会承受的文化环境和传统习俗，由此方可保障稳定的社会秩序。

（三）“代理母亲”产生的法律问题

从技术上讲，代孕、代生并无新意，所使用的技术主要是通常的人工授精技术，偶尔也使用试管婴儿技术。但代孕代生与人工授精、体外授精一样，也引起了一系列法律问题，受到法学界、医学界和广大公众的极大关注。从世界各国的立法情况来看，除了美国之外，其他国家的法律基本上都是禁止“代理母亲”的。英国虽然承认“代理母亲”，但法律对此有严格限制，如不得带有商业性质。“代理母亲”的出现存在以下法律问题：

1.“代理母亲”代生婴儿的归属问题。有时代生母亲出于母爱，舍不得将所生孩子给委托代理的夫妇，或是由于所生婴儿存在某些缺陷，双方都不愿承担该孩子的抚养责任。在解决卵子提供者与IVF婴儿间法律关系的问题上，法律确定了“孕育母亲在母权确定中比遗传母亲处于优势”的原则，同时推定该妇女的丈夫为该孩子的父亲（即养育父亲在父权竞争中强于遗传父亲），从而解决了谁是IVF婴儿父母的问题。但随着“代理母亲”职业化的出现，这一原则又受到了冲击，行不通了。

2.存在出租子宫收取酬金的现象。一位妇女以收取酬金为代价出租她的子宫，这无异于把妇女当做生育机器，这是侵犯妇女的尊严。1985年1月，英国发生的“婴儿科顿事件”，使得这个问题的争论突然变得激烈起来。

3.“代理母亲”的存在，使婴儿被当做商品，自由买卖，这是对人类尊严和基本人权的侵犯，也是不能接受的。

4.“代理母亲”的存在，出现了有的母亲替女儿代孕，甚至祖母替孙女代孕的情况，造成出生婴儿在家庭中的地位微妙，造成伦理混乱。

所以，如果使用“代理母亲”来满足那些不能怀孕或不愿怀孕却又希望有孩子的妇女的愿望，势必影响其他人包括所生婴儿的权益，给社会、家庭带来危害，“代理母亲”职业是违背社会良好风俗的。由于以上问题的存在，许多国家如法国、英国、瑞典等纷纷立法，明文禁止代孕行为，代生协议视为无效。在瑞典，“代理母亲”被认为是违反了法律的基本原则，所以代生协议是无效的。在法国，根据1992年通过的《生物伦理法律草案》，“代理母亲”受到禁止，那些已替人怀孕的妇女只能将生下的孩子归为己有，否则要追究其法律责任。在英国，1985年的《代孕协议》法案规定，对从事商业性代孕行为和刊登与代孕有关的广告行为要进行刑事制裁。

（四）受精卵和胚胎管理的法律问题

由于遗传物质可以在体外储存，胚胎冷藏技术的发展为体外授精的临床应用拓展了空间，这就使遗传物质的捐献、买卖、实验、移植、进口、出口成为可能，由此引发出如何确定胚胎和受精卵的法律地位及相关的一系列法律问题。

1.受精卵和胚胎是不是人?其地位权利如何?目前存在两种截然不同的意见:一种意见认为是人,应尊重之,不应伤害,未经主人同意也不能随意处置;另一种意见则认为不是人,不具有与人相同的法律地位。

2.胚胎的研究是否符合人道主义?将多余的胚胎销毁或丢弃是否构成杀人罪?据1984年报道,美国有22个州的法律禁止胚胎研究。美、英、澳等国家专门组织班子或委托专家委员会对胚胎冷藏的法律问题提出咨询。1990年德国颁布的《胚胎保护法》规定,禁止人胚胎研究,不允许用已死亡的人的精子或卵子进行体外授精,而且绝不允许提前鉴定胎儿性别,有严重遗传性连锁疾病危险的人例外。对于胚胎的冷藏和保管,英国《人工授精和胚胎学》法案规定,配子的保管期为10年,胚胎的保管期为5年,其法定保管期限不得超过,保管期满后可任之死去。法国《生命科学与人权》法律草案建议,冷冻胚胎保管期也为5年,5年后在其亲生父母由于死亡、离婚、分居而不再成为夫妻后必须销毁,但也可转赠给其他夫妇。

3.是否允许商业性获取人类胚胎?IVF容易导致一胎多生。西方国家的一些商人甚至准备筹建"婴儿工厂",从事婴儿的批量生产和买卖。许多国家都担心通过商业性获取胚胎会导致人口买卖和人口贩子粗制滥造婴儿,影响人口素质。因此,世界各国法律均禁止商业性获取人类胚胎。

(五)克隆技术引发的法律问题

现代无性生殖技术发展表明,此类研究的下一步就是"克隆人"的问世,由此引发一场如何看待克隆技术的全球争论:克隆技术给人类带来的是喜还是忧?人类是否应该通过法律禁止克隆人的出现?

1.对克隆人技术的两种观点

(1)一种观点认为,克隆人应该禁止。生殖崇拜是人类的一个古老情结,有性繁殖是高等生物繁衍生命的自然规律。但是,克隆人却以无性繁殖代替有性繁殖,这一程序化的制造生命方式是现行生殖观念所不能接受的。因为克隆人将给社会带来以下危害:①造成人种退化。这种对人类个体性状的人工控制,可能发生对作为自然物种之一的人类发展进行过强的干预,其后果将会影响人种自然构成和发展,甚至影响人类自然进化的轨迹,使人类失去遗传多样性,人类将不再有自然进化,这对作为一个生物物种的人类将是一个灾难。②冲击法律观念。无性生殖将造成家庭和社会关系混乱。通过自然生殖方式出生的每个人在家庭关系和社会关系中都有确定的身份和法律地位,而以无性生殖方式出生的人则会对通过男女结合的生育方式和作为社会基本单位的家庭带来冲击,它导致了人类人口生产与性爱的分离,改变了家庭成员的亲属关系模式,强烈地加剧家庭多元化，他们与社会其他成员的法律关系将十分紊乱复杂，现有的法律甚至社会秩序都将被搅乱。③带来社会动荡，诱发社会失控。无性生殖使人失去了作为人的独特性和自我感。每个人都具有"独特"的基因型，并由此产生从外貌到个性的差异，这种差异产生并强化了每个人的自我感和个人价值，而无性生殖的人则被破坏了人有独特基因型的权利，即作为人的独特性的权利。这种生理性状被控制的人，如果为某种目的而生产，则会有自己被沦为"社会工具"的悲欢心理和宿命感，将势必导致科学和未来社会的报复和对抗。这种技术如被用来控制人的性别、人种，或为生产商品化人体器官，后果更难想象。

(2)另一种观念认为，发现和发明是科学发展的动力。人类最终将会承认创造人的生命的方式不只有性繁殖一种，应该允许无性繁殖作为一种补充方式。两种方式所创造出来的都是人的生命，同样是神圣的。克隆技术对人类的危害可以通过法律来控制，一是在人体克隆研究试验阶段；二是在克隆人的诞生阶段。支持克隆人研究者的人还认为，无性生殖使人类抛弃老式的性生殖的遗传赌博，在地球上繁殖经过精心挑选的、与理想的人类基因型一模一样的复制品，创造出一个理想的社会；当一个人年迈时，可通过克隆新的复制品替换，这样就可使人永生不死；克隆人可以使历史人物起死回生，有助于历史悬案的破解；将无性生殖的一个人的几个复制品放在不同的社会生活环境中，可以澄清有关人类本性与教养的许多争论，可以总结出有用的教育方式方法；无性生殖可以使我们永远保持人类中的最佳基因型，如用爱因斯坦的体细胞复制新的个体；在做宇宙航行时，可以带若干体细胞去其他星球，在那里繁殖人类；等等。

2.克隆人技术隐伏的法律危机

人的生命复制或无性生殖问题，不同于克隆技术在医学、农业等领域的运用，它将使人类面临巨大的伦理与法律危机。从法律上讲，每个人都有自己的尊严和价值。如果允许用克隆的方法在实验室内去复制人或者大批复制同一个人，人的尊严、价值和权利又从何体现？从家庭法律关系来说，任何人的出生都在其家庭关系乃至社会关系中具有明确的法律身份和地位。作为克隆人同样不能例外，应当确认其法律身份，且标准应是同一的。但是，用克隆方式复制人，完全违背了人类生育和人类亲属关系的伦理模式和基本准则。它不仅完全改变了人类自然的男女结合的生育方式，而且使"亲属关系是一种以婚姻和血缘为纽带的社会关系"这一法律概念，发生根本动摇，使社会成员间的法律关系变得十分紊乱复杂，现有的法律甚至社会秩序将被搅乱。因此，在克隆羊诞生不到2个月的时间里，美国、英国等多个国家政府就明确宣布政府科研基金决不支持任何将克隆技术应用于克隆人类的研究工作。同时，加强对克隆技术立法特别是克隆人研究的立法也已提到了议事日程。

1997 年 11 月，联合国教科文组织在巴黎通过了指导基因研究的道德准则性文件《世界人类基因组与人权宣言》，要求禁止研究克隆人等损害人类权利与尊严的科研行为。WHO 表示，利用克隆技术复制人，在伦理上是不能接受的，这种试验将从遗传角度威胁人类安全。在日内瓦举行的第 55 届世界卫生大会通过的决议中指出，运用无性繁殖技术复制人类“违背人的尊严和道德，因而必须严格禁止”。1998 年 1 月 12 日，法国、丹麦、芬兰等 19 个欧洲国家在巴黎签署了《禁止克隆人协议》。禁止用任何技术创造与任何生者或死者基因相似的人。这一协议是人类第一份禁止克隆人的法律文件。1998 年 1 月 20 日，美国生殖医学会宣布已草拟了一份禁止克隆人试验的法律文本。与此同时，统管美国医药研究的美国食品和药物管理局表示，根据现行法律，该局拥有管制克隆人研究的权力，美国总统克林顿也敦促国会通过有关禁止克隆人试验的议案。日本内阁会议于 2000 年 4 月通过一项名为《关于限制对人的克隆技术的法律》草案，它规定禁止克隆人，违者将处以最高 5 年徒刑的刑罚。

三、生殖技术在我国的应用及立法思考

生殖技术的发展与其他高新医学技术一样是人类的一种进步，尽管在道德上引发了难以完结的争论和客观上面临许多伦理选择上的两难问题，但其医学价值和社会意义是不可否定的，只要不放任自流，用法律手段对其进行控制与管理，避免失控和滥用，生殖技术将会真正成为造福人类的新技术。

（一）生殖技术在我国的应用

要不要采用新生殖技术，要不要让“试管婴儿”诞生，这在我国是有争论的。有人认为，新生殖技术切断了婚姻和家庭的纽带，是对忠贞爱情的亵渎，是有损婚姻家庭道德的；同时，把生育转移到实验室，把人性与生物性分开了，这是不人道的。但有人却认为，在婚姻关系中，忠诚比性垄断更重要，婚姻是由爱情滋润的个人契约，对无儿无女（不能生育的）夫妇来说，采用人工授精是真正人道主义和爱情的行为。

我国人工授精的研究和应用比发达国家要晚，但发展相当迅速。1982 年，在著名人类和医学遗传学家卢惠霖教授指导下，湖南医学院首先报道我国首次用冻精进行人工授精获得成功。1983 年已有 3 个人工授精婴儿降至人世，生长发育良好，至 1984 年 8 月，他们已先后给 41 位妇女施行了人工授精术，受孕率达 61%。1986 年，青岛医学院建立我国第一座人类精子库。目前，全国大多数省、自治区、直辖市已建有人工精子库，并广泛开展人工授精业务。1988 年 3 月 11 日，北京医科大学附属第三医院成功地诞生了我国大陆第一例试管婴儿。

1. 生殖技术的应用，对我国社会的发展带来了积极的影响：(1)有利于治疗

不育症，从法律上讲，每一对夫妇都有生育权，新生育技术可以帮助不育夫妇行使其正常的生育权，改善夫妻关系和稳定现存家庭关系，同时也有利于社会的安定；(2)有利于优生优育，有效地减少后代患遗传传染性疾病的风险，提高中华民族人口素质；(3)有利于推动计划生育工作，为计划生育提供生殖保险。

2. 我国生殖技术的应用也产生了一些令人担忧的问题：(1)人工授精严重失控；(2)人工授精子女和试管婴儿的法律地位难以确定；(3)有相当一批不同层次的医疗单位、个体开业医生，未经卫生行政部门审查批准，不顾条件，盲目开展此项工作；(4)对供精者随意多次取精，并用同一供精者精液同时授予多个妇女的现象较为普遍；(5)缺乏人工生殖技术档案的统一管理；(6)有关生殖技术的纠纷无法可依，相应立法处于滞后状态，1987 年上海市发生了我国第一起人工授精婴儿引起的法律争端。

（二）我国生殖技术应用立法

人的生殖问题的法哲学和法律科学的讨论，一直为世界所关注，由于宗教神学与伦理文化的原因，这种争论常常被每个民族或国家推向巅峰。从事实和科学意义上说，只有在一个价值框架中才能解决其立法问题，尽管存在文化中的相对主义因素的重要影响，法学争议的趋同终究是可能的。

1. 立法现状。在我国有关生殖技术立法上，许多专家在有关会议上提出过一些有价值的可供考虑的方案。早在 1988 年 11 月的岳阳会议上，有关高层决策者曾有过立法动议，但后来，生殖技术又有进展，相继出现女性主义、代理母亲、克隆人体和严重精神发育不全患者绝育等争论，这项工作一直搁浅。1989 年，我国卫生部曾发出紧急通知，严禁滥用人工授精技术。1991 年 7 月，最高人民法院出台司法解释，规定“在夫妻关系存续期间，双方一致同意进行人工授精，所生子女应视为夫妻双方的婚生子女”，明确了人工授精所生子女的法律地位。2001 年 2 月 20 日，卫生部发布了《人类辅助生殖技术管理办法》和《人类精子库管理办法》，自 2001 年 8 月 1 日起施行。同年 5 月 14 日，卫生部发布了《人类辅助生殖技术规范》《人类精子库基本标准和技术规范》《人类辅助生殖技术和人类精子库伦理原则》及《人类辅助生殖技术与人类精子库评审、审核和审批管理程序》等，使人类辅助生殖技术和人类精子库技术的应用在我国初步进入规范有序的阶段。2003 年 3 月以来，卫生部组织有关专家对原于 2001 年出台的《人类辅助生殖技术管理办法》及一系列相关文件进行了修改。修改稿在原有的基础上提高了应用相关技术的机构设置标准、人员的资质要求和技术操作的技术规范，并进一步明确和细化了技术实施中的伦理原则等。

2. 立法的指导思想和原则。现代生殖法学的核心依然集中于权利冲突的解决，建立共同价值标准，确立个人、家庭、共同体、国家、世界每个组织的法律责任。其中对自由快乐、经济利益、教育机会、政治权利、信仰、责任和人类尊严等方面的整合规范，是制定法律的前提，从而实现保护人类的共同利益与尊严，促进人类的进步与发展的基本目标。为此，生殖技术应用立法，要遵循七项基本原则：(1)知情同意；(2)有利无伤；(3)公正公益；(4)诚信保密；(5)控制滥用；(6)禁止商品化；(7)规范技术和法律程序、确定法律责任等。

3.立法的内容。

(1)人类辅助生殖技术的应用应当在医疗机构中进行，以医疗为目的，并符合国家计划生育政策、伦理原则和有关法律规定。禁止以任何形式买卖配子、合子、胚胎。医疗机构和医务人员不得实施任何形式的代孕技术。

(2)为了促进人类精子库安全、有效、合理地采集、保存和提供精子，保障供精者和受者个人、家庭、后代的健康和权益，维护社会公益，开展人类辅助生殖技术，特别需要坚持七项伦理原则：①有利于供、受者的原则；②知情同意的原则；③保护后代的原则；④社会公益原则；⑤保密原则；⑥严防商业化的原则；⑦伦理监督的原则。

(3)任何单位和个人不得以营利为目的的进行精子的采集与提供活动，精子库的精子不得作为商品进行商业交易。

(4)禁止给不符合国家人口与计划生育法规和条例规定的夫妇和单身妇女实施人类辅助生殖技术，禁止克隆人。

(5)开展人类辅助生殖技术的机构必须是持有《医疗机构执业许可证》的综合性医院、专科医院或持有《计划生育技术服务执业许可证》的计划生育技术服务机构。申请开展供精人工授精和体外授精——胚胎移植技术及其衍生技术的医疗机构，由省级卫生行政部门提出初审意见，卫生部审批。申请开展夫精人工授精技术的医疗机构由省级卫生行政部门审批并报卫生部备案。

(6)实施人类辅助生殖技术的技术人员必须尊重患者的隐私权。医疗机构应当为当事人保密，不得泄露有关信息。

(7)实施人类辅助生殖技术应当遵循知情同意原则，必须在夫妇双方自愿同意并签署书面知情同意书后方可实施。同时，卫生部要求各精子库不得采集、检测、保存和使用未签署知情同意书者的精液。

(8)实施人类辅助生殖技术的医疗机构不得进行性别选择，法律法规另有规定的除外。

(9)医疗机构应当建立健全技术档案管理制度，供精人工授精医疗行为方面的医疗技术档案和法律文书应当永久保存。

(10)开展人类辅助生殖技术的单位或个人，若违反相关规定，将处以警告、罚款以及对有关责任人行政处分；构成犯罪的，将依法追究刑事责任。

(三)关于克隆人技术的法律思考

在我国,克隆技术也引起了社会各界的重视,卫生部为此召开了专家座谈会,认为应当支持和保护科学家采用克隆技术探讨医学领域中的重大课题。但是,在中国境内禁止开展克隆人的研究。我国对任何人以任何形式开展克隆人研究的态度是:不赞成、不支持、不允许、不接受。同时要大力普及有关克隆的知识,引导人们正确理解克隆的概念,以更好地支持科学技术的发展。

现实的法律冲突。从法律上讲,克隆人的诞生将会与现行的某些法律关系产生冲突。(1)这种冲突首先表现在克隆人与现行《继承法》的冲突。我国《继承法》规定了两种继承顺序,父母、子女之间互为第一顺序继承人,如果克隆人与被克隆人之间的关系得不到法律上的确定,肯定会给将来他们之间的继承问题带来麻烦。(2)这种冲突还表现在克隆人与《婚姻法》中的相关规定的冲突。我国《婚姻法》规定父母子女间有相互抚养、赡养和监护的义务。如果克隆人与被克隆人之间未被确定为父母、子女关系,当然他们之间也就不产生受法律约束的相互抚养、赡养、监护等义务,如果一方未尽此义务,只能受到道德的谴责,而不能受到法律的追究。克隆人与被克隆人被确定为父母、子女关系,那么,禁止与被克隆人结婚的人就会被禁止与克隆人结婚(因为克隆人与被克隆人的基因完全相同),这就产生了与我国《婚姻法》立法本意的冲突。

第二节　基因工程与法律

一、基因工程概述

(一)基因工程的概念

基因是以 DNA 序列的方式存在的、生物遗传信息的基本单位,是生物的遗传密码,它决定着生物的性状、生长与发育。基因工程(Genetic engineering),又称基因拼接技术或重组 DNA,是指采取类似工程设计的方法,按照人们的需要,通过一定的程序将具有遗传信息的基因,在离体条件下进行剪接、组合、拼接,再把经过人工重组的基因转入宿主细胞大量复制,并使遗传信息在新的宿主细胞或个体中高速表达,最终产生出基因产物。如用基因工程的方法将胰岛素基因导入大肠杆菌细胞,已成功地生产出胰岛素。

1953 年,沃森(J. Waston)和克里克(F. Crick)提出的 DNA 双螺旋结构模型,为分子生物学、分子遗传学奠定了基础,20 年后的 1973 年,柯恩(S. Cohen)和波尔(H. Boyer)等首次利用 DNA 拼接技术,将金黄色葡萄球菌的质粒 DNA 与大肠杆菌的质粒 DNA 成功地实现了 DNA 的重组,获得了双亲某些遗传特性的新菌种，开创了基因工程的先河。在以后的20年中，基因工程取得了惊人的发展，它的许多成果已走出实验室，并逐步产业化、商业化，被广泛应用于农业、工业、医药、卫生、环保、食品等领域。以基因工程为代表的现代生物技术已成为与信息技术、新材料技术、空间技术等并列的高新技术之一。应用于医药卫生领域的基因工程技术主要有基因诊断、基因治疗和无性繁殖、转基因食品等。

(二)国外有关基因工程的立法概况

基因工程技术应用与人类的生活、生命与健康紧密相关，比如基因工程药物、疫苗，通过转基因改良农作物品种产生的转基因食品，也涉及人类自身的营养与身体健康，因此，基因工程技术的研究和应用的安全性与伦理道德及法律问题，一直受到人们的关注。世界各国政府和一些国际组织对基因工程的安全操作和在有关领域中的应用制定了严格的规则。

1.基因工程立法的历史发展。1976年6月23日，美国国家卫生研究院(NIH)被授权制定并公布了世界上第一个实验室基因工程应用法规《重组DNA分子实验准则》。此后，原联邦德国和法国在1977年、英国在1978年、日本在1979年先后公布了类似法规。苏联、意大利、澳大利亚、巴西、墨西哥等25个国家也陆续起草或制定了这类法规，但其中绝大多数是以美国的准则为蓝本。从1978年开始，人们逐渐认识到已制定的准则显得过于严厉，不利于新技术发展，有必要修改和放宽实验准则。1980年1月29日，美国政府公布了修正的《重组DNA分子实验准则》，到1983年该准则已进行了5次修改。各国政府也在实践的基础上，审慎地一次又一次修改，放宽实验准则。

1982年以来，随着基因工程的产业化、商业化的进展，在美国、日本和一些西欧国家，继运用基因工程商业化生产胰岛素之后，用基因工程合成的人生长激素、乙型肝炎疫苗、组织血纤维蛋白酶原激活因子，以及各种干扰素相继进入临床试验。这意味着重组DNA这项新技术将走出实验室进入工厂、医院、社会，从而使所谓的潜在性危害发生的可能性明显增长。为了防止重组DNA所导致的危险和灾害性事故的发生，一些西方国家和国际组织在重组DNA安全操作和有关领域中运用的技术方面制定了法规。1986年通过了国际生物技术产业化准则，日本、澳大利亚等国制定了更为具体的《重组DNA技术工业化准则》《重组DNA技术制造药品的准则》等。1989年，原联邦德国政府批准的基因技术法草案确定了国家对基因技术的监督地位。

2.基因工程立法的主要内容。概括这些国家关于基因工程法规的内容，大致包括：(1)禁止实验项目；(2)法规适用范围；(3)研究微生物的物理、生物化学和生物学控制要求；(4)机构职责和审批条件；(5)工作人员的卫生与安全；(6)与此项技术相关的环境保护等。上述法规对这些国家基因工程技术的研究和应用,起到了积极的推动作用。

二、基因工程引起的法律问题

(一)基因诊断

基因诊断(Gene diagnosis)也称DNA诊断。DNA探针技术或基因探针技术,是指通过直接探查基因的存在和缺陷来对人体的状态和疾病作出判断。最早的基因诊断是1976年凯恩等人借助DNA分子杂交方法,首次成功地进行的一地中海贫血的产前诊断。经过20多年的发展,基因诊断取得了许多成果,目前正广泛运用于许多疾病的诊断。诸如基因诊断可以用于流行病学的大量筛分调查和统计;对晚发遗传病进行预测;对妊娠早期进行胎儿性别鉴定;用小型DNA探针进行DNA指纹鉴定以协助犯罪分析等;特别是在遗传病诊断方面成绩尤为显著,现在可以用不同途径进行基因诊断的遗传病已达上百种。

基因诊断的医学意义是巨大的,但它的应用也产生了许多法律问题。诸如:病人的基因图谱一旦泄露,病人就面临着就业、教育、保险、婚姻的危险,有些甚至会遭受冷落和歧视,因此,医生是否有为诊断出遗传病的病人保密的义务?如果医生为病人保密,是否损害了病人配偶或未来子女的利益?如果医生泄密,影响了病人的婚姻、就业、保险,医生是否应负责任?等等。通过常规血检,就可以检验出患者的基因,并可立即把这一本来属于个人隐私的资料送入DNA资料库,然而,谁来监督和保证这类资料不被他用或滥用?

正是鉴于通过基因诊断查明的遗传病患者在社会上受到的歧视,人们开始考虑有关基因诊断的法律控制问题。因为,从人权和人格尊严的角度,每个人的基因图谱应当是每个人的个人秘密,享有隐私的保护权。也正是基于这些理由,美国一些议员向国会提出了"人类基因组隐私法"法案,旨在保护人的隐私、维护人的平等尊严,法案突出了"非医疗急救和司法判案需要,遗传资料不得泄露"的内容。

(二)基因治疗

基因治疗(Gene therapy)是指改变人体活细胞遗传物质的一种医学治疗方法,即通过基因诊断出异常的基因后,用正常基因代替异常基因,达到治疗的目的。基因疗法一般分为体细胞基因治疗、生殖细胞基因治疗、增强基因工程和优生基因工程。1980年基因治疗首次用于人体。1989年5月23日,世界上首项获准的临床基因标记试验开始进行。基因治疗作为治疗人类疾病的全新方法,在短短几年里,以其迅速发展和成功的效果,得到了医学界、产业界和政府的高度重视。目前,在美国、法国、意大利、荷兰、中国,已有几十个经批准的临床基因标记和治疗项目。在西方发达国家，基因治疗不仅得到政府的支持和基金导向，而且得到企业财团的投资。在商业利益的驱动下，仅美国就有15家基因治疗公司，希望基因治疗抢先占领国内甚至国际市场。

基因治疗为人类展示了美好的应用前景。但是，基因治疗涉及改变人类的遗传物质，有可能产生不可预知的严重后果。一般认为，体细胞基因治疗只涉及患者个体，而生殖细胞基因治疗则对人类未来产生深远影响。特别是在伦理、法律方面引发许多问题：人能否改变人；人的尊严何在；以什么标准来改变人；基因治疗是一项费用昂贵的医疗技术，哪些人有权享有这种技术；还涉及人体基因是否允许买卖等。所以，目前许多国家对基因治疗采取非常审慎的态度，同时也考虑从法律角度对此作出调整、规范和控制。1985年，美国公布了《基因疗法实验准则》，对人类基因治疗实行有条件的开放。

（三）转基因产品

1. 转基因产品(Gm products)的概念。所谓转基因就是将一种生物的基因植入另一种生物之中，使后者获得一种它本来没有的自然品质。例如，在普通玉米里加入一种抗虫基因，培养出抗虫害转基因玉米，从而减少了使用化学杀虫剂及农药对动物和人体的危害。另外，有些转基因产品增加了原产品所没有的一些有用品质，如具有抗除草剂的能力，具有更多营养成分，具有独特的药用价值，具有更高的产量，具有更好的感官性状等。转基因食品的研究工作开始于20世纪70年代，1983年出现了世界上第一种转基因作物——一种含有抗生素药类抗体的烟草；1993年第一种市场化转基因食物——可以延迟成熟的番茄在美国出现。

2. 转基因产品引发的争论。转基因产品的优越性是显而易见的。专家们预测，转基因技术在农业上的应用将成为解决由于人口膨胀所引起的粮食危机的有效途径。但“转基因食品是否有毒”这一争论在20世纪末的欧美，从科学界扩大到政界和社会普通公众，政府要员、国会议员、经销商、普通消费者、环保主义者都纷纷卷入其中。总的说来，美国和加拿大的公众对基因改良食物接受程度提高，欧盟却比较审慎。反对转基因食品的理由主要有：(1)转基因食品违反了自然，背叛了上帝。(2)对人体健康会造成损害。比如，如果在转基因过程中，新的抗虫害的功能体现在植物的根、茎、叶的每一个细胞之中，那么它将比仅在外部喷洒农药具有更大的毒性，对昆虫有毒的转基因产品同样会对人体有毒害。(3)对农业和生态环境会造成不利影响。比如，有些生物技术公司为了保护知识产权，对销售给种植者的转基因种子作了“绝育”处理，这种绝育基因有可能无意中转移到其他作物品系中，使之也变成不育；又比如，有抗除草剂功能的基因从转基因作物一旦转移到相近的野生植物品系时，会使后者具有抗除草剂功能而很难对其加以控制。另外，有些生物吃了具有杀虫功能的转基因植物后可能会面临灭绝。

3. 转基因产品的立法思考。尽管我们还不能对转基因食品会给人类产生的影响作出科学的结论，但转基因食品时代的来临不可避免，现在重要的是对转基因产品进行立法思考。

(1)首先，必须制定关于转基因食品的国际安全标准。为此，国际政府间组织——食品规格委员会从 2000 年 3 月 14 日起，在日本举行了为期 4 天的会议，目的是在 2003 年之前制定出关于转基因食品的国际安全标准。结果在会上引起欧美之间的大争论：欧洲国家认为，只要不能否定其危险性，就应该限制；美国则主张，只要在科学上无法证明其有危险性，就不应该限制。

(2)要维护消费者的知情权，要让他们知道自己在吃什么，以便作出选择。为此，欧盟已经规定，从 1998 年起，食品零销商必须在标签上标明食品中是否含有转基因成分。最后，转基因食品上市前，应对其进行严格的监测管理，以便在上市前就发现问题，对生产转基因食品的企业实行许可证制度。

(3)基因工程技术的知识产权法律保护问题。和其他类生物技术不同的是，基因工程尤其是人体基因工程存在更尖锐的、复杂的知识产权法律问题。如类似重组 DNA、人体克隆、基因诊断与治疗等，是否也应享有保护创制研究者的专利权等。学者们普遍认为，人体基因技术已远远超出科学的界域，法律应比哲学、伦理学和科学更严肃，更要避免情感化，在尚未透彻地了悟某项人体基因工程技术的利弊之前，特别是尚不知其对人类的尊严有多大威胁或伤害时，如何能准予发明人守密和享有专利呢？知识产权法对生物技术发明保护的目的主要有三：一是促进生物技术发展，即科学价值；二是增强市场竞争力，即商业价值；三是解决人类对生命物质的控制权的争论，即哲学价值。

1987 年 4 月 21 日，美国出现了一个典型的案例。美国专利和商标局宣布“把非自然产生的非人类多细胞生物体视作为可以申请专利的客体”。宣布者认为，此项规定可以极有利于生物技术的发展，而又是对美国最高法院 20 世纪 80 年代初 Diamond V Chakiabarty 判案的支持。因 Diamond 案判决中申明：“人类在世界上新造的任何物品都可给予专利保护。”这个终结性的判决引起美国朝野哗然。尤其是绿色组织和动物权利保护者、科学家、神学家、伦理学家等以及公众进行了不同方式的干预和嘲弄。问题是“物品”的语言学文本的解释显然是模糊的，这种政策可以用滑坡理论推断出最后“将使法律给予用生物工程造成遗传变化的人以专利保护”，这种疏忽是可怕的、危险的。尽管如此，美国专利和商标局还是在这场辩论中为哈佛大学颁发了一项动物遗传工程专利，这项研究成果是哈佛的 Leder 和 Stewart 教授将一种致癌基因序列引入小鼠的胚胎细胞中，并与处于活性期胚胎期染色体拼接，由此产生的小鼠后代的体细胞或生殖细胞均含有这种已被激活的致癌基因，这种小鼠是进行癌症研究的实验材料。这是世界上第一个动物品种专利，它是对各国专利法“反对把动物新品种纳入专利保护范围”的一次反叛。1990年，美国专利和商标局制定了专门的《生物技术专利保护条例》。至此，美国率先用法律对生物技术发明提供了最广泛、最积极的保护。

三、我国基因工程及其立法

我国是生物技术发展较快的国家之一。但是，我国生物技术立法工作却很滞后，仅在《专利法》《环境保护法》等法律中涉及一些生物技术的法律问题。我国基因工程立法涉及如下问题：

（一）关于基因工程安全管理

为了促进我国生物技术的研究和开发，加强基因工程的安全管理，维持生态平衡，国家科委于1993年12月24日发布了《基因工程安全管理办法》，就适用范围、安全性评价、申报以及审批和安全控制措施等方面作了规定。

《基因工程安全管理办法》所称基因工程，包括利用载体系统的重组DNA技术，以及利用物理或者化学方法把异源DNA直接导入有机体的技术。但不包括下列遗传操作：一是细胞融合技术、原生质体融合技术；二是传统杂交繁殖技术；三是诱变技术、体外授精技术、细胞培养或者胚胎培养技术。凡在中华人民共和国境内进行的一切基因工程工作，包括实验研究、中间试验、工业化生产以及遗传工程体释放和遗传工程产品使用、从国外进口遗传工程体、在中国境内进行基因工程工作的，都要遵守《基因工程安全管理办法》。

（二）关于基因诊断与基因治疗

我国目前仅同意体细胞治疗。1993年，卫生部制定了《人的体细胞治疗和基因治疗临床研究质控要点》，强调对基因治疗的临床试验要在运作之前进行安全性论证、有效性评价和免疫学考虑，同时注意社会伦理影响。

体细胞治疗是指应用人的自体、异体或异种（非人体）的体细胞，经体外操作后回输（或植入）人体的治疗方法。将人的细胞经体外操作再回到人体的方式，称为Exvivo。这种体外操作包括细胞在体外的传代、扩增、筛选、药物或其他改变细胞生物学行为的处理。上述细胞可用于治疗，也可应用于诊断或预防的目的，但不包括对生殖细胞的基因操作。

由于用于体细胞治疗及基因治疗的最终制品不是一个单一的物质，因此不能像一般生物制品那样制订出具体标准。但是强调对整个操作过程和最终制品进行质量控制，并提出制备、生产用于人的体细胞治疗及基因治疗制品的考虑要点，且在临床试验前，必须提供能保证合理程度的安全性的材料，并提供合适的检测方法、详细数据及这些方法可靠性的证据。

（三）关于人类遗传资源管理

人类遗传资源（Human genet）是指含有人体基因组、基因及其产物的器官、组织、细胞、血液、制备物，重组脱氧核糖核酸（DNA）构建体等遗传材料及相关的信息资料。人类的全部遗传信息约有10万个基因，以阐明人类全部遗传信息为目标的人类基因组计划，是人类认识自身，揭开生命奥秘，奠定21世纪医学、生物学发展基础的重大工程，其研究成果将对生命科学、人类健康、伦理道德、社会行为和相关产业产生极其深刻的影响。

我国众多的人口，56个民族和诸多遗传隔离人群，形成了丰富的人类遗传资源，是研究人类基因组多样性和疾病易感性/抗性的不可多得的材料。但由于管理上的问题，在这一珍贵资源的采集、研究、开发中存在盲目、无序、流失的现象，为了加强人类遗传资源的管理，科学技术部、卫生部联合制定了《人类遗传资源管理暂行办法》（以下简称《暂行办法》），将我国人类遗传资源的采集、收集、研究、开发、买卖、出口、出境等活动，纳入了法治化管理轨道。

1. 人类遗传资源的管理原则。我国对人类遗传资源管理贯彻保护和利用相统一、加强管理与加强研究相并重的原则。（1）加强对研究工作的支持，以分离、研究、开发重要疾病相关基因为重点，为21世纪生物医药和生物技术产业的长远发展奠定基础；（2）积极推动在平等互利基础上的国际科技合作，提高研究水平和效率，使我国宝贵的人类遗传资源得到有效的利用和开发，为全面完成人类基因组计划作出贡献；（3）加强管理，建立人类遗传资源的分级管理、统一审批制度和知识产权的分享制度。

2. 人类遗传资源的管理规定。《人类遗传资源管理办法》规定：

（1）国家对重点遗传家系和特定地区遗传资源实行申报登记制度，发现和持有重要遗传家系和特定地区遗传资源的单位或个人，应及时向有关部门报告。

（2）对国际合作项目实行审批制度。凡涉及我国人类遗传资源的国际合作项目应经批准后签约。申报程序是：中方合作单位填报申请书并附合同文本草案。人类遗传资源提供者及其亲属的知情同意证明等有关材料，中央所属单位按隶属关系报国务院有关部门，非中央所属单位报所在地方主管部门，经上述部门初审同意后，向中国人类遗传资源管理办公室提出申请。

（3）未经许可，任何单位和个人不得擅自采集、收集、买卖、出口、出境或其他形式对外提供人类遗传资源材料。

（4）研究开发项目的知识产权处理。①我国研究开发机构对于我国境内的人类遗传资源信息，包括遗传家系和特定地区遗传资源及其数据、资源、样本等，享有专属持有权。获得上述信息的外方合作单位和个人未经许可不得公开发表、申请专利或以其他形式向他人披露。②有关人类遗传资源的国际合作项目应当遵循平等互利、诚实信用、共同参与、共享成果的原则处理知识产权归属和分享。

(5)科技部和卫生部共同负责管理全国人类遗传资源。

3. 法律责任。《暂行办法》规定，我国单位和个人违反《暂行办法》的规定，未经批准，私自携带、邮寄、运输人类遗传资源材料出口、出境的，由海关没收其携带、邮寄、运输的人类遗传资源材料，视情节轻重，给予行政处罚直至移送司法机关处理；未经批准擅自向外方机构或者个人提供人类遗传资源材料的，没收所提供的人类遗传材料并处以罚款；情节严重的，给予行政处罚直至追究法律责任。

国(境)外单位和个人违反《人类遗传资源管理办法》规定，未经批准，私自采集、收集、买卖我国人类遗传材料的，没收其所持有的人类遗传资源材料并处以罚款；情节严重的，依照我国有关法律追究其法律责任。私自携带、邮寄、运输我国人类遗传资源材料出口、出境的，由海关没收其携带、邮寄、运输的人类遗传资源材料，视情节轻重，给予处罚或移送司法机关处理。

第四节　器官移植与法律

一、器官移植概述

(一)器官移植的概念

器官移植(Organ Transplantation)是指通过手术等方法，替换体内已损伤的、病态的或衰竭的器官，以达到治疗目的的一种医疗措施。从理论上讲，器官移植分为三大类：自体移植、同种移植和异种移植。从临床上看，则包括脏器移植、组织移植和细胞移植三种类型。这三种类型不仅实施条件与难度相差甚远，而且在涉及伦理、法律问题上也有重大差别。现今一般所指器官移植实际仅指脏器移植，而且是同种异体器官移植，即用手术方法切取另一人体(活体或尸体)内的脏器，移植到另一人体内，替换其已损伤的、病态的或衰竭的器官，以救治其疾病。由于脏器移植代表了当今器官移植的主体，且由于自体移植和异种移植不涉及供体权利的转移，一般不发生法律问题，所以，这里所讨论的器官移植仅指同种异体移植。

(二)器官移植现状

器官移植的设想早在古希腊时代就已产生，但直到20世纪才成为现实。1902年，法国的卡雷尔(Carrel)和古斯里发展了血管缝合术，同时，由于低温生物学的发展,奠定了器官移植临床技术的基础。以后,美国、苏联和一些欧洲国家相继进行过一些肾移植手术,均因无法解决人体免疫排斥反应而失败。1954年,第一例同卵双生子之间肾移植在美国波士顿一家医院获得成功,从而为器官移植带来新的曙光。此后几十年间,由于新的免疫抑制药物的研制和应用、组织配型能力的提高以及外科手术的改进,器官移植取得很大成就。1963年首例肝移植,1967年首例心脏移植等,一次次轰动世界。目前,对人体内除了脑神经系统以外的所有器官和组织都可以移植,而肾脏移植的应用最广泛,存活率也高,据美国国家器官分配联用网(UNOSC)报道,全世界肾移植以4万例/年的速度增长。据统计,肾移植5年以上存活率已接近90%,许多病人已存活20年。目前,在许多国家,肾移植已成为一种常规治疗手段。肝脏移植已进入临床应用阶段;心脏移植,胰腺移植,肺、小肠以及骨髓移植也取得了飞跃发展。以骨髓移植为例,世界上每年以2500例至3000例次的速度在递增,可以说单个器官移植已成为常规医疗技术。1963年9月16日,英国女孩劳拉·古维斯在长达15小时的手术中接受了6个器官移植,医生为她更换了胃、大肠、小肠、肝、胰、肾,手术十分顺利,多器官联合移植的成功,标志着器官移植正在向新的高峰攀登。

(三)器官移植的意义

首先,器官移植技术使许多本来难以恢复健康的病人得以康复,使患有不治之症的患者有了生的希望和可能。现在,全世界由于器官移植手术而获得第二次生命的人已有50余万人。为了肯定20世纪医学领域的这一新成就给人类带来的贡献,1990年,诺贝尔生理学和医学奖授予了1954年首例肾移植医师默里和20世纪60年代中期首例骨髓移植医师托马斯;此后又有两位从事人体器官移植研究的科学家获奖。

其次,器官移植可以使有限的卫生资源发挥更大效益。以肾移植为例,目前费用虽然较高,但与维持晚期肾功衰竭病人生命的长期透析相比则经济得多,而且,病人又可在相当程度上恢复正常的生活和工作,继续创造财富,其社会意义显而易见。

二、器官移植产生的法律问题

器官移植在临床实践中的广泛应用,为医治某些疾病开辟了广阔的前景。但是,围绕供体不足、免疫排斥反应、人体材料商业化倾向、人工器官、脑死亡、尸体捐献、异种供体和胎儿供体等问题,产生了许多复杂的法律问题,诸如:公民是否有提供器官的义务?在什么情况下采集器官是合法的?病人对自己的废弃器官是否享有所有权?未成年人可否捐献器官?胎儿可否作为供体?能否采取强制措施获取尸体器官?人体器官是否可以买卖?利用动物器官进行移植是否损害了动物的权利？器官的法律地位与性质如何？受体手术后的身份如何？等等。本书着重讨论围绕如何解决器官来源产生的有关法律问题。

(一)供器来源的法律问题

对于器官移植手术而言，最重要的莫过于供体器官的获得。而人体器官来源的严重不足，已成为阻碍器官移植发展的关键。造成移植器官紧缺的原因是多方面的：首先，器官捐献数量与社会对其的需求量不能同步增长。其次，人体器官中的成对器官(如肾脏、眼球)可从活体或尸体上取得，而独一无二的器官只能来自尸体，人们对捐献已故亲人的器官，由于文化习俗、传统观念、宗教信仰等因素往往造成思想障碍。再次，死亡判断标准困扰着器官移植。

关于供体的来源，国外许多国家制定了一些相应的法律规定，主要可分为两大类：

1. 自愿捐献。自愿捐献是指器官的捐献完全以捐献人的意思表示为根据，捐献人明确表示愿意捐献器官供移植时，符合法律规定的，可以提取器官供移植；捐献人生前明确表示死后愿捐献器官的，当其死亡时，医师可以提取其器官供移植。这是以鼓励自愿和强调知情同意作为提供器官的基本原则。自愿捐献器官的代表法律有1968年美国统一州法律全国督察会议起草并通过的《统一组织捐献法》和1989年南斯拉夫制定的《人体器官获取和移植法》。

2. 推定同意。推定同意是指法律规定公民在生前未作出不愿意捐出器官的表示，都可被认为是自愿的器官捐献者。推定同意原则是针对人口中大多数既未表示同意，又未表示反对捐献器官的人提出的。那么，谁有权推定同意？有两种情况：一是医师推定同意。这实际是指由政府授权医务人员，只要死者生前未表示过反对，医师就可推定其同意摘取其器官，不必考虑亲属的意愿。法国、匈牙利、奥地利、瑞士、丹麦、新加坡等国采取了这种做法。如1987年新加坡颁布的《人体器官移植法》规定：所有新加坡公民和在新加坡长期居住的年龄在21—60岁之间的居民，在意外事件丧生后，如果生前死者没有不愿捐出肾脏表示的，都可以推定为自愿捐赠者。采用这种推定方式的好处是，既能大大增加可用于移植的器官数量，又可避免因征求家属意见延误时间而影响器官移植的质量。但这种规定因其具有强制处理死者尸体的性质，因而难以为一些国家的公众所接受和被国家法律所采用。二是亲属推定同意。要求医师与死者亲属交涉，在明确亲属无反对意见、同意捐献时才可用于移植。罗马尼亚、芬兰、希腊、挪威、瑞典等国的法律采用了这种形式，其优点是可以避免死者亲属提起诉讼。

(二)供器采集的法律问题

1. 关于活体器官的采集。人体中的部分器官在摘除后不至于危及人的生命，这部分器官从医学角度讲可作为活体摘除和移植，如肾脏。而另一部分器官如心脏是人的生存不可缺少的，在人活着的时候，是不可以摘除的。对后者，法律应当明确禁止对其进行活体摘除；对前者，法律也应限定严格的条件，因为活体摘除器官肯定会损害供体的健康，有时甚至危及其生命。因而，对于采集活体器官，许多国家的法律规定：(1)供体必须是已达法定年龄的成年人；(2)必须优先考虑供体的利益，并预料其捐献器官后对供体的健康不会发生损害而仍有保障；(3)捐献者应被告知器官摘除可能带来的后果和危险；(4)没有任何第三者压力，保证其同意捐献是在真实自愿的基础上作出的，知情同意是必经程序；(5)所捐献的器官应移植到捐献者指定的受体身上，且该器官的移植足以挽救受体的生命或足以恢复或改善受体的健康状况。

对于未成年人能否成为活体器官捐献者的问题，大多数国家的立法并未完全禁止，但条件更为严格。比如，未成年人只能向自己的父母和同胞兄弟姐妹捐献器官，而且是在受体若不接受器官移植则会死亡的情况下，且有专家组关于该器官移植可行的诊断。

2. 有关尸体器官的采集。尸体性质与地位问题早在古希腊就有争论，因为当时尸体可被作为解剖和艺术学院的标本来源。到现代，“尸体到底是什么”的问题依然很复杂，关于尸体权利的辩论也从未休止。其观点有如下几种：(1)尸体是生前人格权的继续或残存；(2)尸体已经退化为“物”，是一种可被权利人(全部近亲属)以埋葬作为处分权的对象，或是可被作为所有权对象，不管是由继承人所属还是允许“先占的无主物”。

尸体器官采集如果采取“自愿捐献”与“推定同意”相结合的原则，将存在几种可能的复杂情况，有些国家为了限制违法行为的发生，法律明确规定，死亡证明开具和器官采集必须分别由不同的机构和人员操作。在1998年的一系列世界性会议讨论中，对“脑死亡”发生很大争议，因此关于“脑死亡”诊断必须有明确的法律许可，否则对“脑死亡”后进行器官摘取的规定应予暂停。对死刑犯尸体器官摘取的法律问题也很尖锐，中国曾就此作过严格规定，医疗卫生部门和科研机构只有在死刑犯自愿签名或经家属同意，并经过卫生行政部门和司法部门的严格审查批准的情况下才可利用其器官。这与其他公民捐赠遗体器官是一样的。

(三)关于胎儿供体的法律问题

利用胎儿制造药物、进行科学实验以及作为器官供体治疗疾病已在世界上很多国家应用。但胎儿供体涉及一系列法学和伦理学问题，诸如胎儿是否享有法律上的自然人身份？胎儿用于救治疾病是否合法？如何对此限制以避免管理混乱和犯罪行为？美国1990年由医学伦理和司法委员会制定了一项法规，对胎儿作为供体的目的、经济活动、决定权限与时限、技术操作、人员责任等进行了规范，经过10年试行各州褒贬不一，相当一部分州仍明确禁止，有些是由于文化传统的影响，有些是碍于宗教心理、教义主张或习俗的原因。

（四）禁止器官商业化

一般认为，器官移植是符合伦理原则的，为别人的生命贡献自己的器官是利他主义的表现，从各国法律规定看，供移植用的人体器官都是无条件捐献的。但由于移植用器官严重供不应求，出现器官捐赠者变相收费和医师收取介绍器官捐献者费用的事件。1983年美国一名医生曾建议成立"国际肾脏交易公司"，购买穷人的肾脏供移植。这即是把病人与科学研究所需要的器官作为商品，建立商品交易市场的商业化倾向。这些买卖或变相买卖人体器官的做法和器官商业化的主张，受到了公众舆论的普遍谴责。因为，器官商业化必然会出现有钱人买器官移植受益，穷人迫于生计出卖器官，使身体受到损害甚至危及生命的社会新的严重不公正倾向，既在法律上违背供器者出于真正自愿的原则，又在医学上违背人道主义的精神，为当代人类最起码的道德所不容。

最严重的问题是会导致系列犯罪行为，如盗窃人体器官，人体器官黑市倒卖，绑架、贩卖人口（特别是儿童）等。因此，目前世界上大多数国家都明令禁止买卖器官，WHO呼吁制定一个有关人体器官交易的全球性禁令，并敦促其成员国制定限制人体器官交易的法律。1984年9月，美国针对已经发生的非法贩卖儿童器官、人体器官走私、强迫提供脏器、盗卖人体器官、器官中间商等犯罪事件，通过了一项禁止人体器官买卖的法案。加拿大、法国、印度等越来越多的国家通过法律，明文禁止人体器官买卖。

（五）受体器官移植后的身份

当受体接受了一定数量的供器，受体个性、禀赋、习惯、行为方式、偏好和人格是否会发生意想不到的影响？这种移植的后果就目前情况看，对中枢神经活动和社会行为选择一般不会引起根本影响；但是否可能通过复杂的生物反馈机理和文化心理的转移，以及各种业已发生的暗示或尚不可知的原因，使受体发生改变，尚无更多的学者研究，更没有明确的否定意见，这在法律上尚未出现棘手的问题。令人困惑和忧虑的是，当人脑移植一旦成功，如前苏联科幻小说《陶威尔教授的头颅》那种"换头术"发生时，受体的法律地位、性别、死亡人判定、继承权以及其他大量的伦理、社会、人类学问题将尖锐地摆在人们的面前。目前，世界上有将近30家医疗单位和实验机构致力于大脑移植的研究，这项实验尚无严格的法律控制，研究是否出现令人惊诧的结局尚待时日，是否现在就着于制定一项法规，严格禁止进行这项实验或用于临床，学术界认为恐怕又过于草率。

从器官移植的发展趋势看，在不久的将来人们将从动物身上采集含有人类遗传物质的器官用于人类器官移植，即异种移植，这既能解决世界性的器官供体缺乏问题，又不会引起从人体采集器官所产生的严重阻碍器官移植的社会伦理方面的问题。但是，异种移植却面临新的法律问题：为了解决异种移植的免疫排斥反应，一个有效途径是将人体基因移植到某些动物体内，当这些带有人体基因的动物器官植入人体后，人体免疫系统对其不产生免疫排斥反应。这样有可能将人类基因与动物基因混合制造出自然界没有的新物种，而导致破坏生态平衡，对整个人类带来灾难；人畜共患疾病问题在进行异种移植时也无法避免，特别是20世纪末，疯牛病在欧洲被发现后，这一问题更加突出。而且，在现代社会，人们对动物的权利也越来越重视，一些国家十分重视关于保护动物权利的法律，许多人提出必须限制或禁止用动物进行医学实验，在1998年的东京第四次生命伦理学大会上，几乎所有代表都提出应立即制定一项保护动物和以动物作为科学研究的世界性法规，不应允许为所谓人类利益去损害和牺牲动物的权利。

三、我国器官移植立法

（一）器官移植的发展现状

我国的器官移植始于20世纪50年代，70年代应用于临床，虽较国际上为晚，但发展较快，迄今已开展了肾脏、肝脏、心脏、肺、胰脏、脾脏、角膜、骨髓等20多种同种异体器官移植，特别是肾移植已达到国际先进水平。但与发达国家相比，我国器官移植、特别是大器官移植，在移植例数、存活时间、生存质量上还有较大差距。究其原因，并不完全在于技术、药物等条件方面，而关键在于供体的匮乏与质量低下，已成为我国器官移植临床救治工作和移植技术发展的障碍，如目前我国每年进行肾移植手术约2000例，而需要肾移植手术者多达30余万人，仅占总数的0.7%；不少地区地下器官交易已因此出现。导致这种状况的主要原因在于：

1.传统观念的影响。我国公民受传统生命观和肌体神圣论的影响，认为“身体发肤，受之父母，不敢损伤，孝之始也”（《礼记》），力求人体完整，捐献器官者如凤毛麟角，且质量不高。

2.管理不力。我国尚无覆盖全国的器官移植调配中心，使原本极少的器官资源的保存、分配、有效利用受到影响。

3.法律保障不力。我国至今尚未颁布有关器官移植的法律，也未实行脑死亡标准，使器官移植技术缺乏强有力的法律保障。

针对以上情况，我国许多医学、伦理学、法学专家呼吁，要在社会上进行广泛的宣传教育，移风易俗，改变旧的传统观念，提倡谢世后捐献躯体和脏器，为科学、为他人作贡献的崇高社会风尚。同时，应尽快制定保障器官移植方面的法律，以规范和解决器官移植面临的一系列问题，从而保障和促进器官移植工作的健康发展。

（二）器官移植的立法概况

迄今为止，我国尚未制定统一的人体器官移植法，不过我国器官移植立法及相关工作已初见成效。1995年11月，中国器官移植发展基金会在北京成立。1997年南京市成立了红十字会捐献遗体志愿者之友组织。1999年5月中华医学会在武汉召开了中国器官移植法专家研讨会。学术界对脑死亡、器官移植的讨论和新闻媒体的报道宣传，已使公众对这些医学新技术、新问题有了一定的了解和立法心理准备。1997年，第九次全国医学伦理学术年会讨论通过了《器官移植伦理原则》，这是我国关于器官移植的第一个伦理性文件。我国台湾于1987年6月颁布了《人体器官移植条例》，1988年制定了《人体器官移植条例施行细则》；香港特区政府卫生署于1997年11月公布了《人体器官移植条例》建议书；2001年上海市通过《上海市遗体捐献条例》，同时广州正式启动《广州市志愿捐献遗体管理暂行办法》，2002年贵阳市通过了《贵阳市捐献遗体和角膜办法》，2003年深圳市通过了《深圳经济特区人体器官捐献移植条例》；2007年3月21日国务院公布了《人体器官移植条例》，自2007年5月1日起施行。这些法律文件的制定和施行，使我国器官移植逐渐步入了法治化的轨道。

（三）器官移植的立法思考

综合世界有关国家及我国（包括台湾、香港地区）器官移植立法的内容与实践，器官移植立法应更加明确解决以下问题：

1.器官移植立法目的。器官移植应以医学或科学研究为前提，为救治生命、恢复人体器官之功能，保证医疗质量，保障人体健康，维护公民的合法权益，促进器官移植技术与医学的健康发展。

2.器官移植的原则。器官移植应坚持自愿、无偿捐献原则。任何组织或者个人不得以任何形式买卖人体器官，不得从事与买卖人体器官有关的活动。

3.人体器官的捐献。（1）公民享有捐献或者不捐献其人体器官的权利，任何组织或者个人不得强迫、欺骗或者利诱他人捐献人体器官；（2）捐献人体器官的公民应当具有完全民事行为能力，任何组织或者个人不得摘取未满18周岁公民的活体器官用于移植；（3）公民捐献其人体器官应当有书面形式的捐献意愿，对已经表示捐献其人体器官的意愿，有权予以撤销；（4）公民生前表示不同意捐献其人体器官的，任何组织或者个人不得捐献、摘取该公民的人体器官；（5）公民生前未表示不同意捐献其人体器官的，该公民死亡后，其配偶、成年子女、父母可以以书面形式共同表示同意捐献该公民人体器官的意愿。

4.活体器官的接受。活体器官的接受人限于活体器官捐献人的配偶、直系血亲或者三代以内旁系血亲，或者有证据证明与活体器官捐献人存在因帮扶等形成亲情关系的人员。

5.医疗机构从事人体器官移植，应当具备下列条件：(1)有与从事人体器官移植相适应的执业医师和其他医务人员；(2)有满足人体器官移植所需要的设备、设施；(3)有由医学、法学、伦理学等方面专家组成的人体器官移植技术临床应用与伦理委员会，该委员会中从事人体器官移植的医学专家不超过委员人数的1/4；(4)有完善的人体器官移植质量监控等管理制度。

6.从事人体器官移植的医疗机构及其医务人员摘取活体器官前，应当履行下列义务：(1)向活体器官捐献人说明器官摘取手术的风险、术后注意事项、可能发生的并发症及其预防措施等，并与活体器官捐献人签署知情同意书；(2)查验活体器官捐献人同意捐献其器官的书面意愿、活体器官捐献人与接受人存在上述第4条规定关系的证明材料；(3)确认除摘取器官产生的直接后果外不会损害活体器官捐献人其他正常的生理功能；(4)从事人体器官移植的医疗机构应当保存活体器官捐献人的医学资料，并进行随访。

7.评估。实施人体器官移植手术的医疗机构及其医务人员，应当对人体器官捐献人进行医学检查，对接受人因人体器官移植感染疾病的风险进行评估，并采取措施，降低风险。省级以上人民政府卫生主管部门应当定期组织专家根据人体器官移植手术成功率、植入的人体器官和术后患者的长期存活率，对医疗机构的人体器官移植临床应用能力进行评估，并及时公布评估结果；对评估不合格的，由原登记部门撤销人体器官移植诊疗科目登记。

8.伦理学审查。在摘取活体器官前或者尸体器官捐献人死亡前，负责人体器官移植的执业医师应当向所在医疗机构的人体器官移植技术临床应用与伦理委员会提出摘取人体器官审查申请。经2/3以上委员同意，人体器官移植技术临床应用与伦理委员会方可出具同意摘取人体器官的书面意见。人体器官移植技术临床应用与伦理委员会不同意摘取人体器官的，医疗机构不得作出摘取人体器官的决定，医务人员不得摘取人体器官。

9.费用。从事人体器官移植的医疗机构实施人体器官移植手术，除向接受人收取下列费用外，不得收取或者变相收取所移植人体器官的费用：(1)摘取和植入人体器官的手术费；(2)保存和运送人体器官的费用；(3)摘取、植入人体器官所发生的药费、检验费、医用耗材费。

10.法律责任。违反器官移植的法律规定，将视具体情形和情节轻重，处以罚款、没收违法所得、撤销该医疗机构人体器官移植诊疗科目登记、吊销医务人员执业证书、撤职、开除等处分；构成犯罪的，依法追究刑事责任。

第五节　死亡与法律

一、死亡标准的法学探求

生老病死是人生之必然。作为通常意义上的死亡，即生物学死亡是生物体生命的最终结局。但是，随着现代生物医学技术的发展，特别是人工生殖和器官移植技术的发展，生的方式和死的标准，也日益引起法律界的广泛关注。当代医学与法律所关心的已不仅仅是死亡的概念，而是何时是生命的终止时刻。传统的死亡观念受到了日益严重的挑战，先进的高效复活技术和人工呼吸机可以使心跳、呼吸停止数小时，乃至10余小时的病人重新苏醒，再加上人工营养维持，能使许多病人"起死回生"，这些都促使人们开始重新思考"生"与"死"的界限。

法律急需为死亡下定义，因而急需建立和承认某一死亡标准，因为，死亡必须由法律来判定，以对医学临床提供法律指南，由此再去对含有死亡的事件进行裁决，以完成法律的任务。然而，法律的任务不在于如何给死亡下一个完美无缺的定义，而在于如何从死亡过程中定一个终点，一个符合科学与伦理的终点，一个法律意义上的可以决定权利义务关系变更的终点。因此，死亡时间的判断标准才是法律所需要的。

二、脑死亡的法律问题

(一)脑死亡的概念与死亡标准

脑死亡(Brain Death)是指当心脏还继续跳动，大脑的功能由于原发于脑组织严重外伤或脑的原发性疾病，而全部丧失，发生不可逆的改变，最终导致人体生命的终结。脑死亡如同心跳和呼吸停止一样，是人的生命现象的终止，是个体死亡的一种类型。

人的生命活动的表现形式很多，其中呼吸和心跳是最容易观察和测定的两种方式。因此，自古以来，人们都把心跳和呼吸停止作为死亡的确切无疑的象征。中国的《黄帝内经》称："脉短，气绝死。"在西方，1951年世界著名的《布莱克法律词典》的死亡定义为："血液循环完全停止，呼吸、脉搏停止。"医学临床上也一直是以心跳停止、呼吸和血压消失以及体温下降作为宣告死亡的依据。这一传统的死亡观念，由于几千年的延续而天经地义地成为世界各国医学、哲学、宗教、伦理、法律及社会大众一致的认识，人们对此深信不疑。然而，自20世纪五六十年代以来，由于现代医学的进展，这个人类有史以来最稳定的观念发生了重大改变。现代医学研究表明，死亡是分层次进行的复杂过程，心肺功能丧失并不代表大脑、肾脏和人体其他主要器官功能的停止，心跳和呼吸的停止作为过程的一个层次，并不预示人作为一个整体死亡的必然发生。而且，心肺功能丧失具有医学可逆性，在心脏起搏器、人工呼吸机等先进医疗设备的帮助下，可以进行长时间的人工维持。特别是心脏移植技术的临床应用，表明心脏是可以替换的，它与生命亦非同一，因而不是生命的象征。如果人体的某个部分注定具有主宰生命的特异素质的话，那么这个器官就是大脑，迄今为止的最高医学成就仍然不能就脑功能丧失的可逆性作出有说服力的预期。这样，死亡判定的医学规则——脑死亡标准也就应运而生。

（二）脑死亡的诊断标准

1.脑死亡的定义。各国有关脑死亡的法律，一般都将脑死亡定义为全脑死亡，即大脑、中脑、小脑和脑干的不可逆的死亡（坏死）。那么，脑死亡如何诊断和鉴别？这涉及医疗行为的适当实施和法院审判工作的正确开展。

2.脑死亡的诊断标准。对脑死亡的最早研究开始于1959年。1968年，在世界第22届医学大会上，美国哈佛大学医学院死亡定义审查特别委员会提出了比较完善的脑死亡诊断标准，简称哈佛标准，得到国际医学界的赞同和支持。其主要内容包括：(1)不可逆的深度昏迷，病人完全丧失对外部刺激和内部需要的所有感受能力；(2)自主运动包括自主呼吸运动停止，呼吸机关闭3分钟而无自动呼吸；(3)脑干反射消失，瞳孔放大，瞳孔对光反射、角膜反射、眼运动反射等均消失；(4)脑电沉默，脑电图平直记录20分钟。凡符合以上标准，并在24小时或72小时内反复测试，多次检查，结果均无变化，即可宣告死亡。但需排除低温（体温＜32.2℃）和中枢神经抑制剂作用。

继哈佛标准之后，不少国家和组织也相继提出了脑死亡标准。1968年WHO建立的国际医学科学组织委员会规定死亡标准为：(1)对环境失去一切反应；(2)完全没有反射和肌肉张力；(3)停止自主呼吸；(4)动脉压陡降和脑电图平直。各国专家先后提出了30余种关于脑死亡的诊断标准，但其内容与哈佛标准大同小异。所以，目前世界上许多国家还是采用了哈佛医学院的诊断标准，并有30多个国家立法通过了脑死亡标准。

（三）确立脑死亡的意义

脑死亡概念及其诊断标准的提出，是对死亡标准的重新认识，其意义主要体现在：

1.有利于促进器官移植的开展。脑死亡概念和脑死亡标准并非为器官移植而定，但器官移植却因此而得益。器官移植技术的发展，需要大量的组织脏器，且越新鲜越好。在适宜的新鲜供体严重短缺的现状下，依靠先进的科学技术维持脑死亡者的呼吸和循环功能，使之可能成为医学上最理想的器官移植的供体和极好的人体器官和组织的天然贮存库。医师可以根据移植的需要,从容地做好各项移植准备工作后,适时摘取供体器官,从而提高器官移植的成功率。脑死亡的确立为一大批新鲜供体的摘取提供了合法条件。

2.有利于医疗卫生资源的合理利用。现代医疗行为的宗旨并不是盲目地延长毫无价值的生物意义上的生命,更不是延长人类痛苦的死亡过程。确定脑死亡的标准,可以合法地适时终止对脑死亡者的医疗措施,减少不必要的医疗支出,把有限的医疗卫生资源用于那些需要治疗,而又能够达到预期效果的病人身上,在减少社会负担的同时,也减轻脑死亡亲属的精神和经济负担。

3.有利于科学地确定死亡,维护人的生命尊严。现代医学科学技术,使传统的心跳、呼吸停止不再是判断死亡的绝对标准。而脑死亡则是不可逆的。对于一些因服毒、溺水或冻死的患者,特别是服用中枢神经抑制剂自杀的假死者,运用心跳呼吸停止作为死亡标准,很难鉴别假死状态,往往放弃及时抢救的时机。脑死亡标准的确立,为死亡鉴别提供了更科学的依据,从而更有利于维护病人的生命权,更好地维护人的生命尊严与价值。

4.有利于法律的正确实施。如前所述,死亡不仅是一个医学概念,而且是一个法学概念,死亡对于《刑法》《民法》《婚姻法》《继承法》等几乎每一个法律领域都具有重要意义。什么是死亡?如何科学地、准确地判断一个人的死亡时间,在司法实践中对于法律的适用具有绝对重要的意义。传统的死亡标准已日益显现出局限性,而脑死亡标准的确立,可以更加科学、准确地判断一个人的死亡时间,有利于正确适用法律,公平合理地处理案件。

(四)国外有关脑死亡的法律规定

脑死亡概念和脑死亡标准的提出,引发了一系列社会伦理争论和立法探讨。芬兰是世界上第一个在法律上确立脑死亡的国家;此后,美国的堪萨斯州在1970年通过了《死亡和死亡定义法》,这是第一个关于死亡定义的立法。自20世纪60年代以来,欧美一些国家先后接受了"脑死亡"概念,具体情况大致有三种:

1.国家制定有关脑死亡的法律,承认脑死亡是宣布死亡的依据。例如美国、芬兰、加拿大、阿根廷、瑞典、澳大利亚、奥地利、希腊、意大利、英国、法国、西班牙、波多黎各等10多个国家。

2.国家和地区法律虽然没有明文规定承认脑死亡,但临床上已经承认脑死亡状态,并用以作为宣布死亡的依据。例如比利时、德国、印度、爱尔兰、荷兰、新西兰、南非、瑞士、韩国、泰国等10多个国家。

3.脑死亡概念为医学界所接受,但由于缺乏法律对脑死亡的承认,临床上也不敢推行脑死亡标准。1983年,美国医学会、律师协会、统一州法律监察全国会议以及美国医学和生物学与行为研究伦理学问题总统委员会，建议美国各州采纳以下条款："任何人患有呼吸和循环不可逆停止或大脑全部功能不可逆丧失就是死人。死亡的确定必须符合公认的医学标准。"该条款实际上是让传统死亡概念、标准和脑死亡概念、标准并存，避免人们对死亡定义可能产生的误会，有明显过渡性质，很快被世界很多国家接受。

为了保证和提高脑死亡诊断的准确性，防止偏差，有的国家法律规定，脑死亡诊断应由两名内科医师作出，且同器官移植无关联。也有的国家法律规定，脑死亡的确定，应由两名医师独立进行检查得出相同的结论，或需经上级医师的核准；必要时，还需神经内科、神经外科、麻醉科以及脑电图专家会诊，无异议时，方可确定脑死亡。

（五）我国脑死亡立法思考

目前，我国对脑死亡的定义与标准，尚无法律规定。要不要接受脑死亡概念，在学术界存在着不同看法。现实生活中仍以心跳呼吸停止、反射消失作为判定死亡的唯一标准。即使医学界接受脑死亡的概念，医师也不敢以此作为判定死亡的标准。但是鉴于前述确立脑死亡的意义，世界各国承认脑死亡标准已渐成为发展趋势，我国医学界、社会学界、伦理学界、法学界有越来越多的人接受脑死亡概念。1999 年 2 月，专家和学者们认为，在我国确认脑死亡的实际意义是客观存在的，中国大城市已经具备实施脑死亡的条件，呼吁尽快就脑死亡立法，承认脑死亡概念，确定脑死亡标准。由于我国文化传统和医学科学技术发展状况的不平衡，人们对脑死亡的认识还很模糊，在短期内对脑死亡标准不可能达成共识；但是，决不能以脑死亡标准是否被全社会承认来判定是否应当立法。相反，应当通过立法来确认脑死亡，从法律角度顺应形势，引导民众统一认识。

借鉴外国和我国香港、台湾地区的脑死亡立法经验，我国在脑死亡立法上应考虑以下问题：

1.两种死亡定义和标准同时并存。根据我国国情，确立脑死亡定义与标准和传统死亡定义与标准同时并存的制度，立法应限定在何种情况下，才能使用脑死亡标准来判断病人死亡。这样就可因人因地而异，既能防止因脑死亡误诊可能造成的对有抢救价值的病人延误抢救，又可以使医生正确运用脑死亡标准，对那些脑功能全部丧失处于不可逆状态的病人及时宣布死亡。作为一种过渡，当医疗条件和水平达到一定程度时，即可采用脑死亡标准。

2.制定严格的脑死亡诊断标准。借鉴哈佛标准，结合我国医疗实践，制定严格的脑死亡诊断标准，具体内容应当是：(1)脑死亡判定的先决条件；(2)临床诊断；(3)确认试验；(4)脑死亡观察时间。

立法赋予这样的诊断标准以法律效力，使之成为临床医生必须遵守的行为规范。

3. 建立科学严格的脑死亡管理制度。脑死亡立法应规定哪些医生有权作出脑死亡诊断，应按什么程序进行，使用哪些测试手段等，以防止医生的草率诊断或虚假诊断。这里主要应包括：(1)脑死亡确定医师的资格条件；(2)参与脑死亡确定的人员；(3)可以确定脑死亡的医院必须具备规定的设备条件；(4)运用脑死亡标准作出脑死亡诊断的合理程序；(5)脑死亡诊断书的签发。

4. 在脑死亡诊断中病人合法权益的监督保护。在运用脑死亡标准时，病人的合法权益会不会受到侵害，这也是立法要考虑的问题。按照《民法》的观点，缺乏自我意识的病人的民事权利(包括其生命健康权)应由其法定代理人负责监督和保护。因此，在脑死亡立法中应赋予病人家属一定的权利，例如：何时关掉病人呼吸机等仪器、何时放弃抢救等，病人家属应享有知情和同意权。是否可以利用病人"活"尸体或"活"器官进行实验或移植，病人家属也应享有知情、监督和最终决定权等。

5. 法律责任。脑死亡立法应当明确规定违反脑死亡法律法规的法律责任。

三、安乐死的法律问题

(一)安乐死的概念

"安乐死"(euthanasia)一词源自希腊语"euthanasia"，原意为"快乐的死亡"或"安然地死去"。现代意义上的安乐死概念到目前尚无统一解释。一般认为，是指为结束不治之症患者的痛苦，采用科学方法对人的死亡过程进行调节，使死亡状态安乐化，以维护人的死亡尊严。

安乐死是一种死亡过程中良好的状态和为达到这种状态而采取的方法，并不是死亡的原因。安乐死有被动安乐死和主动安乐死之分。被动安乐死又称消极安乐死或不作为安乐死，是指对确定无法挽救其生命的垂危病人，医生终止治疗，即停止使用维持其生命的现代抢救措施，任患者自行死亡。主动安乐死又称积极安乐死或作为安乐死，是指医生采取某种措施(即法律上所说的"作为")，主动结束现代医学无法挽救的濒临死亡、并伴有剧烈痛苦病人的生命或加速其死亡过程。

(二)安乐死法律地位的争论

安乐死的实践古已有之，早在史前时代，古游牧部落在迁移时，常常把病人、老人留下来，加速他们死亡。在古希腊和罗马，允许病人结束自己的生命，并可请外人助死。17 世纪，弗兰西斯·培根在他的著作中多次提到"无痛苦致死术"。1938 年，美国查尔斯·波特组建"自愿安乐死合法化协会"，开辟了近代安乐死之先河。此后，欧美许多国家都有人积极提倡安乐死，"安乐死"发展成为一项新的人权运动。只是由于德国纳粹的介入，盗用安乐死名义，屠杀了数百万无辜的人，使安乐死声名狼藉。到了20世纪六七十年代，随着医学生物技术的发展，人道主义思潮在西方的发展和深化，传统的生命价值观受到很大的冲击，安乐死的实践意义日益突出，又逐渐成为医学界、法学界、伦理学界以及公众关注的热点。

由于安乐死不仅涉及伦理、哲学、医学等方面的问题，还涉及人们对人生、生活和死亡的看法与理解，更会引发出一系列的法律问题，因此，直到现在，人们对安乐死仍褒贬不一。对安乐死的不同理解产生出对安乐死的不同态度，有关的法律规定也有所不同。支持安乐死的人看重生命存在的内容、方式，重视安乐死的利，认为安乐死可以减轻垂危病人的痛苦，当病人感到生不如死时，安乐地死亡比痛苦地生存对他们更人道；又可以减轻病人家属的精神痛苦和经济负担，为社会节省有限的医药资源，使之发挥更大的效用。他们提倡医学的根本任务是提升人的生命质量，在基本实现优生的前提下，医学也必须实现人的"优死"。反对安乐死的人认为，安乐死不仅与医生的职责相冲突，而且还可能被滥用，成为病人的配偶、子女等亲属为了减轻自己的负担或为了分割遗产等其他原因变相杀人的借口。但经过半个多世纪的争论，时至今日，赞成安乐死的人越来越多，呼声越来越高。尽管如此，对于安乐死是否要制定法律予以保护，绝大多数国家持审慎态度。1993年2月，荷兰通过了一项关于"没有希望治愈的病人有权要求结束自己生命"的法案，成为世界上第一个通过安乐死立法的国家。其后两年，澳大利亚北部地区也通过了类似法案。据有关民意测验统计，在一些发达国家，民众对安乐死已由不理解到理解，由反对转而支持。

（三）国外有关安乐死的法律规定

1. 主动安乐死。由于这是用直接的方法使重危病人提前死亡，较难为人们接受。从法律层面有如下情况：

(1)目前，世界上承认主动安乐死为合法的国家只有少数几个。瑞典承认主动安乐死，但很少实行。荷兰安乐死法令规定，病人确已患绝症，且因无法忍受痛苦而不断提出愿意死去的要求，医生可以对病人实施安乐死。该法令还规定，医生无须征得病人同意，可以给处于昏迷状态的病人、患老年痴呆症的病人以及先天畸形者实施安乐死。日本则以判例确认主动安乐死在一定条件下的合法性，它是通过法院对刑法中"正当行为"和"紧急避险行为"的解释，给安乐死以有条件的法律认可。

(2)主动安乐死为绝大多数国家的法律所禁止。法国刑法禁止安乐死；加拿大法律改革委员会在1983年向议会所作的一份报告中，建议不要通过使主动安乐死合法化的法律；在美国所有50个州中，主动安乐死都是非法的，一般都以杀人罪被起诉，只是在实际审判中，陪审团往往给“仁慈的杀人”以同情和宽大处理。

(3)欧洲的几个国家，通过法律改革运动，才使以刑法为中心的安乐死法律有了转变。例如，瑞士和德国，经过修改的刑法规定，主动安乐死既不被判作谋杀，也不按照谋杀进行处罚；在苏联和波兰的刑法中，有关安乐死的一些特殊条款规定，以同情受害者和应受害者要求为动机的杀人，是减轻处罚的理由。

2.被动安乐死。一般来说，被动安乐死较容易为人们所接受。从世界各国立法看，法律所承认的大多是被动安乐死，即“允许死亡”。美国各州所承认的安乐死也都属于被动安乐死。1976年，美国加利福尼亚州正式通过了《自然死亡法》，这项法律允许成年病人制定“生命遗嘱”，授权医生关掉维持生命的人工设备，医生根据病人的“生命遗嘱”取下生命维持系统，对病人的死亡不负任何责任；病人因授权医生摘下人工生命维持系统而死亡也不应看作自杀，不影响其家属领取人身保险费。这项法令还规定了，“生命遗嘱”须当着至少2名见证人所作才有效力，证人不能是医生或病人家属；病人也可以通过销毁文件或通知住院医师等方式，废除已作出的“生命遗嘱”。现今类似“生命遗嘱”的法案已被美国38个州和哥伦比亚特区的立法机关通过。虽然各州对生命遗嘱的制作人、制作时间和生命遗嘱对医生的拘束力等方面规定有所不同，但法律或法案对实施安乐死的根本要求是一致的。病人或潜在的病人必须签署一份“生命遗嘱”，即一个人在头脑清醒、理智健全时用书面表示的关于临终医护的愿望，包括个人对死的决定，并且被证明。可见，被动安乐死的法律问题的核心是：重危病人享有死亡的权利，有权请医生摘下人工辅助装置，在自然状态中带着尊严死亡。

(四)我国安乐死立法探讨

安乐死问题在我国引起医学界、法学界、伦理学界以及公众的讨论和关注始于20世纪80年代，但现行法律仍未对安乐死加以认可。安乐死合法化作为一种价值选择的趋势，已逐渐为各国人们所接受，我国也应当启动安乐死的立法工作，促使安乐死合法化。

1.安乐死合法化的必要性

(1)社会现实需要。在我国依法实行安乐死，符合大多数民众的意愿。有这样一些数据可以说明这一点，第二军医大学长海医院对313人的调查显示：93.6%的人赞成实施安乐死，其中医务人员赞成者为98.4%，法学界人士赞成者为90%，一般者占90.1%。上海某大医院530位危重病人的死亡中，有28%的绝症病人是在病人或家属主动要求下停止治疗而死亡的。另据《文汇报》一文章称：“在上海，有90%以上的人支持安乐死，其中医务人员对安乐死的支持率最高，达98%，普通市民和司法人员中，有不少于九成的人认为有必要对安乐死进行立法。”死亡作为一种自然规律，自古以来，人类始终追求着一种“善始善终”，“安然去世”。既然死亡不可避免，为何不在适当的时间选择一种更有价值、有尊严、更安宁的死亡方式呢？生命的价值在于它对社会的贡献，而这种价值往往体现在生命的质量上，当一个人的生命连质量都谈不上时，它又如何保障它的价值呢？面对那些痛苦万分的绝症患者，如何维护他们死亡的尊严，如何给他们临终前一个安详，安乐死无疑是一种理智的选择。

(2)安乐死的道德规范要求。传统的医德观念认为，对于重危病人，必须想方设法进行抢救，对于不治之症，也应尽量延长其生命，哪怕一两天，甚至几小时，只有这样，医务人员才算尽到了职责。然而，这却忽视了患者是在万分痛苦中挣扎着死去这一客观事实。诚然，医生的职责是“救死扶伤、治病救人”，即既要保护病人的生命，又要减轻病人的痛苦。救死是指挽救生命，并非指挽救死亡，对那些身患绝症、即将走向死亡的病人，要顾及其根本利益，道德的做法是解除病人的痛苦，而不是采取徒劳无功的办法来增加病人的痛苦。我们应该把有限的医药资源尽可能合理地使用到有应用价值的地方，这样有利于社会的稳定和发展，符合社会主义道德规范。因此，实施安乐死是既符合现代医德，又符合社会道德规范的。

(3)安乐死的法律规范要求。由于我国目前还没有一部专门的法律对安乐死进行规范，从而导致了对生命保护的不力。尽管在目前司法实践中将实施安乐死作为犯罪来处理，以此防止因实施安乐死而导致的各种弊端；但是，这种“一竿子打死”的做法并不符合社会要求，也不能使人们自觉遵守，而只是导致人们对其规避。在现实生活中，各种半公开的或隐蔽的对病人采用类似安乐死的做法比比皆是，但由于立法的滞后、制度的缺失，因立法空白导致的社会实际操作上对生命处置的放任，极不利于对人的生命的保护。因此，在我国制定一部有关安乐死的法律，完善对生命保护的法律体系，加大对生命保护的力度，显得十分必要。

2.安乐死合法化的可行性

(1)安乐死合法化有《宪法》依据。安乐死合法化的关键，首先在于有无自主选择安乐死的权利。我国《宪法》第 37 条规定，我国公民享有人身自由的权利，每个人在享受自由权的时候都有义务尊重他人的自由死亡的权利，而这种死亡方式也是一种无害于他人的行为。病危患者要求安乐死，基于法律的空白而被拒绝，被迫痛苦地生存下来，这是与“公民享有人身自由的权利”相悖的；既然法律没有禁止自杀，就承认了生命属于个人，个人有权自由处分自己的生命。

(2)安乐死合法化符合我国立法原则。首先，安乐死立法符合立法的民主性原则。《立法法》第 5 条规定：“立法应当体现人民的意志，发扬社会主义民主，保障人民通过多种途径参与立法活动。”现今，安乐死合法化已深入民心，乃人心所向、民意所为，对安乐死立法，才能更好地体现社会主义民主。其次，安乐死立法符合立法的科学性原则。立法的科学性的重要体现，在于具体问题具体分析，从各地的实际情况出发进行立法。当前，安乐死的情况普遍存在，无法规避。最后，安乐死立法不违背《刑法》的基本理论和原则。根据我国刑法理论对犯罪本质的规定，任何一种犯罪都必须具备三个特征：社会危害性、刑事违法性及应受刑罚性。但安乐死是“排除社会危害性”的行为，不但可以解除绝症患者的痛苦，保持其人格尊严，而且可以减轻社会与其家属的物质、精神负担。从这个意义上说，实行安乐死不但不具有社会危害性，反而对社会有益。因此，实施安乐死的行为不违背《刑法》的基本原则。

(3)安乐死合法化有思想理论基础。安乐死问题研究尽管在我国起步较晚，但随着社会对安乐死越来越关注，国内理论界对安乐死的研究也在一步步深入，这有利于人们真正认识安乐死的社会价值，并推动安乐死立法运动在我国的发展。

(4)安乐死有道德基础。安乐死合法化的最大障碍在于安乐死问题的提出与传统的伦理道德、医德及人道主义原则相违背。然而，随着我国社会的不断发展和进步，人们必须重新审视传统伦理道德和人道主义，摒弃其中不适合时代需要的陈腐观念，吸收、顺应时代发展的合理因素，按现代的伦理道德和人道主义原则去重新评价安乐死问题。比如传统的医德只讲义务，而现代医德则更注重价值，注重尊重病人的尊严和权利。因此，当我们以逐步形成的新的道德规范去审视安乐死问题时，不难发现，安乐死并不违背社会主义的伦理道德和人道主义原则，安乐死合法化有其自身的道德基础，也能够为现实生活中的人们所普遍接受。

3.安乐死立法思考

如果国家承认安乐死合法化的必要性和可行性，立法机关则应制定安乐死法。主要涉及以下内容：

(1)安乐死的适用对象。实施安乐死的范围不宜过宽，应严格限定安乐死的适用对象。一是经现代医学确诊为患有不治之症的患者；二是处于不堪忍受的肉体与精神痛苦之中，且已濒临死亡的患者；三是对那些精神崩溃者，不管用心理还是医学方法都无法使其摆脱痛苦的人；四是患有严重恶性传染病，且无治疗希望的患者，此类患者只能在其本人的请求下进行。

(2)适用安乐死的条件。一是自愿要求，即病人要有安乐死的真诚意愿，并亲自主动提出安乐死的要求，且被证明；二是严重痛苦，即病情导致病人肉体上、精神上无法忍受的严重痛苦；三是濒临死亡；四是施行方法正常，即执行安乐死的技术与方法必须是科学的、文明的、人道的。

(3)实施安乐死的方法。安乐死的方法应当是快速、无痛苦的，尽可能表达安乐的本质，符合社会主义伦理道德和人道主义精神，如注射或服用不发生痛苦症状的药物，并且所用药物能在最短时间内发挥作用，让人无痛苦地死去，在允许的条件下还可以使用麻醉药品使病人脱离痛苦并安乐死去。严禁使用暴力致死的手段。为防止安乐死的滥用，对实行的方法、选用的药物及剂量等，应在法规上明确予以规定。

(4)安乐死的实施程序。包括：①申请。患病的公民申请安乐死，必须是病人在意识清楚的情况下，出自本人的真实意愿，亲自以书面形式提出，并附有身患绝症的医疗证明。特殊情况下，口头(包括录音)申请者须有两名无利益关系的证人出具书面证明。对于陷入永久性昏迷状态，不能表达意愿的病人，可由其法定监护人代为提出。②审查。安乐死的受理机构必须是符合安乐死施行条件的医疗机构。县级以上医疗单位设立由医学、法医、医学伦理学专家共同组成的安乐死审查委员会，负责对安乐死的申请进行严格的审查，防止误诊和失控。③操作。安乐死申请经批准并公证后，病人所在医院应当按照批准的时间和地点指定两名以上医务人员施行安乐死。在实施前，病人撤回申请或表示反悔的，应当立即停止施行，不得强迫实施安乐死；主管医师反对施行安乐死的，应当暂缓施行安乐死。

(5)法律责任。违反安乐死规定的行为主要有：①对不符合安乐死的条件的病人施行安乐死的；②对不符合安乐死实施程序的病人施行安乐死的；③擅自施行安乐死的；④不履行或不认真履行职责，造成医疗事故或重大医疗纠纷的；⑤采取诱惑、欺骗、胁迫或其他手段强制病人施行安乐死的；⑥在申请、代理、审查、执行中弄虚作假的；⑦违背法定安乐死的方法，违背人道主义精神，以残酷方法实行安乐死的；⑧违反有关保密规定的；等等。凡违反安乐死规定的直接责任人员，应给予行政处分，情节严重的，应以故意杀人罪等追究其刑事责任。

参考文献

[1] 张文显.法理学[M].北京:法律出版社,1997.
[2] 应松年.行政诉讼法学[M].北京:中国政法大学出版社,1999.
[3] 常怡.民事诉讼法学[M].北京:中国政法大学出版社,1999.
[4] 陈光中,徐静村.刑事诉讼法学[M].北京:中国政法大学出版社,2001.
[5] 孙慕义.医学大法学[M].成都:西南交通大学出版社,1999.
[6] 吴崇其.卫生法学[M].北京:法律出版社,2005.
[7] 吴崇其.中国卫生法学[M].北京:中国协和医科大学出版社,2005.
[8] 赵同刚.卫生法[M].北京:人民卫生出版社,2006.
[9] 石俊华.医事法学[M].成都:四川科学技术出版社,2004.
[10] 黄丁全.医事法[M].北京:中国政法大学出版社,2003.
[11] 斯科特·伯里斯,申卫星.中国卫生法前沿问题研究[M].北京:北京大学出版社,2005.
[12] 李绍武.基因探奥秘——生物科技[M].北京:北京理工大学出版社,2002.
[13] 石俊华,李玉声.我国医药卫生立法现状调研报告[J].医学与法学,2011,3(1).